아무도
대답해주지 않은
질문들

이 책의 한국어판 저작권은 Imprima Korea Agency를 통해 Random House Publishing Group과
독점 계약한 ㈜문학동네에 있습니다.
저작권법에 의해 한국 내에서 보호를 받는 저작물이므로 무단 전재와 무단 복제를 금합니다.

이 도서의 국립중앙도서관 출판예정도서목록(CIP)은 서지정보유통지원시스템 홈페이지(http://seoji.nl.go.
kr)와 국가자료공동목록시스템(http://www.nl.go.kr/kolisnet)에서 이용하실 수 있습니다.
(CIP제어번호: CIP2017024468)

아무도 대답해주지 않은 질문들

우리에게
필요한
페미니즘
성교육

페기 오렌스타인 지음
구계원 옮김

GIRLS AND SEX

문학동네

내 딸, 여덟 명의 조카딸, 두 명의 조카,
그리고 지금까지 만난 모든 소녀와 소년들을 위해

차례

십대 소녀들과 섹스에 대해 결코 알고 싶지 않았던
(하지만 반드시 물어봐야 할) 모든 것

몇 년 전 나는 딸을 마냥 어린 여자아이로 대할 날이 그다지 많이 남지 않았음을 깨달았다. 딸에게 사춘기가 다가오고 있었고, 솔직히 말해서 나는 그 사실 때문에 가벼운 공황 상태에 빠졌다. 딸아이가 신데렐라 드레스를 입고 신나게 돌아다니던 유치원생 시절에 나는 '공주 산업 복합체princess industrial complex'를 심층 분석했고, 언뜻 순수해 보이지만 분홍색과 예쁜 것을 강요하는 문화가 어린 여자아이들의 의식 속에 자리잡아 나중에 훨씬 심각한 해악을 끼친다고 확신하게 되었다. 당시 생각했던 '나중'은 이제 맥 트럭Mack truck(미국의 맥 트럭스 사가 생산하는 대형 트럭—옮긴이)처럼 우리에게 다가오고 있다. 그리고 그 맥 트럭의 운전수는 12센티 하이힐에 초미니 스커트를 입은 채, 눈앞의 도로 상황을 살펴야 할 순간에 인스타그램을 확인하고 있다. 나는 십대 자녀를 둔 친구들에게서 소위 '훅업hook-up 문화('훅업'은 엮는다/엮이다 정도로 옮길 수 있겠으나 가벼운 만남이라는 문화 현상을 지칭하는 굳어진 표현으로 보아서 음차해 표기했다—옮긴이)'에서 여자아이들이 어떤 취급을 받는지, 십대 여자아이들이 어떻게 반강제적으로 '섹스팅sexting('섹스'와 문자메시지를 보낸다는 '텍스팅'의 합성어로, 휴대전화로 외설적인 메시지나 사진을 주고받는 행위를 뜻한다—옮긴이)'을 하거나 소셜미디어 스캔들의 희생양이 되는지, 그리고 포르노가 얼마나 널리 퍼져 있는지 끔찍한 이야기를 여러 차례 들어왔다.

나는 어린 소녀들의 혼란스러운 메시지를 해독하는 전문가로 통하고 있다. 전국을 돌아다니며 학부모들에게 성적 대상화sexualization와 섹슈얼리티sexuality의 차이점을 강의하기도 했다. "어린 소녀들이 '섹시하다'는 말의 뜻을 제대로 이해하기도 전에 장난삼아 '섹시함'을 흉내낸다면, 아이들은 섹스가 감정이 개입되는 하나의 경험이라기보다는 일종의 퍼포먼스라고 생각하게 됩니다"라고 강의하기도 했다. 물론 이것은 사실이다. 하지만 일단 아이들이 '섹시하다'는 단어를 '제대로' 이해하고 나면 그뒤에는?

나라고 해서 명쾌한 답을 알고 있는 것은 아니다. 나 역시 셀러브리티들이 자기대상화self-objectification를 영향력과 힘, 독립성의 원천으로 제시하고, 스스로의 욕구를 소중히 여기기보다는 남의 눈에 욕망의 대상으로 보이는 것이 중시되며, 신경질적으로 입술을 깨무는 여주인공과 소름끼치는 스토커 억만장자가 등장하는 『그레이의 50가지 그림자』가 궁극적인 여성 판타지로 추앙되고, 40세 이하 여성은 아무도 음모가 나지 않는 것처럼 보이는 시대에 내 딸을 건강하게 키우기 위해 최선을 다하고 있을 뿐이다. 물론 나도 소녀 시절에는 〈섹슈얼 힐링Sexual Healing〉이나 〈라이크 어 버진Like a Virgin〉 같은 노래를 질리도록 들었지만, '철저한 다이어트'를 하는 '나쁜 년bitch'은 오직 '거시기'만 먹는다는 릴 웨인의 〈러브 미Love Me〉나, 반드시 여자를 사냥해서 산 채로 먹어치우겠다는 마룬5의 〈애니멀Animals〉에 비하면 예전의 그러한 노래들은 어린이용 디즈니 채널에서 방송해도 적합할 수준이다(〈애니멀〉의 뮤직비디오에서 리드싱어 애덤 러바인은 도살업자 복장으로 고기를 매달아두는 갈고리를 휘두르며 자신이 집착하고 있는 여성을 스토킹하다가, 마지막에는 피에 흠뻑 젖은 채 그 여성과 섹스를 한다). 이런 현실을 보노라면 90년대에 친구들과 함께 마음껏 조롱했던 티퍼 고어Tipper Gore에게 사과라도 하고 싶은 심정이다(앨 고어 전 부통령의 부인 티퍼 고어는 폭력적이거나 외설적인 가사가 담긴 앨범에 자발적으로 경고 라벨을 붙이자는 운동을 추진한 바 있다—옮긴이). 한편, 연구가 거듭될 때마다 대학 캠퍼스에서 충격적일 정도로 빈번하게 성폭력이 일어난다는 사실이 드러나기도 했다. 이 문제의 심각성 때문에 (두 명의 십대 딸을 둔) 오바마 대통령까지 팔을 걷어붙이고 나서기도 했다.

심지어 학업과 일에서 '꿈을 성취하고자' 하는 여성들이 많아지면서 여자 대학생 수가 남자 대학생 수를 앞지른 현상황에서도, 나는 이런 의문을 품을 수밖에 없다. 우리는 과연 앞으로 나아가고 있는 걸까, 아니면 퇴보하고 있는 걸까? 오늘날 젊은 여성들은 어머니 세대에 비해 더 자유롭게 성관계를 맺을지 말지 선택하고 성관계에 있어서도 원하는 대로 영향력과 통제력을 행사하는가? 오늘날 젊은 여성들은 사회적 오명에 더 잘 대처하는 것은 물론, 마음껏 쾌락을 즐길 준비가 되어 있는가? 그렇지 않다면 이유는 무엇일까? 오늘날 젊은 여성들은 양쪽이 명확하게 성관계에 동의하지 않은 한 성관계에 대한 합의가 인정되지 않는 문화, 소위 '예스라고 말해야 동의한 것이다^{yes means yes}' 문화 속에서 살아간다. 물론 이것은 좋은 일이다. 하지만 예스라고 말한 뒤에는 어떤 일이 일어날까?

딸아이를 둔 엄마이자 저널리스트로서, 나는 헤드라인 이면에 숨어 있는 진실, 즉 무엇이 사실이고 무엇이 과장인지 밝혀내야 했다. 그래서 실제로 여학생들을 인터뷰하기 시작했다. 친밀한 신체적 접촉에 대한 여학생들의 태도, 기대감, 최초 경험들에 대해 몇 시간이고 심도 깊은 대화를 나누었다. 친구의 친구의 딸들(그리고 다시 그 딸의 친구, 그리고 그 친구의 친구까지)이나 내가 만나본 고등학교 교사가 가르치는 학생들에게 인터뷰를 요청했다. 방문하는 대학마다 교수들을 붙잡고 이야기를 나누고 싶은 여학생들은 나에게 이메일을 보내라고 공지해주기를 부탁했다. 결국 대부분의 미국인이 성생활을 시작하게 되는 연령인 15세에서 20세 사이의 여성 70여 명과 인터뷰를 하게 되었다(미국인의 평균 첫 성경험 나이는 17세이며, 19세 청소년의 4분의 3이 성경험을 가지고 있다). 여학생들만 집중적으로 인터뷰한 이유는 작가로서 젊은 여성들에 대한 글을 쓰는 일에 열정을 가지고 있으며, 이것이 내 소명이라고 생각하기 때문이다. 나는 지난 25년간 젊은 여성들의 삶을 꾸준히 기록해왔다. 젊은 여성들 또한 섹스와 관련된 선택을 할 때 나름대로의 독특한 모순을 경험한다. 사회 전반에 걸쳐 여성에 대한 기대치와 여성이 가질 수 있는 기회에 엄청난 변화가 일어나고 있음에도 불구하고, 오늘날 미국 젊은 여성들은 여전히 활발하게 성생활을 하는 여자는 '걸레'지만 그와 비슷한 행동을 하는 남자는 '선수'라고 불리는 구시대적 이중잣대 속에서 살아가고 있다. 게다가 이제는 한때 '착한 여자아이들'로 간주되었던 순결을 지키는 여자아이들도 '처녀'(좋은 의미가 아니다) 또는 '내숭쟁이'라 불리며 조롱당하는 실정이다. 한 고등학교 3학년생은 나에게 이런 말을 했다. "부정적인 것의 반대가 긍정적인 것이라지만, 이 문제에 있어서만큼은 양쪽 모두 부정적이에요. 이럴 때는 어떻게 해야 하나요?"

이 책의 내용이 미국의 모든 젊은 여성의 경험을 반영한다고 주장할 생각은 없다. 내 인터뷰 대상은 전부 대학생 또는 대학 진학을 계획하고 있는 여학생들이었다. 나는 특히 모든 기회가 열려 있다고 생각하는 여학생들, 여성의 경제적·정치적 지위가 향상되면서 가장 많은 혜택을 누리게 된 여학생들과 이야기를 나누고자 했다. 또한 인터뷰는 모두 자발적으로 이루어졌다. 그렇다고는 해도 나는 꽤나 넓은 범위에 걸쳐 인터뷰 대상을 모집했다. 미국 전역의 대도시뿐 아니라 작은 마을에서 온 이들도 있었다. 나와 이야기를 나눈 소녀들은 가톨릭, 주류 개신교, 복음주의, 유대교, 무신론자까지 종교적 배경도 다양했다. 부모가 결혼생활을 지속하고 있는 가정, 이혼 가정, 재혼 등으로 혈연이 아닌 사람들이 모여 사는 가정, 한부모 가정 등 다채로운 가정환경에서 살고 있었다. 정치적으로 보수적인 성향과 진보적인 성향을 가진 여학생들이 섞여 있었지만 대부분은 어느 정도 진보적인 성향을 지닌 편이었다. 백인이 가장 많기는 했으나 아시아계, 히스패닉, 흑인, 아랍계, 혼혈 인종도 적지 않았다. 인터뷰 대상 중 약 10퍼센트가 레즈비언 또는 양성애자라고 밝혔지만 대부분은 다른 여자아이들에게 끌리는 마음을 아직 행동으로 표현하지는 않았다고 말했고, 특히 고등학교에 재학중인 학생들은 그러한 경향이 강했다. 신체 장애를 가진 여학생들도 두 명 있었다. 대다수가 중산층 가정 출신이었지만 어느 정도 경제적 배경도 가지각색이었다. 맨해튼의 이스트사이드(어퍼 이스트사이드를 중심으로 한 미국의 대표적 부유층 거주지—옮긴이) 출신에서 시카고의 사우스사이드(범죄로 유명한 빈민가—옮긴이) 출신까지, 헤지펀드를 운용하는 부모님을 둔 여학생부터 패스트푸드 식당을 운영하는 부모님을 둔 여학생까지, 다양한 가정환경에서 성장한 학생들을 인터뷰 대상으로 삼았다. 여학생들의 개인정보를 보호하기 위해 전원 가명을 사용했고 신원을 특정할 수 있는 세부사항도 모두 바꾸었다.

처음에는 여학생들이 나에게 지극히 사적인 이야기를 솔직하게 털어놓지 않을까봐 걱정했다. 하지만 그럴 필요가 없었다. 가는 곳마다 나와 이야기하고 싶다는 지원자가 넘쳐나 오히려 추려내야 할 정도였다. 소녀들은 단순히 이야기를 하고 싶어하는 것에 그치지 않고 어딘가 털어놓을 곳을 절실히 찾아 헤매던 모양이었다. 이제까지 자신들의 성적 경험에 대해 물어본 어른은 아무도 없었다고 했다. 무슨 행동을 했는지, 왜 했는지, 기분이 어땠는지, 무엇을 바랐는지, 무엇을 후회했는지, 어떤 점이 재미있었는지. 인터뷰 도중에 내가 먼저 질문을 던지지 않았던 경우도 많았다. 그냥 여자아이들이 먼저 이야기를 시작하고, 이야기를 듣다보면 둘 다 알아채지 못하는 사이에 몇 시간이 훌쩍 지나 있었다. 여학생들은 자위, 오럴 섹스(하는 쪽과 받는 쪽 모두), 그리고 오르가슴에 대해 어떻게 생각하는지 솔직히 말해주었다. 처녀와 걸레 사이의 아슬아슬한 경계선을 따라 걷는 일에 대해 이야기해주었다. 공격적으로 행동했던 남자들과 배려심을 발휘했던 남자들, 자신을 학대했던 남자들과 사랑에 대한 믿음을 회복시켜준 남자들에 대해 말해주었다. 다른 여자아이에게 끌리는 마음과 부모의 거부반응을 두려워하는 심정을 털어놓았다. 감정적 유대가 생기기 전에 육체관계부터 맺는 훅업 문화의 복잡한 실태도 이야기해주었다(물론 육체관계가 반드시 감정적인 교류로 이어지는 것은 아니다). 이 훅업 문화는 현재 대학 캠퍼스에 널리 퍼져 있으며 이제 고등학교에서도 빠르게 번져가고 있다. 인터뷰를 했던 여학생들의 족히 절반은 강요에 의한 섹스에서 강간에 이르기까지, 자신의 의사와는 상관없이 억지로 섹스를 했던 경험이 있었다. 그 이야기들은 고통스러웠다. 동시에 속상하기도 했다. 나 말고 다른 어른에게 이런 이야기를 해본 적이 있다고 답한 여학생은 고작 두 명에 불과했다.

심지어 상호합의하에 갖는 관계라 할지라도 여자아이들이 설명하는 상황은 대부분 듣기 괴로웠다. 이는 어쩌면 그다지 새로울 것이 없어 보이지만, 새로울 것이 없다는 그 사실 자체가 생각해볼 문제다. 공공 영역에서는 여성의 위상과 관련해 그토록 많은 변화가 일어났는데도 불구하고, 왜 사적인 영역에서는 그다지 변화가 일어나지 않았을까? 침실에서 남녀평등이 실현되지 않는다면 교실이나 회의실에서의 진정한 평등이 가능한 것일까? 1995년에 '전국청소년성건강위원회National Commission on Adolescent Sexual Health'는 건전한 성적 발달이 인간의 기본적인 권리라고 선언했다. 위원회에 따르면, 청소년의 친밀한 신체 접촉은 "상호합의하에, 상대방을 부당하게 이용하지 않고, 정직하고, 즐거우며, 의도치 않은 임신과 성병을 방지"하는 형태로 이루어져야만 한다. 그로부터 20여 년이라는 세월이 지난 지금, 우리는 왜 창피할 정도로 그 목표에 가까이 다가가지 못하고 있는가?

미시건 대학 심리학 교수인 세라 맥클랜드는 섹슈얼리티가 '친밀한 정의intimate justice'의 문제라는 주장을 펼치면서 젠더 불평등, 경제적 불균형, 폭력, 신체통합권bodily integrity(신체의 침해, 배제, 분절로부터 자유로울 권리—옮긴이), 신체 및 정신 건강, 자기효능감self-efficacy, 가장 사적인 관계 내에서의 권력관계 같은 근본적인 쟁점들을 언급했다. 맥클랜드는 우리에게 다음과 같은 문제들을 생각해보도록 촉구했다. 누가 성행위를 주도할 권리를 가지고 있는가? 누가 성행위를 즐길 권리를 가지고 있는가? 누가 그러한 성적 경험의 주요 수혜자인가? 누가 성행위를 즐길 자격이 있다고 느끼는가? 성행위에 참여하는 각 파트너는 '이 정도면 됐다'를 어떻게 정의하는가? 이는 연령에 관계없이 여성의 섹슈얼리티를 논할 때도 선뜻 대답하기 어려운 문제들이겠지만, 특히 어린 여성들의 성적 발달에 중요한 역할을 하는 초기 경험과 관련해서는 더더욱 답하기 까다로운 문제가 아닐 수 없다. 하지만 나는 단단히 각오하고 이러한 질문을 던졌다.

나와 이야기를 나눈 여학생들은 인터뷰 후에도 꾸준히 나와 연락을 주고받았으며, 새로운 사람을 사귀게 되었다거나 생각하는 바가 바뀌었다며 이메일로 근황을 전해오기도 했다. "선생님과 이야기를 나눈 후에 전공을 바꾸었다는 소식을 알려드리고 싶어서 메일을 보냅니다. 보건학을 전공하며 젠더와 섹슈얼리티를 중점적으로 공부해보려고 해요." 한 여학생이 보낸 이메일이다. 고등학교 2학년에 재학중인 다른 학생은 나와 대화를 나눈 덕에 대학 캠퍼스를 견학하면서 이전과는 다른 질문을 품게 되었다는 이야기를 전해왔다. 고등학교 3학년인 또다른 학생은 남자친구에게 이제까지 자신의 '오르가슴'은 전부 가짜였다고 고백했다. 또 한 명의 고등학생은 자기한테 절정에 도달하라는 부담을 주지 말고, 그것 때문에 섹스가 엉망이 된다고 남자친구에게 이야기했다. 젊은 여성, 심리학자, 사회학자, 소아과의사, 교육자, 언론인, 그외의 전문가들과 인터뷰를 하는 과정에서 나 역시 많이 바뀌었다. 인터뷰들 덕분에 나는 내가 가진 편견에 정면으로 맞서고, 나도 모르게 솟아나던 불편한 감정을 극복하며, 가치관을 분명하게 정립할 수 있게 되었다. 그리고 그 결과 일생 동안 더 나은 부모, 더 좋은 고모나 이모, 모든 젊은 여성과 남성들의 더욱 든든한 지원군이 되었다고 믿는다. 이 책을 읽은 독자들도 나와 비슷한 생각을 갖게 되기를 바라마지않는다.

1장

십대 소녀들을
옥죄는
성적 대상화의
덫

GIRLS AND SEX

캐밀러 오티즈와 이지 랭은 이전에도 이런 이야기를 익히 들어본 적이 있었다. 두 소녀는 3300명 이상의 재학생을 보유한 캘리포니아의 대규모 고등학교 3학년에 재학중이었다. 그리고 이번이 벌써 네번째 새 학기, 그리고 네번째 '개학식'이었다. 두 사람은 강당 끝 쪽에 앉아서 학교 행정 담당자들이 ('특히 3학년들의 경우') 출석의 중요성, 정학을 당할 만한 행동, 담배, 술, 대마초에 대한 경고를 늘어놓는 동안 딴생각을 하거나 가끔씩 친구들과 잡담을 하고 있었다. 그런데 갑자기 학생주임이 강당에 모인 여학생들에게 설교를 하기 시작했다. 이지는 당시의 상황을 이렇게 회상했다. "학생주임 선생님이 뭐래더라, '여학생 여러분, 외출을 할 때는 여러분 스스로와 가족을 존중하는 옷차림을 해야 합니다'. 이러더라고요." 금발에 푸른 눈을 한 이지의 한쪽 볼에는 보조개가 있어 말을 할 때마다 깊게 패였다. "학교는 짧은 반바지나 탱크톱, 배꼽티를 입기에 적합한 장소가 아닙니다. 스스로에게 물어보세요. 만약 여러분의 할머니가 그런 옷차림을 보신다면 기뻐하실까요?"

왼쪽 코에 작은 크리스털 장신구로 피어싱을 한 캐밀러가 집게 손가락을 좌우로 흔들면서 끼어들었다. "'여러분 자신을 존중해야 하기 때문에 몸을 가릴 수 있는 옷을 입어야 합니다.' 스스로를 존중해야 해요. 가족을 존중해야 합니다. 이 얘기는 정말 수천 번도 더 듣는 소리잖아요. 그러고는 바로 성희롱을 설명하는 슬라이드로 넘어갔어요. 꼭 여학생들 옷차림하고 성희롱 사이에 무슨 연관이라도 있는 것처럼. '스스로를 존중'하지 않으면 옷차림 때문에 성희롱을 당할 것이고, 성희롱을 당하더라도 그건 탱크톱을 입은 본인의 잘못이라는 투였어요."

캐밀러는 이런 학교 시스템 속에서 지내오는 동안 부당함에 정면으로 맞서는 일, '벌떡 일어나 떠들고 행동하는 사람'이 되는 것의 중요성을 터득하게 되었다. 그래서 학생주임의 이름을 소리쳐 부르기 시작했다. "윌리엄스 선생님! 윌리엄스 선생님!" 학생주임은 캐밀러를 강당 앞으로 불러 마이크를 건네주었다. 캐밀러는 마이크를 잡고 말하기 시작했다. "안녕하세요, 제 이름은 캐밀러예요. 저는 졸업반이고 방금 학생주임 선생님이 말씀하신 내용은 적절하지 않을뿐더러 완전 성차별적이고 '강간 문화'를 부추긴다고 생각합니다. 날씨가 더워서 탱크톱과 반바지를 입고 싶다면 그런 옷차림을 할 수 있어야 하고, 제가 스스로를 얼마나 '존중'하는지는 옷차림과 아무런 관련이 없어요. 학생주임 선생님 말씀대로라면 그저 피해자를 탓하는 악순환이 되풀이될 뿐입니다." 강당에 모인 학생들은 환호성을 질렀고, 캐밀러는 마이크를 다시 선생님에게 건네주었다.

캐밀러가 자기 자리로 돌아가는 동안 윌리엄스 선생님은 "고마워요, 캐밀러. 전적으로 동감입니다"라고 말했다. 그러나 그다음에 이렇게 덧붙였다. "하지만 그런 옷차림이 적합한 시기와 장소가 있기 마련입니다."

내가 학부모, 선생님, 학교 관리자, 심지어 또래 소녀들로부터 십대 여자아이들의 도발적인 옷차림에 대한 한탄 섞인 푸념을 들은 것은 이번이 처음은 아니었다. 부모들은 짧은 반바지, 딱 달라붙는 브이넥 상의, 엉덩이에 딱 달라붙는 바지처럼 '몸의 굴곡이 그대로 드러나는' 옷차림을 두고 한탄을 늘어놓았다. 도대체 왜 여자아이들은 그런 옷을 입어야 하는 거죠? 심지어 본인도 비슷한 옷을 입고 싶으면서 이렇게 묻는 어머니들도 있었다. 교장들은 예의범절에 대한 규칙을 세우려고 노력했지만 결국 반항심만 부추기는 결과를 낳았다. 시카고 교외 지역에서는 레깅스 금지 규칙이 제안되자 중학교 2학년 학생들이 피켓을 들고 시위하는 일도 있었다. 유타 주의 고등학생들은 졸업앨범 사진에서 여자 졸업생들의 윗옷에 목둘레선을 높이고 소매를 합성해놓은 것을 발견하고는 인터넷을 통해 항의하기도 했다.

남자아이들은 권위에 저항할 때 드레스 코드를 어긴다. '히피'는 기득권층에 항의하는 옷차림을 하고, '뒷골목 깡패들'은 새기

팬츠(속옷 윗부분이 보이도록 골반 아래로 내려 입을 수 있는 바지로 일명 '똥싼바지'로 불린다―옮긴이)를 입는다. 젊은 여성들에게 있어 쟁점은 섹스다. 단정한 옷차림을 장려하는 이유는 젊은 여성들의 섹슈얼리티를 보호하려는 동시에 억제하려는 것이다. 그리고 바로 이러한 이유로 여학생들은 자신뿐만 아니라 남자아이들의 성욕을 통제할 책임까지 지게 된다. 개학식이 끝나고 나서 여자 선생님인 생활지도주임이 복도에서 캐밀러를 불러세우더니 이렇게 말했다. "네가 주체적인 목소리를 내려고 한다는 점은 충분히 알아. 하지만 좀 논점에서 벗어난 이야기 같아. 남자 선생님들도 있고 남학생들도 있잖니."

"그럼 제 가슴을 빤히 쳐다보는 남자 선생님들을 고용하지 않으시면 되겠네요!" 캐밀러가 쏘아붙였다. 생활지도주임은 나중에 이야기를 계속하자고 했다. '나중'은 영영 오지 않았다.

이 일이 일어난 건 석 달 전이었지만 캐밀러는 아직도 화가 풀리지 않은 상태였다. 캐밀러는 이렇게 말했다. "사실 제가 어떤 옷을 입는지는 전혀 상관없죠. 학교에 가는 5일 중 4일은 남자애들이 집적대고, 빤히 쳐다보거나 위아래로 훑어보기까지 하고, 몸에 손을 대기도 해요. 그냥 학교에 가게 되면 자연스럽게 이런 일이 생긴다고 할 수밖에 없어요. 타고난 체형을 어쩔 수는 없잖아요. 연필을 깎으려고 자리에서 일어설 때마다 누군가가 제 엉덩이에 대해 품평한다는 사실을 알고 있기 때문에 전 완전 짜증나요. 남자애들한테는 이런 일이 없잖아요. 복도를 걸어가는데 여자애들이 '야, 너 종아리 죽인다! 아주 새끈한데'라고 한 적은 한 번도 없을

걸요."

캐밀러의 말이 맞다. 어떤 남학생들은 자신이 원하는 대로, 원하는 때에 여학생들 몸을 마음껏 평가하고 심지어 만져도 된다고 생각하며, 이런 생각에 제동을 거는 유일한 방법은 남학생들에게 직접 이야기하는 것이다. 그 전해에 캐밀러와 이지가 다니는 고등학교에서는 남학생들 몇이 학교의 THOT를 '폭로'하기 위한 인스타그램 계정을 만든 사건이 있었다. THOT는 '우리 학교 섹녀 That Ho Over There'라는 말의 머리글자를 딴 약어다(매 세대마다 매춘부 strumpet, 난잡한 여자 hussy, 화냥년 tramp, 걸레 slut, 지저분한 계집 skank, 섹녀 ho 등 여성의 섹슈얼리티를 악마화하는 새로운 주홍글씨를 만들어내는 것 같다). 이 남학생들은 여학생들의 인스타그램이나 트위터 계정에서 사진을 캡처한 다음(또는 학교 복도에서 몰래 사진을 찍은 다음) 각 사진에 해당 여학생의 성관계 이력에 대한 소문을 사실처럼 캡션으로 달았다. 이렇게 지목된 여학생들은 전부 흑인 또는 라틴계였다. 캐밀러도 그중 하나였다. 캐밀러는 "정말 모욕적이에요. 저에 대한 설명에는 '재미 좀 보려면 얘랑 떡쳐보시길'이라는 말도 있었어요. 저는 그런 사진이 돌아다니는데도 학교에 가야 했다고요"라고 말했다. 캐밀러가 정식으로 항의하자 학교 측에서는 캐밀러를 남성 경비원 네 명과 한방에 넣었고, 경비원들은 캐밀러에게 학교 내에서 그 사진에 붙은 설명에 해당하는 행위를 실제로 한 적이 있는지 물었다고 한다. 치욕감을 느낀 캐밀러는 결국 항의하기를 멈췄다. 그 인스타그램 계정은 결국 흐지부지 닫혀버렸고, 계정을 만든 사람들은 결코 누군지 밝혀지지 않았다.

온라인에서든 오프라인에서든, 캐밀러가 겪은 일은 결코 이례적인 사례가 아니다. 근처 캘리포니아 마린 카운티의 고등학교 2학년생인 한 여학생은 해당 학교의 배구팀에 소속되어 있었는데, 축구팀 남학생들이 배구장 관중석에 모여서 연습중인 여자 배구선수들을 희롱한다고 했다. 예를 들면 여학생들이 공을 때리기 위해 돌진할 때 "사타구니gooch 죽이는데!"라고 소리지르는 식이다 (여담이지만 인터넷에는 배구 경기용 짧은 바지를 입은 미성년자 소녀들의 근접 사진이나 뒷모습 사진이 수백 장씩 올라와 있다). 샌프란시스코의 한 고등학교 졸업반 학생은 시카고의 우수학생 대상 저널리즘 프로그램에 참가하기 위해 현지에 도착한 지 며칠 되지도 않아서 참가자 남학생들이 어떻게 '창녀 드래프트(가상으로 미식축구팀을 만드는 판타지 풋볼 리그 게임과 유사한 형태)'를 만들어서 '섹스하고 싶은' 순서대로 여학생들의 순위를 매겼는지 설명해주기도 했다.

"여자애들은 완전 열받았어요. 근데 단순히 불평하고 끝낼 일이 아닌 거 아시죠? 섹스하고 싶은 여학생 순위에 올라 있는데 싫다고 하면 내숭 떠는 거고, 순위에도 없는데 뭐라고 하면 못생겼다는 소리잖아요. 그렇게 순위를 매기는 게 성차별적이라고 비판하면 유머도 모르는 페미넌이나 레즈비언 취급을 받겠죠."

나는 '마법의 팔'을 가지고 있어서 자기가 다니는 뉴욕 시 공립학교 복도에서 아무 여학생이나 껴안아봐도 해당 여학생의 브래지어 사이즈를 알 수 있다고 떠벌린다는 남학생 이야기를 들은 적이 있다. 또 미네소타 주 세인트폴의 한 파티에서 낯선 여성에

게 어슬렁거리며 다가가서 "그쪽 가슴 좀 만져도 돼요?"라고 물었
다는 남자 고등학생 이야기도 들은 적 있다. 또 특히 술을 몇 잔
(또는 그 이상) 마신 후에는 아무데서나 춤을 추며 허락도 받지 않
고 제멋대로 여학생들 뒤에서 몸을 '비벼댄다'는 남자애들의 이야
기는 온갖 곳에서 들려왔다. 여학생들은 대개 점잖게 이런 상황을
피하는 법을 알고 있다. 그럴 때 끈질기게 추근대는 남자애들은
드물다. 하지만 몇몇 여학생들은 댄스 파트너가 선을 넘어 치마를
걷어올리고 손가락을 속옷 안으로 밀어넣었다고 말하기도 했다.
대학에서는 남학생 사교클럽 파티에 참가하려는 여학생들이 입
구에서 소위 '외모 테스트'를 통과하지 못할 경우 아예 파티장에
들어가지 못할 수도 있다. 이 '외모 테스트'는 지정된 사교클럽 소
속 남학생이 '해당 여학생을 파티장에 들여보내줄지 아니면 거부
할지, 예쁜지 못생겼는지 판단한다. 바로 이 남학생 때문에 영하
의 날씨에도 배꼽티를 입어야 하는 것이고, 그렇지 않으면 집에서
혼자 전자레인지에 팝콘이나 튀겨 먹으면서 엄마에게 전화를 거
는 신세가 될 수도 있다'.

　이쯤에서 이 자리를 빌려 한 가지 분명히 밝혀두고, 이 책의 나
머지 부분에서는 이 이야기를 다시 반복하지 않을 것이다. 너무나
당연한 이야기이기 때문이다. 모든 남학생들이 이런 행동을 하는
것은 아니다. 절대로. 그리고 남학생들이 여학생의 가장 든든한
아군이 되어주는 때도 많다. 그러나 나와 이야기를 나눈 소녀들은
사회적 계층이나 인종, 성적 지향에 관계없이, 그리고 옷차림이나
외모에 상관없이, 단 한 명도 빼놓지 않고 중학교, 고등학교, 대학교

때, 또는 십중팔구 세 학교 모두를 거치는 동안 성희롱을 당했다고 말했다. 그렇다면 학교에서 진정으로 '정신을 못 차리는' 건 과연 어느 쪽인가?

남학생들의 생각과 행동의 원흉으로 여학생들의 옷차림을 비난하는 것은 아무리 긍정적으로 본다 해도 역효과를 낳을 뿐이다. 최악의 경우 이런 사고방식은 순식간에 '여자애가 나쁜 일을 당해도 자업자득이지'로 발전하기도 한다. 하지만 그와 동시에 나는 캐밀러처럼 '소위 더 도발적인' 옷차림을 선호하는 여학생들도 무언가 논점을 놓치고 있다는 생각을 지울 수 없다. 두 팔(그리고 다리와 가슴골, 몸통 일부)을 훤히 드러내는 것을 페미니즘 운동의 일환으로 여기는 것은 어쩐지 독단적이라고 느껴진다. 나는 영국의 페미니스트 케이틀린 모런이 제안했던 리트머스 테스트처럼 성차별주의에 대한 간단한 테스트를 생각해냈으며, 캐밀러 역시 무의식적으로 비슷한 요지의 말을 하기도 했다. 그 테스트란 '남자들도 똑같이 그런 행동을 하고 있는가?'를 자문해보는 것이다(이 경우에는 남자들도 여자들처럼 신체를 훤히 노출하는 옷차림을 하는지 생각해보는 것에 해당하겠다—옮긴이). 모런은 "만약 남자들이 똑같이 행동하지 않는다면, 단호한 페미니스트들은 당신의 행동을 '말도 안 되는 쓰레기 짓'이라고 일축해버릴 가능성이 크다"고 적었다.

비록 캣콜링catcalling을 당하는 것은 여학생들뿐이지만, 그와 동시에 여자아이들의 패션 자체가 아주 어린 나이부터 체형을 의식하도록 만드는 것도 사실이다. 대형 유통 체인 타깃Target은 여자 유아들을 위한 비키니 수영복을 갖춰놓고 있다. 갭Gap은 갓 걸음

마를 시작한 여자아이들용 '스키니진'을 판매한다. 유치원생 여자아이들은 눈이 허리둘레보다 더 큰 디즈니 공주를 동경한다. 한겨울에 열한 살짜리 남자아이더러 엉덩이에 딱 붙는 손바닥만한 반바지를 입거나 배꼽을 훤히 드러내는 옷을 입으라고 하는 사람은 없다. 물론 나는 옷을 통해 여자아이들의 섹슈얼리티를 통제하려는 움직임을 우려하기는 하지만, 그와 동시에 끊임없이 자기대상화를 부르짖는 목소리에 대해서도 걱정한다. 소녀들은 자신의 가치가 단순히 몸에 달려 있다며 스스로를 격하하고, 자신의 몸을 타인의 즐거움을 위해 존재하는 신체 부위의 집합으로 보며, 외모를 끊임없이 확인하고, 성적인 쾌락을 느끼기보다는 성행위를 잘 해내는 것에 집착하라는 압력 속에서 살아간다. 나는 헌터 칼리지 교수이자 십대 소녀들의 성적 욕구에 대해서는 가장 유명한 전문가인 데버러 톨먼과 나눈 대화를 기억한다. 톨먼은 연구에서 이렇게 언급한 바 있다. "여자아이들은 자신의 몸이 어떻게 느끼는가, 즉 성욕이나 성적 흥분과 관련된 질문을 하자 그 대답으로 자신의 외모에 대해 어떻게 생각하는지 설명하기 시작했다. 나는 여자아이들에게 근사한 외모와 성적 쾌락은 전혀 관계없다는 사실을 상기시켜야 했다." 자기대상화는 우울증, 인지기능 저하, 낮은 평점^{GPA}, 왜곡된 신체 이미지, 신체 감시$^{body monitoring}$(끊임없이 신체를 확인하고 신체 변화에 민감하게 반응하는 것―옮긴이), 섭식장애, 위험한 성적 행동, 성적 쾌락 감소와 밀접하게 연관되어 있다. 중학교 2학년 학생들을 대상으로 한 연구에서, 여학생 우울증 사례의 절반, 자존감 문제 사례의 3분의 2 이상이 자기대상화에 그 원인이 있었다. 또다른 연구는 외모에 집착할수록 소녀들이 신체에 대한 수치심과 불안감을 더 많이 갖는다는 점을 보여주기도 했다. 고등학교 졸업반 학생들에 대한 연구에서는 자기대상화가 심할수록 섹슈얼리티에 대해 부정적인 태도를 보이고, 섹스에 대해 이야기할 때 불편함을 느끼며, 성적 접촉 후 자신을 책망하는 빈도도 높았음이 밝혀졌다. 또한 자기대상화는 낮은 정치적 효능감과도 연관되어 있는데, 정치적 효능감이란 자신이 공론장에 영향을 미칠 수 있으며 여론을 변화시킬 수 있다는 생각을 뜻한다.

이러한 위험에도 불구하고 과도한 성적 대상화는 만연해 있고, 어디에나 존재하는 탓에 오히려 의식하지 못할 지경이 되었다. 이는 여자아이들이 헤엄치는 물과 같고, 들이마시는 공기와도 같다. 여자아이들은 미래에 운동선수, 예술가, 과학자, 음악가, 뉴스캐스터, 정치인, 또는 그 어떤 직업을 갖게 되건 간에, 여성으로서 그 무엇보다 최우선적으로 성적인 매력을 발산해야 한다는 현실을 배운다. 2011년 프린스턴 대학에서 발표한 보고서에 따르면, 과거 십 년간 리더(학생회 임원직) 위치에서 활약하는 여학생 수는 감소하는 경향을 보였다. 탁월하게 뛰어난 자질을 갖춘 여학생들이 리더 자리를 피하는 이유 중 하나는 능력만으로는 충분치 않다는 것이었다. 여학생들은 "(남학생들과 마찬가지로) 똑똑하고, 추진력 있고, 여러 가지 다양한 활동에 참여해야 할 뿐 아니라, 예쁘고, 섹시하고, 날씬하고, 친절하고, 상냥해야 한다". 심지어 한 여자 졸업생은 이렇게 표현하기도 했다. 여학생들은 "모든 것을 해내야 하며, 그것도 전부 잘해야 할 뿐만 아니라, 그 와중에 '핫하게' 보이기까지 해야 한다". 2013년 보스턴 칼리지 연구에서는 여학생들의 자존감이 학교에 입학할 때보다 졸업할 때 오히려 낮아진 것으로 드러났다(남학생들의 자존감은 높아졌다). 이들 역시 '특정한 방식으로 옷을 입거나 보여야 한다는 압력'이 그 이유 중 하나라고 지목했다. 듀크대에서 실시한 설문조사도 위와 비슷한 결론에 도달했는데, 설문에 참여한 2학년생 한 명은 이러한 현상을 '자연스러운 완벽함effortless perfection'이라고 지칭했다. '자연스러운 완벽함'이란 '똑똑하고, 능력이 뛰어나며, 몸매가 탄탄하고, 예쁘며, 인기가 많은데, 눈에 띄는 노력 없이 이 모든 요소를 갖추어야 한다는 기대감'을 나타낸다. 여학생들이 좌절하는 것도 어쩌면 당연한 일이다.

저널리스트 애리얼 레비는 자신의 저서 『광적인 여성 우월주의자들Female Chauvinist Pigs』에서 '핫하다'는 '아름답다'나 '매력적이다'와는 다르다고 적었다. '핫하다'라는 말은 상업화되고, 일차원적이며, 무한대로 복제되고, 솔직히 말해 상상력이라고는 찾아볼 수 없는 시각적 섹시함을 의미하며, 이 말을 여성에게 적용하면 '따먹고 싶고 팔릴 만한'이라는 몇 단어로 요약할 수 있다. 레비는 '핫함'이란 특히 여성에게 적용되는 용어라고 주장하는데, 이것이 가장 적나라하게 드러난 사례는 케이틀린 제너로 개명한 브루스 제너가 표지 모델로 등장한 2015년의 『배니티 페어』였다(브루스 제너는 전 미국 육상 대표선수이자 올림픽 금메달리스트로, 여성으로 성전환한 후 케이틀린 제너로 개명했다—옮긴이). 65세의 케이틀린은 '트래시 란제리Trashy Lingerie'라는 브랜드의 코르셋을 입고 등장해 남성에서 여성으로의 신체적 변화를 만천하에 공개했다. 풍만한 가슴은 코르셋 위로 흘러넘칠 듯하고 입술은 천진난만한 처녀의 것처럼 반짝였다. 언론에서는 올림픽 금메달을 획득한 후 머리카락이 땀에 흠뻑 젖은 채 승리를 만끽하며 팔을 번쩍 들고 있는 브루스 시절의 사진과 이 커버 이미지를 나란히 싣는 경우가 많았다. 남성으로서 브루스는 자신의 신체를 이용했다. 여성이 되자 케이틀린은 자신의 몸을 전시했다. 지나치게 편협한, 성형수술이나 이미지 편집을 통해 과장되게 표현된 '섹시함'만이 이상적이라는 생각이 젊은 여성들에게 주입되지만, 정작 여성들이 그러한 섹시함을 추구하면 '걸레'라는 낙인이 찍히고 만다. 그리고 변한 것은 이 부분이다. 이전 세대의 경우 미디어의 속성에 해박하고 스스로를 페미니스트라 여긴 여성들은 자신들이 대상화되는 것을 경계했지만, 오늘날은 성적 대상화를 개인 선택의 문제로 보며 자신의 섹슈얼리티는 억지로 강요된 것이기보다 자신의 의도대로 표현할 수 있는 것이라 생각한다. 그리고 '핫함'이 여성이 영향력과 권력, 독립을 쟁취하기 위한 전제조건이라면, 여성들이 핫해지려는 건 당연한 일 아니겠는가?

나와 이야기를 나눈 여학생들은 노출이 심한 옷을 입었을 때 우쭐하면서도 동시에 무력감을 느낀다고 털어놓았고, 자기 몸에 대해 끊임없이 공공연한 평가가 내려지는 데 분개하면서도 해방감, 대담함, 성공한 여성, 성적 매력이라는 용어를 빈번히 사용했다. 또한 소녀들은 자신의 의지에 따라 성적인 면을 적극적으로 부각하기를 택했다고 생각했으며, 이는 다른 누구도 아닌 자기 자신의 결정이지만 동시에 그 외에는 선택의 여지가 없다고 생각했다. 한 대학 2학년생은 이렇게 말했다. "눈에 띄고 싶거든요. 남자를 유혹하고 싶은 거죠. 그러니까 단순히 핫하다는 것보다는 누가 가장 핫한지가 중요해요. 심지어 제 친구 중 한 명은 거의 다 벗고 파티에 나타나는 수준이라니까요." 여학생들은 매일같이, 아니 매 순간마다 때로는 의도하지도 않은 채 주체성과 대상화를 오가며, 가끔씩은 자신이 어떤 쪽인지조차 확신하지 못하기도 한다. 예를 들어 캐밀러는 어느 날 새로 산 뷔스티에(브래지어와 코르셋이 연결된 여성용 상의로 어깨와 팔이 노출된다─옮긴이)를 입고 학교에 갔다. 캐밀러는 이렇게 말했다. "그렇게 입으니까 '오늘 나 아주 괜찮은데?' 하는 생각이 들었어요. '오늘 완전 끝내주는 거 같고 신나게 보내야겠다.' 그런데 학교에 도착하자마자 말이죠." 여기서 캐밀러는 손가락을 딱 튕겼다. "순식간에 상황이 바뀌는 거예요. 사람들이 힐끔거리고, 아래위로 훑어보고, 뒷담화를 까요. '이거 입지 말걸. 다 벗은 거 같고 진짜 끼네.' 뭐 이미 늦은 거죠. 진짜 사람을 깎아내리는 느낌이에요." 나는 캐밀러의 이야기를 들으면서 속으로 생각하기 시작했다. 스스로를 얼마나 '핫하다'고 느끼느냐에 따라 그날 하루의 기분이 좌우된다는 부분이 특히 인상적이었다. 또한 캐밀러는 이야기하는 도중에 자신을 일인칭에서 이인칭으로 바꾸었다. 마치 갑자기 자신이 주변 사람이 되어 스스로를 하나의 대상으로 바라보고 있는 것처럼 말이다.

나는 예전에 대학 강연이나 부모들을 대상으로 한 대중 강연을 할 때 성적 대상화는 외부에서 여성들에게 억지로 강요하는 것이며 섹슈얼리티는 여자들의 내면에서 솟아나는 것임을 기억하면 두 가지를 명확히 구분할 수 있다고 설명했었다. 하지만 이제는 그 두 가지의 구분이 그렇게 간단하다고 생각지 않는다. 세 살 여자아이가 매일같이 하이힐을 신고 유치원에 가겠다고 고집을 부리거나, 다섯 살 여자아이가 자신이 '섹시'하냐고 묻는 것, 또는 일곱 살 아이가 에버크롬비의 패드를 덧댄 비키니 상의를 사달라고 조르는 것(에버크롬비는 학부모들의 항의 이후 이 제품의 판매를 중단했다)은 누가 보아도 바람직하지 않은 광경으로 비칠지 모른다. 하지만 열여섯 살 소녀가 비키니 상의와 짧고 딱 달라붙는 청반바지를 입고 남자친구의 차를 세차하고 있다면 어떤가? 대학 신입생들이 듣는 스트립 댄스 기반의 에어로빅 수업은? 그리고 그 에어로빅 복장은 또 어떤가? 커다란 뿔테 안경을 걸친 샌프란시스코 근교 지역의 고등학교 졸업반 시드니는 나에게 이렇게 물었다. "스스로가 별로라고 느껴서 인정받고 싶어서 옷을 걸레같이 입는 거랑, 인정이고 뭐고 자기가 괜찮다고 느껴서 걸레 같은 차림으로 다니는 거랑 별 차이 없지 않나요?"

"다를 수도 있지." 나는 응수했다. "너는 양쪽을 어떻게 구별하는지 설명해줄래?"

시드니는 검정색 매니큐어가 벗겨진 손톱을 빤히 내려다보다가 여러 개의 은반지 중 하나를 이 손가락에서 저 손가락으로 바꿔 끼고는 다시 원래 손가락에 끼웠다. "구별할 수가 없어요." 잠시 시간이 흐르고 시드니가 말했다. "저는 지금까지 제가 진심으로 좋아하는 것과 다른 사람들한테 듣고 싶은 말, 그리고 관심 받기 위해 특정한 모습으로 보이고 싶은 욕구 사이에서 갈팡질팡하면서 고민해왔어요. 그리고 마음속으로는 그것 때문에 저 스스로가 제 행복을 속이고 있다는 생각도 들어요."

'핫함'은 여성들에게 일종의 의무사항으로 간주되는 동시에 성희롱이나 성추행을 정당화하는 모순된 성격을 가지고 있으며, 여자아이들은 실제로 이 '핫함'이라는 제약에 반발한다. 2011년에 토론토의 한 경찰관이 여자 대학생들에게 성폭행을 피하고 싶으면 도발적인 옷차림을 하지 말아야 한다는 발언을 한 이후, '슬럿워크slutwalk'라는 자발적인 운동이 폭발적으로 퍼져나가기도 했다. 전 세계에서 분노한 젊은 여성들이 망사 스타킹과 가터벨트를 착용하고 거리로 쏟아져나와 '내 옷차림은 아무에게나 내 몸을 허락한다는 의미가 아니다!' '내 엉덩이는 성폭행에 대한 변명이 될 수 없다' 등이 적힌 피켓을 들고 행진했다. 이와는 반대급부로 일부 Y세대는 겨드랑이 털이 자라도록 내버려두는가 하면 보통 끈 팬티라 부르는 고문도구를 거부하여 화제가 되었으며(엉덩이 쪽에 '페미니스트'라는 글자가 인쇄된 '헐렁한 할머니 팬티'를 입기도 했다), '핫함'에 집착하지 않고도 섹시할 수 있음을 증명했다. 좀 더 개인적인 사례를 찾아본다면, 내가 만난 젊은 여성들 중 한 미술 전공생은 여학생들이 대학 파티에 갈 때 입는 판에 박힌 '의상'이 지긋지긋했던 나머지 완전히 다른 의상을 선택했다. 반짝거리는 유니콘 옷을 입고 파티에 참석한 것이다. "해방감이 들더라고요. 여전히 몸매가 많이 드러나는 편이기는 하고 화장도 공들여 했지만 노출은 전혀 없었어요. 그리고 무엇보다 저처럼 입은 사람은 한 명도 없었어요."

핫한가 핫하지 않은가 그것이 문제로다─소셜미디어와 새로운 '몸 상품화'

여자아이들이 자기 자신을 생각할 때 언제나 자신의 몸부터 떠올린 건 아니었다. 1차대전 이전에는 '자기계발'이라는 말이 자아도취되지 않고 허영심이 없다는 뜻이었으며, 타인을 돕고, 학업에 열중하며, 책을 많이 읽고, 공감 능력을 배양하는 것을 의미했다. 작가 조앤 제이컵스 브럼버그는 『바디 프로젝트The Body Project』라는 저서에서 19세기 말과 20세기 말에 여자아이들이 내세운 새해 결심을 비교하며 이러한 변화를 강조했다.

1892년의 한 소녀는 이렇게 적었다.

나는 결심한다. 충분히 생각을 해보고 말을 한다. 열심히 일한다. 대화를 하거나 행동을 할 때 자제력을 발휘한다. 생각이 흐트러지지 않도록 주의한다. 품위를 지킨다. 다른 사람들의 일에 더 많은 관심을 가진다.

그리고 백 년 뒤의 한 소녀는 이렇게 적었다.

더 좋은 사람이 되기 위해 최선을 다해 노력한다. (…) 살을 뺀다. 새 렌즈를 산다. 이미 머리는 잘랐다. 근사한 화장, 새 옷과 액세서리.

브럼버그의 책은 소셜미디어가 본격적으로 보급되기 최소 십여 년 전인 1990년대 후반에 출간되었다. 마이스페이스의 등장과 페이스북의 출현, 그리고 그뒤를 이은 트위터, 인스타그램, 스냅챗, 텀블러, 틴더, 이크야크의 보급과 함께(감히 장담건대 머지않아 일부 소셜미디어와 연계된 마이크로칩이 모든 사람의 머릿속에 이식될 것이다) 몸은 여성의 자아를 궁극적으로 표현하는 수단으로 더 굳건히 자리잡게 되었고, 하나의 '기획'에서 의식적으로 홍보하는 '상품'으로 진화했다. 사람과 사람을 이어주는 소셜미디어를 재미있고 창의적이며 정치적으로 유용하게 활용할 수 있는 방법은 무궁무진하다. 자신이 또래들과 다르다고 느끼는 아이들, 특히 성소수자LGBTQ 십대에게는 소셜미디어가 생명줄 역할을 할 수 있으며, 이들이 절실히 필요로 하는 지원과 커뮤니티를 제공한다. 또한 소셜미디어는 자의식을 가차없이 드러내는 여자아이들의 성향을 부추기기도 한다. 외모나 몸무게, 신체 이미지에 신경을 쓰는 십대 여학생일수록 소셜미디어 프로필이라는 마법의 거울에 집착할 가능성이 크다는 연구가 있으며, 그 반대도 마찬가지다. 프로필을 자주 확인할수록 자신의 외모와 몸무게, 신체 이미지에 크게 신경을 쓰고 있다는 의미다. 여학생들의 소셜미디어 페이지 댓글들을 봐도 외모에 대한 글이 압도적으로 많으며, 심지어 현실 세계의 관계보다 소셜미디어 활동이 우정과 자아상, 그리고 자존감을 나타내는 척도가 되고 있다.

중서부에 위치한 어떤 사립대학 캠퍼스의 창문도 없는 지하 연구실에서, 2학년 1학기에 재학중인 세라는 내 앞에서 한쪽 다리는 발가락이 정면에서 보이도록 뻗고 다른 쪽 다리는 무릎을 살짝 구부린 '다리 꼬고 서기' 자세의 시범을 보여주고 있었다. 이 포즈는 원래 쇼걸들이 처음 선보인 것이지만, 이제는 젊은 여성들이 소셜미디어에 올릴 사진을 찍을 때 기본적으로 취하는 포즈가되었다. "이런 자세를 하면 그냥 서 있는 것보다 몸매가 더 날씬해보여요." 세라의 설명이었다. 세라는 애틀랜타에서 성장했으며 기독교 계열의 작은 고등학교를 다녔다. 푸른 눈의 세라는 머리를 금발로 염색해 어깨까지 늘어뜨렸으며 파운데이션, 아이섀도, 립스틱까지 공들여 화장을 한 상태였다. "사람들은요." 세라는 말을 멈추고 살짝 부끄럽다는 듯이 웃었다. "좀 웃기긴 한데, 사람들은 페이스북이나 인스타그램에서 멋지게 보이려고 사진 찍을 때 포즈 취하는 법을 연습하고 그럴걸요. 뭐, 저는 그래요. 한 손을 엉덩이에 얹는 것도 더 날씬해 보이는 자세예요. 그리고 가르마를어느 방향으로 탔든, 그 반대쪽이 더 '예쁘게' 보이는 각도거든요. 그래서 사진 찍을 때 저는 이쪽 방향으로 찍어요." 세라는 오른뺨을 내 쪽으로 돌리더니 말을 이었다. "잡티는 지워버리고 조명을조절해요. 〈도전! 슈퍼모델〉 같은 프로그램을 보면 '자기에게 맞는 조명 찾는 법' 같은 걸 배울 수 있어요."

예나 지금이나 십대 소녀들은 항상 또래에게 자신이 어떻게 비치는지 민감하게 인식해왔다. 소셜미디어는 그러한 자의식을 더욱 증폭시킨다. 오늘날 십대는 오프라인의 지인들과 이야기를 공유하는 대신 자신의 생각이나 사진, 취향, 행동(및 판단상의 실수)을 늘어놓고 947명의 '영원한 절친들'BFF(best friend forever의 준말로 미국 십대 여학생들이 자주 쓰는 표현─옮긴이)'에게 즉각적인 인정이나 비판을 구하는데, 이러한 소위 영원한 절친들 중 상당수는 사실상 전혀 모르는 사람들이나 마찬가지다. 로스앤젤레스의 아동디지털미디어센터Children's Digital Media Center에서 소셜미디어에 대한 대학생들의 태도를 연구하는 에이드리아나 매너고에 따르면, 십대들은 자아상을 내적 성숙에서 우러나는 것이라기보다 하나의 브랜드인 것처럼 이야기하기 시작했다. 십대에게 이 '절친들'은 끊임없이 관심을 끌고 관리해야 하는 관중이 된다. 십대 청소년의 92퍼센트가 매일 인터넷을 사용하며 그중 24퍼센트는 '거의 끊임없이' 인터넷에 접속한다. 뿐만 아니라 십대 청소년 4분의 3이 두 개 이상의 SNS를 이용한다. 인스타그램 같은 사진 공유 사이트는 여자아이들이 훨씬 활발하게 이용하는 편이며, 남자아이들은 온라인게임 쪽을 선호하는 경향이 있다. 샌프란시스코의 한 고등학교 졸업반인 마틸다 오는 나에게 이렇게 말했다. "이미지를 만들려고 경험을 쌓는 거예요. 결국 목표는 내가 섹시하고 매력 있고 인기가 많고 다들 날 좋아한다는 걸 보여주는 거죠." 마틸다의 말에 따르면, 십대 소녀라면 누구든 '겨울 점퍼 입은 사진보다 비키니를 입은 사진을 게시할 때 '좋아요'를 열 배는 더 많이 받는다는 사실을 알고 있다. 하지만 현실에서와 마찬가지로 여학생들은 '섹시'하되 '난잡하게' 보이지는 않도록, 그리고 성에 무관심해도 '궁해' 보이지는 않도록 신경써야 한다. 1500개에 걸친 페이스북 프로필을 조사한 연구에서는 대학 연령의 여성들이 남성들보다 다른 젊은 여성들의 프로필을 훨씬 더 가혹하게 평가한다는 사실이 드러났으며, 이들은 친구가 '너무 많고' 정보를 '너무 많이' 공유하며, 사진에서 살색을 '너무 많이' 보여주고, 남자친구의 이름을 '너무 자주' 언급하며, 상태 업데이트를 '너무 많이' 하는 사람들을 비판했다. 아이러니한 것은 1500개 중 1499개의 프로필이 모두 동일한 '이상형'을 추구하고 있다는 점이다. 거의 모든 페이스북 프로필이 상태 업데이트와 전문 사진관에서 찍은 사진, 노출이 있는 셀카 등을 통해 자신을 '재미있고' '걱정거리 없는' 사람으로 묘사하며, 주변에 예쁜 친구들이 가득하고, 수많은 파티에 참석하고, 연애와 대중문화, 쇼핑에 큰 관심을 두고 있는 여성을 이상형으로 삼는다. 그 주변의 인정을 받기 위해 해야 하는 바로 그러한 행동들 때문에 경멸어린 시선을 받게 되는 경우도 부지기수다.

표적이 되는 것도 순식간이다. 세라도 동의한다. "사람들한테 완전히 찍힐 수도 있어요. 제가 아는 어떤 여자애는 인스타그램에 셀카만 올리거든요. 전부 셀카예요. 그러면 사람들이 수군대요. 셀카만 올리는 걸 보니 쟤는 친구가 한 명도 없거나 자기밖에 모르는 것 같다고요. 별의별 걸 가지고 다 평가를 해대죠. 그리고 다른 사람을 평가하면 그게 그대로 자기한테 돌아올까봐 겁도 나긴 하는데, 이런 얘기를 아무도 하지는 않아요. 그냥 조용히 입다물고 있으면서 일종의 불문율을 익히려고 노력하는 거죠. 같은 이유로 프로필 사진도 너무 자주 바꾸면 안 돼요. 뭘 하고 있는지 일거수일투족 전부 상태 업데이트를 하는 것도 별로예요. 자기 사진을 너무 많이 올리는 것도 별로고요."

2013년에는 옥스퍼드 사전이 '셀카selfie'를 '올해의 단어'로 선정하기도 했다. 페이스북이나 인스타그램 계정이 있는 사람이라면 아마도 누구나 셀카 몇 장쯤 올려본 적이 있겠지만, 사춘기 여학생들처럼 수도 없이 시간대별로 셀카를 올리는 이들은 별로 없을 것이다(흥미롭게도 40세가 넘어가면 남성이 여성보다 셀카를 더 많이 올린다. 아마도 중년이 되면 여성들은 무의식적으로 자신의 모습을 감추는 모양이다). 이러한 사진들은 젊은 여성들의 호들갑스러운 자부심 행사이자, 공공의 공간을 차지할 권리에 대한 주장이라고 봐야 할지도 모른다. 『소녀들의 심리학Odd Girl Out』의 저자 레이철 시먼스는 이렇게 적었다. "끝도 없이 쏟아져나오는 포스팅을 단순히 이미지에만 집착하는 나르시시즘으로 치부한다면, 젊은 여성들이 자기홍보 연습을 하는 광경을 지켜볼 기회를 놓칠지도 모른다. 이는 훗날 연봉 인상과 승진을 위한 협상을 할 때 많은 도움이 되는 기술이지만, 이런 계기마저 없다면 여학생들은 남학생들에 비해 자기홍보 기술을 개발할 여지가 적을 수밖에 없다."

사적으로 알고 지내는 사춘기 소녀들(조카들, 내 친구들의 딸, 내가 인터뷰한 여학생들)이 올린 사진들을 넘겨보면서 아이들이 유명 기념물 앞에 서 있거나, 졸업식에 참석하거나, 친구들과 함께 장난치는 모습을 보는 것을 좋아한다. 그러나 그렇다고 해서 셀카에 대한 우려가 사라지는 것은 아니다. 셀카는 여자아이들에게 또하나의 억압으로 작용할 수 있으며, 타인의 좋은 평가를 받기 위해 자기 몸을 잘 꾸며서 보여주어야 한다는 또하나의 의무로 받아들여질 수도 있고, 자신의 가치를 시각적인 요소로만 평가되는 피상적이고 수동적인 존재로 격하해버리는 또하나의 수단이 될 수도 있다. 어떤 여학생은 나에게 이렇게 말하기도 했다. "스마트폰, 페이스북부터 해서 모든 게 사실 다 똑같죠. 내가 얼마나 예쁜가? 친구가 얼마나 많은가? 내 프로필 사진은 잘 나왔나? 한번 찬찬히 뜯어봐야겠어."

다시 한번 강조하지만 내가 만났던 여학생들은 수동적이지 않았으며 소셜미디어의 희생양도 아니다. 무척이나 명민하고 열렬한 페미니스트인 경우도 많다. 이들은 적극적으로 요즘 문화에 참여하면서도 그러한 행동의 의미와 영향에 대해 고민하고 있다. 한 대규모 조사에서는 셀카가 자신감을 높여준다고 생각하는 십대 소녀가 전체의 3분의 2에 달한다는 결과가 나오기도 했다. 이것이 현실이다. 하지만 대략 절반 정도는 다른 사람들이 본인의 사진을 올릴 경우 기분이 나빠지기도 한다고 답하기도 했다(아마도 사진을 올리는 사람이 자신 외에는, 다른 사람이 가장 근사하게 보이는 각도를 그다지 신경쓰지 않기 때문일 것이다). 신체에 대한 불만 정도는 십대 소녀들이 실제로 소셜미디어에 얼마나 많은 시간을 소비하느냐보다는 사진을 공유하고 보는 데 얼마나 많은 시간을 쏟느냐에 달린 것으로 보인다. 친한 친구든 잘 모르는 또래 여자애든, 다른 사람들의 사진을 많이 보면 볼수록 자신의 외모에 대한 불만은 커진다. 그렇다면 코를 날렵하게 만들고 치아를 하얗게 보이도록 해주고 활짝 웃는 모습을 만들어주는 '셀카 보정 앱'이 우후죽순 쏟아지는 것도 놀랄 일은 아니다. 미국 30세 미만 여성들의 성형수술 역시 증가 추세다. 2011년에는 졸업반 무도회 셀카에서 더 예쁘게 보이고 싶다는 구체적인 이유를 들어 턱 성형수술을 받은 여고생 수가 71퍼센트나 증가하기도 했다. 2013년에 미국안면성형재건학회American Academy of Facial Plastic and Reconstructive Surgery가 실시한 설문조사에서는, 응답한 회원 3분의 1이 셀카를 찍을 때 더 예뻐 보이기 위해 성형수술을 하려는 환자를 시술한 적이 있다고 답했다.

시리얼을 먹거나, 졸업반 무도회에 입을 드레스 쇼핑을 하거나, '베프'들과 어울리는 모습을 셀카로 찍어서 올리는 것 자체는 사실 큰 문제가 아니다. 비록 업로드 양이 어마어마하다고 해도 말이다. 부모들이 진짜 걱정하는 것은 셀카의 위험한 파생물인 섹스팅이다. 우리 부모들은 딸에게 노골적인 성적 메시지, 더 나아가 누드나 세미누드 사진을 다른 사람에게 보내면 절대로 안 된다고 귀에 못이 박이도록 이른다. 일단 한 번 인터넷에 게시되면 영원히 되돌릴 수 없기 때문이다. 스냅챗은 즉시 재배포가 가능하며 일종의 무기로 사용할 수 있는 스크린샷 기능을 막아두지 않는다 (주로 이별 후에 피해자 동의 없이 인터넷상에 올리는 성적인 이미지, 즉 '리벤지 포르노'도 증가하고 있다). 사실 미국 십대들 사이에서 '섹스팅'이 얼마나 보편적으로 퍼져 있는지는 정확히 파악하기 어렵다. 여러 조사에 따르면, 15퍼센트에서 48퍼센트에 달하는 응답자(조사대상의 연령이나 섹스팅의 정의에 따라 비율은 다소 달라진다)가 노골적인 문자나 사진을 보내거나 받아본 적이 있다고 답했다. 하지만 분명한 것은 이러한 관행이 성별에 따라 사뭇 다른 양상을 띤다는 점이다. 비록 자발적으로 섹스팅을 하는 남자와 여자의 수가 비슷하다고 해도, 여자들은 남자들에 비해 주변의 압력이나 강압, 또는 협박이나 위협 때문에 섹스팅을 하게 될 가능성이 두 배나 높다. 한 대규모 조사에서는 십대 응답자의 무려 절반이 바로 이 범주에 해당했다. 강압에 의한 섹스팅은 강압에 의한 실제 섹스보다도 더 많은 장기적 불안, 우울증, 트라우마를 야기하는 것으로 보이기 때문에 이 점은 특히 우려스럽다. 내가 만나본 여학생들 중에서는 중학교 때부터 누드 사진을 찍어 보내라고 끊임없이 괴롭힘을 당한 아이들도 있었다. 어떤 소녀는 중학교 2학년 때 같은 반에 있는 남학생이 (문자로) 가슴 사진을 보내지 않으면 자살하겠다며 위협했다고 말했다. 그 여학생은 부모님에게 이 사실을 털어놓았지만, 그 남학생이 동시에 목표물로 삼았던 여학생의 친구는 협박에 못 이겨 사진을 보내고 말았다. 때로는 이러한 주변의 압력이 타인을 기쁘게 하거나, 도발하거나, 핫하다는 인정을 받고 싶은 여자아이들 자신의 욕망과 섞이기도 한다. 어떤 여자아이들은 남자친구를 신뢰한다는 사실을 증명하기 위해, 호감이 가는 남자아이의 관심을 끌기 위해 섹스팅 사진을 보낸다(남자아이들도 성적인 사진을 보내기는 하지만 여자아이들은 일반적으로 그런 사진이 지나치게 공격적이고 '역겹다'고 여긴다). 한 소녀는 사립 유대교 중학교의 반 친구들 사이에서 동영상 채팅을 하면서 남자아이들에게 가슴을 살짝 보여주는 것이 '유행'했었다는 이야기를 들려주었다. 남자아이들은 그 장면을 스크린샷으로 찍어 인터넷에 올리기 시작했다.

"여자애들이 바라던 일이었니?" 나는 물었다.

소녀는 대답했다. "아니요. 그래도 이미 벌어진 거죠, 뭐." 소녀들은 고등학교에 진학하자 "철이 들어서 그딴 짓은 그만두게 됐지만" 소년들은 아니었다. "남자애들이랑 동영상 채팅을 하는데 '제발! 살짝 보여줘! 살짝 보여달라고!' 이런 식으로 말을 하더라고요. 저는 절대로 그럴 생각이 없었지만 남자애들은 아주 끈질겼어요. '그냥 한 번만 해봐. 절대 캡처는 안 할게. 약속해'라며 징징대는 거예요. 만약 제가 그런 남자애를 진짜 좋아한다면, 그렇게 해주면 걔도 날 좋아해줄 수도 있다는 생각을 하게 될걸요. 그런 사진이 잔뜩 든 폴더를 만든 남자애도 있더라고요. 꼭 트로피처럼요."

어떤 여자아이들은 섹스팅과 야한 동영상 채팅이 안전하게 섹스를 시험해볼 수 있는 방법이라고 여긴다(최소한 본인들은 그렇게 보고 있다). "중학교, 고등학교 때는 메신저로 진짜 야한 섹스팅을 했었어요." 미 동부 연안에 위치한 대학의 신입생은 이렇게 털어놓았다. "스카이프로 스트립쇼도 했죠. 아직 첫 경험을 할 준비는 안 되어 있었지만 나쁜 여자인 척하는 게 너무 재밌었어요." 이 학생은 함께 채팅을 했던 사람들이 자신의 스트립쇼 영상을 공유할까봐 걱정하지 않았다. 자기 몸을 이용해 유혹뿐 아니라 위협도 할 수 있다고 믿었기 때문이다. "저는 키가 180센티예요. 앙증맞고 귀여운 스타일은 아니죠. 영상을 공유하면 불알을 뜯어버릴 것 같이 보이는 거죠. 잘못하다간 제대로 당하겠다 싶고. 그렇기 때문에 제가 주도권을 쥐고 있다고 생각해요."

셀카는 권능을 부여해주는가empowering, 아니면 억압적인가? 섹스팅은 해로운가, 아니면 무해한가? 치마는 섹슈얼리티의 당당한 표현인가, 아니면 남용인가? 이렇게 한번 해보자. 천장을 보면서 손을 머리 위로 올린 다음 집게손가락을 사용하여 시계 방향으로 원을 그린다. 계속해서 원을 그리면서 손가락이 눈높이에 올 때까지 천천히 팔을 내린다. 이번에는 계속 손가락으로 원을 그리면서 손가락이 허리춤에 오도록 내린다. 이제 눈을 아래로 내려서 원을 살펴보자. 어떤 쪽으로 원이 돌고 있는가? 불가능하게 보이겠지만, 원은 시계 방향과 반시계 방향으로 동시에 돌아간다. 경영 컨설턴트들은 이러한 '양쪽/둘 다both/and' 개념을 사용해 융통성 없는 '한쪽/둘 중 하나either/or' 사고방식을 타파한다. 데버러 톨먼은 십대 소녀들과 그들의 몸, 섹슈얼리티, 성적 대상화의 복잡한 관계를 고려할 때도 이러한 개념이 유용하다고 한다. 이는 부모와 사춘기 소녀들 모두에게 까다로운 문제다. 복장이나 소셜미디어, 대중문화의 영향 등 어떤 문제를 논하건 간에 이견의 여지가 없는 명확한 정답은 존재하지 않기 때문이다.

이제 대세는 엉덩이다

2014년에 큰 인기를 끈 메건 트레이너의 〈올 어바웃 댓 베이스 All About That Bass〉라는 곡의 가사는 바로 이 '양쪽/둘 다'라는 모순을 절묘하게 다루었다. 표면적으로 이 노래는 자기 몸에 대한 긍정을 찬양하며, '젓가락같이 마른 실리콘 덩어리 인형'이라는 이상형을 거부한다. 하지만 여기에는 트로이의 목마처럼 다른 의미가 숨겨져 있다. 트레이너는 '젓가락 같은 년들'에게 불필요한 비난을 퍼부을 뿐만 아니라(바로 다음에 "아니야, 그저 농담일 뿐이야"라는 한 발 물러서는 가사가 나온다), 젊은 여성들에게 "남자들은 밤에 움켜쥘 수 있는 약간 더 넉넉한 엉덩이를 좋아해"라고 하면서 안심시키려 한다. 그러니까 당연히 통통해도 괜찮다는 의미다. 남자들이 너를 여전히 핫하다고 생각하는 한.

다만 트레이너는 엉덩이 붐에 다소 늦게 합류한 감이 있다. '베이스'는 이미 상승세를 타고 있었으며, 서믹스어랏 Sir Mix-A-Lot의 익살스러운 노래부터 제니퍼 로페즈의 트레이드마크에 이르기까지 여러 가지로 형태를 바꾸며 전국적인 집착으로 번져나갔다. 니키 미나즈는 싱글 앨범 〈애너콘다〉 커버에서 카메라에 등을 돌린 채 다리를 벌리고 앉은 자세로 거대한 뒤태를 뽐내고 있다(엉덩이 확대수술을 했다는 소문도 있다). 레이디 가가의 싱글 〈당신이 원하는 대로 해Do What You Want〉의 앨범 아트에는 티팬티를 입은 엉덩이 클로즈업 사진이 실려 있다(아동강간 혐의를 받고 있는 알 켈리와 함께 듀엣으로 부른 이 노래의 후렴 부분도 이렇다. "당신 원하는 대로 해, 내 몸을 가지고 네가 원하는 대로 해"). 비욘세는 〈온 더 런^{On the Run}〉 투어에서 지방시가 디자인한 엉덩이 맨살이 훤히 드러날 정도로 깊은 절개선이 들어간 보디수트를 입고 등장했다. 2014년 『스포츠 일러스트레이티드』 수영복 특집호 표지는 또하나의 뒷모습을 선보였다. 상의를 입지 않은 세 명의 슈퍼모델이 뒤돌아서서 양쪽 엉덩이를 훤히 드러낸 채 장난기 어린 표정으로 어깨 너머를 돌아다보는 사진이다. 같은 해 하반기에 로페즈는 신선한 동시에 매우 노골적인 뮤직비디오와 함께 트렌드를 선도하는 히트곡 〈부티^{Booty}(엉덩이라는 의미가 있다―옮긴이)〉를 발표했으며, 이 곡에는 '잘나가는 몸값 비싼 년^{Pu$$y}' 래퍼 이기 아젤리아가 피처링으로 참여했다. 킴 카다시안은 미끈거리는 베이비오일을 바른 아주 풍만한 엉덩이(카다시안도 인공적으로 엉덩이를 확대했을 가능성이 있다)를 강조한 『페이퍼』의 커버 사진으로 하마터면 '인터넷을 초토화'시킬 뻔한 것으로 유명하다.

이뿐만이 아니다! 소위 '엉덩이 셀카^{belfie}'의 여왕이라고 불리는 피트니스 모델 젠 셀터는 700만 명 이상의 인스타그램 팔로어를 보유하고 있으며, 인스타그램에 올린 홍보용 게시물로 6만 달러나 되는 돈을 벌었다. 이보다는 평범한 경우를 살펴보면, 완벽한 각도로 뒷모습을 찍을 수 있도록 도와주는 '엉덩이 셀카봉'이라는 8달러짜리 간단한 장치는 인터넷에서 순식간에 품절되었을 뿐만 아니라, 내가 이 책을 집필하는 현재, 몇 달이나 기다려야 겨우 손에 넣을 수 있다고 한다. 2012년과 2013년 사이에 미국에서는 다른 부위의 지방을 엉덩이로 이식하는 '브라질리언 엉덩이 리프팅'

수술을 받은 사람 수가 16퍼센트나 증가했다. 1만 달러에 달하는 수술비가 부담스러운 사람을 위해 22달러짜리 부티 팝 팬티가 출시되었으며, 빵빵하게 패드가 들어간 브래지어의 팬티 버전에 해당하는 이 팬티의 매출은 2014년 11월에 전년동기 대비 거의 50퍼센트나 성장했다. 제조회사는 뒤이어 패드를 25퍼센트 증가시켜 더욱 빵빵하게 만든 신제품을 출시했다.

어쩌면 그냥 이번이 엉덩이 차례일지도 모른다. 어쨌든 간에 여성들이 허리, 가슴, 골반, 팔뚝, 목, 얼굴에 집착하며 보낸 시간이 도대체 얼마인가? 지금까지 받아온 미용시술은 또 얼마나 많은가? 이쯤 해서 새로운 신체 부위가 주목을 받는 것도 놀랄 일은 아니다. 사실 '허벅지 사이 틈thigh gap'이라는 끔찍한 유행을 겪은 후에 또다른 신체 부위, 하물며 엉덩이가 외모 평가기준이 된다면 여성들이 강력하게 반발하리라 생각하기 쉽다. 엉덩이 열풍에 대한 기가 막힌 풍자를 담은 에이미 슈머의 〈밀크, 밀크, 레모네이드Milk, Milk, Lemonade〉를 들어보면, 우리는 지금 "응가 기계에 열광하고 있는 거잖아"라는 랩도 나온다. 그러나 내가 만난 여학생은 그렇게 생각하지 않았다. 마틸다 오는 내가 니키 미나즈의 〈애너콘다〉를 자기대상화라고 혹평하면서도 〈걸스Girls〉라는 드라마에서 상의를 입지 않고 탁구를 친 리나 더넘을 혁명적이라고 극찬하는 게 위선적이라고 했다. 하지만 더넘은 핫하게 보이려고 그런 행동을 한 것이 아니다. 오히려 그 반대다. 더넘은 뱃살이 넉넉하고 턱선도 둥그스름한데다 원래부터 가슴 한쪽이 살짝 쳐져 있다. 모르긴 몰라도 더넘의 '베이스' 역시 다소 묵직할 것이다. 한마디로 말해서 지극히 평균적인 미국 여성의 모습이다. 더넘은 자신의 몸을 사용해 완벽함과는 거리가 먼 평범한 모습을 보여주는 것에 대한 금기를 타파하고, 잔뜩 부풀어오른 보형물로 인한 기대치에 정면으로 도전한다. "니키 미나즈도 저항하고 있어요." 마틸다는 반박했다. 미나즈는 수치심을 벗어던지고, 남성들이 정의한 '다소곳한' 여성이라는 족쇄를 거부하며, 엉덩이, 특히 유색인종 여성의 커다란 엉덩이를 '지저분하다'고 생각하는 시각에 반발한다는 요지였다. 마틸다는 이렇게 말했다. "사람들은 항상 니키 미나즈 엉덩이를 가지고들 얘기하는데, 어차피 '이래도 문제고 저래도 문제'였을 것 같아요. 엉덩이를 강조하면 주류 문화가 흑인의 몸에 대해 가진 편견을 없애나갈 수도 있지만, 그러면서도 미나즈는 자기 자신을 '대상화'한다는 비난을 당하잖아요. 하지만 반대로 엉덩이를 강조하지 않는다면 '몸에 대한 수치심'을 조장하는 문화에 동참하는 거랑 같죠. 그렇다면 유색인종 여성이 페티시를 내면화한 것처럼 보이지 않으면서 '섹슈얼리티에 대한 주도권'이나 '몸에 대한 긍정적인 생각'을 가지려면 도대체 어떻게 해야 되죠?"

미나즈의 엉덩이가 관습에 저항하는 것인가? 가가는 어떤가? 수영복 차림의 『스포츠 일러스트레이티드』 모델들은? 이러한 이미지 중 어떤 것이 저항의 성격을 띠고 있으며 어떤 것이 관습에 영합하는 것인지, 어떤 것이 해방의 성격을 띠고 어떤 것이 억압적인지, 어떤 것이 미의 기준을 와해시키고 어떤 것이 새로운 미의 기준을 만들어내는지 어떻게 구별할 수 있을까? 양쪽의 성질을 동시에 지닐 수도 있을까? "저는 비욘세가 좋아요." 웨스트코스트 대학의 한 신입생은 이렇게 말했다. "비욘세는 제 우상이에 요. 완전 여왕이죠. 하지만 이런 생각도 들어요. 만약 비욘세가 예 쁘지도 않고 사람들이 비욘세를 엄청나게 섹시하다고 생각하지 않는다면, 과연 비욘세가 지금처럼 페미니즘적인 주장을 할 수 있 었을까요?"

2014년에 비욘세를 향해 "특히 어린 소녀들에게 미치는 영향이 라는 면에서 테러리스트나 다름없다"는 발언을 함으로써 비욘세 의 열광적인 팬덤인 '비하이브^{Beyhive}'를 제대로 건드린 페미니스트 벨 훅스는, 엉덩이에 대한 열광이란 여성을 신체의 한 부위로 격 하하는 가장 새로운 방식에 지나지 않는다고 주장했다. 즉 엉덩이 는 '여성 성기'를 대체하는 가장 최신의 PG-13 등급 표현에 불과 하다는 의미다. 집착 자체는 전혀 다를 것이 없고, 더 혁명적이지 도 않으며, 엉덩이에 대한 열광이 봉긋한 가슴이나 촉촉하게 젖어 벌어진 입술을 페티시화하는 것보다 더 여성에게 '권능을 부여'하 는 것도 아니다. 훅스의 말에 따르면 이 엉덩이 열풍은 모방에 의 해 다음 세대로 전달되는 다른 대중문화 요소들처럼 근본적인 의 문을 불러일으킨다. "여성의 몸을 소유하고 그에 대한 권리를 가 지고 있는 사람은 누구인가?"

마틸다와 같은 어린 팬들은 스타들 자신이 그 권리를 가지고 있다고 말한다. 이들의 주장에 따르면, 이 여성 아티스트들은 여 성을 착취하는 일이 다반사고 극도로 성을 상품화하는 업계에서 주도권을 쥐고 있다(또는 최소한 주도권을 쥐고 있다는 식으로 홍 보된다). 물론 이러한 여성 아티스트들은 상품이기도 하지만, 그와 동시에 상품을 생산하는 프로듀서이기도 하다. 무대에서 트워킹(엉덩이를 흔들면서 추는 자극적인 춤—옮긴이)을 하거나, 빙글빙글 봉춤을 추거나, 속옷 차림으로 제대로 갖춰 입은 남성의 주변을 맴돌며 춤을 추거나, 실오라기 하나 걸치지 않고 잡지 표지에 등장하겠다는 결정은 이제 온전히 여성들 자신이 내리는 것이다. 주변의 압력에 굴복해 성적 대상이 되기보다는 실제로 섹슈얼리티의 주도권을 되찾고 있는 것이다. 그러나 이러한 아티스트들은 여전히 대중에게서 원하는 효과를 얻어내기 위해 자신의 몸을 특정한 방식으로 드러내도록 요구하는 시스템 내에서 활동하고 있다. 사실상 이들은 오래전부터 스트립쇼 클럽에서 흔히 볼 수 있었던 광경을 새로운 이미지로 재편하고 이러한 시스템을 자신에게 유리한 쪽으로 이용함으로써 많은 돈을 벌고 유명세를 얻는다. 그러나 이를 실질적인 변화와 혼동해서는 안 된다. 가가나 리하나, 비욘세, 마일리, 니키, 이기, 케샤, 케이티, 셀레나가 꼭두각시는 아니겠지만 그렇다고 해서 여성 영웅인 것도 아니다. 이들은 기민한 전략가이며, 자신들의 선택으로 상품화된 성을 제시한다. 이것이 많은 수익을 가져올지는 모르나 그렇다고 해서 궁극적으로 다른 여성 아티스트나 평범한 소녀들을 구속으로부터 해방시키는 결과를 가져오지는 않는다.

따라서 우리가 던져야 할 진짜 질문은 유명 여자 가수들이 자신의 섹슈얼리티를 적극적으로 표현하는 것인지 착취당하는 것인지가 아니라, 왜 여성들의 선택지는 그토록 적은지, 왜 최대한 극단적으로 시선을 잡아끄는 방식으로 자신의 섹슈얼리티를 포장해서 파는 것이 성차별적인 엔터테인먼트 업계에서 여성이 정상에 오르는 가장 빠른 길인지가 되어야 한다(소셜미디어에서 평범한 젊은 여성들이 시선을 끌기 위해 노력할 때도 같은 원리가 적용된다).

전 세계를 떠들썩하게 한 트워킹

오클랜드의 오라클 아레나 무대 벽에는 마일리 사이러스의 얼굴이 둥둥 떠 있었다. 거대한 셀카와 『오즈의 마법사』 캐릭터를 합쳐놓은 것처럼 보였다. 그 얼굴은 윙크를 하더니 입술을 오므렸다가 다시 폈다. 분홍색 혀가 쭉 앞으로 나오더니, 갑자기 혀에서 몸에 딱 달라붙어 반짝이는 빨간색 레오타드를 상하의로 입고 어깨에는 깃털 장식을 단 진짜 마일리가 등장해 팔을 높이 들고 미끄러져 내려와 무대에 올랐다. 〈SMS〉라는 곡의 첫 소절이 흘러나오자 수만 명의 소녀들(과 일부 소년들)은 소리를 지르며 불빛이 번쩍거리는 아이폰을 들어올렸다(요즘은 라이터를 켜서 양옆으로 흔들지 않고 아이폰을 사용한다). 2014년 2월, 마일리가 "전 세계를 떠들썩하게 한 트워킹"으로 디즈니 이미지를 영원히 벗어던진 지 6개월이 지난 시점이었다(마일리는 디즈니 시트콤 〈해나 몬태나〉 주인공으로 큰 인기를 얻었다―옮긴이).

혹시 최근까지 속세와 인연을 끊고 살았던 독자들을 위해 간단히 설명을 하자면, 마일리는 2013년 MTV 비디오뮤직어워드^VMA에서 선보인 무대로 국제적인 분노를 불러일으켰다. 처음에는 흑인 여성 백업댄서(무슨 영문인지 거대한 테디베어 인형을 등에 달았다)의 항문을 입으로 애무하는 흉내를 냈고, 그다음에는 옷을 한 꺼풀 벗고 비닐 소재의 살색 속바지 차림으로 로빈 시크의 논란의 히트곡 〈블러드 라인〉을 듀엣으로 부르면서 그의 사타구니에 대고 엉덩이를 빠르게 흔들어대는 동작, 즉 '트워킹'을 했다. 또한 마일리는 보통 스포츠 행사에서 팬들이 손에 끼고 흔드는 거대한 스티로폼 손가락을 한 번 본 사람은 절대 잊을 수 없는 방식으로 사용했다. 무대 내내 혓바닥을 내밀고 징그럽게 흔들어대는 바람에 마일리의 혀는 이제 진 시먼스(록그룹 '키스'의 멤버로 요란한 화장과 길게 내민 혀로 유명하다—옮긴이)의 혀와 비견될 만큼이나 안 좋은 쪽으로 유명해졌다. 예상대로 이 무대는 보수적 평론가와 페미니스트 양쪽 진영으로부터 격노를 자아냈다(심지어 TV 생방송중에 '악마evil'라는 단어를 흥얼거리며 교황의 사진을 찢어버린 시네이드 오코너조차 마일리에게 "음악업계가 당신을 창녀로 만들도록 내버려두지 말라"고 촉구하기도 했다). 그다음에는 젊은 여성들을 중심으로 다시 그에 대한 반발이 일어났으며, 이들은 보수적 지식인들과 페미니스트들이 '자신의 섹슈얼리티를 표현한' 마일리에게 '성적 수치심을 심는다slutshaming'며 목소리 높여 비난했다. 마일리는 나쁜 여자라는 이미지를 위해 흑인 '래챗ratchet(무례하거나 상스러운 여성을 가리키는 속어로 현재는 흑인 빈민가를 나타내는 말로 쓰이기도 한다—옮긴이)' 문화 요소를 차용하고 풍만한 흑인 백업댄서들의 몸을 도구로 사용했다며 인종차별주의자라는 비난을 받기도 했다. 그러나 이런 것들은 아무런 문제가 되지 않았다. 다음날 아침이 되자 마일리의 싱글들은 나란히 아이튠즈 1,2위 자리에 올랐다. 6주 후에 발매된 〈SMS〉 앨범은 빌보드차트 1위로 데뷔했다.

내가 마일리의 콘서트를 보러 간 것은 그때가 처음은 아니었다. 그보다 5년 앞서 역시 오라클 아레나에서 열린 마일리의 〈원더 월드〉 투어를 보러 갔었고, 그 공연에서 마일리는 짧은 가죽바지와 가슴골이 훤히 드러나는 조끼를 입고 밴드의 남자들에게 몸을 비벼대면서 당시 십대 초반이었던 〈해나 몬태나〉 팬들에게 적잖은 충격을 주었다. 5년 후에 열린 이번 공연에서는 그때 그 어린 소녀들(과 엄마들)이 어느 정도 상황 파악을 한 것 같았다. 공연장 어디에도 십대 초반의 팬들은 보이지 않았으니까. 아니, 어쩌면 그 자리에 있었을지도 모르겠다. 단지 팬들도 마일리와 마찬가지로 나이를 먹었을 뿐이다. 공연이 시작되기 전 아레나 홀은 VMA에서 마일리가 선보였던 것처럼 '똥머리'를 한 십대 후반에서 이십대 초반의 젊은 여성들로 붐볐다. 일부는 15센티 크기 대문자로 트워크TWERK라는 단어가 새겨진 배꼽티를 입고 있었다. 스티로폼 손가락을 들고 있는 사람들도 적잖았다. 마일리가 VMA에서 살색 속바지 차림이 되기 전에 입었던 북슬북슬한 란제리 의상의 모조품을 찾아낸 사람들도 보였다. 그 의상에는 윙크하며 혀로 입가를 핥는 테디베어의 얼굴이 그려져 있었다('마일리 사이러스 의상'은 그해 핼러윈에 구글 인기검색어 2위에 올랐으며 테디베어 얼굴이 그려진 속옷 의상은 한 벌당 대략 90달러에 판매되었다). 한 소녀는 살색 브래지어와 팬티를 입고 우아하게 춤을 췄다. 그 자체로는 눈살을 찌푸릴 만한 일이 아닐지 몰라도, (아마 소녀의 부모로 추정되는) 두 명의 중년 어른이 파파라치처럼 카메라를 들고 소녀의 뒤를 좇는 모습에는 여러 사람이 고개를 저었다. 복부나 다리를 훤히 드러내거나 킬힐을 신은 사람들도 다수였다. 공기에는 대마초 냄새가 배어 있었다.

나는 매점 옆에 자리를 잡고 있었는데, 고작 15분 정도 되는 시간 동안 적어도 서른 명 이상의 소녀들이 그 유명한 혀 내민 포즈의 마일리 사이러스 포스터와 함께 자신의 사진을 찍어달라고 부탁해왔다. 몇몇은 '나는 웃겨!' '나는 엉뚱해!'를 표현하려는 듯이 '오리 입술'이나 '깜짝 놀란 척하는' 표정을 짓기도 했지만 대부분의 소녀들은 자기 우상의 동작을 그대로 따라 했다. 나는 에밀리아라는 열아홉 살 소녀에게 그 포즈의 어디가 그렇게 매력적이냐고 물었다. "제 생각에는 말하자면, '난 신경 안 써'라는 것 같아 보여서일걸요." 에밀리아의 대답이었다.

"뭘 신경 안 쓴다는 거지?"

에밀리아는 어깨를 으쓱했다. "그냥 신경 안 쓴다고요!"

근처에 서 있던 샌프란시스코 주립대학에서 여성학을 전공하는 스물한 살 학생은 검정과 흰색 줄무늬의 롬퍼(상의와 짧은 바지가 하나로 붙어 있는 옷―옮긴이)를 입고 똥머리를 했으며 입에는 새빨간 립스틱을 바르고 있었다. "저는 마일리가 자기 모습을 당당하게 보여주니까 좋아요." 학생은 말했다. "저는 〈해나 몬태나〉를 진짜 좋아했어요. 한 회도 빼놓지 않고 다 봤어요. 하지만 이제는 저도 나이가 들었고 마일리도 마찬가지예요. 마일리는 어린 시절의 굴레를 탈출해서 더이상 디즈니 스타가 아니라는 걸 보여줘야 했죠." 학생은 잠시 말을 멈추고 홀 주변을 둘러보았다. "그리고 이렇게 해냈고요."

"마일리는 완벽함의 화신이에요." 학생의 친구도 열변을 토했다. "어떤 문화적 이상형에도 맞아떨어지지 않잖아요. 여자라면 이래야지 하는 잔소리를 엄청 많이 듣는데, 마일리는요, 마일리는 그냥 마일리 자신이죠."

공연 자체는 환각 상태에서 보일 법한 이미지들이 가득한 만화경을 들여다보고 있는 것 같았다. 툭 튀어나온 눈에 뻐드렁니가 돋아나고 거대한 양쪽 엉덩이를 출렁이는 캐리커처 마일리(〈렌과 스팀피〉의 제작자인 존 크리스펄루시가 구상했다)가 스크린 속에서 신이 나서 뛰어다니는 동안, 실제 마일리는 곰 인형들과 함께 춤추고 노래 부르면서 더욱 많은 백업댄서들을 꼬집거나 더듬었다. 거대한 침대에서 쏟아져나온 남녀 댄서들은 마일리와 함께 유사 난교 퍼포먼스를 벌였다. 마일리는 '난쟁이'와 함께 성행위를 묘사하고, 링컨 대통령 옷을 입은 남자 댄서의 성기를 입으로 애무하는 흉내를 냈다. 마일리는 느릿하게 끄는 말투로 "혀를 더 많이 쓸수록 더 좋아. 지저분할수록 더 끝내준다고"라고 말하며 관객들이 서로 애무를 하도록 부추겼다. 또한 가장 '지저분한 행동을 하는' 커플은 무대 옆쪽에 설치된 대형 스크린에 비춰주겠다고 말했다("여자 커플도 항상 환영이야." 마일리는 능청스럽게 웃으며 말했다).

마일리의 퍼포먼스는 분명 자극적이고 날것의 느낌이 났지만 특별히 에로틱하지는 않았다. 이미지와 행동들이 너무나 중구난 방이고, 큰 의미나 목적은 전혀 찾아볼 수 없었기 때문이다. 그저 무조건반사만을 이끌어내기 위해 여기저기 잡동사니들을 던져놓은 것처럼 보였다. 그게 어떤 반응이든 간에 말이다. 저기 봐, 9미터 짜리 고양이야! 마일리가 대마초가 그려진 보디수트를 입었어! 마일리가 자동차 후드 위에서 흥분하고 있어! 마일리가 공중에 떠 있는 거대한 핫도그를 타고 앉았어! 머리를 아주 짧게 자르고 백금발로 염색한 마일리는 5년 전보다 더 말라 보였고, 엉덩이와 가슴에 살집이라고는 보이지 않았다. 놀라울 정도로 중성적으로 보이는 마일리는 청소년 관람불가 등급의 캐시 릭비(피터팬 역으로 유명한 체조선수 출신 여자 배우—옮긴이), 즉 약에 취한 피터팬을 연상시켰다. 마일리를 보고 있으려니 패리스 힐턴은 섹시한 외모에 대한 관심이 성적 쾌락에 대한 관심을 넘어선 시대에 완벽하게 맞아떨어지는 셀러브리티라는 애리얼 레비의 논평이 떠올랐다. 그 유명한 섹스 비디오에서, 힐턴은 카메라를 향해 포즈를 취할 때만 흥분하는 듯 보인다. 실제 섹스를 할 때는 사뭇 따분해 보이고 심지어 성관계를 맺는 도중에 전화를 받기도 한다. 레비가 주장한 바에 따르면, 오늘날의 '선정적인 문화'는 해방적이거나 진보적인 것과는 거리가 멀고, '성의 다양한 가능성과 신비로움에 마음을 열자'라는 취지도 아니라고 한다. 오늘날 문화에서 표현하는 '핫함'은 실제 섹스와는 분리된 개념이다. 레비는 심지어 힐턴도 이런 말을 했다고 지적한다. "제 남자친구는 제가 섹스를 좋아하는 사람은 아니라고 해요. 섹시하지만 섹스에는 별 관심이 없다고요."

어쩌면 마일리는 팬들에게 일종의 해방감과 체면을 벗어던질 수 있는 탈출구, 누가(부모님, 다른 연예인들, 언론) 자신을 '너무 난잡하다'고 생각하든 말든 개의치 않는 젊은 여성의 비전을 제시하는지도 모른다. 그것이 설령 타협된 비전이라 해도 말이다. 사타구니를 철썩철썩 치고, 엉덩이를 흔들며, 상스러운 말을 하고, 성행위를 흉내내는 것. 이 모든 행위는 성적인 자유에 대한 환상, 반항에 대한 환상, 저항에 대한 환상, 마일리는 아무것도 '신경쓰지 않는다'는 환상을 불러일으킨다. 그러나 당연히도 마일리는 신경을 쓴다. 셀러브리티로서의 위상을 유지하고 음악 차트 1위를 놓치지 않으려는 사람답게 아주, 무척이나 많이 신경을 쓴다. 내가 계속해서 마일리의 이야기로 돌아가는 것은 마일리가 특이한 사례라서가 아니라 오히려 그 반대라고 생각하기 때문이다. 마일리는 이를테면 인간 로르샤흐(불규칙한 잉크 무늬가 어떤 모양으로 보이는지에 따라 사람의 성격, 심리 상태 등을 판단하는 검사—옮긴이)로, 주류 중산층 소녀에 대한 이미지와 생각을 거름망처럼 적나라하게 보여주는 존재다. 마일리가 열다섯 살 때, 주류 중산층 소녀는 '순결반지'를 끼고 결혼할 때까지 처녀로 지내겠다고 맹세하는 이미지를 갖고 있었다. 마일리가 스물세 살이 되자 중산층 소녀는 원숭이 그림이 새겨진 레이스 레오타드를 입고 무대 위에서 난쟁이와 기계적인 유사 성행위를 하며 그것을 해방이라고 부르는 사람으로 바뀌었다. 끊임없이 자신만의 문화적 믹서에 여러 가지 재료를 넣어 완벽한 칵테일을 만들어내려 노력하면서, 마일리는 유명세를 유지하고, 관심을 독차지하고, 사람들의 눈에 띄고, '호감을 얻기 위해' 젊은 여성이 해야 할 일들을 때로는 반영하고 때로는 거부한다. 그리고 별로 노력하는 것처럼 보이지도 않으면서 이 모든 일을 해낸다. 이것이야말로 모든 젊은 여성들이 너무나 치열하게 고민하는 부분이 아닌가?

공연 중간쯤에 마일리는 관객들에게 이야기를 하기 위해 잠시 노래를 멈추더니 우렁차게 "씨발, 다들 기분 어때?"라고 소리쳤다. 그다음에 뒤로 돌아서서 머리 위로 아이폰을 높이 들어올리더니 혀를 내민 채 관객을 배경으로 셀카를 찍었다. 그리고 즉시 그 셀카를 인스타그램에 올렸다. 마일리 본인도 관객들과 전혀 다를 바 없어 보였다.

대중문화가 포르노 문화로 변화하다

"저는 포르노에 굉장히 민감해요." 앨리슨 리는 보라색으로 몇 가닥 염색한 짙은 머리를 초조한 듯 잡아당기며 말했다. 열아홉 살 앨리슨은 미 동부 연안에 위치한 대학의 2학년생이다. 본인 말에 따르면, 거의 전부가 이민자 출신 부모 및 자신과 같은 1세대 자녀들로 구성된 로스앤젤레스 교외지역의 '문화적으로 보수적인' 중국인 가정에서 자라났다. 앨리슨은 드라마 〈그레이 아나토미〉를 통해 특히 섹스와 연애에 대해 미국인들이 어떻게 행동하고 느끼는지 배웠다. 앨리슨은 이렇게 말한다. "그래서 이제 저는 아주 전형적으로 진보적인 미국 여대생의 관점을 가지고 있어요."

거기에는 포르노에 대한 양가감정도 포함되어 있다. 앨리슨이 이제까지 진지하게 사귄 남자친구는 두 명이었다. 한 명은 고등학교 3학년 때, 한 명은 대학 신입생 때였고, 두 명 모두 앨리슨에게 똑같은 말을 했다. "당연히 나도 포르노를 보지. 십대 남자라면 누구든지 다 본다고."

"저는 포르노가 나쁘고 도덕적으로 끔찍하고 역겹다는 생각은 하지 않아요." 앨리슨이 말했다. "하지만 포르노를 떠올리면 너무 불안해져요. '내가 지금 잘하는 건가?' 같은 생각이 들거든요. 당연히 저는 포르노 배우들처럼 섹시하지 않아요. 그리고 포르노 배우들이 하는 행위들을 하지도 않을 거고요. 남자친구 둘 다 저 때문에 포르노를 보는 게 아니라고 몇 번이나 안심시켰고, 저 역시 논리적으로는 남자친구가 포르노를 보는 게 제가 문제가 있어서 그런 게 아니라는 것도 잘 알고 있어요. 하지만 그래도 제 머릿속 한구석에는 불안감이 남아 있어요."

만약 벨 훅스가 주장한 대로 대중문화에서 여성을 표현하는 방식이 "누가 여성의 신체에 대한 권리를 가지고 있는가?"라는 의문을 불러일으킨다면, 그 대답은 끊임없이 확산되는 포르노의 영향에서 찾을 수 있을지 모른다. 결국 활처럼 휘어진 등, 촉촉하게 젖어 벌어진 입, 끊임없이 커지는 가슴과 엉덩이, 스트립 댄서들의 봉춤, 트워킹, 유사 성행위의 출처는 바로 포르노이기 때문이다. 여성의 성적 행동이 남성들을 위한 일종의 퍼포먼스라는 생각도 포르노에서 기인한다.

인터넷이 발달하면서 포르노는 역사상 유래를 찾을 수 없을 만큼 널리 퍼졌고, 특히 십대들도 쉽게 접근할 수 있게 되었다. 대중문화가 으레 그렇듯이, 이로 인해 포르노의 수위는 점차 높아졌으며 포르노 제작자들은 쉽게 다른 곳으로 눈을 돌리는 관객들을 붙잡아두기 위해 한계를 시험하며 더욱 과격한 시도를 해야 할 필요성을 느끼게 되었다. 주류 문화의 '엉덩이' 트렌드를 미러링(및 그에 대한 추가적인 의문을 제기)하기 위해 실시된 한 대규모 조사에서 가장 인기가 많은 포르노에 등장하는 성행위와 공격성을 조사한 결과, 조사대상 포르노의 절반 이상에서 항문성교가 쉽고 깨끗하고, 여성에게 즐거움을 주는 행위로 묘사되었다. 또한 조사대상 포르노 영상의 41퍼센트에는 '엉덩이에서 입으로' 옮겨가는 행위, 즉 남성이 여성의 항문에서 성기를 빼낸 다음 즉시 여성의 입에 넣는 장면이 나왔다. '붓카케^{bukkake} 섹스(남성 여러 명이 여성의 얼굴 등에 사정하는 것)', '안면 학대(여성의 구토를 유발하기 위한 오럴 섹스)', 세 명의 남성이 한 여성의 몸에 삽입하는 것, 여러 남성의 성기를 여성의 한 구멍에 삽입하는 장면 역시 증가하고 있다. 나는 이 자리를 빌려 비난받을 위험을 무릅쓰더라도 현실에서는 이런 행위가 여성들에게 절대 좋은 느낌을 주지 않는다고 단언하겠다. 자연스러운 외모의 사람들이 상호합의하에 양쪽 모두 즐거움을 느끼면서 현실적인 섹스를 하는 장면을 지켜본다면 별문제가 되지 않을 것이다. 아니, 오히려 바람직한 일일지도 모른다. 하지만 이따금 등장하는 페미니스트 포르노 사이트라면 모를까, 전 세계적으로 970억 달러(약 1130조 원) 규모에 달하는 포르노 업계가 내세우고 있는 것은 그런 영상이 아니다. 포르노 제작자들의 목표는 단 하나다. 남성들이 빠르고 강렬하게 쾌감을 느끼도록 하여 최대한 많은 수익을 올리는 것이다. 그 목적을 달성하는 데 가장 효과적인 방법은 여성 비하 행위를 에로틱하게 포장하는 것으로 보인다. 인기 있는 포르노 영상에 등장하는 행위에 대한 조사에서, 304개의 무작위 선별된 장면 중 거의 90퍼센트에 여성에게 신체적 공격을 가하는 모습이 담겨 있었고 절반에 가까운 장면에서는 말로 모욕을 가하는 광경이 나왔다. 여성들은 거의 예외 없이 미온적으로 대응하거나 공격 행위를 즐기는 모습을 보였다. 최악은, 포르노 속 여성들이 처음에는 학대에 저항하기도 하고 파트너에게 그만두라고 애원하기도 하지만, 애원이 받아들여지지 않을 경우 입을 다물고 행위를 즐기기 시작한다는 점이다. 그 행위가 아무리 고통스럽거나 치욕스럽더라도 말이다. 이는 현실과 전혀 다르다. 포르노 업계에서 일하고자 하는 어느 열여덟 살 소녀는 다큐멘터리 제작자 질 바우어와 로나 그래더스에게 이렇게 말했다. "저는 실제라면 절대로 섹스를 하지 않을 남자들이랑 섹스를 하게 될 거고, 절대로 하지 않을 말을 하겠죠. 성적으로 흥분될 만한 일은 아무것도 없어요. 그냥 가공된 고기나 다름없거든요."

미디어는 젊은이들에게 온갖 행동에 대한 '대본'을 제시하는 '슈퍼 피어super peer(청소년들의 행동과 사고방식에 매우 지대한 영향을 미친다는 점에서 미디어를 강력한 또래에 비유한 것이다―옮긴이)'라 불리는데, 여기에는 성관계에 대한 기대, 욕구, 기준 등도 포함된다. 미디어가 젊은이들에게 세번째 데이트를 할 때까지 키스를 하면 안 된다고 가르치던 시대가 있었다. 그러나 요즘은 확실히 사귀는 사이가 되기 전에 섹스부터 해야 한다고 가르친다. 인디애나 대학교 블루밍턴 캠퍼스 전기통신공학 교수이며 '대본 이론scripting theory'을 연구하는 브라이언트 폴은 이렇게 말한다. "학생들에게 이렇게 얘기를 해봤습니다. '대학 입학 후 첫번째 파티에서 해야 할 행동을 어떻게 배웠는지 생각해봅시다. 여러분은 대학생 파티에 가본 적이 한 번도 없지만, 맥주통 주변에 모여 있어야 한다는 사실은 알고 있었을 겁니다. 커플들이 하나둘씩 누군가의 방으로 사라진다는 것도 알고 있겠지요.' 그러면 학생들은 이렇게 대답할 걸요. '네, 〈아메리칸 파이〉 같은 영화에서 봤어요.' 그렇다면 이들은 성적인 접촉을 할 때 해야 하는 행동, 특히 노골적이고 과감한 행동을 도대체 어디서 배울까요? 포르노를 통해 배운다고 생각하지 않는다면 너무 순진한 거겠죠. 물론 젊은이들은 백지 상태가 아닙니다. 그들에게도 옳고 그름에 대한 감각은 있어요. 하지만 젊은이들이 특정한 주제에 반복적으로 노출될 경우, 그 주제를 받아들여 나름대로 내면에서 소화한 다음 본인의 성행위 대본에 일부나마 반영할 가능성이 높아요. 따라서 여성이 여러 명의 상대와 관계를 맺거나 남성을 위한 성적 도구로 사용되는 광경을 계속해서 보게 되고, 그와 반대되는 자료를 접하지 않는다면……" 폴 교수는 말꼬리를 흐리며, 당연한 결론을 입에 담지 않는다.

10세에서 17세 사이의 미국 청소년 중 40퍼센트 이상이 인터넷 포르노에 노출된 적이 있으며, 그중 상당수가 우연히 접하게 된 사례다. 800명 이상의 학생들을 대상으로 한 'XXX 세대'라는 제목의 조사에 따르면, 미국 남자 대학생의 90퍼센트, 여자 대학생의 3분의 1이 조사하기 전해에 포르노를 본 적이 있다고 답했다. 나와 이야기를 나눈 여학생들도 포르노란 프로레슬링처럼 어차피 각본에 따라 움직이는 연기에 불과하다는 사실을 알고 있었지만, 그래도 여전히 포르노를 참고 삼아 보고 있었다. 말이 되는가? 나는 배설물이 등장하는 엽기적인 페티시 동영상 〈투 걸스, 원 컵〉으로 섹스를 처음 접한 청소년들이 있다는 이야기를 듣는 것 자체가 고통스러웠다. 설령 지극히 평범한 포르노 동영상을 본다 해도, 아이들은 여전히 여성의 성이 남성을 위해 존재한다고 배운다. 그렇기 때문에 나에게 다음과 같이 털어놓는 학생들의 이야기를 들으면 걱정이 되지 않을 수 없다. 한 고등학교 2학년생은 "저는 아직 성경험이 없는데 섹스를 어떻게 하는지 궁금해서 포르노를 봐요"라고 했다. 또다른 고등학생은 "오럴 섹스를 배우려고 포르노를 봐요"라고 했다. 어떤 대학 신입생은 "장점도 있어요. 포르노를 보기 전에는 여자들도 사정할 수 있다는 사실을 몰랐거든요"라는 말을 하기도 했다.

포르노에 경직된 사고방식을 완화시키는 효과가 있다는 일부 조사결과도 있다. 예를 들어 이성애자 남성 중 포르노를 보는 사람들은 보지 않는 또래 남성들에 비해 동성혼을 찬성할 확률이 높았다. 그러나 차별철폐조처를 지지하는 이들은 적었다. 정기적으로 포르노를 소비하는 십대 소년들에게서는, 섹스를 순전한 육체적 행위로 보고 여성을 '노리개'로 여기는 경향이 나타났다. 또한 포르노를 보는 사람들은 보지 않는 또래에 비해 '핫한' 여성을 차지하는 능력을 기준 삼아 자신의 남성성, 사회적 위상, 자존감을 평가하는 성향을 더욱 강하게 드러냈다(누드 사진을 문자로 보내라는 압력을 여학생들이 훨씬 더 많이 받는다는 이야기와 대다수 세스 로건(캐나다 코미디언 겸 각본가로 〈슈퍼 배드〉, 〈인터뷰〉 등의 영화 각본을 썼다—옮긴이) 영화의 줄거리도 이런 맥락에서 설명할 수 있을지 모른다). 최근에 포르노를 본 적 있다고 답한 남녀 대학생들 모두 그렇지 않은 학생들보다 '강간 통념rape myths'을 믿을 가능성이 높았다. 여기서 '강간 통념'이란 낯선 사람에게만 성폭행을 당한다는 생각, 또는 피해자가 술을 너무 많이 마시거나 '야한' 옷을 입거나 혼자서 클럽에 갈 경우 성폭행을 '자초한 것'이나 다름없다는 잘못된 통념을 말한다. 포르노에서는 공격성을 섹시한 것으로 묘사하기 때문에, 포르노를 보는 여성들은 잠재적인 폭력에 둔감해지는 경향을 보인다. 포르노를 소비하는 여성은 그렇지 않은 여성에 비해 다른 여성이 위협이나 공격을 당하는 모습을 보았을 때 개입할 가능성이 낮았으며, 본인 스스로가 위험에 빠졌다는 사실을 인지하는 속도도 느렸다.

　예상하다시피 남학생들(고등학교와 대학교 모두)이 여학생들보다 포르노를 더욱 정기적으로 이용했다. 절반 좀 못 미치는 남자 대학생들이 매주 포르노를 본다고 답했다. 매주 포르노를 보는 여자 대학생은 3퍼센트에 불과했다. 포르노를 빈번하게 소비하는 사람은 포르노에서 묘사하는 섹스를 현실적이라고 생각할 가능성이 높다는 점을 고려할 때, 이는 침실에서의 기대치를 왜곡할 수 있다. "저는 포르노가 남자들의 섹스에 대한 생각을 바꿔놓는다고 생각해요." 앨리슨은 골똘히 생각하며 말했다. "특히 첫번째 남자친구를 보면 그래요. 걘 경험이 없었어요. 포르노에서 본 것처럼 섹스가 일사천리로 진행될 거라고 생각했죠. 저도 훨씬 빨리 준비가 끝날 거고 자긴 그냥 바로 할 수 있을 거라고요, 그거 있잖아요, 펌프질."

"남자들은 그저 피스톤 운동만 열심히 하면 여자들이 좋아한다고 생각해요." 한 캘리포니아 대학 2학년생도 의견을 같이한다. "여자들이 '야, 그거 하나도 기분 안 좋아'라고 생각한다는 사실을 모르죠. 남자들이 아는 건 그게 전부예요. 본 게 그거밖에 없거든요. 그래서 훅업 같은 경우처럼 섹스만 할 때는 그냥 기분이 좋은 시늉을 해요."

패멀라 폴은 선견지명을 담은 책 『포르노화되다Pornified』에서, 여성들이 포르노 배우에게 경쟁심을 느끼기 시작했으며 상대의 관심을 붙잡아두기 위해 무언가 특별한 것을 보여주지 않으면 남성을 인터넷에 빼앗겨버리지 않을까 내심 걱정한다고 주장했다. 여성들은 과도하게 성형을 한 포르노 배우들의 부자연스러울 정도로 마른 몸매, 부풀어오른 가슴, 필러가 잔뜩 들어간 입술이 아름다움에 대한 남성들의 기준을 왜곡하고, 여성의 몸 이미지에 타격을 입히며, 여성이 더욱 타인의 시선을 의식하게 만든다고 믿는다. "포르노는 젊은 여성들의 외모, 특히 섹스 도중에 어떤 모습을 하고 있어야 하는지에 대한 인식에 끔찍한 영향을 미친다." 심리치료사이자 『비싸게 굴기―20대 여성과 성적 자유의 역설Hard to Get: Twenty-Something Women and the Paradox of Sexual Freedom』의 저자인 레슬리 벨의 말이다. "여성들은 예전처럼 침대 밖에서뿐만 아니라 섹스를 하는 도중에도 누군가 자신의 외모를 평가하게 될 것이고, 그렇다면 특정한 방식으로 보여야 한다는 생각을 하게 되었습니다. 이는 엄청난 부담으로 작용할 뿐만 아니라 수치심을 유발하기도 합니다. 왜냐하면 여성의 몸은 자연스러운 상태에서 절대 포르노 속 여성들 몸처럼 보이지 않거든요." 이러한 압력에 개의치 않으려면 강철 같은 자존감이 필요할 것이다.

나와 이야기를 나눈 여학생들은 섹스 도중에 가끔씩 자신의 몸에서 분리되어 마치 관중처럼 성관계를 지켜보고 평가한다고 털어놓았다. 캘리포니아 북부의 고등학교 3학년에 재학중인 한 여학생은 이렇게 말했다. "진짜 섹시한 남자애랑 훅업이 됐다고 해보죠. 꼭 끌어안고 비벼대고 만지고, 거기까진 다 좋아요. 그러다가 분위기가 달아오르면 갑자기 제가 진짜 사람이 아닌 것처럼 느껴져요. 이건 내 무대야. 내가 연기를 하고 있는 거라고. 이런 식으로요. 나 얼마나 잘하고 있는 거지? 이건 어려운 자세인데, 그렇지만 떨지 말자. 그리고 이렇게 생각해요. '그 여자'라면 뭘 할까? '그 여자'는 남자에게 오럴 섹스를 해줄 거야. 저는 심지어 제가 누구를 연기하고 있는지, '그 여자'가 대체 누구인지조차 모르겠어요. 아마도 환상 속의 여자겠죠. 어쩌면 포르노에 나왔던 여자일지도요."

존 마텔로는 단순한 남자다. 뉴저지 주 출신으로, '내 몸, 내 집, 내 자동차, 내 가족, 내 교회, 내 친구들, 내 여자친구들, 내 포르노'를 소중히 여긴다. 꼭 이 순서대로는 아니지만 말이다. 조지프

고든레빗이 극본, 감독, 주연을 맡은 영화 〈돈 존Don Jon〉의 주인공 존 마텔로는 주말마다 다른 여자를 '꼬셔내는 데' 성공하기 때문에 친구들이 선수라는 의미로 '돈 존'이라는 별명을 붙여주었다. 하지만 그 어떤 여자도 인터넷에서 만날 수 있는 노다지에는 비교할 수가 없었다. 그는 내레이션에서 이렇게 말한다. "모든 거지 같은 일들이 사라지고, 이 세상에 남아 있는 것이라고는 오직 그 가슴…… 저 엉덩이…… 오럴 섹스…… 카우보이 자세, 후배위, 여자 몸에 사정하기…… 그게 전부다. 아무 말도 할 필요 없고, 아무것도 할 필요가 없다. 나는 그저 황홀경에 빠져든다."

존이 일요일 예배 후 부모님 댁에서 저녁식사를 할 때, 배경음처럼 요란한 소리를 내고 있던 TV에서 햄버거 체인 칼스 주니어 Carl's Jr.의 광고가 흘러나온다. 카메라는 『스포츠 일러스트레이티드』의 수영복 모델 니나 아그달이 비키니 차림의 반짝이는 몸에 오일을 문질러 바르는 모습을 오랫동안 비춘다. 니나는 해변 모래사장에서 손과 무릎을 바닥에 대고 등을 활처럼 휘어 고양이 자세를 하더니, 머리를 휘날리고 나서 다리를 벌리고 앉아 대구 샌드위치를 크게 한입 베어 맛있게 먹는다. 돈의 엄마는 시선을 돌리면서 귀걸이를 만지작거린다. TV를 등지고 앉은 돈의 여동생은 스마트폰에서 눈조차 떼지 않는다. 똑같은 흰색 러닝셔츠를 입은 돈과 돈의 아버지는 둘 다 완전히 얼이 빠져 입을 벌리고 화면을 뚫어지게 쳐다본다. 이 장면에 대한 인터뷰에서 고든레빗은 이렇게 말했다. "성인 등급이든 '연방통신위원회FCC 전연령관람가 승인'을 받았든 관계없이, 어차피 미디어가 전하는 메시지는 동일하다는 이야기를 하고 싶었습니다."

고든레빗의 말이 맞다. 포르노에서 전달하는 메시지를 파악하기 위해 굳이 폰허브^{PornHub}(포르노 동영상 호스팅 서비스—옮긴이)에 접속할 필요는 없다. 이미 주류 문화에 깊숙이 스며들어 있기 때문이다. 그리고 『맥심』에서 돌체앤가바나 쿠튀르 광고, 드라마 〈가십 걸〉, 다중 사용자 온라인게임, 그리고 수도 없이 쏟아지는 뮤직비디오에 이르기까지, 이 가지각색의 '포르노화된' 미디어가 젊은이들에게 미치는 영향은 실제 포르노의 영향과 전혀 다를 바 없다. 일반적인 십대가 TV를 통해 섹스와 관련된 내용을 접하는 빈도는 연간 거의 1만 4000회나 된다. 현재 미국 황금시간대 TV프로그램의 70퍼센트에는 성적인 메시지가 담겨 있다. 폭력적이고 성적 매력을 강조한 비디오게임을 하는 남자 대학생들은 게임을 하지 않는 또래들에 비해 여성을 성적 대상으로 보고, 강간에 대한 잘못된 통념을 받아들이며, 성희롱에 관대한 태도를 보이고, 여성을 무능한 존재로 여길 확률이 높다. 한 실험에서, 성적 매력이 강조된 아바타를 사용하여 〈세컨드 라이프〉 게임을 한 여자 대학생들은 성적 매력이 강조되지 않은 아바타로 게임을 한 여학생들보다 오프라인 세상에서도 자기대상화를 할 가능성이 높았으며, 강간과 강간 피해자에 대해 잘못된 생각을 가질 확률도 높았다(자기 자신을 하나의 대상으로 보게 되면 자연히 다른 여성들도 그런 식으로 보게 된다). 한편 중학교와 고등학교 여학생들을 대상으로 한 연구에서, 여성 운동선수들의 성적 매력을 강조한 사진을 본 아이들은, 똑같은 선수들이 운동하면서 땀흘리고 벌게진 얼굴을 한 사진을 본 학생들보다 자기대상화 수치가 더 높았다. 또한 대상화 경향이 강한 미디어를 소비하는 젊은 여성들은 봉춤 강좌를 듣거나 '젖은 티셔츠 대회'에 참가하는 등 성적 매력을 강조하는 활동에 더 적극적으로 참여했으며, 이런 활동이 여성의 위상을 향상시킨다고 생각했다. 이들은 성적 대상화를 정당화할 가능성이 높았고, 성적 대상화에 반대해 항의할 가능성은 낮았다. 영국 켄트 대학의 심리학자 레이철 칼로게로의 주장대로, "대상은 반대하지 않는다Objects don't object"는 한마디로 이러한 현상을 정리할 수 있을 것이다.

드라마나 영화에서 섹스는 노골적인 듯하면서도 애매모호하게 처리된다. 섹스, 특히 부부나 연인이 아닌 사람들 사이의 섹스는 일반적으로 즐겁고 해볼 만한 것으로 묘사된다. 어색하거나 우습거나 어렵거나 지저분하거나 적극적으로 협상하거나 사전에 피임이나 성병 예방에 대한 이야기를 나누는 장면이 나오는 경우는 극히 드물다. 리무진 뒷좌석에는 어떻게 그렇게 항상 충분한 공간이 있으며, 도로에는 요철 하나 없는지. 물론 예외도 있다. 드라마 〈글리〉는 시즌 초기에만 해도 십대의 임신, 섹스, 장애, 동성애, 양성애, 첫번째 성경험, 뚱뚱한 외모나 슬럿셰이밍, 사랑의 본질 등을 둘러싼 문제들을 흥미롭게 다뤘다. 내가 만나본 소녀들 상당수가 좋아하는 드라마 〈오렌지 이즈 더 뉴 블랙〉은 TV에서 유래를 찾아볼 수 없는 수준으로 남녀의 섹슈얼리티와 성적 다양성을 다뤘다. 페미니스트이자 작가 겸 배우인 리나 더넘의 작품에 등장하는 섹스는 철저하게 날것이다. 리나 더넘의 2010년 영화 〈타이니

퍼니처〉에 나오는 섹스 장면은 (좀 우울하기는 하지만) 가장 현실적으로 묘사된 장면 중 하나일 것이다. 이 영화에서 리나 더넘은 대학을 갓 졸업한 오라라는 여성으로 등장하는데, 오라는 마침내 짝사랑하던 상대, 즉 자신이 일하는 레스토랑의 무례한 셰프와 함께 시간을 보내게 된다. 두 사람은 한밤중에 하역장에 있는 거대한 금속 파이프 안에서 거의 옷을 벗지 않은 채로 관계를 맺는다. 전형적인 할리우드 영화라면 두 사람의 섹스가 물 흐르듯 수월하게 진행되어 여성이 즉시 절정에 도달한 것처럼 묘사했을 것이다. 그러나 더넘은 그 장면을 이렇게 그렸다. 두 사람은 대략 십 초 정도 키스를 한다. 남자는 바지 지퍼를 내리고 아무 말 없이 여자의 머리를 자기 아래쪽으로 밀어낸다. 남자는 여자에게 "더 세게 빨아"라고 말하며, 쉴새없이 울려대는 여자의 스마트폰에 대고 욕을 한다. 그다음에는 허둥지둥 여자의 몸을 돌려 뒤쪽으로 삽입한다. 남자는 피스톤 운동을 하다가 사정을 하는데, 사정까지 고작 일 분도 걸리지 않는다. 남자는 단 한 번도 여자의 얼굴을 보지 않는다. 오라의 표정은 흥분 상태에서 당황함, 약간의 실망감, 그리고 체념으로 변해간다. 관계 후에 남자는 문자를 확인하면서 작별 인사를 한다. 이 장면을 보면 민망함을 느끼지 않을 수 없다. 가슴 아프고, 고통스러우며, 당황스럽고, 현실적이다.

십대 소녀들은 포르노가 넘쳐나고 이미지가 무엇보다 중시되며 극도로 상업화된 문화 속에서 자라난다. 이런 문화에서는 '권능 강화empowerment'가 순전히 기분에 불과하고, 소비가 사람 간의 유대보다 우선시되며, '핫함'이 필수덕목이고, 유명세가 궁극적인 성취이자, 여성이 성공할 수 있는 가장 빠른 길은 남보다 먼저 자신의 몸을 성공에 바치는 것이다. 십여 년 전의 시대정신을 가장 종합적으로 보여준 사람이 패리스 힐턴이었다면, 현재의 시대정신을 상징하는 인물은 힐턴의 과거 절친 킴 카다시안이다. 카다시안은 셀카계의 허레이쇼 앨저Horatio Alger(미국의 작가로 초라한 배경에서 큰 성공을 거두는 줄거리의 청소년문학으로 유명하다─옮긴이) 같은 인물로, 브래지어 끈과 노출증의 적절한 활용, 천재적인 자기홍보 기술을 결합해 무려 8500만 달러에 달하는 왕국을 구축했다. 카다시안은 힐턴과 마찬가지로 섹스 동영상을 통해 유명세를 얻었는데, 카다시안의 엄마가 브로커 역할을 했다는 말도 있다. 카다시안 역시 섹스 동영상 속의 정사 장면에서는 이상할 정도로 따분해 보이며 심지어 관계를 맺는 내내 껌을 씹고 있다. 어쨌든 '과연 카다시안이 일부러 섹스 동영상을 유출했는가'를 둘러싼 온갖 추측으로 인해 얻은 유명세가 E!방송사의 호기심을 자극했고, 결국 카다시안을 중심으로 한 리얼리티쇼가 제작되었다. 〈4차원 가족 카다시안 따라잡기Keeping Up with the Kardashians, KUWTK〉는 2007년에 처음으로 전파를 탔다. 그 직후 킴은 『플레이보이』에 모델로 등장했는데, KUWTK에서는 킴의 엄마가 킴에게 이 일을 권유하는 장면이 나온다. 2008년이 되자 킴은 전 세계에서 가장 많이 구글 검색되는 셀러브리티가 되었다. 카다시안의 개인 브랜드는 부티크, 피트니스 비디오, 의류, 화장품, 향수, 베스트셀러 비디오게임을 비롯한 여러 분야로 확대되었다. 킴은 2011년에 프로 농구선수 크리스 험프리스와 결혼하면서 홍보와 방송권 명목으로 1800만 달러를 움켜쥐었다(이 결혼은 고작 72일 만에 파경을 맞아 홍보를 위한 쇼에 불과했다는 루머를 낳았다). 2015년에 킴은 『포브스』가 선정한 '세계에서 가장 높은 수입을 올리는 셀러브리티' 순위에서 33위에 올랐다. 이 책을 집필하는 현재, 킴의 인스타그램 팔로어 수는 4400만 명을 넘어섰으며(킴 본인이 팔로하는 사람은 96명에 불과하다), 비욘세를 제치고 인스타그램에서 최다 팔로어를 자랑하는 인물이 되었다. 카다시안은 협찬 트윗 한 번에 2만 5000달러를 받는다고 알려져 있으며 직접 행사에 참석할 경우 평균 10만 달러를 받는다고 한다. 앞서 언급했던 『페이퍼』의 풍만한 표지 사진은 비록 '인터넷을 초토화'시키지는 못했지만 공개 이후 30시간 만에 거의 1600만 페이지뷰를 기록했다. 킴은 현재 지구상에서 가장 유명한 힙합 스타와 결혼했으며, 킴의 남편은 두 사람의 사랑을 기리기 위해 "내가 너의 입에 사정을 했을 때" 킴이 자신의 '반려자'가 될 수 있음을 알았다는 감동적인(?) 가사를 쓰기도 했다. 두 사람 사이에는 노스 웨스트^{North West}라는 어린 딸이 있다. 나는 이들이 딸의 첫번째 섹스 동영상에 과연 어떻게 반응할지 궁금하다.

카다시안이 글로벌 셀러브리티의 반열에 오른 것은 소셜미디어와 대중문화, 그리고 포르노 문화가 완벽하게 맞아떨어졌기 때문이다. 카다시안의 유명세는 재능이나 성과, 뛰어난 능력 때문이 아니라 끊임없이 관심을 갈구한 결과다. 카다시안은 #유명하기 때문에 유명해졌다. 흥미롭게도, 킴의 팬들이 킴에 대한 이야기를 할 때 가장 많이 사용하는 단어는 ('핫하다'를 제외하면) '친근하다

relatable'이다. 팬들은 킴의 '리얼리티'가 완전히 꾸며진 것이며, 연출되고, 편집되고, 설정되고, 여기저기 홍보되고, 공동 브랜드화되고, 과장되고, 부풀려졌다는 사실을 알고 있으면서도 킴을 진실하게 받아들인다. 어쩌면 킴은 다른 누구보다도 신체 '상품화'의 달인인지도 모른다. 여성으로서 미디어의 모순적인 수요를 이용하는 방법을 파악해 엄청난 부를 축적했다. 다시 한번, 이것은 '여성의 권능 강화'처럼 보일 수도 있다. 만약 여러분이 생각하는 권능강화의 정의에 여성에 대한 고정관념을 끊임없이 이어나가는 것이 포함된다면 말이다. 젊은 여성들은 킴의 스타일, 직업윤리, 엄청난 재산에 주목한다. 이런 것들은 존경할 만한 자질이 아닌가? 그러나 마담 터소 박물관에 킴 카다시안의 밀랍인형이 설치된 이후에 '소시올로지컬 이미지Sociological Images'라는 블로그에서 지적했듯이, 킴이 진정으로 기여한 바는 독창적인 '가부장적 거래patriarchal bargain'다. 킴은 여성에게 불리한 역할과 규범을 받아들이는 대가로 다른 여성들에게서 힘을 빼앗고 권력을 갈취해낸다. 카다시안이 성공했다고 해서 킴을 제외한 다른 여성들의 성공 기회가 확대되었다고 보기는 어렵다(아, 물론 킴의 여자 형제들에게는 도움이 되었다). 이는 '내가 원하는 걸 손에 넣어I've Got Mine'를 표방하는 페미니즘이며, 킴이 2015년에 발간한 셀카북의 재치 있는 제목『셀피시Selfish('셀카selfie'와 '이기적selfish'이라는 단어를 합성해 이중의 의미로 쓰였다—옮긴이)』도 이 점을 잘 보여준다. 심지어 사실상하이로 저널리즘high-low journalism(중요하고 진지한 메시지를 전달하기 위해 흥미를 끄는 가십이나 소문을 적절히 섞어 기사를 작성하는 방법—옮긴이)의 창시자라고 할 수 있는 『베니티 페어』의 전 편집장 티나 브라운조차 2014년에 『보그』 커버 기사에서 킴을 젊은 여성들이 '선망하는' 인물로 선정한 것에 우려를 표했다. 브라운은 이렇게 적었다. 여기서 말하는 선망이란 "이제 뛰어난 인격이나 처신과는 거의 아무런 관계가 없다. 우리의 소망이라는 것이 너무나 가식적으로cheesy 변질되어 심지어 치즈조차 모조품이 되었다(cheesy는 유치하고 가식적이라는 뜻이며, 그 정도가 너무 심해져서 치즈라는 말조차 모조품처럼 보일 지경이라는 의미—옮긴이)".

만약 과도하게 섹시해진 문화가 제시하는 대본이 '섹시함'의 시각을 넓혀 다양한 체구와 능력, 피부색, 성정체성, 성적 지향, 나이를 포용하게 된다면, 그리고 어린 여성들에게 자신의 몸이 어떻게 느끼는지가 타인에게 어떻게 보이는지보다 더 중요하다고 가르친다면, 여성의 가치나 '여성의 권능 강화'는 가슴, 배, 엉덩이의 크기와는 전혀 관련이 없다는 사실을 일깨워준다면, 여성도 윤리적이고, 상호적이며, 양쪽이 모두 즐거움을 누릴 수 있는 성관계를 가질 권리가 있다고 강조한다면, 어쩌면 나는 그것을 받아들일 것이다. 그러나 상품으로서의 몸은 주체로서의 몸과 다르다. 또한 성적 매력을 발산하는 법을 배우는 것은 자기 자신의 욕망, 자신의 욕구, 자신의 필요, 기쁨, 열정, 친밀함, 황홀감을 느끼는 역량을 탐구하는 것과 다르다. 여자아이들이 스스로를 '핫하다'고 생각할 때 자신감을 느끼는 것도 당연하다. 소녀들은 어떤 분야에서나 '핫함'이 성공의 전제조건이라는 이야기를 수차례에 걸쳐 접하기 때문이다. 하지만 사실 '핫함'의 '결정권을 누가 가지는가'

에 관계없이 비인간적인 프리즘이 섹슈얼리티를 왜곡한다. '핫함'
이라는 개념 때문에 일부 여성들은 끊임없이 성적 욕망의 대상이
되며 그 외 나머지 여성들에게는 섹슈얼리티 자체가 허락되지 않
는다. '핫함'은 소녀들에게 성적으로 자신감 있어 보이는 것이 자
기 몸에 대한 올바른 지식을 갖는 것보다 더 중요하다고 말한다.
따라서 자신이 '핫하다'는 생각 때문에 솟아난 자신감은 '핫함'을
잃는 순간 사라져버리는 경우가 많다.

2장

우리
재미 좀
볼까?

GIRLS AND SEX

라테 한 잔은 마치 1940년대 느와르 영화에 나오는 담배처럼 근사한 소품이 될 수 있다. 라테를 가볍게 저은 다음 차분히 한 모금 마시면서 마음을 가라앉히고 진정할 시간을 갖는다. 이것은 사실상 생판 모르는 사람, 그것도 엄마뻘은 될 정도로 나이 지긋한 사람이 단도직입적으로 얼마나 자주 자위를 하는지, 오르가슴을 느껴본 적이 있는지 묻거나, 가장 최근 맺은 성관계를 설명해달라고 요청할 때 특히 그렇다. 사실 라테는 질문을 던지는 낯선 사람에게도 무언가 집중할 대상이 되어준다. 그 낯선 사람의 입장에서도 방금 만난 사람, 그것도 딸 정도 나이대의 여학생과 오럴 섹스에 대한 이야기를 나누는 것은 아무래도 다소 거북하기 때문이다. 그래서 나는 한 캘리포니아 고등학교 3학년에 재학중인 열여덟 살의 샘이 가장 좋아하는 카페의 테라스에서 만나자고 했을 때 사뭇 안도했다. 우리 옆 테이블에 앉은 다커 스Dockers(리바이스의 캐주얼 브랜드—옮긴이)와 버튼다운 셔츠 차림의 중년 남성 몇 명은 우리의 대화에 충격을 받은 것이 분명했지만 말이다. 샘은 키가 크고 체격이 당당했으며, 황금빛 피부에 약간 구불거리는 짙은 머리를 허리 중간께까지 늘어뜨리고 있었다. 중학교 수학 선생님인 샘의 엄마는 흑인이었고, 부모님이 이혼한 후 거의 만나본 적 없는 샘의 아빠는 백인이었다. 샘의 엄마는 대략 5년 전에 사모아 출신의 남성과 재혼했으며 샘은 그 남성을 아빠라고 부른다. 샘은 이렇게 말했다. "저는 어렸을 때부터 연애 같은 것들에 대해 잘 알았어요. 왜냐하면 엄마 남자친구들을 만나봤거든요. 그리고 제가 사춘기가 되니까 엄마가 관련된 책을 가져다 놓으셨고요."

나는 샘에게 어머니가 생리와 임신에 대해 설명해준 적이 있느냐고 물었다. 샘은 고개를 끄덕였다. 그렇다면 자위는? 샘은 웃음을 터뜨렸다. "아니요." 클리토리스의 위치는? 샘은 다시 웃었다. 오르가슴은 어때? 샘은 고개를 저었다. "우리 부모님은 개방적이에요. 그리고 섹스에 대해 편하게 이야기를 하고 농담도 하시죠. 우리는 같이 〈사우스 파크〉를 보거나 중동 지역에서 여자아이들의 신체를 손상시키는 일에 대해 이야기도 해요. 하지만 제 문제가 되면 약간 애매해져요. 제 얘기라면 좀더 보수적인 분위기가 되고 직접적으로 이야기를 하지 않게 되는 것 같아요. 물론 제가 먼저 물어보면 기꺼이 얘기를 하시겠죠. 하지만 부모 입장에서 그런 이야기를 꺼내기는 쉽지 않고 그건 저도 마찬가지예요."

내가 만났던 다른 여학생들과 마찬가지로 샘은 섹스에 관심이 많았고, 똑똑했기 때문에 이 주제에 대해 나름대로 조사를 했다. 예를 들어 구글에서 '오럴 섹스하는 법'을 검색하거나 포르노를 보기도 하고(샘의 말에 따르면 "그냥 뭐가 어떻게 되는 건지 보려고"), 궁금한 것은 무엇이든 인터넷에서 찾아보았다. 그리고 물론 실전을 통해서도 배웠다. "중학교 3학년 때부터 진짜로 해보기 시작했어요." 샘은 당시를 회상했다. "섹스, 술, 그런 거 전부요. 그쯤 되면 더이상 TV에서 그런 장면을 보는 것에 그치지 않죠. 하지만 그때도 제대로 놀아봤다고는 못해요. 다 남 보여주려고 하는 척하는 거였어요. 주말에 공원에 가서 사진 찍으면서 술에 취한 척하는 거요. 그리고 남자애 하나 잡아서 2단계나 3단계까지 스킨십 진도를 나가기도 하죠."

나는 거기서 샘의 말을 가로막았다. 남녀관계와 성관계의 판도 자체가 내가 어렸을 때와는 전혀 달라져 있었다. 그에 따라 완전히 새로운 용어들이 등장했는데, 이는 원래부터 어휘에 아주 관심이 많은 나를 당황시키는 동시에 매료시켰다. 예를 들어 '말하다talking'라는 단어는 대화를 의미하는 것이 아니라 예전으로 치자면 누군가를 '만나고 있다'는 표현에 해당하며, '심각한 관계 아니야, 엄마. 그냥 얘기만 하는 사이라고' 같은 식으로 사용된다(오늘날 십대들이 실제 대화보다는 문자메시지를 통한 소통을 선호한다는 점을 고려하면 매우 아이러니한 단어 선택이라 하지 않을 수 없다). 이 세대의 도덕 관념을 둘러싸고 한바탕 언론 광풍을 불러일으켰던 '훅업'이라는 말은 키스에서 삽입 성관계까지 천차만별의 의미를 갖는다. 이 표현이 워낙 모호하기 때문에 십대 여학생들과 성인 사이에서뿐만 아니라 또래들 사이에서도 끊임없이 오해가 생긴다. 훅업이라는 말이 너무나 애매한 나머지, 십대 소녀조차 자기 친구가 도대체 어디까지 진도를 나갔는지 도무지 알 수가 없는 것이다. 감기에 걸리듯 '감정에 걸리다catching feelings'라는 말은 감정적인 애착을 가지게 된다는 의미이며, 많은 소녀들은 훅업이 진행중일 때 이를 경계해야 한다고 여긴다. 마치 음부포진이나 클라미디아 같은 성병에 걸리지 않도록 조심하는 것과 마찬가지다. 어떤 남자애가 '아주 괜찮게' 군다면 그 아이는 '감정에 걸릴지도' 모르는 상태다. 특정한 여자애에게 다정하고 사려 깊게 행동할 때 그러한 표현을 사용하기 때문인데, 내가 생각하는 '로맨틱' 정도의 표현에 해당하겠다. 원래부터도 중학생 이후로는 거의 사용하지 않던 말인 '데이트dating'는 진짜 연인으로 발전하기 직전의 마지막 단계를 의미하며, '훅업'과 '고정 훅업'보다 훨씬 더 발전된 단계다. 여학생들은 때때로 자신의 성기를 '내 고물junk'이라고 부르기도 하며, '사랑을 나누다making love'라는 표현을 사용하면 느끼하다며 구역질하는 소리를 낸다. 나는 이 새로운 어휘들의 대다수에 친밀함의 뜻을 담고 있는 단어뿐만 아니라 기쁨이나 즐거움을 나타내는 단어도 포함되어 있지 않다는 사실을 깨닫게 되었다.

그래서 나는 샘에게 물었다. "요즘 애들이 말하는 스킨십 단계는 어떻게 되는 거야?"

샘은 라테를 천천히 크게 한 모금 마시고는 이렇게 말했다. "글쎄요, 1단계는 키스겠죠. 2단계는 손으로 사정하게 해준다거나 손가락을 여자 아래쪽에 넣는 거겠죠."

나는 눈썹을 치켜떴다. 내가 보기에는 이미 몇 단계 건너뛴 것 같았다.

"3단계는 오럴 섹스겠죠."

"양쪽 모두 받는 거야?" 나는 물었다.

샘은 다시 한번 웃고는 고개를 좌우로 저었다. "남자만요. 여자들은 오럴 섹스를 받지 않아요. 절대. 장기적인 사이로 발전하지 않는 한 그럴 일이 없어요!"

"잠깐만." 내가 말을 가로막았다. "앞으로 돌아가보자. 우리 때는 오럴 섹스가 기본적인 스킨십 단계에 포함되어 있지 않았던 것 같은데."

샘은 어깨를 으쓱했다. "그게 우리 세대랑 선생님 세대 차이겠죠. 우리한테는 오럴 섹스가 별거 아니에요. 다들 하는데요 뭐."

왜 오럴 섹스를 '입으로 하는 일blow job'이라고 부를까?

지난 수십 년간 십대와 오럴 섹스에 대해 많은 사람들이 우려를 표시해왔다. 가장 큰 계기는 1990년대 후반으로 거슬러올라가는데, 당시 뉴욕타임스가 중산층 십대 청소년 사이에서 오럴 섹스가 보편화되고 있을 뿐만 아니라 십대들의 바쁜(정확하게는 자녀를 방치하는) 맞벌이 부모들이 인식하는 것보다 훨씬 더 어릴 때부터, 그리고 일상적으로 벌어지고 있다고 보도했기 때문이다. 여기서 '오럴 섹스'는 펠라티오, 즉 남성 성기를 여자가 입으로 애무하는 행위를 말한다. 신문은 한 보건 선생님의 말을 인용했다. "너는 뱉냐, 아니면 삼키냐?'는 중학교 1학년생들 사이에서 아주 흔한 질문입니다."

2년 후, 워싱턴포스트는 버지니아 주 알링턴에서 열세 살 소녀들 사이의 펠라티오 유행에 대해 논의하기 위해 중학교 상담교사들이 소집한 학부모 모임을 기사로 다루었다. 이곳은 '우아한 벽돌집, 잎이 무성한 플라타너스와 돌담'이 늘어선 전형적인 백인 중산층 지역이었다. 기자는 이 일이 단편적인 사건이라기보다는 광범위한 지역적 트렌드라고 보도했으며, 그 주요 근거는 여학생들이 자율학습 시간이나 스쿨버스 뒤쪽에서 무릎을 꿇고 오럴 섹스를 했다는 '학생들 사이의 소문'이었다.

소녀들의 몸은 항상 여성의 역할에 대한 사회의 더 큰 불신을 투영하는 매개체가 되어왔다. 그렇다면 이렇게 청소년들이 어렸을 적부터 오럴 섹스를 한다는 소문이 마침 전혀 다른 이유 때문에 오럴 섹스가 신문 1면을 장식하던 시기에 표면으로 부상한 것은 아마도 우연이 아닐 것이다. 당시 미국 전체가 파란색 갭 원피스와 결코 평범하지 않은 시가 한 개비에 대한 집착에 사로잡혀 있었다(르윈스키의 파란색 갭 원피스에서 빌 클린턴의 정액이 검출되었으며, 클린턴은 시가를 사용해 유사 성행위를 했다고 한다─옮긴이). 빌 클린턴 대통령과 나이가 27세나 차이 나는 백악관 인턴 모니카 르윈스키 사이의 성관계를 둘러싼 의혹이 연일 헤드라인을 장식했으며, 경악한 부모들은 최신 뉴스가 흘러나올 때마다 소파에서 화들짝 일어나 라디오 채널을 돌리거나 TV리모컨을 움켜쥐었다. 가장 유명한 일화는 1998년 1월에 빌 클린턴이 선서를 한 상태에서 "저는 르윈스키라는 여성과 섹스를 하지 않았습니다"라고 증언한 것이다. 몇 달 후, 두 사람의 밀회를 기념하기 위해 르윈스키가 보관해둔 그 화제의 원피스에서 클린턴의 정액 DNA가 검출되었고, 역겨운 일이지만 클린턴은 르윈스키와 오럴 섹스밖에 하지 않았기 때문에 자신이 위증을 하지 않았다고 주장했다. 갑자기 미국 전역에서 구강과 성기의 접촉이 실제로 '섹스'인가를 둘러싸고 열띤 토론이 벌어지기 시작했다. 만약 이것이 섹스가 아니라면 정확히 무엇인가? 그리고 미국인들은 이렇게 골치 아픈 클린턴의 섹스에 대한 정의를 아이들에게 어떻게 설명해야 한단 말인가?

오럴 섹스는 최근에 들어서야 미국인들 성생활의 보편적인 요소로 포함되었다. 역사적으로 보면 펠라티오나 쿤닐링구스는 삽입 성관계보다 훨씬 더 친밀한 행위로 간주되었으며, 결혼 이후에나 가능한 행위라고 생각했다. 클린턴의 불륜 스캔들이 터지기 고작 몇 년 전인 1994년에 당시 미국인들의 성생활에 대한 연구로서는 가장 종합적인 『미국의 섹스Sex in America』라는 조사가 발표되었으며, 여기서 50세 이상 여성 중 극히 소수만이 펠라티오를 해본 적이 있는 반면 35세 미만 여성의 경우 4분의 3이 펠라티오 경험을 갖고 있는 것으로 드러났다(남성들 대부분은 연령에 관계없이 오럴 섹스를 받은 적도, 해준 적도 있다고 답했다).『미국의 섹스』저자들은 이성 커플 사이에서 오럴 섹스의 빈도가 증가하고 있는 것이 20세기에 섹스와 관련해 일어난 가장 큰 변화라고 밝혔다. 2014년 즈음에는 오럴 섹스가 너무나 보편화되어 그다지 특별할 것도 없는 일이 되었다. 한 연구원은 버락 오바마가 이슬람교도라고 생각하는 미국인이, 오럴 섹스를 한 번도 해보지 않은 미국인보다 많을 것이라는 우스갯소리를 하기도 했다.

하지만 오럴 섹스를 하는 연령이 점점 낮아지고 있으며 청소년들 사이에서 오럴 섹스가 더 보편화되고 있을 뿐만 아니라, 실제 성관계에 비해 그다지 대수롭지 않은 행위로 간주되고 있다는 것은 단연코 새로운 현상으로, 여기에는 부모들뿐 아니라 학자들도 허를 찔렸다. 초기에는 이러한 기자들의 주장을 뒷받침해줄 만한 축적된 데이터가 거의 없었다. 미성년자들의 오럴 섹스 실태는 학계에서 연구비를 지원받을 수 없는 주제였고, 만에 하나 연구비를 받아낸다 해도 도대체 어떤 부모가 아이에게 오럴 섹스에 대한 질문을 받도록 허락하겠는가? 대체적으로 보수적인 정치인들은 아무리 연구 명목을 띠고 있다 해도 청소년들에게 어떤 형태로든 섹스에 대해 이야기하는 것 자체가 섹스 안내서를 건네주는 것이나 다름없다고 생각했다. 그렇기 때문에 성병 전염을 비롯, 십대들의 성적 행위에 대한 중요한 정보는 사실상 거의 연구된 바가 없다.

2000년이 되자 클린턴 대통령의 임기는 거의 막바지에 다다랐지만, 오럴 섹스를 둘러싼 소동은 이제 막 시작되는 참이었다. 뉴욕타임스에는 오늘날의 미국 초등학교 6학년생들이 펠라티오를 사실상 입으로 하는 악수처럼 생각한다는 새로운 기사가 실렸다. 롱아일랜드 주의 한 아동심리학자에 따르면, 그 나이대의 소녀들이 성관계는 결혼할 때까지 기다릴 생각이지만 펠라티오는 이미 50~60번 정도 해본 적이 있다는 이야기를 진지하게 털어놓았다고 한다. 이 심리학자는 이렇게 주장했다. "그 아이들에게는 펠라티오가 굿나이트 키스나 마찬가지입니다. 데이트를 하고 난 다음에 펠라티오로 작별인사를 하는 거죠." 한편, 뉴욕 대학 부모역할 연구소Parenting Institute의 책임자는 머지않아 '상당수' 아이들이 중학교 때 실제 성경험을 하게 될 것이라고 예측했다. 그는 뉴욕타임스에 "이미 그런 현상이 일어나고 있습니다"라고 말하기도 했다 (이는 사실이 아니다. 질병관리예방센터Centers of Disease Control and Prevention에 따르면, 대다수 주에서 중학생들의 성경험 비율은 낮아지고 있었다). 현재는 폐간된 잡지 『토크Talk』의 한 기사는 중학교 1학년들 사이에서 오럴 섹스가 유행처럼 퍼지는 현상과 관련해 "부모 노릇 하기를 두려워하는 맞벌이 부모들"을 비난했으며, 여기서도 다시 한번 부모가 제대로 돌보지 않는 버릇없는 소녀들에 대한 우려를 통해 여성, 이 경우에는 워킹맘에 대한 큰 불신을 드러냈다.

가장 큰 경종을 울린 것은 오프라 윈프리였다. 사실 이런 일에는 항상 오프라가 나서지 않는가? 2003년에 오프라는 청소년 성 문화 실태에 대해 50명의 십대 소녀들과 인터뷰를 실시한 『O 매거진』 기자를 자신의 토크쇼에 초대했다. 그 기자는 가장 충격적인 이야기를 털어놓기 전에 "마음 단단히 먹으세요"라고 말했다. 바로 무지개 파티에 대한 이야기였다. '걸스 곤 와일드Girls Gone Wild(여성들이 신체를 노출하거나 과격한 행동을 하는 영상을 홍보용으로 사용하는 포르노 프랜차이즈—옮긴이)' DVD 영상 한 장면 같은 이 파티에서는, 바로 얼마 전까지도 바비 인형을 가지고 놀았을 법한 어린 소녀들이 다양한 색상의 립스틱을 바른 다음 돌아가면서 여러 명의 소년들에게 펠라티오를 해주면서 각 성기에 '무지개 색' 립스틱 자국을 남긴다. 가장 깊숙한 곳까지 닿은 색을 확인하여 해당 색상의 립스틱을 바른 소녀가 '우승자'가 된다.

자, 어떤 부모가 기절초풍하지 않겠는가? 아이들이 아무데서나 무분별한 섹스(또는 무분별한 비非섹스)를 하고 있다니! 유대교 성인식 도중에 탁자 밑에서! 쉬는 시간에 정글짐 뒤에서! 오프라를 필두로 하여 그 누구도 이 모든 이야기의 현실성에 의문을 제기하지 않았다. 소녀들은 도대체 어떻게 어른이 알아차리지도 못하는 사이에 평일 날 여러 차례의 무작위적인 섹스를 할 수 있었을까? 진짜로 열세 살짜리 소년들이 고작 몇 시간 내에 열다섯 번이나 공개적으로 펠라티오를 받으려 했을까? 알록달록한 립스틱 색은 다음 소녀가 오럴 섹스를 할 때 씻겨내려가거나 최소한 알아볼 수 없게 번지지 않았을까? 이 무지개 파티 이야기가 불거진 직후에 진행된 2004년 NBC와 『피플』의 공동조사에 따르면, 13세에서 16세 청소년 중 실제로 오럴 섹스 파티에 참가해본 적이 있다고 답한 아이들은 0.5퍼센트 이하에 불과했다. 물론 전혀 근거 없는 이야기는 아니었지만 만연한 현상이라고까지 할 정도가 아니다.

따라서 대다수 아이들이 집단난교를 한다는 것은 사실이 아니다. 그렇다고는 해도, '무지개 파티'라는 도시 전설이 싹을 틔우려면 어디선가 씨앗이 날아왔어야 했다. 십대들 사이에서 오럴 섹스가 상대적으로 보편화된 것만은 분명하다. 중학교 3학년을 마칠 때 즈음이면 다섯 명 중 한 명은 오럴 섹스 경험을 가지고 있다. 18세 청소년들의 3분의 2가 오럴 섹스를 해본 적이 있으며, 백인 및 부유층 청소년들의 경우 그 비율이 더욱 높다. 이러한 변화를 빌 클린턴이나 성혁명, 부모의 방임 탓으로만 돌리는 것은 지나치게 단순한 해석이며, 옳다고도 할 수 없다. 보수 진영이 성교육에 미친 영향도 그에 못지않게 중요한 요인이다. 1980년대 초반에 시작되어 전국적으로 의무화된 금욕abstinence-only 성교육 프로그램은, 성관계를 하면 순결을 잃어버리게 된다고 강조했을 뿐만 아니라 에이즈의 위협을 명분 삼아 성관계로 인해 목숨을 잃을 수도 있다는 생각을 주입시켰다. 이에 따라 청소년들이 찾아낸 부분적인 해결책이 오럴 섹스였다. 그러나 나는 보수 진영이 이것을 긍정적인 성과라고 여기리라 생각지 않는다. 다양한 연구를 통해 살펴보면 신앙심이 깊은 대학생들은 그렇지 않은 학생들보다 오럴 섹스는 '섹스'가 아니라고 대답할 가능성이 높았으며, 십대 청소년의 3분의 1 이상이 오럴 섹스를 해도 '금욕'을 깨뜨리는 것은 아니라고 답했고(항문성교가 '금욕'의 정의에 어긋나지 않는다는 대답도 거의 4분의 1에 달했다), 대략 70퍼센트가 오럴 섹스 경험이 있는 여성도 삽입 성관계만 하지 않았다면 여전히 처녀라는 데 동의했다.

하지만 나는 의문을 갖지 않을 수 없다. 만약 십대 청소년이 오럴 섹스를 '섹스'라고 생각하지 않는다면 도대체 무엇이라고 인식하는 것일까? 오럴 섹스를 해주거나 받는 것은 십대 여학생들에게 어떤 의미일까? 아이들은 오럴 섹스를 즐겼을까? 참고 견뎠을까? 기대했을까? 어느 날 저녁에 시카고 교외의 고등학교를 갓 졸업한 루비라는 여학생이 친구 넷과 수다를 떠는 자리에 나를 초대해주었다. 우리는 벽 한쪽을 루비가 직접 짙은 파란색으로 칠해놓은 루비의 침실에서 이야기를 나누었다. 반쯤 열린 옷장 서랍에는 레깅스, 티셔츠, 치마가 삐져나와 있었다. 소녀들은 침실 바닥, 침대 한쪽, 빈백소파에 편하게 앉았다.

내가 오럴 섹스에 대해 묻자 데번이라는 소녀가 고개를 흔들었다. "그건 이제 별것도 아닌데요." 데번은 대수롭지 않다는 듯 손을 흔들며 말했다.

"그렇다면 오럴 섹스는 뭐지?" 나는 물었다.

데번은 어깨를 으쓱했다. "아무것도 아니에요."

"에이, 아무것도 아닌 건 아니지." 레이철이 응수했다.

"섹스는 아니잖아." 데번이 반박했다.

"애무 다음 단계 같은 거예요." 루비가 말했다. "혹업 방법 중 하나예요. 별거 아닌 것같이 보이면서 한발 더 진도를 나갈 수 있는 방법이죠."

"질로 하는 섹스랑은 달리 위험도 없으니까요." 레이철이 덧붙였다. "순결을 잃지 않아도 되고, 임신할 걱정도 없고, 성병도 안 걸리죠. 그러니까 더 안전해요."

안타깝게도 이게 전부 사실은 아니다. 그러나 부모와 교육자들이 오럴 섹스를 무시해왔기 때문에 십대들 사이에는 오럴 섹스가 위험하지 않다는 믿음이 널리 퍼져 있다. 그 결과 지난 30년간 삽입 성관계와 임신 비율은 하락한 반면, 성병 감염 비율은 감소하지 않았다. 매년 처음으로 성병 진단을 받는 환자 중 절반이 십대 청소년과 갓 성인이 된 이들이며, 특히 여성 성병 감염자의 대다수가 젊은층이다. 최근의 오럴 섹스 보편화가 헤르페스1형 및 임질(약 십 년 전에는 학자들이 거의 퇴치되었다고 생각했던 질병이다) 발병률의 증가와 관련 있다는 주장도 제기되어왔다. 그러나 여학생들이 오럴 섹스를 하는 진짜 이유는 성병 예방이 아니다. 고등학생을 대상으로 한 어떤 연구에 따르면, 여학생들이 오럴 섹스를 하는 가장 큰 이유는 관계를 개선하기 위해서다(거의 4분의 1에 달하는 여학생들이 이런 대답을 했으며, 같은 대답을 한 남학생은 약 5퍼센트에 불과했다). 그러나 '관계를 개선한다'란 정확히 어떤 의미일까? 특히 너무나 많은 여학생들이 오럴 섹스, 최소한 펠라티오는 상대와 감정적인 거리를 두는 방법이자, 삽입 성관계로 인해 행여나 과도하게 감정을 이입하지 않도록 자신을 보호하는 방법이라고 나에게 털어놓았다는 점을 고려하면 말이다. 오랫동안 심리학자들은 여자아이들이 갈등을 피하거나 우정과 연애에서 평화를 유지하기 위해 자신의 감정을 억누르는 법을 배운다고 경고해왔다. 펠라티오는 이러한 노력의 또다른 형태였을까? 남자아이의 관심을 끌려고 했든, 관심을 붙잡아두려 했든 달래려고 했든, 여학생들은 상대방의 기분을 가장 우선적으로 생각했던 것으로 보인다. 덧붙이자면 남자아이들은 오럴 섹스를 하는 가장 큰 이유가 단연 육체적 쾌감 때문이라고 답했다.

남녀 모두에 해당되기는 하지만, 특히 여학생들의 경우 오럴 섹스를 해주는 것은 인기를 얻기 위한 방편으로 여겨지기도 한다. 실제 성관계를 하게 되면 '걸레'라는 낙인이 찍힐 가능성도 있다. 그러나 최소한 특정 상황하에서는 펠라티오를 통해 괜찮은 평판을 얻을 수 있다. "오럴 섹스는 현금이나 일종의 통화 같은 역할을 해요." 샘의 설명이다. "오럴 섹스를 하면서 인기 있는 남자애들과 친해지죠. 게다가 진짜 섹스를 하지 않고도 훅업 점수를 벌 수 있죠. '나는 이 남자애랑도 저 남자애랑도 훅업했어' 하고 말할 수 있게 되면 평판이 올라가거든요. 제 생각에 오럴 섹스는 진짜 섹스에 비해 감정이 개입되지 않기 때문에 사람들이 '별거 아니다'라고 말하는 것 같아요."

내가 세대가 달라서 그런지는 몰라도, 솔직히 말해 남성의 성기가 내 입에 들어오는 것을 "감정이 개입되지 않는" 행위로 간주하기는 어렵다. 뿐만 아니라 나는 오럴 섹스를 둘러싼 역학에 대해서도 우려하지 않을 수 없다. 여학생들을 짓누르는 의무와 압력, 평가의 수렁, 감정적이나 사회적, 심지어 신체적으로 '안전한' 한도 내에서 남자아이들의 비위를 맞추기 위한 소녀들의 계산과 타협, 그리고 여자아이들이 오럴 섹스를 일방적인 행위로 묘사하며 본인의 육체적 즐거움은 아예 기대하지 않는다는 점도 걱정스럽다.

어느 날 오후, 나는 샌프란시스코 골든게이트 공원에서 서부 해안에 위치한 작은 대학의 신입생 애나를 만났다. 애나는 정치적으로 진보적인 가정에서 자랐으며 고등학교 3학년까지 진보적 성향의 사립학교를 다녔다. 스키니진과 끈으로 묶는 부츠 차림의 애나는 최근에 귓구멍 바로 위 작은 연골에 피어싱을 하고 은색 고리를 끼웠다. 구불거리는 긴 갈색머리는 한쪽으로 가르마를 타 빗어 넘겼다. 애나는 이렇게 말했다. "가끔은 데이트를 끝냈을 때 여자는 별생각이 없지만 남자는 섹스를 기대할 때가 있어요. 그럴 때 여자가 남자에게 오럴 섹스를 해주기도 해요. 상대 남자가 그만 집에 가줬으면 좋겠고 전 둘 사이에 더이상 아무 일도 일어나지 않기를 바란다면……" 애나는 말꼬리를 흐리며 나머지 부분은 나의 상상에 맡겼다.

이 짧은 말에 너무나 많은 생각할 거리가 함축되어 있다. 도대체 왜 젊은 남성은 성적인 만족을 기대하는가. 왜 젊은 여성은 화를 내기는커녕 남성의 욕구에 부응하는 것을 의무라고 생각하는가. 왜 여성은 오럴 섹스를 하면서도 "아무 일도 일어나지 않았다"고 생각하는가. 왜 여성은 사적인 관계에서 타인의 욕구를 자신의 욕구보다 우선시해야 한다는 압력을 느끼는가. 왜 비난을 잠재적으로 정당화하고 뒤이어 자책감을 느끼는가. 애나는 이렇게 말했다. "이게 다 여자들이 느끼는 죄책감 때문이죠. 남자 방에 가서 일단 훅업하고 나면, 어떤 방식으로든 그 남자를 만족시켜주지 않으면 괜히 미안한 거죠. 불공평하긴 해요. 그렇다고 남자가 딱히 미안해하진 않을 거 같네요."

뉴욕 시립대학교 심리학과 교수 에이프릴 번스와 동료들은 고등학교 여학생들과 오럴 섹스에 대한 연구에서 미국 여학생들이 펠라티오를 일종의 숙제이자 해치워버려야 하는 따분한 일, 완벽하게 익혀야 하는 기술로 생각한다는 사실을 발견했다. 심지어 여자아이들은 자신의 오럴 섹스 기술이 공공연하게 평가받을 가능성도 있다고 예상한다. 숙제에서 낮은 점수를 받는 것과 마찬가지로 낙제점을 받거나 형편없이 망칠까봐 걱정한다. 여학생들은 오럴 섹스를 끝내주게 해냈을 때 만족감을 느끼기는 하지만, 이들이 묘사하는 기쁨은 절대 자신의 몸으로 느끼는 육체적인 쾌감이 아니었다. 여학생들은 오럴 섹스에 대해 냉정했고 열정도 보이지 않았으며, 상대방과의 관계에서 오럴 섹스를 '갈망'하기보다는 '배우는' 입장이라고 생각한다는 것이 학자들의 결론이었다.

내가 만나본 여자아이들은 자신의 기쁨보다는 상대를 즐겁게 해주어야 한다며 조바심을 느끼는 경우가 많았으며, 특히 성경험을 막 시작한 고등학생들은 이런 경향이 더욱 강했다. 예를 들어 상대와의 성관계에 일단 한 번 응하고 나면 '기분이 내키든' 아니든 두 번 다시 거절할 수 없다고 생각하는 여학생들이 많았다. 현재 서부 해안에 위치한 공립대학 2학년에 재학중인 릴리는 고등학교 시절 남자친구와의 성관계에 대해 "저는 사실 좀 싫어했던 기억이에요"라고 털어놓았다. "남자친구를 기분좋게 해주고 싶었지만 가끔은 아예 정상적인 대화를 할 수가 없겠다는 생각이 들었어요. 걔 머릿속엔 섹스하고 싶단 생각밖에 없었거든요. 그런 걸 아는데 도저히 거절할 만한 이유를 생각해낼 수 없었어요." 섹스할 생각이 없다는 것은 적절한 이유가 아니라고 생각했다. "가끔은 제가 남자친구의 정액받이밖에 안 되나 싶었어요."

미디어가 부채질한 청소년 섹스에 대한 공포는 여학생들이 문란해지거나 성폭력 피해자가 될지도 모른다는 부모들의 두려움 때문에 더욱 증폭되는 경향이 있다. 반발하는 사람들은 이 두 가지 모두 지나친 우려라며 일축한다. 그러나 여자아이들 자신은 어떤 생각을 가지고 있는지, 이들이 성경험을 통해 무엇을 얻거나 어떤 즐거움을 누리는지 직접 물어보는 사람은 거의 없다. 샘은 사회적 위상을 언급했다. 릴리는 남자친구를 기쁘게 해주고 싶었다고 이야기했다. 샘의 같은 반 친구인 열일곱 살 그레천은 비록 짧은 순간이나마 남자아이에게 권력을 휘두르면서 느끼는 스릴을 즐긴다고 말했다. "저는 이제까지 네 명의 남자아이한테 오럴 섹스를 해줬어요. 솔직히 제가 왜 그걸 하는지 진짜 이유도 잘 모르겠어요." 그레천은 잠시 말을 멈추더니 곰곰이 생각하듯 아랫입술을 깨물었다. "제 생각에 저는 '흥! 다른 사람한테서는 이런 기분 절대 못 느낄걸. 넌 내가 갖고 논다!'라는 느낌을 즐기는 것 같아요. 남자들이 진짜 너무너무 원하는 걸 알고 있는데 '안 돼! 안 된다고!' 이런 식으로 말하면 남자들은 '제발! 제발 부탁이야!' 하고 애원을 하죠. 완전 필사적이니까요. 그 부분이 좀 재밌어요. 하지만 이건 절대로 육체적으로 만족하기 때문에 하는 건 아니에요. 오럴 섹스는 진짜 토 나오고 목이 진짜 아프거든요. 분위기 타는 거 자체가 재밌는 거죠. 재밌고 좋아서 하는 게 아니에요."

여자아이들은 오럴 섹스를 하면서 더 적극적으로 관계에 참여하는 것처럼 느끼기도 한다. 반대로 쿤닐링구스나 삽입 섹스는 수동적이며, 누군가가 자신에게 어떤 행동을 가하는 것이므로 취약한 상태에 노출된다고 설명한다. 펠라티오를 해주면서 권력을 쥐고 있다는 기분을 느끼는 경우도 있지만, 이러한 기분은 주도권

부재, 남자의 요구에 따라야 한다는 압력, 위험에 대한 무언의 압력과 같은 정반대의 감정과 공존한다. 샘의 말에 따르면, 샘의 남자 동급생들은 강제로 삽입 섹스를 하면 안 된다는 주의를 받기는 해도 여자아이에게 오럴 섹스 정도 요구하는 것은 괜찮다고 생각한다. 그렇기 때문에, 비록 샘은 '남자인 친구들이 많지만' 남자아이와 단둘이 시간을 보내는 것은 선호하지 않는다(이는 진정한 우정에 방해가 된다고 생각한다). "제 주변에서는 만약 여자아이가 남자아이와 단둘이 어울린다면 보통 그 남자애랑 훅업인 거라고 생각들을 해요." 샘의 설명이다. "그리고 훅업할 생각이 없는데 남자애 쪽에서 압력을 가하려고 하기도 해요. 그래서 저는 남자애랑 학교에서는 어울리더라도 그애 집에 놀러가거나 영화를 보러 가는 것처럼 '단순한 친구' 이상으로 해석될 만한 행동은 절대 하지 않아요. 제가 친구 이상의 관계를 바라지 않는 한이요. 그렇다고 해서 남자애들이 억지로 들이대는 건 아니에요. 그냥 부담감이 존재하죠. 실망감도 느낄 거고요. 만일 기대하던 일이 일어나지 않으면 그 남자애랑 사이가 틀어질 수도 있거든요."

여기서 한 가지 분명히 밝혀두자. 샘은 절대로 호락호락한 여자아이가 아니며, 마냥 순하거나 내성적인 성격도 아니다. 학교에서는 우등생이며 학교 신문의 편집장을 맡고 있는데다 학교 테니스부 대표다. 스스로를 페미니스트라 주장하는 데 망설임이 없고, 슬럿셰이밍, 젠더 이분법gender binary, 강간 문화rape culture 등의 단어를 자연스럽게 사용한다. 명문 대학에 지원한 상태이기도 하다. 샘은 자신을 둘러싼 세계를 기민하게 관찰한다. 또한 분명히 그 세계에 푹 빠져 있다. 내가 인터뷰했던 여학생들은 거의 대부분 똑똑하고 당당했으며 야심찼다. 만약 내가 이 아이들의 향후 꿈이나 리더십에 대한 태도, 학교에서 남자 동급생들과 경쟁하고자 하는 의지에 대해 인터뷰를 했다면 아마도 많은 영감을 받았을 것이다. 아이비리그 대학 2학년에 재학중이며 엄마가 대형 로펌에서 파트너로 일한다는 한 라크로스 선수는 자기 집안의 '강한 여성들'에 대해 자랑하기도 했다. "우리 할머니는 여든여덟 살에 정말이지 정정하시고 할 말씀은 다 하시는 데다 우리 엄마도 화끈한 타입이에요. 우리 자매도 할머니나 엄마 같은 사람이 될 거예요." 이 학생은 말을 이었다. "저희 집에서는 어느 정도 성깔이 있어야 하고 목소리가 커야 돼요. 가족끼리 그런 식으로 소통하거든요. 그게 다 여자만의 힘이고 자신을 잘 아는 데서 오는 거죠."

이런 가정에서 자란 이 여학생도 열세 살 때 오랫동안 좋아했던 친한 친구의 오빠와 함께 침실로 숨어든 적이 있다고 했다. 그 전에는 남자와 키스를 해본 적도, 손을 잡아본 적도, 남자친구를 사귀어본 적도 없었지만 어떻게든 중학교 3학년이었던 그 친구 오빠에게 오럴 섹스를 해주게 되었는데, 세세한 부분까지는 잘 기억이 나지 않는다고 했다. 그후에 친구 오빠는 그 일을 다시 언급하지 않았고, 본인도 마찬가지였다. 그후 이 학생이 몇 차례 가벼운 훅업을 통해 했던 성경험도 그다지 다르지 않았다. "늘 같은 무언의 순서가 있어요. 애무를 하고, 남자애가 제 몸을 더듬고, 그다음에 제가 오럴 섹스를 해주면 끝나요. 제 생각에 여자애들은 자신이 원하는 걸 표현해야 한다고 배우지 못하는 것 같아요. 우리는 그저 상대를 즐겁게 해주는 온순한 존재일 뿐이죠."

"잠깐만." 나는 반박했다. "방금 네가 너희 집 강한 여성상에 대해 말하지 않았니? 자기 의견을 분명히 표현하고 성격도 강해야 하고 '개소리'는 참지 않는다며?"

"그랬죠." 소녀는 말했다. "제 생각에는 잘 몰랐던 거 같아요……" 소녀는 잠시 멈추고 자신의 모순적인 이야기를 정리해보려고 했다. "그런 강한 여성의 이미지가 섹스에도 적용된다는 이야기는 아무도 안 해줬거든요."

다행스럽게도 대학들과 일부 고등학교에서는 일관되고 적극적인 상호합의하의 섹스와 더불어 성폭력에 대한 논의가 점차 보편화되고 있다. 그러나 만약 청소년들이 펠라티오가 섹스가 아니라고 (또는 '아무 일도' 아니라고) 생각한다면, 만약 펠라티오가 일종의 권리나 상대를 달래기 위한 회유책이라고 생각한다면, 여자아이들의 거절할 권리와 남자아이들의 상대를 존중해야 할 의무는 둘 다 제대로 지켜지지 않고 있는 것이며, 합의와 강압, 폭력 사이의 경계도 점차 모호해지고 만다. 애나는 골똘히 생각하다가 이렇게 말했다. "있잖아요, 어떻게 생각하면 오럴 섹스가 섹스보다 훨씬 더 큰일이에요. 왜냐하면 오럴 섹스는 사실상 저에게 남는 게 없거든요. 상대를 사랑하고 아끼기 때문에 호의를 베푸는 거랑 마찬가지죠. 그러니까 실제로 사귀는 사이라면, 상대가 나중에 보답을 할 거라는 기대를 하죠. 하지만 혹업에선 남자애들이 굉장히 재수없게 굴거든요. 게다가 여자애가 해줘야 한다는 압력도 존재해요. 그래서 그런 압력에 저항하면서도 얼마나 불편함을 느끼지 않느냐가 포인트예요. 계속 거절하면 분위기가 어색해지거든요."

물론 대부분의 젊은 남성들은 여성이 거절할 경우 이를 수긍한다. 하지만 나와 이야기를 나누었던 거의 모든 여자아이들이 분명히 거절의사를 밝혔는데도 불구하고 강압적으로 굴거나 강제로 오럴 섹스를 시키려고 하는 남자아이를 만나본 경험이 최소 한 번 이상 있다고 말했다. 말로, 여러 차례에 걸친 문자로, 또는 물리적으로 여성의 어깨에 손을 얹고 아래쪽으로 밀어내림으로써 말이다. 예를 들어 중서부 공립대학의 한 2학년생은 한 번도 성폭행을 당하지 않아서 운이 좋았다고 말하기도 했다. 잠시 후에 이 학생은 1학년 때 파티에 참석했다가 한 남학생의 방으로 갔었던 일을 이야기해주었다. 두 사람은 한동안 키스를 하다가 남학생이 여학생의 어깨를 아래로 밀어내리려고 했다. 여학생이 싫다고 하자 남학생은 물러났지만, 몇 분 후에 다시 시도했고, 다시 거절하자 그 직후 한 번 더 시도했다. 여학생이 세번째로 거절하자 남학생은 폭발했다. "야, 꺼져. 난 딴 여자 찾으러 간다." 남학생은 이렇게 말하고는 여학생을 방 밖으로 내쫓았다. 2월의 한밤중인데다 여학생 기숙사는 3.2킬로나 떨어진 곳에 있었다. 여학생은 기숙사로 걸어가는 내내 울었다고 한다.

뉴잉글랜드 대학의 신입생인 다른 여학생은 열여섯 살 생일을 맞은 직후에 처음으로 오럴 섹스를 해보았다고 말했다. 하지만 자진해서 한 것은 아니었다. "고등학교 1학년을 마친 여름이었어요. 그 남자애랑은 꽤 만난 사이였거든요. 괜찮은 애 같았어요. 그 남자애의 차 뒷좌석에서 키스를 했죠. 그애가 그냥…… 도대체 어떻게 된 건지 잘 모르겠어요. 저는 업된 상태였고 좀 혼란스러웠어요. 남자애는 굉장히 공격적이었어요. 걔는 섹스를 하고 싶어했지만 저는 '별로 좋은 생각이 아닌 것 같아'라고 말했는데, 걔 들을 생각이 없더라고요. 계속해서 섹스를 하려고 했어요. 그래서 저는 싫다고 했죠. 그러니까 거의 반강제로 오럴 섹스를 시켰어요. 제 어깨를 눌렀거든요. 저는 그 상황에서 도대체 어떻게 빠져나와야 할지 몰랐어요. 일단 충격을 받았던 게 제일 컸다고 할까요. 절대 좋은 기분은 아니었고, 그런 기분은 정말 오래가요. 그후에는 오럴 섹스 자체에 긍정적으로 생각해본 적이 없어요. 지금도 마찬가지고요."

여자들은 오랫동안 남성의 욕구를 억누르고, 주의를 딴 데로 돌리고 통제하는 책임을 지면서 남성 욕구에 대한 일종의 문지기 역할을 해왔다. 이제는 욕구를 제대로 해소시키는 책임까지 떠맡게 된 셈이다. 오럴 섹스는 최소한의 신체적·사회적·감정적 노력만으로 남자아이들의 기대감을 충족시키기 위한 여자아이들의 타협책이자 도피처, 전략이 되었다. "오럴 섹스는 거의…… 깔끔해요. 무슨 뜻인지 아시겠어요?" 뉴욕 시 한 공립고등학교 2학년생은 나에게 이렇게 말했다. 사실 나는 그 여학생의 말이 무슨 의미인지 전혀 알 수가 없었다. "그게…… 그건 제가 당연히 해야 하는 거죠."

여자아이들은 손으로 남자아이를 자극하는 것에 대해서는 거의 언급하지 않았다. 만약 이들이 오럴 섹스를 하는 이유가 거리를 두고 감정을 섞지 않기 위해서라면, 내 생각에는 당연히 그쪽을 먼저 고려할 텐데 말이다. 시카고의 루비는 이렇게 말한다. "아니에요. 그건 남자애 혼자서도 할 수 있잖아요. '손으로 하는 건 남자들 몫이야. 입으로 하는 게 네 몫이고.' 남자애들이 진짜 이런 말을 한다니까요. '이왕 해줄 거면 그냥 입으로 해줘.'"

의무적이고, 때로는 강압적이며, 대부분의 경우 일방적인 오럴 섹스에 대한 이야기를 듣고 있노라니 내 머릿속에는 의문이 떠오르기 시작했다. 만약 남자아이들이 이 아이들에게 오럴 섹스가 아니라 스타벅스에서 라테를 가져다달라고 한다면? 여자아이들은 그렇게 고분고분 따를까?

샘은 내가 이 질문을 던지자 웃었다. "음, 일단 라테를 사려면 돈이 있어야 되는데……"

"알았어." 나는 말했다. "공짜라고 생각하고 말이야. 예를 들어 남자애가 단둘이 있을 때마다 부엌에서 물컵을 가져다달라고 한다고 가정해보자. 과연 너는 그렇게 기꺼이 해줄까? 그리고 남자애가 그 보답으로 너한테 물을 가져다주겠다는 이야기를 단 한 번도 꺼내지 않는다면 언짢지 않을까?"

샘은 다시 한번 웃었다. "글쎄요, 그런 식으로 말씀을 하신다면……"

애나가 말했듯이 훅업 관계에서는 양쪽 다 오럴 섹스를 해줘야 한다는 기대치 자체가 없다. 일부 여학생들은 그래도 전혀 개의치 않으며, 오럴 섹스를 받지 않게 되어 오히려 안도하기도 한다. 그러나 애나와 같이 오럴 섹스를 즐기는 경우에는 다소 짜증나는 일이다. "남자들은 그냥 자기가 만족하는 게 당연하다고 생각해요." 애나는 불평한다. "그다음에 이런 식으로 말하기도 해요." 애나는 목소리를 낮춰 저음을 내더니 턱을 치켜들어 건성으로 내 몸통 쪽을 가리켰다. "'아, 저기, 내가 해줬으면 좋겠어……?' 절대로 상대방이 저를 위해 무언가를 해주고 그다음에 제가 상대방을 위해 무언가 해줄 수도 있다는 식으로 흘러가지 않아요. 당연히 제가 상대를 위해 무언가를 해주면 상대는 저에게 해주기를 '바라냐고' 물어보는 식이죠."

내가 만난 여학생들 중에는 자기 자신을 '색정광'이라고 소개한 대학 신입생도 있었다(또한 이 여학생은 십대 때 여름방학마다 '교회 캠프'에 참가했다고 말했다). 이 학생은 더이상 '무작위 상대들'이 일방적으로 받으려고만 드는 경우 참지 않는다고 했다. "제일 짜증났던 경우는 어떤 남자애랑 혹업할 땐데, 브래지어와 팬티만 남기고 제 옷을 벗기고 자기도 트렁크 팬티만 남기고 옷을 벗더라고요. 보통은 그다음에 브래지어를 벗기잖아요. 그 대신 갑자기 자기 팬티를 내리더니요." 여학생은 어깨를 미는 시늉을 했다. "그래서 제가 '잠깐만, 단순히 내 거는 안에 달렸고 니 건 밖에 달렸으니까 난 아무것도 못 받고 너는 나보고 오럴을 해달라고? 됐어. 너랑은 안 할 거야'라고 말했죠. 근데 정말 너무 어이없었어요. 그 남자애를 제 방 밖으로 쫓아내야 했거든요."

아래쪽은 성역이에요. 역겹기도 하고

내 딸이 아직 아기였을 때, 나는 어딘가에서 부모들이 아기에게 신체기관의 이름을 알려줄 때("네 코는 여기 있어." "네 발가락은 여기 있지.") 일반적으로 남자아이의 성기는 알려주지만(최소한 "네 고추는 여기 있지" 정도는 말해준다) 여자아이의 성기는 알려주지 않는다는 이야기를 읽은 적이 있다. 무언가의 이름을 말하지 않고 내버려두면 그 무언가는 말 그대로 입에 담을 수 없는 대상이자 공백, 부재, 금기가 된다. 뿐만 아니라 여자아이들이 나이를 먹어도 자신의 성기에 대해 침묵하는 성향은 크게 변하지 않는다. 남자아이들의 성기는 알아봐달라고 아우성이다. 어떤 고등학교를 가더라도 사물함이나 공책, 책상, 칠판에 낙서되어 있는 남근을 볼 수 있을 것이다. 남자아이들은 비어 있는 공간만 보면 자신의 성기를 요란하고 자랑스럽게 그리지 않고서는 견디지 못하는 것 같다. 하지만 털이 무성한 음문, 근사한 음모, 삼각형 모양을 하고 있는 음부는 어디로 갔는가?

지금 내 귀에 "으웩" 소리가 들렸는가? 역시나 예상대로.

아무리 포괄적인comprehensive 성교육 시간이라 하더라도 자궁, 나팔관, 난소와 같은 여성의 몸속 기관에 대해서만 설명한다. 조종관 모양을 하고 있는 전형적인 여성 생식기관의 그림을 보더라도 음핵은 물론이고 음문과 음순조차 존재하지 않는 것처럼 사타구니 사이를 그냥 희미하게 회색 Y자로 표시하는 데 그친다. 열두 살 소년에게 고추가 없는 남자의 그림을 보여준다고 생각해보자!

그리고 남성 사춘기의 가장 대표적인 특징이라면 사정과 자위, 거의 통제가 불가능한 성욕을 꼽는 경우가 많다. 하지만 여성 사춘기의 가장 큰 특징이라면…… 월경이다. 그리고 원치 않은 임신의 가능성이다. 여자아이들의 성적 발달에 대한 논의는 어디 있는가? 십대 소녀들의 욕망과 쾌감에 대해서는 언제 이야기하는가? 여자아이들의 몸에 숨어 있는 경이롭고 신비한 비밀은? 스스로의 몸을 탐구하고 알아가는 문제는 어떻게 해결할 것인가? 이런 상황이라면, 십대들이 남자의 신체적 욕구는 필연적이고 불가피한 것인 반면 여자의 신체적 욕구는 기껏해야 선택사항에 불과하다고 생각하는 것도 무리는 아니다.

내가 인터뷰를 실시한 이성애자 여성 청소년들 중 상대와 관계를 하면서 오르가슴을 느껴본 사람은 거의 없었지만, 대다수가 포르노 영상의 소리를 듣고 힌트를 얻어 가끔씩 오르가슴을 느끼는 흉내를 낸다고 했다. 인터뷰 대상의 3분의 1 가량이 정기적으로 자위를 하며, 나는 그 정도가 평균이라는 점에 다소 놀랐다. 절반 정도는 아예 자위를 해본 적이 없다고 대답했다. 다른 신체기관이었다면 어른들이 결코 이 정도로 자기 몸에 무지하고 무관심하도록 내버려두지 않았을 것이다. 대부분의 여학생들은 자위에 대한 내 질문에 손사래를 쳤고, "그러라고 남자친구가 있는걸요"와 비슷한 요지의 말을 했다(하지만 상대와 섹스를 할 때 오르가슴을 느껴본 적이 없다고 대답한 것도 바로 이 학생들이다). 이는 타인에게 의존하여 자신의 즐거움을 찾으려는 태도일 뿐만 아니라, 이들이 말하는 남자들의 생각을 역으로 고스란히 받아들인 것이나 다름없다. 남자들은 손으로 하는 자위는 혼자서도 할 수 있기 때문에(그건 '남자가 하는 일'이다) 굳이 파트너가 해줄 필요는 없다고 말한다. 오럴 섹스를 받는 입장이 되는 것은 어떨까? 소녀들은 남자가 자기 허리 아래로 내려가도록 허락하는 것은 매우 은밀하고 감정적이며 깊은 신뢰가 필요한 행동으로 생각했다(오럴 섹스를 바라는 것은 더 말할 필요도 없다). "저는 남자친구랑 일 년 정도 만나고 나서야 상대에게 오럴 섹스를 해줬어요." 시카고의 레이철은 말한다. "하지만 남자친구가 저한테 해주는 건 늘 불편했어요. 왜냐하면…… 좋아요, 이상하게 들릴지 모르지만 남자가 여자한테 오럴 섹스를 해주는 건 성스러운 일에 가까워요. 일단 그걸 받았다는 건, 그 사람이랑 진짜 편한 사이라는 거거든요. 그냥 하겠다면 다 하도록 놔두는 그런 게 아니라요."

"저도 오럴 섹스를 받기보다는 차라리 섹스를 먼저 하겠어요." 데번도 그 말에 동의했다.

"남자들은 자기 아래쪽이 어떻게 생겼는지 너무나 잘 알고 있잖아요." 레이철은 말을 이었다. "하지만 저는 남자들이 제 아래쪽에서 무엇을 보게 될지 모르죠. 저한테는 안 보이니까요."

나는 그 말을 받았다. "음, 거울이란 것이 있는데……"

레이철은 무미건조하게 말했다. "그렇죠. 하지만 그렇게까지 해서 보진 않을 거예요."

여자아이들 스스로 자신의 성기에 대해 거부감을 가지고 있다면 상대가 '아래로 내려가지' 못하도록 하는 것도 이해할 만하다. 여자아이들은 자신의 질이 못생기고 냄새나고 불쾌할까봐 걱정한다. 이것도 새롭게 등장한 걱정거리는 아니다. 나도 여성청결제 '데오도런트 스프레이'를 중학교 책상 서랍 안쪽에 숨겨놓았던 기억이 나니까 말이다. 도대체 왜 이런 걱정이 아직도 남아 있단 말인가? 이 아이들은 〈버자이너 모놀로그 Vagina Monologues〉도 들어본 적이 없단 말인가? 샌프란시스코 한 고등학교 3학년에 재학중이고 학내 페미니즘 동아리의 회장을 맡고 있는 에린은 일 년 정도 사귄 남자친구에게 오럴 섹스를 '끝내주게 해준다'고 자랑했지만, 오럴 섹스를 받는 것에 대해 어떻게 생각하냐고 묻자 코를 찡그렸다. "남자친구는 저한테 오럴 안 해줘요." 에린의 대답이었다. "남자친구가 하고 싶어하지 않는걸요. 그리고 저도 부탁해본 적이 없어요. 왜냐하면……" 에린은 숨을 깊게 들이마신 다음 이렇게 인정했다. "저는 제 보지 vagina가 별로예요. 이런 생각이 잘못된 건 알고 있어요. 그 두 가지가 왜 그렇게 다른지도 잘 모르겠는데, 그냥 그렇게 생각을 굳혔어요."

"질방귀 때문인가 싶기도 하고요." 에린은 말을 이었다.

"질방귀?" 나는 물었다.

"네. 질로 방귀를 뀌는 걸 그렇게 말할걸요? 〈사우스 파크〉에 그 이야기를 다룬 에피소드가 있어요. 이제 십대 남자애들은 질방귀 이야기를 마음껏 해도 된다고 생각하고, 여자애들도 그걸 알고 있어요. 그래서 정말 어색한 거죠." 에린은 한숨을 쉬었다. "여자의 섹슈얼리티를 조롱거리로 만들면서 웃음을 유도하는 코미디 문화가 있다는 사실을 아시나요? 게다가 영향력도 대단하죠."

다행인지 불행인지 질방귀 이야기는 내가 의식해본 적이 없지만, 전반적으로 보지라는 단어를 개그 소재로 사용하는 빈도가 증가하고 있다는 것은 나도 느끼던 차였다. 여성의 아랫도리에 대한 조롱 섞인 언급은 새로운 패그fag(남성 동성애자를 나타내는 속어로 '호모 자식' 정도의 의미로 생각할 수 있으며, 미국 시트콤이나 영화 등에서 소심한 남성을 조롱하는 말로 자주 쓰였다—옮긴이)가 되어, 상대방을 놀리거나 제압하는 방식으로 사용되고 있다. 심지어 여성들조차 남자들과 어울릴 때 자신이 '쿨하다'는 것을 보여주기 위해 이 단어를 사용한다. 이것이 암시하는 바는, 모든 사람이 여성 신체의 일부에 대해 은밀한 혐오감을 가지고 있거나 최소한 보지라는 말 자체가 우스운 느낌을 준다는 것이다(영어에서 여성의 성기를 나타내는 cunt, pussy 등의 다른 단어들과 비교해보면 보다 극명하게 드러난다. 예를 들어 cunt는 매우 심한 욕으로 전혀 우스운 표현이 아니며, pussy라는 말을 모욕하는 용도로 사용할 때는 사실상 구체적인 신체 부위를 나타내는 의미가 상당 부분 희석된다). 2007년의 영화 〈사고 친 후에Knocked Up〉에서는 제이슨 시걸이 수염을 기른 마틴 스타를 놀리며 "네 얼굴은 꼭 보지같이 생겼어"라고 빈정댄다. 마찬가지로 〈포게팅 세라 마셜Forgetting Sarah Marshall〉에서도 밀라 쿠니스가 하와이의 절벽 위에서 다이빙을 하기 전에 주저하는 시걸을 비난하면서 절벽 아래쪽 바다에서 소리를 지른다. "여기서 니보지 다 보인다. 거시기 다 보인다고!" 흥행에 실패한 애덤 샌들러의 영화 〈댓츠 마이 보이That's My Boy〉의 예고편에서는 또 한 명의 여성 캐릭터가 무능력한 앤디 샘버그에게 야유를 퍼부으며 "(공을) 던지라고! 이 멍청한 보지 같으니!"라는 말을 한다. 영화뿐만 아니라 2013년에는 '생각 카탈로그Thought Catalog'라는 웹사이트에 실린 「나는 페미니스트다. 하지만 나는 여자 거시기에 입을 대지 않는다」는 글이 인터넷에서 화제가 되기도 했다. 이 글의 간결한 표현들을 몇 가지 소개한다. 질은 "페니스가 그 안에 들어 있을 경우 매우 기분이 좋지만" "객관적으로 역겹고 (…) 무성한 털로 덮여 있다. 끈적거리는 액체가 찔끔찔끔 흘러나오기도 한다. (…)" 이 글의 남성 필자는 여성의 성기가 더럽고, 고약한 맛이 나며, 여성들이 "오럴 섹스가 남성들에게 주는 부담을 알고 있으면서도" 오럴 섹스를 기대하는 것은 "이기적이고, 솔직히 말해서 차별적이다"라는 논지를 이어간다. 이 정도로는 평범한 젊은 여성들을 수치심의 악순환에 빠뜨리기에 충분치 않다는 듯, 십대 소녀들의 에로틱한 판타지를 통해 유명세와 부를 쌓아올린 인기 배우 로버트 패틴슨도 가세했다. 패틴슨은 『디테일스Details』와의 인터뷰에서 쾌활하게 고백했다. "저는 진짜 보지가 싫어요. 알레르기가 있어요."

나는 제이컵을 선택하련다(영화 〈트와일라잇〉에서 패틴슨이 분한 에드워드와 연적관계로 나오는 캐릭터—옮긴이).

여자아이들이 위축되는 것도 무리는 아니다. 앞서 언급했던 어깨 밀어내리기를 기억하는가? 남자아이들이 파트너에게 아래로 내려가도록 재촉하기 위해 사용하는 무언의 몸짓을? 젊은 여성들도 비슷한 몸짓을 한다. 하지만 그 몸짓은 두 손을 사용해서 남성의 머리를 골반에서 먼 쪽으로 밀어내는 것으로, 성감대에서는 멀지만 좀더 안전한 영역으로 향하도록 조용히 방향을 바꾸는 것이다. 샘은 전 남자친구를 일 년 정도 사귀는 동안 정확히 두 번 오럴 섹스를 받았다고 했다. 두 번 다 남자친구가 제안한 것이었다. "저는 별로였어요. 사실 오럴 섹스를 받는 게 아주 불편해요. 제 거기에 대해 한 번도 자신감을 가져본 적이 없기 때문인 거 같아요. 제가 보기에도 볼품이 없거든요. 그래서 다른 사람이 제 아랫도리를 본다는 생각 자체가 마음에 안 들어요." 물론 남자친구가 '손가락 애무'는 해주었지만, 남자친구는 어떻게 해야 샘의 기분이 좋아지는지 몰랐다고 한다. 뿐만 아니라 자위를 해본 적이 없는 샘도 어떻게 해야 쾌감을 느끼는지 모르기는 마찬가지였다. 하물며 알고 있다고 해도 샘은 십중팔구 입 밖에 내서 말하지 못했을 것이다. 따라서 주로 전 남자친구가 그냥 아래쪽에 손가락을 넣은 후 여기저기 들쑤시는 식이었다.

물론 나도 여자아이들이 자신의 성적 욕구에 대해 속속들이 알고 있다거나 거리낌없이 명확하게 설명할 수 있으리라 기대한 것은 아니었다. 사실 성인 여성들, 심지어 오랫동안 함께해온 동반자가 있는 여성들조차 그렇게 하지 못하는 경우가 많다. 하지만 이 아이들은 성장 과정에서 매우 중요한 시점에 서 있고, 이끌림, 친밀한 관계, 흥분, 성적 자기결정권에 대해 기초적인 지식을 쌓아가는 단계에 있다. 이러한 초기 경험들은 여자아이들이 앞으로 섹슈얼리티를 이해하고 즐기는 데 지속적인 영향을 미친다. 따라서 여자아이들이 자신의 성기에 혐오감을 가지고 있다는 것은 안타까운 일이 아닐 수 없다. 성기에 대한 내 질문을 받고 당황하는 아이들의 모습을 지켜보면서, 나는 다시 한번 이들이 흔하게 접하는 여성의 섹시함에 대한 이미지를 생각해보았다. 가수 퍼기는

〈런던 다리London Bridge〉가 무너진다는 노래를 부르고(런던 다리는 화재로 소실되었기 때문에 이 말은 뜨겁게 달아오른다는 의미로 쓰인다—옮긴이), 마일리 사이러스는 실오라기 하나 걸치지 않은 채 건물 철거용 쇳덩이를 그네처럼 타고 있으며, 비욘세는 팬티 같은 핫팬츠를 입고 양복을 입은 남편 주변에서 춤을 추고, 니키는 드레이크의 무릎에 앉아 랩댄스를 춘다(니키는 춤을 추기 전에 일종의 '페로몬 향수'를 뿌렸다는 트윗을 남겼다). 문화 전반에 걸쳐 다양한 여성의 신체 부위가 강조되며, 이러한 여성 아티스트들이 입은 의상과 취하는 자세는 소위 성적인 자신감을 내뿜고 있다. 하지만 자기 몸의 반응을 마음껏 즐기지 못한다면 외모를 얼마나 '자랑스러워'하는지 여부가 무슨 상관일까? 한 대학교 2학년생은 인스타그램을 열더니 파티에 가기 위해 호피무늬 배꼽티, 손바닥만한 미니스커트, 어마어마한 굽의 하이힐을 착용한 사진을 보여주었다. 나중에 인터뷰를 하면서 이 학생은 이렇게 털어놓았다. "저는 오럴 섹스를 받는 걸 좋아하지 않아요. 자꾸 머릿속으로 딴생각만 하게 돼요. 상대에게 기분이 별로라고 이야기를 해야 할까, 혹은 상대가 싫증을 내는 건 아닐까, 심지어 상대가 역겹다고 생각하는 건 아닐까?"

자신의 성기에 대한 여성의 감정은 섹스의 즐거움과 직접적으로 연관되어 있다. 한 연구에 따르면 성기를 불편하게 생각하는 여자 대학생들은 좀처럼 성적 만족을 느끼지 못하고, 그렇지 않은 여학생들에 비해 오르가슴도 덜 느낄 뿐만 아니라, 위험한 성적 행위에 참여할 가능성도 컸다(남학생들은 반대였다. 자신의 성기에

112

대해 긍정적으로 생각하는 남학생들이 위험한 성적 행위를 할 가능성
이 높았다). 400명 이상의 대학생을 대상으로 한 또다른 연구에서
는, 여학생들이 펠라티오를 할수록 열등감을 느끼고 자존감이 낮
아진다는 사실이 드러났다. 반대로 그와 비슷한 나이에 쿤닐링구
스를 경험하는 경우 훨씬 뚜렷한 자아 인식과 성적 개방성, 강한
자기주장을 갖추게 될 가능성이 높았다. 한편 섹스 도중에 자위하
는 것을 부끄러워하지 않는 여성들은 가벼운 훅업 관계나 진지한
관계 모두에서 오르가슴을 느낄 확률이 두 배 이상 높았다.

따라서 어린 여자아이들이 '거기'에 대해 어떻게 생각하는지는
중요하다. 아주 중요하고말고.

심리적인 할례

인디애나 주에 대해 생각할 때 가장 처음 머릿속에 떠오르는
것이 아마도 섹스는 아닐 것이다. 하지만 블루밍턴에 있는 인디
애나 주립대학은 생물학자 앨프리드 킨제이가 설립한 성건강 연
구기관 킨제이 연구소가 자리잡고 있는 곳이다. 나는 얼음장같이
차가운 날씨의 어느 겨울날 오후, 인디애나 대학의 공중보건학과
부교수이자 섹스 칼럼니스트, 그리고 『섹스, 어렵지 않아요Sex Made
Easy』의 저자 데비 허버닉을 만났다. 삼십대 후반에 길게 늘어뜨린
짙은 머리, 코커스패니얼같이 순한 눈, 무릎 위까지 올라오는 부
츠와 흑백 격자무늬의 짧은 원피스를 차려입은 허버닉은 전형적

인 현대적 섹스 전문가 모습을 하고 있었다. 허버닉의 전문 분야는 생식기 자아상으로, 그녀는 사람들이 자신의 은밀한 부위에 대해 어떻게 느끼는지 연구한다. 허버닉은 지난 몇 년간 젊은 여성들의 생식기 자아상이 많은 공격을 받아왔으며, 그 어느 때보다도 강한 억압이 작용해 이제 여성들은 자연스러운 상태의 외음부를 용납할 수 없는 것으로 생각하게 되었다고 한다. "섹스를 하기 전에 제모를 하거나, 장식을 하거나, 손질을 해야 하죠." 허버닉의 설명이다. "여자로서 성기가 제대로 준비되어 있지 않은 경우 여자들은 엄청난 수치심을 느끼게 됩니다. 누군가 진짜로 자기 성기를 평가할지도 모른다고 생각하고 있어요."

내가 만나본 대부분의 젊은 여성들은 거의 열네 살 때 이후로 음모를 전부 면도하거나 왁싱을 한 상태였다. 그 이유를 묻자, 처음에는 그 이유에 대해 의문조차 품어본 적이 없다고 답했다. 이미 다리와 겨드랑이 털도 밀었고, 자기보다 나이 많은 언니들이 말끔한 피부를 하고 있는 걸 보았기 때문에 당연히 해야 하는 일처럼 보였다는 것이다. 여자아이들은 제모를 하면 '더 깨끗한' 기분이 든다고 했다(알고 보면 잘못된 생각이다. 제모를 하면 사면발이가 생길 위험은 줄어들지만, 다른 성병들의 '행복한 놀이터'가 조성된다. 예를 들어 음모의 보호 효과가 없어지면 음순은 음부사마귀로 뒤덮일 수도 있다). 자기대상화의 경우와 마찬가지로 여자아이들은 제모를 자발적인 선택이라고 생각했고, '자신을 위해' 즉 편리함과 위생, 실용성을 위해 하는 행동이라 생각했다. 그러나 예외 없이 소녀들이 입에 담은 또하나의 동기가 있었다. 바로 망신을 당하지 않기 위해서다. 북부 캘리포니아의 한 공립고등학교에 재학중인 열여섯 살 알렉시스가 어떤 식으로 이 문제를 설명하는지 살펴보자. "저는 사실 제모에 대해 제대로 생각해보지 않았어요." 알렉시스는 이렇게 말문을 열었다. "친구 중에 언니가 있는 애가 있거든요. 그 언니가 제모를 해서 제 친구도 시작했고, 결국 우리 모두 했죠. 꼭 연쇄반응 같았어요. 그러던 중에 같은 수업을 듣는 남자애들이 어느 날 어떤 여자애에 대해 이야기하는 걸 들었죠. 그 여자애의 반바지가 진짜 짧았는데 걔가 손을 드니까 셔츠가 위로 달려올라갔고, 그걸 본 남자애들이 이렇게 말했죠. '야, 쟤 털 보여! 완전 토 나와!'"

여학생들은 이미 자신의 (이름조차 입에 담지 않는) 치골 부분에 대해 상당한 자의식을 가지고 있기 때문에 별것 아닌 일에도 크게 불안감을 느끼기 마련이다. 시카고의 루비는 특히 생리 기간에는 제모를 하면 '깨끗한' 기분이 든다고 말했던 여학생 중 한 명이었다. 하지만 루비 역시 이렇게 덧붙였다. "남자애들이 '여러 애랑 놀던' 어떤 여자애에 대한 이야기를 했던 기억이 나요. 남자애들이 손가락을 넣었는지 어쨌는지 하여간 거기를 보는데 음모가 난 걸 보고 완전 충격받았다고 하더라고요. 그래서 저는 그냥…… 제 말은, 남자애들이 음모를 굉장히 혐오스러워하는 것 같다는 거예요."

허버닉은 대학가 미용실에서 가을이 되면 매장 밖에 광고판을 걸어놓고 '개강 기념 왁싱' 할인행사를 한다고 했다. 4월에는 봄방학 맞이 브라질리언 왁싱 프로모션이 벌어진다. "이건 대놓고 여자아이들의 신체가 특정한 모습을 하고 있어야 한다고 말하는 거나 마찬가지죠." 허버닉의 말이다. 몇 년 전 허버닉의 강의중에 한 여학생은 토론을 하다가 '실제로 여성의 음모를 본 적이 한 번 도 없으며 만약 여자랑 혹업하다가 음모를 보게 되면 방 밖으로 나가버리겠다'는 어떤 남학생의 발언을 들은 후에 자신도 제모를 하기 시작했다고 허버닉에게 털어놓기도 했다.

과거에는 비용이 많이 들 뿐 아니라 엄청난 고통을 동반하는 앞면 전체 왁싱은, 페티시를 가진 사람이나 포르노 배우들만의 영역이었다. 미국 최초의 '브라질리언' 전문 숍은 1987년 뉴욕에서 문을 열었으나(상점 주인이 브라질 출신이었기 때문에 이러한 이름이 붙었다), 이것을 주류 문화에 편입시킨 것은 〈섹스 앤드 더 시티〉의 한 에피소드였다. 2006년에는 그룹 스파이스 걸스의 '포시(우아하고 화려하다는 의미―옮긴이)' 스파이스 출신이자 유행을 선도하는 빅토리아 베컴이 15세부터 브라질리언 왁싱을 의무화해야 한다는 발언을 하기도 했다(빅토리아의 딸이 그 나이에 도달하는 2026년에 다시 한번 물어보자). 털 하나 없는 외음부가 매끄러운 것은 당연하다. 비단처럼 부드러울 것이다. 혹자는 징그럽게도 '아기 피부처럼' 부드럽다는 표현을 사용할지도 모르겠다. 여성들이 처음으로 다리와 겨드랑이 털을 밀기 시작했던 1920년대에는 이것이 성인 여성을 어린 여자아이로 둔갑시키는 소름끼치는 행위로 보였겠지만, 이제는 외음부 제모가 여자아이들의 당연한 표준 통과의례가 되었으며 성인의 섹슈얼리티를 부정하는 행위는커녕 성인이 되었음을 공표하는 행위로 받아들여진다. 첫번째 제모 유행을 주도한 것은 여성의 팔다리를 보여주는 플래퍼(짧은 스커트나 소매 없는 드레스, 단발머리 등 종래의 규범을 거부하는 방식으로 입고 행동하던 1920년대 신여성―옮긴이) 패션이었다. 처음으로 여성의 팔과 다리가 사적인 영역에서 공적인 영역으로 편입된 것이다. 오늘날의 음모 제모는 어쩌면 이와 비슷한 것을 의미하는지도 모른다. 우리는 자신의 가장 은밀한 부분을 유래가 없는 수준의 검토와 평가, 상품화를 위해 개방한 셈이다.

상당 부분 브라질리언 왁싱 유행의 결과로 음문 주위의 피부 주름을 봉합하는 미용 음순축소술 시술 빈도가 급격히 증가했다. 물론 아직 코와 가슴 성형의 빈도에는 훨씬 못 미치지만, 미국미용성형외과학회American Society of Aesthetic Plastic Surgeons, ASAPS에 따르면 2012년에서 2013년 사이에 음순축소술은 44퍼센트 증가했으며 그 전해에는 64퍼센트나 급증했다. 음순축소술은 성기능이나 쾌감과는 아무런 연관이 없으며, 오히려 양쪽 다 저해할 가능성도 있다. 하지만 신경쓸 필요 없다. 미국미용성형외과학회 회장 마이클 에드워즈 박사는 2013년에 "아름다움과 자신감이라는 개념의 끊임없는 진화"의 일환으로 음순축소술의 증가 추세를 환영한다고 밝혔다. 여담이지만 음순축소술에서 가장 선호하는 모양을 '바비Barbie'라고 부른다. "대음순은 서로 맞물렸고 소음순은 전혀 밖으로 돌출되지 않아 '꼭 닫힌 조개껍질'처럼 보이는 형태"다. 바비 인형이 ①플라스틱으로 만들어졌고 ②보지가 없다는 사실은 굳이 독자들에게 다시 환기시킬 필요도 없을 것이다.

허버닉은 나에게 이제 막 시작하려던 참인 '인간의 섹슈얼리티' 강의를 참관하도록 제안했는데, 이는 인디애나 대학 캠퍼스에서 가장 인기 높은 강의 중 하나다. 그날 허버닉은 성적 만족에 대한 성별간 격차를 주제로 강의했다. 우리가 강의실에 도착하자 벌써 150명 이상의 학생들이 자리에 앉아 있었는데, 거의 대부분은 여학생들이었고 상당수가 편안한 스웻셔츠 차림에 머리는 대강 하나로 묶고 있었다. 학생들은 '근사한 섹스'를 묘사할 때 젊은 남성과 젊은 여성이 전혀 다른 언어를 사용한다는 허버닉의 설명을 집중해서 듣고 있었다. "남성들은 즐거움, 오르가슴에 대해 이야기할 가능성이 큽니다." 허버닉이 말했다. "여성은 고통이 있었나 없었나에 대한 이야기를 더 많이 하지요. 여자 대학생의 30퍼센트가 성관계 도중에 통증을 경험한다고 말하는 반면, 통증을 느끼는 남자 대학생은 5퍼센트에 불과합니다."

허버닉은 항문성교가 포함될 경우 여성이 성관계에서 고통을 느끼는 비율은 70퍼센트까지 올라간다고 덧붙였다. 최근까지는 젊은 성인들 중 항문성교를 하는 사람들이 상대적으로 드문 편이었다. 그러나 포르노에서 항문성교가 너무나 빈번하게 등장하는 데다, 〈킹스맨〉이나 〈투 두 리스트The To Do List〉 같은 17세 미만 제한 등급 영화가 관객몰이에 성공한 것을 보면 항문성교가 실제로도 자리잡아간다는 걸 알 수 있다. 1992년에는 18세에서 24세 사이의 미국 여성들 중 항문성교를 시도해보았다고 답한 비율이 16퍼센트에 불과했다. 오늘날에는 18세에서 19세 사이의 여성들 중 20퍼센트가 항문성교 경험이 있으며, 20세에서 24세가 되면 그 비율은 40퍼센트까지 증가한다. 2014년에 16세에서 18세 사이의 이성애자들을 대상으로 실시한 조사에 따르면, '스킨십 최종 단계' 즉 항문성교를 종용하는 것은 주로 남자들이라고 한다. 여기서 잠시 멈추고 이것이 얼마나 어린 나이인지 생각해보자. 남자아이들은 상대방과 친밀함을 나누는 행위라기보다는 다른 남자아이들과의 경쟁 때문에 항문성교를 시도하는 경향이 강하다(또한 이 남자아이들은 상대방 여자아이에게 강압적으로 항문성교를 시도해야 하며, 그래도 된다고 여긴다). 여자아이들은 한결같이 항문성교를 고통스럽다고 말하지만, 남자아이들은 상대가 당연히 그러한 행위를 견뎌낼 것이라 기대한다. 남녀 모두 여자 쪽이 "순진하거나 뭔가 문제가 있거나" "긴장을 풀지" 못했다며 항문성교의 고통을 여자 탓으로 돌린다. 데버러 톨먼은 아예 대놓고 항문성교를 "새로운 오럴"이라고 부르기도 했다. "요즘에는 여학생들이 전부 오럴 섹스쯤은 거부감 없이 할 거라 생각하기 때문에, 항문성교가 새롭게 상대방을 시험하는 행위로 등장했어요. '걔가 할까 안 할까?' '나를 사랑한다는 걸 증명해봐' 하는 식이에요." 그리고 톨먼은 이렇게 덧붙인다. 그래도 여전히 "여자아이의 성적 쾌감은 고려대상이 아닙니다." 허버닉에 따르면, 항문성교가 증가하면서 젊은 여성들은 항문성교에 응하지 않을 경우 쑥맥이라는 낙인이 찍힐지도 모른다는 새로운 부담감을 느끼기 시작했다. "이것은 일종의 은유이자 상징이죠. 항문성교라는 구체적인 행위는 섹스에 대한 부족한 지식과 여성이 느끼는 고통을 당연시하는 사고방식, 그리고 한때 지탄받던 행동이 십 년이라는 세월을 거치면서 보편적인 행위로 자리잡는 과정을 상징적으로 보여줍니다. 만약 항문성교를 하고 싶지 않다고 말하면 순식간에 어딘가 부족하고 불감증이고, 끝내주게 좋은 걸 즐기지 못하고, 섹슈얼리티를 적극적으로 탐구하지 않으며, 소심하기 짝이 없는 사람으로 전락해버려요."

나는 고등학교 때 사귀던 남자친구가 지나치게 성관계에 집착하는 바람에 화가 났다는 릴리의 이야기를 되돌아보았다. 릴리의 말에 따르면 그 남자친구는 포르노도 많이 보는 편이었고, 특히 항문성교를 시도해보고 싶어 안달이었다. 릴리는 남자친구를 기쁘게 해주고 싶었기 때문에 그에 응했다. "처음에는 바로 중단해야 했어요. 정말 너무 싫어서 그만하자고 했죠." 릴리의 말이다. "그다음에는 남자친구가 다시 해보자고 부담을 주더라고요. 지난번에 너무 짧게 했기 때문에 안 한 거라면서요. 그 시점에서 저는 사실상 악으로 응했던 것 같아요. 좋아, 알았어. 다시 하긴 해도 난 계속 싫어할 거야. 이런 식이었죠." 릴리는 웃었다. "당연히 괜찮은 행동은 아니었어요."

여학생들은 성관계를 할 때 오르가슴보다는 오히려 강압과 불편함에 더 익숙한 것으로 보인다. 또한 지나치게 꽉 막힌 사람처럼 보일까봐 "싫다"는 말을 하는 것도 두려워한다. 연령에 관계없이 남성의 4분의 3이 파트너와 함께하는 섹스에서 자주 절정에 이른다고 답한 반면, 여성의 경우 주기적으로 절정을 경험한다는 대답은 29퍼센트에 불과했다는 조사결과를 생각해보자. 여학생들은 싫어하거나 원하지 않는데도 오럴 섹스나 항문성교 같은 성적 행위에 참여할 가능성이 남학생들보다 4배 높다는 조사결과도 있다. 허버닉은 또한 불만족스러운 성경험에 대해 설명할 때 여성이 남성보다 부정적인 어휘를 더 많이 사용한다고 지적했다. 많은 여성들이 통증에 대해 이야기했다. 이와 동시에 모욕감이나 우울을 느꼈다는 여성들도 적지 않았다. 그러나 이와 비슷한 감정을 느꼈다고 답한 남성은 단 한 명도 없었다. '친밀한 정의'라는 용어를 만들어낸 세라 맥클랜드의 말에 따르면 '성적 만족'에 대한 여성과 남성의 말을 비교한다는 생각 자체가, 이 말이 의미하는 바를 양쪽이 동일하게 이해하고 있다는 가정하에 성립된다고 한다. 하지만 그렇지 않은 것이 분명하다. 성관계를 할 때 쾌감에 대한 여성의 기대치가 남성의 기대치보다 훨씬 낮고 통증에 대한 예상치는 훨씬 높은 상황이라면, 그러한 가정 자체가 무의미하다. 맥클랜드가 조사한 대학생들 가운데 여학생들은 성관계 파트너의 육체적인 쾌락을 자신의 만족에 대한 잣대로 사용하는 경향이 있었으며, "만약 상대가 만족했다면 저도 성적으로 만족해요"라는 말을 했다. 남학생들은 반대였다. 남학생들은 자신의 오르가슴을 척도로 사용했다(한편 파트너의 만족을 위해 최선을 다하는 여성들의 성향은 상대의 성별과 큰 관계가 없었다. 그러므로 여성들이 이성보다는 동성 성관계에서 오르가슴을 느낄 가능성이 큰 이유도 여기에 있을지 모른다). 따라서 연구나 조사 과정에서 젊은 여성이 젊은 남성과 비슷한 수준 또는 더욱 큰 성적 만족을 느꼈다고 대답한다면, 이를 액면 그대로 받아들이기 힘든 경우가 많다. 만약 어떤 젊은 여성이 제발 통증이 없기를 바라며 파트너와 좀더 가까워졌다는 감정을 느끼고 싶은 마음과 상대 남성의 오르가슴에 대한 기대를 가지고 성관계에 임한다면, 이러한 요건이 충족될 경우 이 여성은 만족했다고 답할 것이다. 파트너와 가까워졌다는 감정을 느끼고 싶거나 상대방의 쾌감을 바라는 것은 문제가 되지 않지만, '통증이 없다'를 기준으로 삼아 스스로의 육체적 충만감을 판단하는 것은 지나치게 가혹한 일이다. 열여덟 살의 한 고등학교 3학년생은 나에게 이렇게 말했다. "저는 실제로 섹스를 해보기 전에도 남자가 끝낸다는 게 무슨 의미인지 알고 있었어요. 섹스가 끝나려면 남자 쪽에서 끝나야 하고 남자가 쾌감을 느껴야 하는 거죠. 하지만 여자에게는 그게 무슨 의미인지 몰랐어요. 솔직히 아직도 모르겠어요. 어디서도 제대로 된 설명을 본 적이 없어요. 그래서 제 자신의 몸에 대해서도 제대로 알지 못한 채 모든 걸 시작하게 된 거죠."

꼭 남의 이야기를 하는 것처럼 덤덤하게 초기의 섹스 경험을 풀어놓는 여학생들의 이야기를 듣고 있자니, 내 머릿속에는 어쩌면 우리가 이 아이들에게 심리적 할례를 자행했을지도 모른다는 생각이 스쳐갔다. 어쩌면 우리는 (오럴 섹스와 자위를 포함해 섹스는 짜릿한 기분을 느끼게 해줄 수 있으며 마땅히 그래야 한다는) 사실만 꽁꽁 숨겨두면 여자아이들이 섹스에 대해 아무것도 모른 채 '순수한' 상태를 유지할 것이라 믿었는지도 모른다. 하지만 오히려 그 반대라면 어떨까. 자신의 신체가 보이는 반응을 이해하고 단순히 섹시함을 흉내내기보다 진정으로 '자신의 섹슈얼리티를 표현'할 수 있게 되면, 성관계에 대한 여자아이들의 기대치가 실제로 높아지지 않을까? 자기 자신을 좀더 정확하게 파악하게 되면, 연인관계든 단순히 즐기기 위한 관계든 상관없이 성경험에 더 높은 기준을 적용하게 되지 않을까? '성생활을 한다'는 말은 어떤 의미이며, 어떤 의미로 통용되어야 할까? 과거에 사용되던 의미는 이미 퇴색돼버린 게 분명하다. 어쩌면 우리는 '섹스'라는 개념을 완전히 새롭게 정립해야 할지도 모른다. 우선은 순결이라는 말부터.

3장

라이크 어 버진,
그게
무슨 의미든
간에

GIRLS AND SEX

크리스티나 나바로는 셰어하우스 바닥에 놓인 방석 위에 책상다리를 하고 앉은 채 노트북으로 유튜브 동영상을 보고 있었다. 화면에는 팸 스텐젤Pam Stenzel이라는 사십대 여성이 '자유연애의 커다란 대가'라고 적힌 현수막 앞에서 천천히 왔다갔다하고 있었다. 데님 재킷과 청바지를 입은 걸걸한 목소리의 스텐젤은 마치 아이들을 타이르는 듯한 거들먹거리는 말투로 순결에 대해 이야기하고 있었다. "만약 여기 있는 여러분 중에 처녀가 있다면." 스텐젤은 열심히 이야기를 듣는 고등학생 청중에게 이렇게 이야기했다. "정말 잘했어요! 아주 대견합니다! 여러분은 너무나 특별하고 정말 소중한 것을 가지고 있기 때문에 어떤 대가를 치르더라도 아무런 과거나 두려움, 병이 없는 상태에서 결혼에 골인할 수 있도록 노력해야 합니다." 학생들은 환호성을 지르며 박수를 쳤다.

스텐젤은 미국에서 가장 유명한 (또는 관점에 따라 가장 악명 높다고도 볼 수 있다) 금욕 성교육 강사이며, 백악관과 유엔에 초청되었을 뿐 아니라 〈닥터 로라 쇼〉나 〈빌 마허의 정치적으로 올바르지 않은 이야기〉 같은 방송 프로그램에도 게스트로 출연한 바 있다. 기독교 가정으로 입양된 강간 피해자의 딸로 알려진 스텐젤은 순결을 강조하고 숫처녀들을 칭송하는 데 일생을 바쳐왔다. 스텐젤은 강연 한 번에 5000달러 정도를 받는다. 납세 기록에 따르면 스텐젤의 회사 인라이튼 커뮤니케이션Enlighten Communications은 연간 약 24만 달러를 벌어들인다.

나는 크리스티나가 재미있다는 표정으로 그 동영상을 보는 광경을 지켜보았다. 스무 살이지만 외모나 말투가 그보다 몇 년은 어려 보이는 크리스티나는 서부 해안에 위치한 공립대학 3학년이다. 우리가 앉아 있는 방 벽은 진한 보라색으로 칠해져 있었다. 인도풍 문양의 침대보가 압정으로 천장에 고정되어 있는가 하면 매트리스 위에도 덮여 있었다. 먹다 남은 채식주의자용 부리토 접시가 문간 바닥에 놓여 있었다. 여기가 어디인지 몰랐다면 타임머신을 타고 1980년대로 거슬러올라갔다고 단언할 수 있을 정도의 분위기였다. 크리스티나는 바로 지난주에 셰어하우스 공용 공간에서 여성들이 가슴을 드러내고 자유롭게 돌아다녀도 될까를 둘러싸고 같은 셰어하우스 학생들끼리 활발한 토론을 벌였다고 말해주었다(내 대학 시절에 대한 향수를 불러일으켰다). "이야기를 하다 보니 미디어가 여성의 가슴을 어떻게 성적 대상으로 취급해왔는지, 그리고 셰어하우스에서 안전하게 지내면서 우리 자신의 몸을 표현할 수 있는 방법은 무언지 오랫동안 대화를 나누게 되었어요." 당연히 최종적인 결정은 합의를 통해 내려졌다.

솔직히 말해서 젊은 여성들이 셰어하우스에서 발가벗고 돌아다니는 것은 팸 스텐젤이 소리 높여 외치는 순결과 완전히 동떨어진 것처럼 보일지 모르지만, 크리스티나는 미국에서 가장 보수적인 도시이자 수많은 기독교 근본주의 단체가 자리잡고 있어 복음주의의 바티칸이라고 불리는 콜로라도 주 콜로라도 스프링스에서 자라났다. 크리스티나 본인은 가톨릭이기 때문에 기독교 근본주의 전통대로 자라지는 않았지만, 크리스티나가 소규모 교구 학교에서 받은 '성교육'은 사실상 그와 크게 다를 바 없었으며 '안 돼'라는 한마디로 요약할 수 있었다. 인간의 섹슈얼리티는 보건 수업이 아니라 고등학교 1학년 신학 수업에서 다루었다. 교육 과정은 대부분 혼전 섹스로 인해 불가피하게 발생하는 임신과 질병에 대한 무서운 통계나 낙태의 위험에 대한 내용으로 구성되어 있었다. 학생들은 동성애를 비난하고 순결을 옹호하는 것으로 해석되는 성경 구절을 암기하라는 지시를 받았다. 크리스티나는 그런 수업을 받으면서 스텐젤의 강의 동영상을 보는 것이 연례행사이자 반 친구들 사이에서 일종의 통과의례였다고 회상했다. 이는 운전 강습을 듣는 사람들이 한 번쯤 불에 타버린 교통사고 희생자들의 참혹한 동영상을 보는 것이나 마찬가지였다. 심지어 콜로라도 스프링스에서 한 시간 정도 떨어진 곳에 사는 스텐젤은 크리스티나의 학교를 방문해 학생들 앞에서 직접 강의를 하기도 했다고 한다. 스텐젤이 등장하자 록 스타를 맞는 것 같은 기대와 엄청난 함성이 터져나왔다. 크리스티나의 말에 따르면, 심지어 그때도 자신은 스텐젤의 강의가 '편파적'이고 약간 유치하다고 느끼기는 했지만 꼭 그것이 틀렸다는 생각은 하지 않았다. 그리고 결혼할 때까지 '순결'을 유지하는 것의 가치는 단 한 번도 의심해본 적이 없었다.

동영상 화면 속에서는 스텐젤이 아직도 강연을 하고 있었다. "일단 한 번 순결을 잃으면, 영원히 잃어버리는 겁니다. 순결을 던져버리는 데는 이 정도 시간이 걸리지요." 스텐젤은 이렇게 경고하며 손가락을 딱 튕겼다. "기다리기 위해서는 상당한 의지와 진실한 마음이 필요합니다."

더 많은 박수갈채가 쏟아진 다음 동영상이 끝났다. 우리는 한동안 아무 말도 하지 않았다. "너는 아직도 결혼할 때까지 순결을 지킬 생각이니?" 나는 크리스티나에게 물었다.

크리스티나는 웃으며 고개를 저었다. "아니요, 그러기에는 너무 늦었어요."

'처녀 카드'를 사용하는 방법

미국 십대 청소년의 거의 3분의 2가 최소한 대학 입학 전에 한 번은 성관계를 가지며, 미국인들이 처녀성 또는 동정을 잃는 평균 나이는 17세다. 대부분은 연애 상대자와 첫 관계를 갖지만 무시할 수 없는 숫자의 여학생들이 친구나 방금 만난 남성에게 그들이 말하는 소위 '처녀 카드'를 긁어버린다. 전국적인 표본조사뿐만 아니라 내가 실시한 인터뷰 조사에서도 청소년들의 절반 이상이 술에 취한 상태에서 첫 경험을 한 것으로 드러났다. 대부분은 그 경험을 후회하며 좀더 나중까지 기다릴걸 하고 바란다. 결혼할 때까지는 아니더라도 자신들이 첫 경험을 했던 것보다는 조금 더 나중까지 말이다.

어떤 측면에서 나는 여학생들이 아직도 첫 성관계를 그토록 중요한 일로 생각한다는 사실에 인터뷰를 진행하며 적잖이 놀랐다. 대부분은 첫 삽입 성관계 시점에 벌써 몇 년 동안이나 성생활을 해온 상태였다. 물론 이것은 오럴 섹스(또는 삽입 성관계 외의 다른 성적 행위)가 '성생활'에 '포함'된다고 가정할 때의 이야기다. 혹자는 현대 사회에서 '처녀성'을 첫 성경험의 상징으로 보는 것은 시대에 뒤처진 사고방식이며, 아무런 의미가 없는 것이라고 주장할지도 모른다. 원래부터도 제대로 된 의학적 근거는 없었으며 (선천적으로 처녀막이 없거나 운동, 자위, 탐폰 때문에 첫 경험 전에 처녀막이 파열되는 여성들도 많다), 전적으로 합의된 사회적 의미가 있는 것도 아니었다. 예를 들어 제시카 발렌티는 『순결 신화The Purity Myth』에서 "2차 처녀성"이라는 개념을 소개하기도 했는데, 일단 한 번 성관계를 한 이후에도 당사자가 그후 결혼할 때까지 금욕 상태를 굳건하게 지킨다면 처녀성이 마법처럼 다시 복구될 수 있다는 생각이다. 이 개념은 순결을 옹호하는 사람들이 "한 번 발을 헛디딘" 사람들을 포용할 수 있도록 해주었지만, 그와 동시에 '처녀성'의 정의가 얼마나 자의적인지 보여주기도 한다. 첫번째 삽입 성관계가 심리적으로나 신체적으로 사소한 일이라는 이야기가 아니다. 전혀 그렇지 않다. 하지만 왜 여학생들은 아직도 이 하나의 행위가 그토록 특별하고 다른 모든 행위보다 나중 단계라고 생각하는 것일까(게다가 여성들이 삽입 성관계를 처음 시도해 유쾌한 경험을 하는 경우는 드물다)? 여자아이들은 왜 이 한 가지 형태의 성적 표현을 모든 것의 전환점이자, 순수한 여자와 경험 많은 여자, 순진한 여자와 알 거 다 아는 여자를 갈라놓는 마법의 경계선이라고 상상하는 것일까? '처녀성'이라는 이 특별한 개념이 어떻게 여자아이들의 성적 경험을 형성해나가는가? 이는 여성들의 성적 발달과 자기이해, 섹스를 즐기는 정도, 그리고 파트너와의 육체적·감정적 교류에 어떤 영향을 미치는가?

단풍이 무르익은 어느 가을 일요일 아침에 나는 다시 크리스티나를 만났다. 이번에는 셰어하우스 옥상 베란다에서 크리스티나의 친구들과 함께였다. 다른 여자아이들은 눈을 휘둥그레 뜨고 자신의 배경에 대한 크리스티나의 이야기를 듣고 있었다. 친구들은 크리스티나의 이야기를 신기하고 다소 충격적이라고 생각했다. "저한테는 너무 놀라운 이야기예요." 케이틀린은 변신 전 슈퍼맨이 쓰는 것 같은 두꺼운 보라색 뿔테 안경을 피어싱한 콧대 위로 밀어 올리며 말했다. "우리 고등학교에서는 콘돔을 공짜로 줬거든요. 윤활제도 나눠줬다고요!"

심지어 캘리포니아 주 오렌지 카운티 가톨릭 여학교를 다녔던 주근깨 소녀 애니조차 크리스티나에 비하면 자신은 자유롭게 자라난 편이라고 생각했다. "우리 고등학교에서는 선생님이 페퍼

민트 패티(페퍼민트를 초콜릿으로 코팅한 간식—옮긴이) 포장을 벗겨서 바닥에 놓고는요." 애니는 고등학교 시절 이야기를 풀어놓았다. "선생님이 우리더러 그걸 먹겠느냐고 물었어요. 당연히 다들 '으웩, 싫어요!'라고 했죠. 그러니까 선생님이 이러시더라고요. '그렇지! 일단 너희가 '개봉'되고 나면, 아무도 너희를 안 데려가려고 할걸!"

아이들은 배가 찢어져라 웃었다. 애니는 이렇게 덧붙였다. "하지만 우리 엄마는 히피였어요. 그래서 엄마가 그런 건 다 잊어버리라고 했죠. 이렇게 말하더라고요. '차를 사기 전에 시운전을 해보는 게 정말 중요하거든. 그냥 타이어 몇 번 발로 차보기만 해서는 안 돼.'"

브룩이 중학생이었을 때 브룩의 어머니는 『우리 몸, 우리 자신 Our Bodies, Ourselves』 같은 구식 섹스 안내서 여러 권을 건네주었다("책 표지들이 다 완전 70년대 스타일이었어요. 진짜 웃겼다니까요!"). 무료로 콘돔을 나눠주는 공립고등학교에 다녔던 케이틀린은 열다섯 살 때 어머니를 따라 '여성 친화적' 섹스용품 매장에 가서 바이브레이터를 구입했다. "엄마가 이렇게 말했어요. '나는 네가 다른 사람과 성관계를 시작하기 전에 네 몸과 성적 지향을 잘 알아두는 게 정말 중요하다고 생각해.'"

케이틀린이나 브룩은 결혼할 때까지 순결을 지킨다는 상상조차 해보지 않았다. 크리스티나를 만나기 전까지는 혼전순결을 고려해본 사람조차 만나본 적이 없었다고 했다. "우리 엄마 말을 그대로 옮겨볼까요. '처녀성이란 건 가부장제가 만들어낸 거야.'" 케이틀린은 이렇게 말하고는 웃었다. 케이틀린은 열여섯 살 때 처음으로 삽입 성관계를 가졌으며, 상대 남자아이와는 그후 3년 동안 사귀었다. "사실 그보다 먼저 고등학교 2학년 때 다른 남자애랑할 기회가 있었어요. 근데 걔가 뭘 하려고 들질 않더라고요. 그래서 다행이라고 생각해요. 만약 시도했다면 아마도 제가 응했을 테니까요. 걔하고 하고 싶어서가 아니라, 그 남자애를 기쁘게 해주고 싶었고 제가 중요한 사람이라는 기분을 느끼고 싶어서요. 마침내 섹스를 하게 되었을 때는 남자친구를 사귄 지 고작 두 달밖에 안되었지만 진심으로 섹스를 하고 싶다는 생각이 들었어요. 그런 결정을 완전히 확신할 수 있었고 이전에는 준비가 되지 않은 상태였지만 지금은 확실히 준비가 되었다는 사실을 깨달으니까 정말 뿌듯하더라고요."

브룩의 첫번째 삽입 성관계는 그보다 더 어린 열다섯 살 때였다. 브룩은 자신이 관심을 두는 남자아이(브룩은 사랑이라는 단어를 한 번도 사용하지 않았다)와 마치 서머스 이브Summer's Eve 여성청결제 광고에 나올 법한 로맨틱하고 아련한 장소에서 관계를 맺게 될 것이라 상상했다. 이를테면 태평양의 파도가 아래쪽 바위에 부딪치는 절벽 끝자락 같은 장소 말이다. "저는 아마도 행위 그 자체보다는 나중에 그때를 어떻게 기억할지에 더 신경을 썼던 것 같아요." 브룩은 이렇게 인정했다. "그럴싸한 이야깃거리가 되지 않을까 생각했던 거 같아요."

하지만 실제 상황은 전혀 광고의 한 장면처럼 흘러가지 않았다. 일단 당시 7개월간 사귀던 남자친구와 브룩은 둘 다 차가 없었기 때문에 해변으로 갈 방도가 없었다. 게다가 때는 겨울이었다. 그리고 누군가 지나가다가 브룩과 남자친구를 본다면? 결국 두 사람은 남자친구의 가족이 집을 비운 주말에 남자친구네 집 이층침대라는 상당히 평범한 장소와 상황에서 서로의 순결을 잃었다. 브룩은 근처 잡화 체인 월그린에서 오랫동안 고심 끝에 고른 콘돔과 윤활제를 가져갔다. 또한 이유는 기억하지 못하지만 집에서 구운 쿠키 한 꾸러미도 가져갔다. "사실 순결을 잃는 건 가장 안 섹시한 일이에요." 브룩의 말이었다. "진짜 어색하죠. 특히 상대방도 전혀 경험이 없을 때는요. 콘돔을 끼울 때도 세상에 그런 고생이 없다니까요. 도저히 이건 뭐 제대로 들어갈 것 같지도 않아요. 자기 체중을 상대방에게 얼마나 실어야 하는지도 알 수가 없고요. 땀도 줄줄 나지, 좋은 느낌은 전혀 없고." 일 분 정도가 지난 후 (본인들뿐 아니라 친구들에게도) 섹스를 경험했다고 할 수 있을 만큼 충분히 '했다'는 생각이 들었던 두 사람은 거기서 그냥…… 멈췄다. "그래도요." 브룩이 덧붙였다. "그 일은 저에게 굉장히 괜찮은 경험이었어요. 어색한 일을 함께 해보면서 가까워졌고 재미있기도 했어요. 비록 섹스 자체는 그저 그랬지만, 상황 자체나 남자친구가 정말 편안하게 느껴져서 그 부분만큼은 정말 고맙게 생각해요." 두 사람은 헤어지기 전에 몇 차례 더 잠자리를 같이했다. 브룩은 처음으로 사용했던 콘돔 포장지를 기념으로 보관해두고 있으며, 거기에 사용한 날짜를 적어두었다.

브룩과 케이틀린은 둘 다 자신들이 순결을 잃은 시기와 상황에 대해 안도하는 마음을 가지고 있었다. 두 사람의 말에 따르면 대학 입학 전에 '순결'을 벗어던지려고 전전긍긍한 나머지, 성급한 결정을 내려 불쾌한 경험을 하게 되는 친구들이 너무나 많다고 한다. 나와 이야기를 나눈 소녀들이 대부분 대학 입학을 일종의 데드라인으로 생각하고 있었다. 신입생 시절에 내숭쟁이라는 꼬리표가 붙는 것은 걸레라는 낙인이 찍히는 것보다 더 큰 위협처럼 생각되는 모양이었다. '경험 없는 괴짜'나 그보다 더 고약한 '섹스하기도 싫은 추녀'라는 시선을 받을 위험을 무릅쓰기보다는, 누구든 좋으니 일단 섹스를 해서 처녀 딱지를 떼버리는 편이 낫다는 것이다. 일반적으로 젊은이들은 얼마나 많은 자기 또래들이 섹스를 했는지, 얼마나 여러 번 했는지, 얼마나 여러 파트너와 섹스를 했는지에 대해 지나치게 과대평가하는 경향이 있다(그러한 섹스에서 쾌감을 느꼈는지는 말할 것도 없다).

미국 18세 청소년의 4분의 1은 삽입 성관계를 해본 적이 없다. 그러나 종교적 이유로 순결을 지키는 경우가 아닌 한, 대부분은 이러한 자신의 상태를 드러내 이야기하지 않으며 일부는 심지어 거짓말을 하기도 한다. 대학 1학년 때도 여전히 혼전순결을 생각하고 있던 크리스티나는 끊임없이 자신의 선택을 변호해야 했으며, 파티 같은 곳에서 남자를 만날 때는 상대가 섣불리 넘겨짚거나 압력을 가하지 못하도록 즉시 혼전순결에 대한 이야기를 꺼냈다. 브룩은 이렇게 말했다. "하지만 잘 생각해보면 지금 일어나는 일들이 얼마나 우스워요. 열일곱 살에 고등학교를 졸업하려는 참인데 처녀 상태로 대학에 가게 될까봐 걱정한 나머지 술을 잔뜩 마시고 아무 남자하고 섹스를 한다니요. 그래 봤자 그 어떤 것에

도 준비는커녕, 섹스를 제대로 경험하거나 이해하게 되는 것도 아니고요. 저를 포함해서 사람들은 그냥 섹스가 날 바꿔놓은 것처럼 말은 해도……"

"세상에!" 애니가 끼어들었다. 애니는 열아홉 살 때였던 작년에 오랫동안 사귄 남자친구와 처음으로 성관계를 가졌다. "처음으로 섹스를 하고 난 다음에는 새 세상이 오는 줄 알았다니까요! 학교랑 교회에서는 '꼭 맞는 사람'을 찾아 진심으로 사랑하고 섹스를 하게 되면 전혀 다른 사람으로 다시 태어난다고 배웠거든요. 눈앞을 가리고 있던 베일이 일시에 걷히는 것처럼요. 근데 그런 기분이 아닌 거예요. 새사람이 된 것 같지도 않고. 당연히 새가 지저귀는 소리나 종이 울리는 소리가 들릴 리가 없잖아요. 그래서 저는 이렇게 생각했죠. '어머, 어떻게 해. 적절한 때가 전혀 아니었나봐. 아님 우리 뭐 잘못한 걸까?' 저는 속아서 불량품을 산 것 같은 기분이 들었어요."

로라 카펜터는 『첫 경험 Virginity Lost』이라는 책에서 젊은이들이 순결을 이해하는 네 가지 방식을 소개했는데, 그 각각의 방식은 어느 정도 크리스티나와 그 친구들이 내게 설명해준 내용에 반영되어 있었다. 첫번째 그룹은 순결이 선물과도 같은 것이며 소중한 사랑의 표현이라고 믿지만, 더이상 결혼과 직접적인 관계는 없다고 생각한다. 애니, 그리고 어느 정도는 브룩처럼, 이 '선물론자'들은 첫 경험 당시의 상대, 주변 상황, 의미를 낭만적으로 미화하며 모든 것이 '완벽'하기를 바라고, 섹스가 상대방과의 관계를 더욱 굳건하게 만들어주는 동시에 상대방이 관계에 더 깊이 헌신하는 계기가 되기를 희망한다. 만약 그 경험이 기대에 못 미칠 경우, 특히 속았거나 강압적으로 성관계를 갖게 되었다고 생각할 경우 이들은 엄청난 좌절감에 시달린다. 설상가상으로 이러한 배신감은 자신이 쓸모없는 사람이라는 자기비하로 이어지는 때가 많으며, 그 결과 향후의 연애에 대해 자신감을 갖지 못하게 된다. 카펜터는 이 범주에 해당하는 어느 여학생에 대해 이렇게 적었다. "전혀 소중함을 모르는 사람에게 순결을 바쳐버린 줄리는 자신의 가치가 한없이 추락한 것처럼 느낀 나머지, 자신은 더이상 별 볼 일 없는 남성들과의 섹스를 거절할 만큼 특별한 사람이 아니라고 믿게 되었다." 카펜터의 주장에 따르면, '선물론자'들이 안고 있는 위험 요소는 순결을 잃는 것 그 자체와 그후에 느끼는 감정이 전적으로 상대방의 반응에 따라 좌우된다는 점이다.

이들의 반대편에는 순결을 일종의 낙인으로 취급하며, 고등학교 졸업이 가까워지면서 성경험이 없다는 사실에 점점 더 수치심과 낭패감을 느끼는 아이들이 있다. 이 아이들은 첫 경험이란 리얼리티쇼에 등장하는 일종의 파격 변신과도 같아서, 한순간에 미운 오리 새끼를 백조로, 아이를 어른으로 바꿔줄 것이라 상상한다. 관계? 로맨스? 다 잊어라. 이 아이들은 그저 동정 딱지를 떼고 싶어할 뿐이다. 비록 이들이 순결을 사랑의 선물이라고 생각하는 첫번째 그룹보다 관계에서 더 큰 만족을 느끼는 경향이 있기는 하지만(가장 큰 이유는 기대치 자체가 훨씬 낮기 때문이다), 이들은 첫 경험을 해도 실질적인 변화가 거의 일어나지 않는다는 사실에 환멸을 느끼는 경우가 많다.

세번째 그룹은 카펜터가 조사한 아이들 중 거의 3분의 1에 해당했으며, 이들은 케이틀린과 마찬가지로 순결을 잃는 것을 하나의 과정, 일종의 통과의례라고 생각했다. 어른이 되기 위한 과정의 일부이지만 결정적인 요인까지는 아니라고 생각했다. 이들은 순결을 이상화하지도, 짐이라고 생각하지도 않았다. 첫 경험은 그저 성인이 되면서 섹슈얼리티를 탐구하는 과정에서 거쳐야 할 자연스럽고 불가피한 단계로 보았다. 이들은 특히 섹스 상대와 시기를 선택할 때 다른 그룹에 비해 많은 주도권을 쥐고 있다고 생각했다. 또한 삽입 성관계를 갖기 전에 최소한 한 명 이상의 상대와 다양한 실험을 해보며, '삽입을 제외한 모든 행위'를 해보는 것이 나름대로 가치가 있다고 여겼다. 반면, 순결을 선물로 여기는 첫번째 그룹은 대개 상대방의 성경험이 '적으면 적을수록' 상대방의 믿음과 헌신을 신뢰하는 경향을 보였다. 순결을 하나의 이정표라고 생각하는 두번째 그룹은 삽입 성관계 이외에는 전부 곁다리에 불과하며 그런대로 아쉬움을 달래는 행위에 지나지 않는다고 여겼다.

오늘날 대부분의 미국인들과 마찬가지로, 이 세 그룹의 청소년들은 결혼할 때까지 순결을 유지할 것이라 생각하지 않는다. 동시에 카펜터는 소수이기는 하지만 무시할 수 없는 수의 십대 청소년들이 혼전 성관계에 단호히 반대 입장을 취하고 있으며, 결혼 첫날밤까지 정절을 지키겠다는 강한 의지를 점점 더 공공연히 밝히고 있다는 사실을 발견했다. 크리스티나도 여기에 해당한다. 이들 역시 순결은 단 한 명의 진실한 배우자와 나누어야 하는 '선물'

이라고 생각했지만, 그 외에 다른 의미도 있었다. 순결은 신을 찬미하는 하나의 방법이었다.

백마 탄 왕자님을 기다리며

루이지애나 주 슈리브포트에 위치한 이스트 리지East Ridge 컨트리클럽의 입구에 차체가 낮은 스포츠카가 멈추더니 근사한 커플이 내렸다. 짙은 머리의 한 남성은 말끔한 턱시도 차림이었고, 여성은 웨딩드레스처럼 보이는 옷을 입고 있었다. 반짝이는 드레스 상체 부분은 어깨가 드러난 형태였고, 풍성한 드레스 자락은 바닥까지 길게 늘어뜨려져 있었다. 하지만 다시 한번 자세히 살펴보니 어딘가 어색했다. 남성의 관자놀이에 살짝 흰머리가 섞여 보였던 것이다. 그리고 옆의 여성은 사실 성인 여성이 아니라 열네 살 소녀였다. 이들은 신혼부부가 아니라 아버지와 딸이었고, 아칸소, 루이지애나, 텍사스의 3개 주에서 참가하는 제7회 연례 순결무도회에 참석하러 온 길이었다. 회장 안쪽에는 두 사람과 비슷한 복장을 한 다른 부녀들이 사탕과 알록달록한 젤리빈, 사탕처럼 생긴 껌들이 잔뜩 놓인 탁자 주변을 서성거리고 있었다. 대부분 백인이었지만 간혹 흑인이나 히스패닉도 눈에 띄었다. 한 무리의 딸과 아버지들(혹은 여타의 남성 '멘토'도 아버지들과 마찬가지로 환영받는다)이 반짝이는 전구로 뒤덮인 커튼 근처에 서 있었다. 일부는 이미 양초와 실크플라워로 장식된 둥근 탁자에 자리잡고 앉아 있었다. 기념사진을 찍는 사람들도 눈에 띄었는데, 온라인 초대장에 따르면 이것은 "중학교 1학년에서 고등학교 3학년까지 어린 숙녀들이 혼전순결을 유지하도록 도와주고 격려하기 위해 기획된" 행사라고 했다. 초대장에는 한 부녀당 백 달러를 내면(딸이 한 명 추가될 때마다 50달러씩 증가한다), "아버지가 딸을 사랑하며 소중히 보호하겠다는 선서를 할 수 있는 기회를 마련해드립니다. 또한 어린 숙녀들이 본인은 '기다릴 가치가 있는' 너무나 소중한 공주라는 진실을 깨달을 수 있도록 도와드립니다"라고 안내되어 있다(고딕체로 된 표현은 원문에 강조된 그대로다).

세계 최초의 순결무도회는 1998년에 랜디 윌슨이라는 목사의 주도로 크리스티나의 고향인 콜로라도 스프링스에서 개최되었다. 2남5녀의 일곱 자녀를 둔 윌슨은 딸들의 순결을 '보호'하는 것이 자신의 의무라고 믿었다. 매년 이런 행사가 얼마나 많이 열리는지는 확실치 않다. 한동안 전 세계적으로 1400회 정도가 개최된다는 보고서가 돌았지만, 이는 과장된 수치로 드러났다. 더 정확한 숫자는 좀처럼 파악하기 어려운데, 다른 커뮤니티 행사들과 마찬가지로 이러한 무도회도 각 지역 사람들의 관심도와 주최자의 수완에 따라 부침이 심하기 때문이다. 어쨌든 이 행사는 1990년대 중반에 남침례교협의회Southern Baptist Convention에서 큰 규모로 기획한 '진정한 사랑은 기다리는 것'이라는 운동에서 파생되었다. 이 캠페인이 시작된 첫해에는 십만 명 이상의 젊은이들이 혼전순결을 맹세하는 서명운동에 참여했다. 2004년이 되자 250만 명 이상이 서약에 참여했고, 이는 미국 청소년 여성들 여섯 명 중 한 명에 해당하는 수치다. 2005년까지 미국 정부가 일부 자금 지원을 했던 '은반지 끼기Silver Ring Thing'라는 또다른 캠페인은 천 회 이상 행사를 개최했으며, 크리스천 록, 힙합, 댄스 뮤직, 클럽을 연상시키는 분위기로 참가자들을 끌어모았다. 2015년 상반기에만 50차례 이상의 행사가 개최되었다.

내가 참석한 무도회는 다소 이례적인 행사였다. 비록 아버지와 딸이 중심이기는 하지만 전적으로 여성들의 손에 의해 조직된 행사였다는 점 때문이다. 이 무도회의 창설자 데브 브리턴은 처음 이 무도회가 개최될 당시 지역 위기임신지원센터Crisis Pregnancy Center의 성교육 강사로 일하고 있었다. 이 센터는 계획 없이 임신한 여성들이 낙태보다는 입양이나 양육을 선택하도록 독려하는 기관이다. "예전에도, 그리고 지금도 저는 항상 여자아이들이 최고의 섹스를 경험하기 바라고 있어요." 브리턴은 무도회 참석자들이 구운 닭가슴살과 감자로 저녁식사를 하는 동안 나에게 말했다. "통계를 살펴보면, 성병 감염이나 이보다 세 배 높은 자살시도 확률을 피하기 위한 가장 건전한 선택이자 유일한 보장이 혼전순결 서약이라는 사실이 너무나 분명해지거든요."

나는 브리턴이 언급한 자살 관련 통계를 확인해봐야겠다고 머릿속에 메모를 했다. 이 수치는 보수 성향을 띤 헤리티지재단의 2003년 조사를 근거로 한 것이었다. 그러나 섹스와 자살 사이에 직접적인 인과관계가 있다고 보기는 어렵다. 예를 들어 여학생들은 남학생들보다 성적 행위로 인해 괴롭힘을 당하거나 오명을 쓸 가능성이 높으며, 이 자체만으로 우울증이나 자살충동의 위험에 빠지기 쉽다. 따라서 섹스 그 자체보다는 성생활을 하는 청소년들을 비난하는 행태가 문제일지도 모른다. 어쩌면 원래 우울증 성향이 있는 청소년들이 성적 행위 후에 심각하게 후회하는지도 모른다. 또는 청소년들의 섹스에 대한 기대치는 미디어의 영향을 크게 받아 비현실적일지도 모른다. 아니면 특히 술 취한 상태에서의 첫 성관계가 청소년들을 더 큰 위험에 노출시키는지도 모른다. 이중 어디에 해당하든, 브리턴의 임무는 팸 스텐젤처럼 지역 공립학교와 사립학교를 돌아다니며 학생들에게 피할 수 없는 인생의 현실을 자신의 해석대로 들려주는 것이다. "그후 어떤 선택을 하든, 그건 학생들의 몫이에요." 브리턴의 말이다. "하지만 제가 강의를 마치고 나면요." 브리턴은 윙크를 하면서 팔꿈치로 장난치듯 나를 쿡 찔렀다. "학생들은 아무도 가르쳐주지 않았다며 발뺌할 수가 없게 되죠."

같은 날 무도회가 열리기 전에, 나는 과거 참석자이자 이제는 매년 행사를 도와주고 있는 몇몇 사람들과 이야기를 나누기 위해 컨트리클럽에 들렀다. 이들 중 일부는 S.W.A.T.라는 머리글자가 인쇄된 운동복 상의를 입고 있었는데, 이는 순결을 맹세한 소녀들을 지원하기 위해 결성된 단체인 '함께 걷는 책임 있는 자매들 Sisters Walking Accountable Together'을 나타낸다. 나는 무도회 장소로 향하기 전에 상의를 세 번이나 갈아입었다. 탱크톱 위에 목선이 둥글고 깊게 파인 헐렁한 스웨터를 입었더니 스웨터가 어깨 쪽으로 흘러내려 자꾸 브래지어 끈이 드러나는 바람에 너무 노출이 심하지 않은가 하는 생각이 들었다. 같은 탱크톱 위에 카디건을 입어 봐도 역시 좀 야하게 보일 가능성이 있었다. 결국 나는 목선이 옆으로 길게 파인 보트넥 스웨터를 고르며 너무 딱 붙는 옷처럼 보이지 않기를 바랐다. 노파심에서 덧붙여두지만 나는 아침에 옷을 입을 때 보통 이런 생각을 하지 않는다. 그러나 '단정함'과 '순수함'을 강조하는 순결무도회 때문인지, 내 몸과 옷차림이 타인의 눈에 어떻게 비칠까를 십대 때보다도 더 강하게 의식하긴 했다.

밝은 낮에 본 무도회장은 눈이 닿는 곳마다 온통 베이지색이었고, 습한 하늘 아래 펼쳐진 겨울 풍경의 골프 코스가 내다보였다. 몇몇 소녀가 의자에 분홍색 망사 리본을 묶고 있었다. S.W.A.T. 셔츠와 운동복 하의를 입은 고등학교 3학년 헤일리는 뒤로 물러나서 손을 엉덩이에 올려놓은 채 이마를 찌푸리고 의자에 묶인 리본을 살펴보았다. "내 생각에는 너무 열여섯 살 생일sweet sixteen(미국에서는 만 16세를 꽃다운 나이라 부르며 16세 생일을 크게 축하하는 관행이 있다. 16세가 되면 운전면허도 딸 수 있다—옮긴이)' 같은 분위기가 나는 것 같아." 헤일리의 말이었다.

"어차피 무도회에 오는 애들도 그 정도 나이잖아!" 다른 여자아이가 응수했다.

헤일리는 여러 가지 면에서 내가 만났던 다른 여학생들과 비슷했다. 똑똑하고 총명했으며, 우등생이고 운동신경도 좋았다(다섯 살 때부터 축구팀에서 선수로 뛰었고 여름에는 윈드서핑을 가르쳤다). 심지어 '힙스터, 원하는 것을 해라'라는 인문학 강좌를 듣기 위해 마그넷 스쿨(학군에 관계없이 배우고 싶은 과목을 수강할 수 있는 대안교육 제도―옮긴이)도 다녔다. 쌀쌀한 토요일에 행사를 돕고 있는 헤일리의 머리는 되는대로 올린 상태였고, 짧은 손톱에 바른 빨강 매니큐어도 군데군데 벗겨져 있었다. 나는 헤일리에게 같은 반에 순결을 서약한 다른 친구들이 많은지 물어보았다. 헤일리는 킁킁대며 웃었다. "아니요. 거의 없어요. 사실 우리 고등학교에서 는 크리스천 빼고는 전부 환영받을걸요. 어떤 성별이고 싶어하든 굉장히 너그럽게 받아들여요. 그건 좋아요. 그리고 성적 지향도 전부 존중해주는데, 딱 하나 순결만은 예외예요. 좀 이상하지 않나요. 제가 순결무도회 같은 걸 이야기하면 대부분은 '와, 너 되게 꽉 막혀 있구나'라고 해요. 그럼 제가 '네가 더 그런 것 같은데!'라고 응수하는 식이에요." 그 결과 헤일리는 학교에 친구가 별로 없고, 생각이 비슷한 운동선수들 몇과 주로 어울린다고 했다. 헤일리에게 4년 전인 열세 살 때 처음 참석했던 순결무도회는 일종의 계시였다고 한다. "순결무도회에서 느낀 것만큼 특별한 기분이 든 적은 없었어요. 지금 제가 실천하는 방식대로 사랑하고 사랑받을 수 있다는 걸 몰랐거든요."

헤일리는 남자친구를 사귀어본 적이 없다. "우리 학교는 3분의 2가 여학생들이고 남학생들은 대부분 게이예요." 헤일리는 명랑하게 말했다. 하지만 만약 남자친구를 사귀었다 해도 손만 잡거나 키스 정도에서 선을 긋고, 그 이상은 허락하지 않았을 것이라 생각한다. "결혼식 날까지 단 한 번도 키스를 해본 적이 없다면 진짜 멋질 것 같아요." 주변의 다른 여자아이들도 이에 동의했다. 한 아이는 남자애와 단둘이 한방에 있는 것은 물론, 심지어 어두운 영화관에도 절대 가지 않겠다고 했다. "식당의 이인용 좌석 정도는 괜찮을 것 같기도 하네요." 또다른 소녀는 "감정이 고조되지 않도록" 남자친구와의 포옹을 3초로 제한했다.

헤일리와 그 친구들은 진심으로 진지하게 이런 이야기를 했을 뿐만 아니라 자신들의 서약을 전적으로 확신하고 있는 것처럼 보였다. 하지만 서약을 지킨다 해도 이들은 소수에 속한다. 텍사스 대학 사회학자 마크 리그너러스에 따르면 혼전 성관계에 반대하는 백인 복음주의 교도 청소년은 거의 75퍼센트에 달했으며, 이는 주류 개신교 청소년의 50퍼센트, 유대교 청소년의 25퍼센트에 비해 매우 높은 비율이었다(한편 복음주의를 믿는 청소년들은 섹스를 하면 기분이 좋을 것이라 상상할 확률이 가장 낮기도 했다. 섹스에 탐닉하는 이유로 쾌락을 언급할 가능성이 가장 높은 것은 유대교 청소년들이었다). 그럼에도 불구하고 복음주의 신자들은 이들 집단 중에서 가장 왕성한 성생활을 한다. 이들은 다른 집단보다 어린, 평균 16세에 순결을 잃으며, 임신이나 성병을 예방할 확률도 가장 낮았다. 아마도 제대로 된 성교육을 받지 못했거나, 성관계를 준비할 경우 타락 행위를 사전에 계획한 것처럼 보이기 때문에 아무런 준비 없이 성관계에 임할 가능성이 크다.

혼전순결 서약은 실제로 어느 정도 영향력을 발휘하며, 특히 나이가 어린 청소년들 사이에서는 상당한 효과를 보인다. 콜럼비아 대학 사회학자 피터 베어먼과 예일 대학 해나 브뤼크너의 조사에 따르면, 순결 서약을 한 15세와 16세 청소년들은 또래들에 비해 첫 성관계를 갖는 시기가 대략 18개월 늦으며 (비록 '결혼할 때까지 늦추는 것'은 아니지만) 성관계 상대의 수 역시 적은 것으로 드러났다. 그러나 특정 커뮤니티 구성원의 30퍼센트 이상이 순결 서약을 원할 경우에는 이 효과가 사라졌다. 따라서 순결 서약은 회원 전용 클럽의 회원권처럼 무언가 특권의식을 느끼도록 해주어야 한다. 그러므로 서약자들을 끌어당기는 진짜 미끼는 '술 마시고 사고 치기 금지' '차분하게 순결을 지키자' 또는 간단하게 '진짜 사랑은 기다리는 것'이라고 선언하는 반지, 티셔츠, 수첩, 팔찌, 문구가 새겨진 모자 등의 겉만 번지르르한 상징물일지도 모른다.

이렇게 자랑스러운 순결 서약을 하면 만사가 해결될 것처럼 보이지만, 문제가 그렇게 단순하지는 않다. 남성 순결 서약자들은 다른 청소년들보다 항문성교를 할 확률이 네 배나 높으며, 남녀를 막론하고 순결 서약을 한 청소년들은 오럴 섹스를 할 확률이 여섯 배 높다. 뿐만 아니라 18세가 되면 이들의 결심에 금이 가기 시작한다. 20세가 되면 80퍼센트 이상이 순결 서약을 했다는 사실을 부정하거나 아예 까맣게 잊어버린다. 유일하게 남아 있는 영향이라고는 이들이 피임을 잘 하지 않으며 성병 예방조치를 취할 확률이 다른 집단과 비교할 수 없을 정도로 낮다는 점 정도다. 콘돔은 감염 방지에 전혀 효과가 없으며, 여자아이가 피임약을 복용하면 '불임이 되거나 죽는다'고 거듭해서 경고하는 팸 스텐젤의 강연을 들은 내 입장에서는 이들이 피임약을 기피한다 해도 별로 놀라운 일은 아니다. 그럼에도, 이 젊은이들이 금욕 성교육에서 배운 나머지 내용은 전부 잊어버리는 와중에 안전하지 않은 섹스를 유도하는 내용만 기억하고 실천한다는 점은 흥미롭지 않을 수 없다. 그 결과, 순결 서약을 한 사람들은 더 늦은 나이에 성관계를 시작하고 전반적으로 성관계 상대의 수가 적은데도 성병 감염 및 임신율에서 일반 대중과 동일한 수치를 보이고 있다. 뿐만 아니라 결혼을 했다고 해서 이러한 위험이 완전히 사라지는 것도 아니었다. 순결 서약을 한 여성들은 그렇지 않은 여성들에 비해 일찍 결혼하지만, 성병 검사의 양성반응 비율을 살펴보면 결혼 전에 성관계를 해본 적이 없는 약 12퍼센트의 여성들과 순결 서약을 하지 않고 결혼한 나머지 여성들 사이에 별 차이가 없었다.

월슨이나 스텐젤 같은 사람들은 진짜 운명의 상대를 만날 때까지 기다릴 경우 섹스가 더 신성해질 뿐만 아니라 훨씬 더 화끈해진다는 말을 즐겨 한다. 섹스 도중에 뇌에서 분비되는 화학물질 때문에 상대방과의 유대가 깊어지고, 마치 파블로프의 개처럼 훈련되어 두 사람이 같이 있을 때마다 흥분되고 관능적인 기분이 든다고 설명한다. 상당히 낭만적인 생각이지만, 이것 역시 사실과는 거리가 먼 것으로 보인다. 젊은 복음주의 크리스천 남성들을 대상으로 한 2014년의 연구는 혼전순결을 지킨 사람들의 결혼 후 성생활 실태를 좀더 객관적으로 보여준다. 결혼 전에 순결을 유지하던 남성들은 섹스가 허용된 이후에도 섹스가 '짐승 같은 행위'라는 생각을 떨쳐버리지 못하는 것으로 드러났다. 이들은 자신이 결혼 후에도 여전히 포르노, 자위, 다른 여성 등의 유혹에 시달린다는 사실을 발견하고 놀라움을 금치 못했다. 뿐만 아니라 독신이었을 때는 금욕하는 다른 남성들에게 의지할 수 있었다. 그러나 일단 결혼을 하고 나자 잠자리 문제에 대해 친구들에게 이야기하는 것이 아내를 배신하는 행위로 간주된다는 사실을 알게 되었고, 배우자와 직접적으로 섹스에 대한 이야기를 나누는 방법도 몰랐다.

열 살 때 침례교회에서 순결 서약을 했다는 한 젊은 여성도 엑스오제인xoJane이라는 웹사이트를 통해 이와 비슷한 이야기를 들려주었다. 이 여성은 결혼한 후에도 어렸을 때부터 주입되다시피한 수치심과 죄책감을 도저히 떨쳐버릴 수 없다며 이렇게 적었다. "이제는 결혼을 했기 때문에 괜찮아야 하는데도, 여전히 섹스는 더럽고 잘못된 일이며 죄악이라는 생각이 들었습니다. (섹스를) 좋아하고 싶었고, 너무 부당하다는 생각이 들어서 가끔은 울다가 잠이 들기도 했어요. 저는 모든 걸 제대로 했거든요. 순결 서약을 했고 끝까지 지켰어요. 제게 약속되었던 축복 받은 결혼은 어디로 갔나요?" 한편, 1만 4500명을 대상으로 한 2011년 조사에서는 신앙을 버린 사람들의 경우 신앙을 가졌을 때보다 성생활에서 더 큰 만족감을 누리고 죄책감도 덜 느낀다는 결과가 나오기도 했다.

무도회에서 소녀들과 그 아버지들은 식탁에서 일어나 서로의 눈을 들여다보며 서약을 교환했다. 소녀들은 순결을 지키겠다고 맹세했다. 아버지들은 딸을 '보호'하고, 이끌고, 인도하며, 딸을 위해 기도하겠다고 약속했다. 소녀들은 다음의 서약을 암송했다. "저는 기다릴 줄 아는 사람임을 믿고 있으며, 바로 오늘부터 성경에 준하는 결혼이 성립되는 날까지 하나님과 저 자신, 가족, 친구, 미래의 남편, 미래의 아이들에게 평생에 걸친 순결을 맹세합니다." 그다음에는 다 같이 무도회장 뒤쪽에 모였다. 마치 결혼식장에 들어서는 것처럼 팔짱을 낀 아버지와 딸이 한 쌍씩 무도회장 한가운데로 걸어왔다. 아버지는 바구니에서 작은 은색 티아라를 꺼내 딸에게 '씌워주었다'. 소녀들은 그 옆 바구니에서 흰색 장미를 골라 집었다.

브리턴은 이혼한 39세의 사업가이자 열네 살 딸과 함께 무도회에 참석한 데이브를 나에게 소개해주었다. "아버지로서 제가 바라는 바는 딸이 최고의 삶을 사는 겁니다. 하지만 현실은 이렇지요. 성인 여성이나 남성이 되는 순간부터 실제로 결혼을 할 때까지 누군가를 사귈 때마다 우리가 무엇을 하든, 어떤 일이 발생하든, 무슨 일이 벌어지든, 그를 통해 얻은 모든 육체적·감정적·정신적 경험이 결혼에 영향을 미치게 됩니다. 순결을 지키게 되면 향후에 겪게 될 많은 고통을 아예 싹부터 잘라버릴 수 있습니다. 무언가를 치유해야 하는 것보다 아예 처음부터 아프지 않는 편이 훨씬 낫지 않을까요? 이에 누가 반박할 수 있겠습니까?"

데이브는 자신이 젊었을 때 이런 걸 알았어야 했다며 말을 이었다. 결혼 전에 흔들렸던 경험이 있는 데이브는 결혼 전에 방황했던 일을 후회할 뿐만 아니라 결혼에 실패한 궁극적인 이유도 이것이라고 생각했다. "저는 대학에 간 이후 혼자 힘으로 살았습니다. 그리고 나쁜 길로 빠졌죠. 주변에 저와 비슷한 생각을 가진 사람들을 두지 않았습니다. 가슴 아픈 일도, 고통스러운 일도 아주 많았고요. 그렇기 때문에 저는 순결이 너무나도 중요하다고 생각합니다. 아무도 순결 서약을 지킬 수 없으며, 지킬 리도 없다는 말을 하는 사람들이 엄청 많습니다. 왜 그럴까요? 이건 어디까지나 선택의 문제인데요." 데이브는 자기 옆에 얌전히 서서 하얀 장미를 비틀고 있는 딸을 가리키며 말했다. "만약 누군가 매일같이 제 딸 머리에 총을 겨누고 순결을 잃을 경우 총을 쏘겠다고 말한다면 제 딸은 틀림없이 순결을 지킬 것이라 장담할 수 있습니다. 이건 전적으로 선택의 문제예요."

데이브는 최소한 표면적으로는 이중잣대를 들이대지 않았다. 그는 순결이 여성뿐만 아니라 남성에게도 중요하다고 생각하고 있었다. 그는 재혼할 때까지(혹은 재혼을 하지 않는다면 끝까지) 순결을 지킴으로써 자녀들에게 모범을 보일 계획을 가지고 있다. 그는 아들들에게도 '순결'을 기대하고 있다. 여기서도 그가 우려하는 바는 섹스 자체보다 감정적인 친밀함이 가져오는 고통인 것처럼 보였다. 어떤 사람들은 아마도 그러한 고통을 개인적인 성장을 도모하고 성숙한 생각 및 관계에 대한 올바른 기대감을 발달시키는 데 필수적인 요소라고 여길지도 모르겠다.

데이브의 말을 듣자니, 순결이 자기 자신과 자녀들을 이혼으로부터 보호해줄 것이며, 결혼 전에 감정적 유대나 육체적 친밀감을 쌓는 법을 연마하게 되면 혼인관계가 굳건해지기는커녕 위험해진다는 그의 생각은 데이브가 조금 아까 딸의 머리 위에 올려놓은 가짜 왕관만큼이나 동화같이 마냥 순진한 이야기라는 생각이 들었다. 나는 거의 25년간 결혼생활을 지속해오고 있다. 순결은 우리 부부가 결혼하기 오래전에 사라진 상태였고, 남편이나 내가 결혼식 날 주고받은 특별하고 소중한 것은 순결이 아니었다. 우리는 그 대신 서로에게 사랑과 헌신을 바쳤다. 내가 아는 한 오랫동안 결혼생활을 순조롭게 유지하는 부부들은 모두 이와 마찬가지다. 또한 내가 아는 모든 이혼 경험자들도 결혼 당시의 상황은 크게 다르지 않았다. 뿐만 아니라 데이브가 진심으로 자녀들의 결혼이 영원히 지속되기를 바랐다면, 차라리 뉴욕, 보스턴, 또는 샌프란시스코와 같이 좀더 진보적인 지역의 부동산 매물 목록을 살펴보는 편이 좋을 것이다. 통계적으로 볼 때, 특정 카운티의 높은 이혼율과 가장 연관이 깊은 지표는 보수적 또는 복음주의 개신교도들의 인구 밀도다. 이들이 더 일찍 결혼을 하고 아이를 낳기 때문이다. 데이브와 같은 부모들이 자녀의 섹슈얼리티 탐구와 감정적 친밀감을 금기시할 경우 이는 오히려 부메랑이 되어 돌아올 수도 있다는 의미다. 이들의 자녀들은 당당하게 육체적 관계를 갖기 위해 섣불리 잘 맞지 않는 상대와 결혼을 하거나, 제대로 준비가 되지 않은 상태에서 결혼에 골인할 가능성이 높다.

순결 서약이 우습다고 생각하는 사람들은 이런 통계를 보고 어쩌면 의기양양한 기분이 들지 모른다. 하지만 '하나님을 위해 순결을 지킨다'는 소녀들이나 순결을 '선물'로 생각하거나 창피한 것이라 생각하는 소녀들은 사실상 그다지 다를 바가 없다는 게 내 생각이다. 이들은 모두 단 한 번의 성적 행위가 좋든 나쁘든 마법과도 같이 자신들을 변화시킬 것이라 믿었으며, 이러한 생각은 성적 발달, 감정적 발달 모두에 장애물로 작용할 수 있다. 이들은 모두 자신의 두 다리 사이에서 무슨 일이 일어났는지, 혹은 일어나지 않았는지를 기준으로 삼아 자신의 가치를 매기고, 자존감을 평가하며, 다른 소녀들을 (은연중에 또는 공공연하게) 판단한다. 그리고 이들은 모두 기본적으로 성경험이라는 잣대를 사용해 자신을 정의한다. 성관계를 가진 적이 있는지, 만약 그렇다면 언제, 어디서, 누구와, 몇 번이나 가졌는지.

젊은이들은 이렇게 순결을 중요시하면서 삽입 성관계 외의 다른 성적 표현은 별것 아닌 듯 취급하고(삽입 성관계 이외의 다른 행위는 성급히 해치워버리는 경우가 빈번하다), 그 결과 자신들이 추구하는 지식과 경험을 얻을 수 있는 기회를 놓쳐버리게 된다. 연애 상대와 차근차근 관계를 의식하며 발전시키는 과정은 무척이나 관능적일 뿐만 아니라 욕구, 쾌감, 소통, 상호성, 친밀감이 무엇인지 제대로 배우기 위해 반드시 필요한 요소다. 결국은 이러한 경험이 성관계를 '성취하는 것'보다 훨씬 더 많이 인생을 바꿔놓게 된다. "섹스를 단순한 하나의 '경험'이라고 생각하는 것은 상당히 어리석은 일입니다." 인디애나 의대 소아과 교수이자 청소년 섹슈얼리티 연구의 권위자 데니스 포텐베리의 말이다. "섹스를 친밀감, 따스함, 욕망, 매력, 흥분, 감촉, 오르가슴 등이 모두 종합되어 있는 것으로 생각한다면, 성적 학습을 통해 이 모든 것들을 배울 수 있다는 의미가 됩니다. 젊은 사람들은 바로 이런 걸 해야 하는 겁니다. 이들이 이후 약 60년 혹은 그 이상 동안 살아가면서 가지 각색의 형태로 접하게 될 섹스라는 놀랍도록 미묘한 의미를 가진 행위에 대해 속속들이 배워야 한다는 겁니다. 아마 제가 죽을 때까지 보지 못할 광경이겠지만, 아이들에게 이렇게 조언한다고 생각해보면 어떨까요? 1~2년 정도 입과 성기가 접촉하는 형태의 섹스를 네가 원하는 이들과 해보고, 그게 뭔지 제대로 배운 다음에 이후 단계를 생각해보는 건 어때.'"

나는 무도회장으로 걸어들어가면서 순백의 드레스, 결혼식장 같은 분위기, 아버지들이 딸들의 '성적 순결'을 지키는 수호자 역할을 한다는 생각 자체에 상당히 불편함을 느꼈다. 아버지들은 심지어 딸의 순결을 상징하는 의미로 보관하기 위해 투명 합성수지로 테두리를 한 6펜스짜리 은화를 받기도 했다(서양의 결혼 풍습으로, 결혼식 날 신부가 이런 물건을 소지하면 행복을 가져다준다고 한다—옮긴이). 이보다 더 가부장적이고 시대에 역행하는 일이 있을까? 그와 동시에 성적 대상화가 만연하고 얼마나 '핫한가'에 따라 여성의 가치를 평가하는 대중문화도 차마 이보다 낫다고는 할 수 없다. 나는 이들의 접근방식에는 전혀, 눈곱만큼도 동의하지 않지만, 나와 마찬가지로 이 부모들은 그저 딸들이 잘되기를 바랄 뿐이다. 이 부모들은 자기 나름대로 딸이 현대 사회의 부담감과 수치스러운 고정관념을 이겨내도록 돕고 있다고 믿는다. 브리턴은 '포르노의 전염성'을 우려했으며, '가는 곳마다 접하게 되는 섹슈얼리티의 공격을 헤쳐나감으로써' 윤리적이고 책임감 있으며 '건전한 성적 선택'을 할 수 있도록 젊은이들의 '역량을 강화'하는 것이 중요하다고 강조했다. 나와 마찬가지로 브리턴은 아이들에게 섹스에 대해 '아주 직접적인 방식'으로 가르쳐야 한다고 믿는다. 우리 두 사람의 주장은 겉보기에 사뭇 비슷했지만, 그 의도는 완전히 반대였다. 나는 순결 강조와 과도한 성적 대상화가 동전의 양면 같다고 생각한다. 나라면 차라리 여자아이들에게 성관계를

154

했건 안 했건, 이는 개인의 인성, 도덕성, 가치를 판단하는 척도가
아니라고 가르치겠다.

티아라를 씌워주는 의식을 마친 아버지와 딸들은 순결 '계약'
에 서명을 하고 '첫번째 춤'을 추기 위해 무대로 나갔는데, 이것
역시 결혼식과 똑같은 또하나의 의식이었다. 참석자들은 너무나
행복해 보였다. 딸들은 아버지와 멘토의 관심을 한몸에 받고 있었
다. 나는 이 모임의 취지에 그다지 동의하지 않았으며 이들이 지
향하는 바는 내 생각과 달랐을지 모르지만, 이 아버지들이 딸과
소통하고 있으며 일부러 시간을 할애해 딸과 유대관계를 굳건히
하고, 신뢰를 쌓아올리고, 섹스를 둘러싼 윤리와 가치에 대해 대
화를 나눈다는 점만큼은 높이 평가할 수밖에 없었다. 나는 이 책
을 집필하기 위해 70명 이상의 젊은 여성들과 인터뷰를 했다. 그
중에 아버지와 섹스에 대해 제대로 이야기를 나눠본 적이 있다고
답한 여성은 딱 두 명뿐이었다. 나머지 여성들은 내가 아버지 이
야기를 꺼내면 그냥 웃고 말았다. 어머니 쪽도 사정은 크게 나을
게 없었다. 섹스에 대해 딸들과 충분히 이야기를 해봤다고 믿는
어머니들도 그러한 대화가 얼마나 효과적이고 솔직했는지, 그리
고 어느 정도 편안한 분위기에서 이루어졌는지 과대평가하는 경
향이 있었다. 왜 그런지 몰라도 일단 아이들이 어느 정도 성장해
부모가 더이상 무조건 "안 돼!"라는 말을 안 하게 되면, 많은 부모
들은 자녀에게 도무지 무슨 말을 해야 할지 모르는 것 같다. 따라
서 순결무도회에 참가하는 아버지들의 노골적인 성차별주의는
경악스러웠고 나 역시 놀라움을 금치 못했지만, 다른 부모들은 이

문제에 대해 철저히 침묵을 지킨다는 점도 그에 못지않게 경악스럽다.

노래 한두 곡이 끝나자 아버지들은 무대를 떠났고, 여자아이들은 굽 높은 구두를 벗어 던져버렸다. 그리고 삼삼오오 둥글게 모여 퍼렐 윌리엄스의 〈해피〉 같은 '순수한' 팝송에 맞춰 뛰어다녔다. 내가 무도회장 문을 나서려는 순간 디즈니 애니메이션 〈겨울왕국〉의 주제가 〈렛 잇 고〉가 흘러나왔다. 후렴 부분에서는 보통의 여자아이들과 마찬가지로 무도회장의 모든 소녀들이 팔을 활짝 벌리고 우렁차게 노래를 불렀다. 인자하게 웃으며 흐뭇하게 그 모습을 바라보고 있는 아버지들은 "옳고 그름은 없어, 규칙 따위도 없어. 나는 자유야!" "착하기만 한 소녀는 이제 없어"라고 외치는 이 노래의 주제가 무엇인지 모르는 게 분명했다. 이 노래는 엘사 공주가 자신의 힘을 깨닫고는 왕이었던 아버지가 자신에게 강요하던 잘못된 윤리와 구속을 거부하는 이야기를 담고 있다.

좋은 사람 체크리스트

크리스티나와 브랜던은 유치원 시절부터 아는 사이였다. 두 사람은 학교 운동장에서 함께 뛰어놀았고, 근처 스케이트장에서 열린 서로의 생일파티에 참석했다. 브랜던은 중학교 과학경시대회에서 1등을 했으며 크리스티나는 2등이었다. 둘은 고등학교 2학년 때 겨울무도회가 끝나고 나서 첫 키스를 했다. 시간이 지나면서 두 사람은 육체적으로도 점차 친밀해졌으나, 교회라는 존재가 크리스티나의 마음속에서 떠나지 않았다. "이런 생각이 들었어요. '남자친구가 내 셔츠를 벗겼어. 다른 사람들이 알게 되면 어쩌지?'" 크리스티나는 회상한다. "심지어 지금까지도 그런 감정들을 느낄 이유가 없다는 걸 머리로는 잘 알아도, 여전히 그런 기분들은 제 안에 남아 있어요. 어느 정도의 수치심과 죄책감이 마음속 어딘가에 영원히 새겨진 것 같아요. 그렇지 않으면 얼마나 좋을까요. 이 감정들이 제 모든 행동을 따라다니며 괴롭혀요." 크리스티나는 말을 멈추고 곰곰 생각에 잠겼다. "하지만 이게 제가 그렇게 길러져서 그런 건지, 아님 제 성격이 원래 그런 건진 잘 모르겠어요. 전 원래 정말 신중한 성격이거든요."

원래부터 신중한 성격이라는 말은 맞을지도 모른다. 하지만 나와 이야기를 나누던 시점에 크리스티나는 한 학기를 보츠와나 공화국에서 보낼 계획을 세우고 있었는데, 내가 보기에는 상당히 대담한 행보였다. 또한 크리스티나는 일부러 자신의 오랜 가치관이 시험대에 오를 수 있는 대학에 진학하기로 선택했으며, 그보다 더 극단적인 상황에 놓일 수 있는 숙소, 즉 셰어하우스에서 살아보기로 결심했다. 지금까지 성장해온 울타리를 박차고 멀리 나가보고자 하는 크리스티나의 의지는 존경스러웠고, 심지어 용감하게 보일 정도였다. 가치관에 관계없이 어린 나이에 그런 선택을 하는 것은 결코 쉬운 일이 아니다. 크리스티나는 그런 결정을 하게 된 이유를 전부 설명하지 못했다. 어쩌면 크리스티나의 부모님이 학교 선생님들만큼 보수적이지는 않았기 때문일지도 모른다. 크리스티나의 어머니는 학교의 순결 교육을 절대 반박하지 않았지만, 동성애를 죄악이라고 비난하는 것은 잘못이라고 선을 그었다. "엄마는 대놓고 '그건 사실이 아니다'라고 했어요." 하지만 그뿐만 아니라 크리스티나는 항상 자신이 또래들과 어딘가 다르다고 생각했다. 같은 학년의 친구들은 전부 백인이었지만 크리스티나는 필리핀계 아버지를 닮았다. 학교 전체에서 아시아계 학생은 크리스티나뿐이었다. 중학교 때는 남학생들이 크리스티나의 눈 모양이나 피부색을 놀려댔다. 그 일 때문에 크리스티나는 지금까지도 자신이 못생기고 인기 없다는 생각을 떨치지 못한다. 남들과 다르다는 생각, 소외감이 크리스티나의 그런 선택을 부추겼는지도 모른다.

크리스티나는 대학에 진학하면 자신의 가치관이 시험대에 오르는 일들이 생길 것이라 예상했다. "제 도덕적 기준을 지켜야 한다는 사실을 알고 있었어요. 술을 마시고 싶지 않으면 술을 마시지 않을 생각이었어요. 누군가와 섹스를 하고 싶지 않으면 하지 않을 생각이었고요." 하지만 대학 입학 후 한두 달 사이에 크리스티나 본인 말에 따르면 '풀어지기' 시작했다. 용기를 내서 파티에 가보고, 술을 한두 잔 마시고, 춤을 추면서 남학생들과 신체 접촉을 했다. "제가 그 모든 일들을 미화했던 것 같아요." 크리스티나는 이렇게 인정한다. "이런저런 규칙에 따라 살 필요가 없는 다른 여자애들의 자유가 부러웠나봐요. 그게 어떤 기분인지 알아보고 싶었어요."

대학교 2학년이 되던 해 가을 크리스티나는 그런 파티들 중 하나에서 이선을 만났다. 키가 크고 상냥한 성격의 이선은 크리스티나와 마찬가지로 보수적인 환경에서 자랐다. 두 사람은 밤새도록 이야기를 나눴고, 함께 있는 시간이 즐거웠다. 처음에 크리스티나는 남자친구를 사귄다는 것에 주저함이 있었지만, 한 달 남짓 지나는 사이에 두 사람은 꾸준히 데이트를 하게 되었고 10월 말에는 섹스를 하기 시작했다. 크리스티나는 "그냥 너무 자연스러웠어요. 저는 그렇게 친밀한 방식으로도 남자친구를 알고 싶었고, 남자친구도 마찬가지였어요. 압력 같은 건 전혀 없었어요. 전적으로 제 결정이었고 서로 최대한 존중해줬어요"라고 말한다.

이것이야말로 여학생들이 성관계를 가지려고 할 때 모범이 될 만한 바람직한 사례다. 상대방을 세심하게 배려하고 걱정하는 태도는 크리스티나가 받은 보수적인 교육의 의도치 않은 부산물이었을까? 아니면 단순히 크리스티나가 대다수 여학생들보다 더 늦은 나이에 첫 성경험을 했기 때문일까? 한마디로 단정짓기는 어렵다. 크리스티나는 타인을 존중하고 친절하게 대해야 한다는 중요한 윤리를 가르쳐준 학교 덕분이라는 말을 하기도 했다. 비록 그런 교육이 크리스티나의 인종적 특성을 놀려대는 동급생들의 행동을 막아주지 못한 것은 분명하지만 말이다. 또한 섹스의 가능성이 완전히 배제되어 있었기 때문에, 같은 반 남학생들이 여학생들을 대부분 성적 대상이 아닌 다른 것으로 볼 수밖에 없었다고 크리스티나는 믿었다. 동시에 그러한 교육 때문에 크리스티나는 특히 자신의 몸과 그 반응에 너무나 무지하고 자신감을 갖지 못한 채 자랐다. "대학에 가기 전에는 전혀 아무것도 몰랐어요." 크리스티나의 말이다. "클리토리스가 뭔지 몰랐어요. 아직도 모르는 게 너무 많아요." "어떤 걸 모른다는 거니?"라는 내 질문에 크리스티나는 천천히 대답하기 시작했다. "글쎄요, 저는 섹스에서 뭐가 '정상'인지 신경이 쓰여요. 하지만 모든 사람이 다 다르기 때문에 누구한테 물어볼 수도 없죠. 그래서 저는……" 크리스티나는 말꼬리를 흐린다. "모르겠어요. 제가 어떤 걸 '정상'이라고 생각하는지도 잘 모르겠는걸요. 이를테면……" 크리스티나는 다시 한번 주저하더니 수줍은 듯이 나를 바라보았다. "이를테면 오르가슴을 한 번도 느껴본 적이 없는 게 정상인가요?"

크리스티나와 이선은 6개월 정도 사귀었다. 크리스티나는 이선에게 '순결을 바쳤다'는 사실을 한 번도 후회해본 적이 없지만, 일단 헤어지고 나자 의문이 들었다. 이제는 어떻게 되는 걸까? '나는 진지하게 사귀는 상대하고만 잠자리를 하는 사람이 되는 걸까? 누군가와 잠자리를 갖기 전에 몇 번 이상 데이트를 해야 한다는 규칙을 만들어야 할까? 그리고 만약 다른 사람과 섹스를 하게 된다면 내 섹스 파트너 숫자는 2가 되겠지. 이 숫자에 신경을 써야 할까?'

이 '숫자'는 많은 여학생들의 공통적인 걱정거리다. 심지어 순결은 구시대의 잔재라고 생각하는 아이들조차 섹스 파트너가 몇 명 정도면 너무 많다는 소리를 듣는 것인지 궁금해한다(여기서 말하는 '숫자'는 순결의 개념과 마찬가지로 삽입 성관계만 포함된다. 오럴 섹스를 한 남자애들의 숫자를 세는 여자애들은 없다). 순결을 잃는 것 자체로는 평판에 타격을 입지 않을지 모르지만, 너무 과하다는 시선을 받을 가능성은 없을까? 과하게 밝히고 공공연하게 성적으로 자유로운 여성, 그래서 남들에게 이용당해도 싼 여성이라며 걸레라는 낙인을 찍는 일은 아직도 비일비재하다. 여학생들은 여전히 모욕당할 가능성이 있다. "같이 잔 사람 숫자가 두 자릿수로 올라가면 좀 싫을 것 같아요." 브룩은 이렇게 인정하더니 옆에서 조용히 브룩이 사귄 사람 숫자를 손가락으로 세어보는 크리스티나를 흘깃 쳐다보았다. "하지 마!" 브룩은 버럭 소리를 지르고 한바탕 웃더니 심각한 표정을 지었다. "저는 섹스가 중요하다고 생각해요. 저에게 의미 없는 사람과 섹스를 하고 싶지는 않아요. 게다가 아직 저는 특별한 의미를 갖는 상대가 그렇게 많을 나이는 아니거든요."

케이틀린은 고개를 좌우로 젓더니 신경질적으로 안경을 밀어 올렸다. "저는 별로 그렇게 생각하지 않아요. 저는 아무 의미 없는 상대와도 섹스를 할 수 있을 것 같거든요. 3년 동안 사귀던 남자친구랑 헤어지고 난 다음에 처음 섹스를 했던 사람이 기억나요. 섹스를 하면서 그런 감정이 들 수 있다는 사실이 정말 놀라웠어요…… 마음이 너무나 가볍고 그냥 재미있고 느긋하고 편안했거든요."

"그리고 '의미가 있다'는 게 대체 무슨 뜻이죠?" 케이틀린은 말을 이었다. "그게 상대방을 사랑해야 한다는 의미인가요? 아니면 너무 좋아서 공중에 붕 뜬 것 같은 기분이라도 들어야 한다는 건가요? 그냥 이 사람은 괜찮은 사람이고 너무 친절해서 좋아, 이 정도도 가능한 건가요? 그 정도면 의미가 있는 거 아닌가요?"

브룩은 어깨를 으쓱하고는 손톱에 바른 매니큐어를 뜯어냈다.

"어쩌면 제 자의식 때문인지도 몰라요. 저는 어떤 상황에서든 거절하는 게 너무 힘들거든요. 친구가 부탁을 해도 거절을 잘 못하는 수준이에요. 그래서 뜻하지 않게 제가 원하지 않는 사람하고 분위기가 무르익을 가능성도 충분한데, 그러면 기분이 좋지 않을 것 같거든요. 하지만 별다른 감정을 가지고 있지 않은 사람 때문에 흥분을 느낀다면…… 사실 잘 상상은 되지 않지만 그건 괜찮을 것 같아요."

"완전히 상대적인 거죠." 크리스티나가 골똘히 생각하며 말했다. "제가 자란 곳이랑 제 친구들이 자란 곳은 너무 다르기 때문에 저에게 섹스가 의미하는 바도 완전 달라요. 만약 일 년 전에 제가 섹스해본 남자가 두 명이라면 마음이 엄청 불편했을 거예요. 하지만 지금은 괜찮아요. 그러니까 '의미 있다'가 뜻하는 바는 사람마다 다르고 시간이 흐르면서도 달라진다고 생각해요. 그리고 제 생각에는…… 저는 더이상 몇 명이랑 잤는지 숫자에 별로 신경쓰지 않는 것 같아요. 물론 안전한 섹스는 중요하지만, 누군가가 도덕적으로 더 좋은 사람인지 나쁜 사람인지 판단하는 문제는요…… 예전에는 '술을 마시는지, 담배를 피우는지, 섹스를 하는지, 절제할 줄 모르고 즐기는지' 같은 체크리스트로 좋은 사람인지 아닌지 가늠해야 한다고 생각했었어요. 지금은 전혀 그렇게 생각하지 않아요. 왜냐하면 모든 사람은 훨씬 더 복잡하고 다양한 면을 가지고 있거든요."

크리스티나는 이렇게 덧붙였다. "그리고 더이상 나 자신한테 어떤 한계선을 정해놓고 싶지도 않아요. 그 한계선을 넘게 되면 실망하기 때문이죠. 기분좋고 자연스러운 거하고 그렇지 않은 걸 구분할 수 있다고 저 자신을 믿어야 해요."

케이틀린은 크리스티나의 컴퓨터를 만지작거리다가 팸 스텐젤의 다른 동영상을 틀었다. 이번 동영상의 제목은 '섹스의 정의'였다. 스텐젤은 이 동영상에서도 '자유연애의 커다란 대가'라는 현수막 앞을 서성거리며 지역 행사에서 분위기를 띄우는 진행자처럼 달변을 쏟아놓고 있었다. 스텐젤은 열여덟 살 때 '대대적으로 자궁절제술'을 받은 여학생을 만난 이야기를 들려주었다. 이 여학생은 중학교 1학년 때 인유두종 바이러스[HPV]에 감염된 후 중학교 3학년 때 자궁경부암 진단을 받았다(스텐젤은 콘돔으로 HPV를 완전히 예방할 수 없다고 경고했고 이는 맞는 말이지만, 열한 살 때 소아과에서 백신 접종을 받을 경우 HPV를 예방할 수 있다는 점은 언급하지 않았다. 또한 정기적인 자궁경부 검사를 통해 이상을 발견해낼 수 있다는 이야기도 하지 않았다). 그다음에 스텐젤은 다시 한번 순결에 대해 이야기하기 시작했다. "이제부터 '섹스'의 의학적 정의를 알려드리겠습니다."(바로 이 시점에서 영상을 보는 사람은 뭔가 수상하다는 것을 감지해야 한다. 앞에서 말했듯 섹스의 의학적 정의란 존재하지 않기 때문이다.) "이것은 여러분이 절대 넘으면 안 되는 의학적 경계선이고 이 선을 넘을 경우 질병에 노출될 위험이 있기 때문에 검사를 받아야 합니다. 그리고 이 선을 넘었을 경우 감히! 절대로! 누구에게도 자신이 처녀라고 말해서는 안 됩니다! 자, 넘으면 안 될 선을 분명히 말씀드릴게요. 어떤 형태로든 성기에 접촉하는 행위는 안 됩니다. 손으로 만지는 것, 입을 가져다 대는 것, 성기끼리 접촉하는 것 전부 해당됩니다. 입과 성기가 접촉하는 오럴 섹스도 분명 섹스입니다. 그러니까 '오럴 섹스'라는 이름이 붙었 겠지요. 그리고 오럴 섹스를 한 적이 있다면 더이상 처녀가 아니 기 때문에 감히 처녀라는 말을 해서는 안 됩니다."

여자아이들은 동영상을 보면서 키득거리는가 하면 가끔씩 충 격을 받았는지 숨을 들이쉬기도 했다. 그러나 이상하게도 나는 스 텐젤의 주장에 어느 정도 동의하는 바가 있었다. 물론 수치심을 유발하고 관중을 공포에 몰아넣으려는 스텐젤의 강연 방식과 결 론에는 동의하지 않지만. 오늘날 통용되는 '섹스'의 정의는 너무 나 편협하다. 물론 여자아이들의 건강을 위해서는 순결이라는 개 념 자체를 와해시키는 것이 가장 이상적이지만, 나는 순결의 정의 가 미치는 영향에 대해 의문을 제기하는 것 자체도 나름대로 가 치가 있다는 사실을 깨달았다. 삽입 성관계라는 단 하나의 행위를 별도의 범주로 분류하는 것이 어떻게 소녀들(및 소년들)을 질병, 강압, 배신, 폭행으로부터 안전하게 보호해줄 수 있는가 화두를 던져보는 것도 충분히 의미 있는 일이다. 과연 삽입 성관계를 특 별한 행위로 분류함에 따라 여학생들이 성경험을 할 때 좀더 주 도권을 갖게 되는지, 합의와 배려를 장려하는 분위기가 조성되는 지, 이러한 분류가 다른 유형의 성행위에 대한 청소년들의 인식에 어떤 영향을 미치는지, 이성간의 삽입 성관계 없이도 다양한 종류 의 섹스를 할 수 있는 동성애자 청소년들에게는 이것이 어떤 의 미인지. 다시 한번 강조하지만, 이는 삽입 성관계가 대수롭지 않 기 때문이 아니라 그 외에도 중요한 행위들이 있기 때문이다. 나는 차라리 청소년을 포함한 젊은층이 섹스를 수평적으로 생각하고, 데니스 포텐베리의 말마따나 목표에 도달하기 위해 무작정 위로 올라가야 하는 수직적 경주가 아니라 친밀감과 쾌락을 탐구하는 하나의 방식쯤으로 여겼으면 한다. 첫번째 삽입 성관계가 아니라 첫 키스가 순결을 잃는 표시라면? 첫 오럴 섹스는 어떤가? 첫사랑은? 제시카 발렌티가 『순결 신화』에서 주장했듯이, 오르가슴을 느껴야 비로소 순결을 잃는 것이라면?

크리스티나와 친구들에게 작별을 고하기 전에, 나는 크리스티나에게 만약 딸을 낳으면 어떻게 키울 것이냐고 물어보았다. 크리스티나는 잠깐 생각에 잠겼다가 이렇게 말했다. "제가 받은 성교육에는 엄청난 허점들이 있었고 이걸 무시할 수는 없어요. 하지만 저에게 많은 도움이 된 교훈들을 놓칠 위험을 무릅쓰고까지 다른 형태로 교육시킬 것 같지는 않아요. 어쨌든 저는 진짜로 아이들과 좀더 솔직하게 이야기를 나누고 싶어요. '잘 들어, 이게 바로 네 클리토리스야' 수준까지 말할 수 있을지는 잘 상상이 안 되지만, 만약 그게 아이들이 앞으로 살아가는 데 있어서 도움이 된다면 그렇게 하고 싶어요. 딸한테 이렇게 말해야겠네요. '이건 전적으로 네 선택이야. 네가 편하게 느끼는 대로 하면 돼. 하지만 안전을 잊으면 안 돼. 섹스를 하면서 나쁜 일이 일어날 수도 있지만 좋은 점도 있어.' 그리고 이렇게 말해야겠죠. '어디까지나 너와 네 느낌에 달려 있어.' 왜냐하면 제 생각엔, 결국 섹스는 세상에서 가장 사적인 결정이거든요."

4장

훅업 문화와
어울리기 문화

GIRLS AND SEX

동부 해안에 위치한 사립대학 2학년인 홀리는 꼭 하고 싶은 말이 있어서 나와 이야기를 나누겠다고 자원했다. 홀리는 자신을 비롯한 일부 여대생들도 소위 훅업 문화를 즐긴다는 사실을 알리고 싶었다고 한다. "책이나 기사에서는 항상 여자애가 여러 남자와 자고 다니면 걸레라는 소릴 듣는다고 나오죠. 아님 모든 여자들이 진짜 바라는 건 진지한 관계라는 식으로 나오고요." 홀리는 살짝 붉은 기가 도는 금발머리를 한쪽 어깨 뒤로 넘기며 말했다. "아니면 훅업 문화가 얼마나 남자들한테 유리한지, 여러 명의 여자들과 섹스할 때 느끼는 성취감 이야기만 나와요. 분명히 말하자면, 확실히 해두고 싶은데, 저는 하고 싶었던 사람하고 섹스를 하면 성취감을 느껴요. 지난 목요일 아침에 일어나니까 우리 여학생 클럽 하우스에 있는 애들이 제가 섹스했다는

걸 다 알더라고요. 위층에서 침대가 삐걱거리는 소리를 들었다는
데, 만나는 애들마다 '홀리! 하이파이브! 했네 했어' 하더라고요.'
저는 남자들과 똑같이 성취감을 느꼈어요. '잘 입고 잘 놀고, 끝내
주게 멋있었고, 섹스도 했지. 훌륭하다!'"

훅업 문화에서도 남녀는 평등해야 한다

1990년대의 오럴 섹스 문제와 마찬가지로, 오늘날의 '훅업 문
화'는 늘 그랬던 것처럼 미디어가 위기의식을 부추기기에 안성맞
춤의 소재다. 대다수 보도의 기조는 극단적인 방향으로 치우치는
경향이 있다. 훅업은 여자아이들에게 매우 해롭다! 훅업은 여자
아이들을 해방시킨다! 여자아이들이 희생양이 되고 있다! 여자아
이들이 타락하고 있다! 하지만 요즘 젊은 남녀가 과거에 비해 더
섹스를 많이 하는 것은 아니라는 사실을 전해주는 매체는 없다.
최소한 섹스를 삽입 성관계로 정의한다면 말이다. 미시건 대학 사
회학자이자 동료들과 함께 대학생들의 훅업 문화에 대해 가장 포
괄적인 연구를 실시한 엘리자베스 암스트롱에 따르면, 혼전 성행
위의 지각 변동이 일어난 세대는 사실 베이비붐 세대였다. 피임약
이 발명되고, 페미니즘 운동이 일어났으며, '남녀공학' 당국의 감
시가 느슨해지고 성혁명이 점화된 시기가 바로 이때다. '부담 없
는 섹스casual sex'라는 개념을 만들어낸 것도 요즘 젊은 세대가 아니
다. 그러나 미국 대학생, 그리고 점점 더 많은 고등학생들이 누

군가와 관계를 맺게 될 때 데이트부터 시작하는 것이 아니라 부담 없는 성적 접촉부터 시작하는 경우가 많아졌다는 것은 분명한 변화다. 그렇다면 섹스는 친밀한 관계로 인한 파생물이 아니라 친밀한 관계 이전에 거쳐가는 하나의 단계가 되는 셈이며, 친밀한 관계를 대신하는 경우도 있다. 훅업 문화라는 용어는 바로 이런 의미다. 인디애나 대학 킨제이 연구소 데비 허버닉은 이렇게 말한다. "예전에도 대학생들은 섹스를 했지만, 이렇게 반드시 섹스는 부담이 없어야 한다는 인식은 없었습니다. 하지만 지금은 그런 인식이 퍼져 있어요. 제 강의를 듣는 학생들은 아무런 감정 없이 섹스를 할 수 있어야 하고, 만약 그럴 수 없다면 그 사람은 뭔가 잘못되거나 어딘가 모자란 것이 틀림없다는 말을 합니다."

앞에서 설명했듯이, 훅업이라는 말 자체는 매우 모호하며 키스에서 오럴 섹스, 삽입 성관계에서 항문성교에 이르기까지 다양한 의미로 사용될 수 있다. 더욱 혼란스러운 것은 훅업에도 일회성 훅업, 고정 훅업, 둘만 훅업, '섹스 파트너' 등 여러 가지 유형이 있다는 점이다. 이러한 관계들의 유일한 연결고리는 연결고리가 없다는 점이다. 아니, 더 정확하게 말하자면 아무 조건이 없다는 점이다. 감정이 개입되지 않으며, 양쪽 모두 섹스를 즐기는 그 순간 외에는 아무것도 약속하지 않는다. 21개 대학 2만 명 이상의 학생들을 대상으로 실시한 '온라인 대학생활 조사Online College Social Life Survey'에 따르면, 남녀 대학생의 72퍼센트가 4학년이 될 때까지 최소한 한 번 이상 훅업을 한 적이 있으며 파트너의 수는 평균 일곱 명이었다. 가장 전형적으로 이러한 성향을 보인 것은 부유한 백인 이성애자들이었고, 훅업 문화와 가장 거리가 먼 것은 흑인 여성과 아시아계 남성들이었다. 4학년 때까지 열 번 이상 훅업을 해본 경험이 있는 대학생은 전체의 20퍼센트였으며 훅업 경험이 세 번 이하인 대학생은 40퍼센트였다. 이러한 훅업 경험 중에서 삽입 성관계는 3분의 1에 불과했다. 3분의 1은 오럴 섹스나 손으로 성기를 자극하는 형태였고, 나머지 3분의 1은 아마도 우리 할머니가 '진한 애무'라고 불렀을 정도의 접촉이었다. 따라서 하늘이 무너질 정도로 큰일이 벌어진 상황은 아니다. 젊은 세대 스스로도 자기 또래의 성생활에 대해 과대평가하는 경향이 있으며, 아마도 이것 역시 미디어가 제시하는 '대본'의 영향일 가능성이 높다. 빌보드차트를 점령하고 있는 노래의 92퍼센트가 섹스를 주제로 하고 있으며, 〈친구와 연인 사이No Strings Attached〉 〈프렌즈 위드 베네피츠Friends with Benefits〉 등의 영화나 〈프리티 리틀 라이어스Pretty Little Liars〉 〈뱀파이어 다이어리〉 〈어쿼드Awkward〉 〈그레이 아나토미〉 같은 TV 드라마는 말할 것도 없다(〈민디 프로젝트The Mindy Project〉라는 드라마의 제작과 주연을 맡고 있는 민디 케일링은 실제 자신이 평생 데이트 해본 남성 수보다 드라마 주인공이 고작 몇 시즌 동안 데이트한 남성의 수가 더 많다는 농담을 하기도 했다. 드라마 속 민디는 시즌이 계속되는 동안 30명과 육체적 접촉을 갖는다). 또한 틴더Tinder를 비롯한 훅업 앱 사용자가 증가하면서 수백만 명이 즐겁게 이 침대 저 침대를 옮겨가며 잠자리를 즐기고 있다는 인식도 퍼지게 되었다. 젊은층의 인식과 현실 사이에 간극이 발생하는 부분은 섹스 빈도에 대한 과대평가뿐만이 아니다. 허버닉이 내가 참관했던 '인간의 섹슈얼리티' 수강자 150명을 대상으로 실시한 익명조사에서, 남녀를 막론하고 70퍼센트의 학생들이 또래 대학생들은 가벼운 관계를 원할 뿐이라고 대답했으며 다른 학생들이 진지한 관계에 관심을 가지고 있다고 믿는 학생은 절반도 되지 않았다. 그러나 실제로는 거의 4분의 3에 해당하는 남학생과 80퍼센트의 여학생이 훅업보다는 데이트를 선호한다고 대답했으며, 내년에는 사랑하는 사람을 만나고 싶다고 대답한 비율도 남녀 모두 80퍼센트에 달했다.

홀리와 같은 일부 여학생들은 훅업을 통해 무언가 확인받은 것 같은 기분이 들고, 상대방에 대한 감정적 책임감을 벗어버릴 수 있으며, 자유롭게 솔직한 욕망을 좇을 수 있다고 말했다. 그렇다면 실제 섹스는? 글쎄. 훅업 관계에서도 여학생들의 육체적 만족감은 나중에나 생각해보는 부수적인 요소로 취급되는 경향이 강했다. 예를 들어 섹스만 하는 관계에서 여성이 오럴 섹스를 받을 확률이 훨씬 낮고, 오럴 섹스를 받는다고 해도 절정에 이르는 일은 매우 드물다. 첫번째 훅업에서 오럴 섹스만으로도 오르가슴을 느꼈다고 답한 여성은 17퍼센트에 불과한 반면, 최근에 연인과의 관계에서 오럴 섹스를 경험한 여성들은 무려 60퍼센트가 오르가슴을 느꼈다고 답했다(한편 남성들은 훅업 상황에서 상대 여성이 오르가슴을 느끼는 비율을 3분의 1에서 2분의 1 정도로 과대평가했다). 삽입 섹스의 경우, 단순한 훅업 관계에서는 절정에 도달한 여성이 40퍼센트였던 반면(남성의 절반), 진지한 관계에서는 4분의 3에 달하는 여성들이 오르가슴을 느꼈다. 오르가슴은 성적 만족을 판단하는 유일한 잣대가 아닐지도 모르지만, 젊은 여성들은 (진지한 관계든 훅업 관계든) 오르가슴을 느꼈을 때 해당 성행위를 즐겼다고 말할 가능성이 6배 높아지므로 전혀 관련 없는 개념도 아니다. 여학생들은 나에게 가끔 절정에 '도달'하라는 남자친구들의 압력에 엄청난 스트레스를 받는다고 불평했는데, 특히 여성이 아직 성적인 경험이 많지 않을 경우 이는 더욱 부담으로 작용한다. 혹자는 남성이 상대 여성의 몸과 반응을 배우는 데는 어느 정도 시간이 필요하다고 주장할지 모르지만, 이것도 관심과 기본적인 존중이 있을 때나 가능한 일이다. 젊은 남성들은 꾸준히 만나는 여자친구에 비해 단순한 훅업 상대, 또는 '섹스 파트너'에게 그다지 관심이나 존중을 표현하지 않는 것이 보통이다. 암스트롱과 동료들에 따르면, 한 남자 대학생은 "훅업할 때는 솔직히 전혀 신경 안 쓴다"고 말하기도 했다. 여성들은 훅업 관계든, 진지하게 사귀는 관계든, 상대방의 쾌감을 위해 똑같이 노력한다. 훅업 섹스 다음날 아침에 남성의 82퍼센트가 대체적으로 만족하는 반면 여성의 만족 비율은 57퍼센트에 불과한 이유도 여기서 찾을 수 있을지 모른다.

하지만 남성보다는 낮다고 해도 57퍼센트는 상당한 수치이며, 이는 훅업 문화가 남성들만의 주도로 이루어지거나 남성만을 수혜자로 하는 것은 아니라는 점을 분명히 보여주기에 충분한 비율이다. 초혼 연령이 높아지고 대학 시절에 남편감을 찾는다는 개념이 시대착오적인 것으로 치부되면서, 암스트롱과 동료들은 이성 관계에 시간을 할애하려는 젊은 여성들의 의지가 줄어들었다는 사실을 발견했다. 독신생활을 염두에 둔 상당수의 여성들이 '자기계발'에 에너지를 집중시키고 싶어했으며, 학업 및 개인, 직장에서의 목표를 좇거나 친구들과 어울리고 싶어했다. 부모들 역시 연애보다는 장래의 꿈을 위해 힘을 쏟도록 독려했다. 훅업은 활발하게 성생활을 즐기면서도 이 모든 것을 할 수 있게 해준다. 뿐만 아니라, 사람이 일생 동안 몇 번이나 사랑에 빠질 수 있을까? 아니 몇 번이나 사랑에 빠지고 싶은가? 이런 점을 고려하면, 훅업 문화는 좀더 번듯하고 어른스러운 동반자관계가 시작될 때까지 빈자리를 메워주는 일종의 완충제 역할을 하게 된다.

나와 이야기를 나눈 여학생들은 연애를 하기에 너무 '바쁘다'는 이야기를 하는 경우가 많았다. 어떤 측면에서 보면 여학생들의 삶이 남자를 중심으로 돌아가지 않는다는 의미이기 때문에 흐뭇한 일이기도 했다. 하지만 그와 동시에 이들의 '바쁜 상태'는 도저히 호전될 기미가 보이지 않았다. 대학을 졸업하고 직장에서 경력을 쌓거나 대학원에 진학하게 되면 아마도 지금보다 더욱 바빠질 것이다. 게다가 도대체 왜 그렇게 바쁘단 말인가? 대학생들이 장을 봐야 하거나, 직접 삼시세끼를 차리거나, 하교하는 아이들을 데리러 학교에 가야 하는 것도 아닌데 말이다. 나는 여성들에게 더 다양한 가능성이 열린다는 점에는 전적으로 찬성하지만, 연애와 장래를 위한 꿈이 서로 양립할 수 없다는 의견은 이해하기가 어렵다. 직장과 가정에서 고군분투하는 여성들이 자주 듣게 되는 "양쪽을 다 가질 수는 없어"라는 말을 연상시키기 때문이다. 이는 어디까지나 구조적인 불평등보다 여성 개개인을 탓하는 말이다.

"요즘 젊은 세대는 정체성이라는 것이 관계 안에서 형성되기보다는 그와 별개로 구축된다는 사고방식을 가지고 있습니다." 심리치료사이자 작가인 레슬리 벨의 말이다. "따라서 일단 어른으로서 '완전히 성숙해져야' 비로소 타인과의 친밀한 관계를 생각해볼수 있다고 생각합니다. 이러한 변화는 매우 흥미로운데요. 과거에는 학계나 전통적인 가치관, 속담에서 여성은 선천적으로 관계를 지향하며 관계 안에서 성장한다는 생각이 보편적이었거든요." 벨은 딱히 훅업 문화에 반대하지 않는다. 그러나 내가 인터뷰한 여학생들보다 연령이 5~10살 가량 높은 여성들을 대상으로 조사를 실시한 결과, 이 여성들에게는 파트너와의 사이에서 사랑이나 친밀한 관계를 구축하거나, 쉽게 상처받거나, 스스로를 변호해본 경험이 별로 없다는 사실을 발견했다. 이들은 섹슈얼리티를 통해 감정적 유대를 표현하기보다는 부인하면서 독립심을 키웠고 어른이 됐다. 벨은 이렇게 이야기했다. "이들은 이용당하지 않는 것을 무엇보다 중요하게 생각합니다. 힘든 연애를 경험하고 그로부터 교훈을 얻었다는 이야기를 하는 사람이 별로 없는 이유는 왜일까요? 결국에는 상대방에게 속았다는 기분이 들더라도, 과감히 위험을 무릅쓰는 것이 중요하다는 이야기는 왜 잘 들리지 않을까요? 관계 욕구와 상호의존성이 변형되고 있는 것 같습니다. 여성의 입장에서는 관계의 시작이 곧 자아의 상실을 의미하게 된 거죠."

벨의 이야기를 듣고 있자니, 훅업 문화가 만연한 서부 해안 지역 고등학교 1학년 매켄지와 나눈 대화가 머릿속에 떠올랐다. 매켄지는 나를 만났을 때 조금 힘든 시간을 보내고 있었다. 일 년 정도 사귄 남자친구가 얼마 전에 바람을 피웠고 파티에서 술에 취한 채 다른 여자아이와 애정행각을 벌이는 바람에 헤어져야 하는지 고민하던 참이었다. 나와 이야기를 나누는 동안 자신이 얼마나 남자친구와의 관계에 '완전히 열중'했는지 설명하는 매킨지의 눈가에는 여러 차례 눈물이 맺혔다. "하지만 그게 다 나쁘다는 건 아니고요." 매켄지는 이렇게 덧붙였다. "저 자신에 대해서도 정말 많이 배웠어요. 제가 많은 것을 가지고 있고, 다른 사람에게 줄 것도 많다는 걸 알았어요. 그리고 제 자신과 약점도 알게 됐어요. 저는 진심으로 사랑할 수 있고, 그건 좋은 점 같아요. 다른 사람과 함께 있고, 사물에 대한 시각을 나누고, 친밀한 관계가 되면서 제 몸이나 마음에 대해서도 많은 걸 배웠어요. 계속 배우는 중이에요. 정말 마음이 아플 때나, 절대 상처를 주지 않을 것이라 믿었던 사람이 상처를 줄 때 어떻게 할지도요. 그런 것들을 배우는 중이에요."

내가 방문했던 여러 대학의 캠퍼스에서는 훅업이 사회생활과 즐거움, 영향력 강화, 진지한 관계로 발전할 가능성 등을 위한 시작점 정도로 간주되고 있었다. 더이상 훅업을 하지 않는 여학생들, 특히 신입생들은 토요일(또는 금요일이나 화요일) 밤에 외롭게 남아 따분한 시간을 보내기도 한다. 그게 무슨 재미겠는가? 이들이 훅업에 반대하는 이유는 보통 도덕적인 가치관과는 거리가 멀다. 훅업에 참여하는 여자들을 '단정치 못하다'거나 무분별하다고 생각해서라기보다는, 감정을 섞지 않는 섹스가 공허하고 위험성이 높으며 때로는 비위생적이라고 생각하기 때문이다. 예를 들어 동부 해안에 위치한 사립대학 신입생 베카는 저녁 9시에 잠자리에 들 때가 많다는 이유로 친구들에게 할머니라는 별명으로 불린다. 베카는 좀더 어렸을 때 여러 차례 남자애들과 훅업을 즐겼다. 사립 유대교 중학교를 다닐 때는 남학생들과 서로 애무를 했고, 중학교 3학년 때 처음 오럴 섹스를 해주었으며, 열다섯 살 때 마리화나와 알코올에 취해 순결을 잃었다. 베카는 이러한 경험을 하면서 자신이 형편없는 사람이라는 생각을 했다.

베카는 고3 초반부터 어떤 남학생과 사랑에 빠졌고 오랫동안 사귀었다. 심지어 지금은 그 남자친구가 다른 주에 있는 학교에 다니는데도 계속 관계를 유지하고 있다. "친구들은 대학 다닐 때는 연애하는 게 아니라는 소릴 했어요." 베카는 말을 이었다. "어젯밤엔 파티에 갔는데 두 명이나 저한테 와서 어떤 2학년생이 저랑 하고 싶어한다는 소릴 하더라고요. 그래서 저는 이렇게 대꾸했죠. '잘됐네. 그러니까 날 알고 싶은 건 아니고 그냥 떡만 치고 싶대?' 저는 진심으로 사랑하는 사람을 찾았기 때문에 아무나랑 훅업이나 하다가 진짜 소중한 걸 놓칠 생각은 없어요. 닥치는 대로 아무하고나 훅업하다가 단핵증(바이러스 질환의 일종으로 타액을 통한 전염이 빈번하기 때문에 키스병이라고도 불린다—옮긴이)에라도 걸리면 어쩌려고? 이해가 안 돼요"(이 대학에서 내가 인터뷰한 여학생들 중에서 학생들이 슬러지sludge라고 부르는 고약한 기도氣道감염증에 걸리지 않은 유일한 학생이 베카였다는 점도 언급해둔다).

친하게 지내는 남학생들과 단둘이 시간을 보내지 않는다고 말했던 고등학생 샘과 마찬가지로, 베카 역시 훅업 문화가 플라토닉 관계에 장애물이 된다고 생각했다. "그러니까, 얼마 전에 '낮 파티[낮에 열리는 파티]'가 끝난 다음 남학생 사교클럽 하우스에서 놀고 있었거든요. 그냥 노닥거리면서 남자들하고 이야기하고 있는데, 한 명이 저한테 훅업도 안 하면서 남자애들하고 왜 같이 노는지 이해가 안 된다고 대놓고 말하더라고요."

시에라 역시 고등학교 시절에 나름대로 훅업 경험이 있지만, 베카와 마찬가지로 그러한 행위가 전혀 만족감을 주지 못한다는 사실을 깨닫게 되었다. 나와 만났을 당시 대학교 신입생이었던 시에라는 현재의 남자친구와 거의 일 년 동안 사귀고 있었다.

"예전에는 성적인 관계를 맺어야 감정이 생긴다고 생각했는데 그건 아니더라고요. 감정적인 끌림이 먼저 생기는 거예요. 그렇기 때문에 섹스가 그렇게 대단한 거죠. 남자친구하고 처음으로 섹스했을 때 저는 무의식적으로 '남자친구는 그냥 섹스를 해서 흥분한 게 아니고 나랑 하니까 흥분한 거야. 사랑에 빠지게 될 사람이랑 하는 거니까'라고 생각했어요.

남자친구는 제 기분이 어떤지 신경써요. 아침에 문자를 보내요. '잘 잤어? 오늘 기분 어때?' 그리고 만약 제가 '피곤해'라고 답문자를 보내면 이렇게 또 보내요. '아 그래. 진짜로. 오늘 어때? 피곤해? 스트레스 많이 받아? 기분좋은 편이야 아니면 우울한 편?' 서로를 좀더 이해하게 되고, 상대방을 열받게 하거나, 기분 좋게 하거나, 슬프게 하는 일이 무엇인지 알아가는 거죠.

이렇게 하면서 이게 '치고 빠지기'가 아니라는 걸 알고 연결감을 느끼고 사랑을 다시 확인하는 거죠. 우리가 매 순간을 마음껏 즐기며 살아가는 걸 가치 있게 만든 건 뭐니 뭐니 해도 성관계 전에 쌓아놓은 감정적인 끈이라고 할 수 있죠."

이와는 정반대의 사례, 아니 내가 처음에 정반대라고 생각했던 사례를 소개해보자. 한 중서부 지역 대학 1학년생은 거의 두 시간 동안 섹스 모험담을 신나게 풀어놓으며, 페니스 크기가 "자기 기준에 맞지 않거나", 너무 무거운 남자들을 어떻게 거절했는지 이야기해주었다(이 학생은 "저는 뚱뚱한 남자를 싫어해요"라고 말했다). 하지만 대화가 끝나갈 즈음 내가 더 할말이 없냐고 묻자 그 학생은 주저하다가 거의 속삭이는 소리로 "사랑 공포증philophobia이요"라고 말했다.

나는 영문을 모르겠다는 듯이 그 학생을 바라보았다. "사랑에 빠지거나 누군가를 사랑하게 되는 것에 대한 두려움이래요." 학생의 설명이었다. "책에서 읽은 적이 있어요. 그것 때문에 제가 제대로 된 연애를 안 하는 건가 싶어요. 저는 사람에게 감정적인 애착을 갖기가 정말 힘들어요. 상처받는 게 싫거든요. 그래서 절대 사랑에 빠지지 않도록 그냥 이 남자 저 남자 만나면서 저와 다른 사람들 사이에 장벽을 쌓아두는 거 같아요."

나는 연애를 이상적으로 묘사할 생각은 없다. 물론 연애 안에서 사랑과 기쁨을 찾는 여성들도 있지만, 상대방에게 이용당하거나 처절하게 무너지는 경우도 적지 않다. 베카는 고등학교 때 사귀던 남자친구들과 헤어진 이후 두 번이나 우울증을 겪었다고 했다. 매켄지는 최근에 남자친구가 바람을 피웠다는 사실을 알았을 때 울다가 구토까지 할 정도였고, 며칠 동안이나 입에 음식을 대지 못했다고 한다. 학교 성적도 떨어졌다. 십대 여학생들이 신체적, 성적 학대를 당하는 사례의 절반 이상이 실제로 사귀는 상대와의 사이에서 일어나며, 이러한 경험을 한 여자아이들은 성인이 되어서도 다시 희생양이 되기 쉽다. 나와 이야기를 나눈 한 여학생은 고등학교 1학년 때 사귀던 남자친구에게 헤어지자는 말을 꺼내자 남자친구가 어떻게 따귀를 때리고 벽에 거칠게 밀어붙였는지 설명해주었다. 대학 2학년생인 또다른 여학생은 남자친구에게도 강간을 당할 수 있다는 사실을 몰랐으며 최근 사귄 남자친구가 실제로 자신을 강간하고 있었다는 것도 깨닫지 못하고 있었다. 여학생들에게 서로 배려하고 감정적으로 유대감을 쌓은 관계 속에서 섹슈얼리티를 마음껏 탐구하도록 독려하는 것은 좋다. 그러나 이를 강요하는 것은 또다른 문제다. 이렇게 되면 섹스가 '안전하고' 진지한 관계를 손에 넣기 위한 일종의 수단이나 소모품으로 전락할 수 있으며, 이에 순응하지 않은 사람들에 대한 비난도 묵인될 가능성이 있다.

내가 만나본 여학생들은 훅업이나 연애에 대해 각자 다른 생각과 태도를 보였다. 그러나 이들은 모두 자신의 참여 여부와 관계없이 부담 없는 섹스를 하는 문화와 어느 정도 타협을 해야 했다. 이들은 모두 재미있는 동시에 적대적이고, 걱정 없이 즐길 수 있는 동시에 곳곳에 위험이 도사리고 있는 문화 속에서 나름대로의 편안한 지점을 찾아야 했다. 그렇다면 문제는 훅업이 여학생들에게 '유익한가' 아니면 '해로운가'보다는, 성관계의 맥락에 관계없이 어떻게 여자들이 서로를 존중하고 배려하는 분위기에서 능동적으로 행동할 수 있는 역량을 확보하느냐에 있다. 이를 위해서는 여자들이 새롭게 손에 넣은 자유뿐만 아니라, 아직까지 끈질기게 남아 있는 신체적·심리적 구속에 대해서도 이해해야 한다.

기분좋은 혹업

스페인어와 심리학을 전공하는 홀리는 열여섯 살 때 처음으로 '걸레'에 대한 생각을 바꾸었다. 홀리는 대부분 백인 주민으로 구성된 부유하고 자유로운 분위기의 동부 해안 교외지역에서 자랐고, 진보적인 여자 고등학교에 다녔다. 어머니는 홀리에게 섹스는 결혼한 다음에 하라고 일렀지만, 홀리는 보건수업 시간에 피임에 대해 배웠고 고무로 만든 페니스 모형에 콘돔을 끼우는 법을 연습했다(그러나 여기서도 클리토리스의 위치나 자위, 여성의 오르가슴은 언급되지 않았다). 고등학교 1학년이 되자 홀리의 친구 중 몇이 남자친구에게 오럴 섹스를 해주기 시작했고 일 년 남짓 지나자 삽입 성관계도 갖기 시작했다. "그때까지 저는 '헤픈 공립학교 여자애들이나 그런 짓을 하는 거야'라고 생각했었는데." 홀리의 말이다. "하지만 제 친구들이 섹스를 한다고 하면, 나쁘다고 생각하면 안 되는 거잖아요. 그래서 저는 섹스에 대한 생각을 바꿔야 했어요. '괜찮아. 쟤네들은 벌써 일 년이나 사귀었는데. 서로 믿을 수 있는 관계를 쌓아왔다고.'"

그러나 홀리는 순결을 지켰고 술도 입에 대지 않았다. 사랑하는 사람을 만날 때까지 섹스를 아껴두고, 술은 스물한 살 이후에 마시겠다고 생각하는 '착한 소녀'였다. 남자친구를 사귀는 일을 상상할 때도 섹스보다는 보통 해변과 석양이 등장하는 로맨틱한 연애 쪽으로 공상의 나래를 펼쳤다. 본인의 말에 따르면 홀리는 '순수 그 자체' 상태로 대학에 입학했지만, 캠퍼스 생활을 접하면서 빠르게 변해갔다. 대학에 입학한 지 나흘째 되는 날 밤에 홀리는 파티에서 거의 알지도 못하는 남학생과 서로 애무했다. 나름대로 재미있었다. 그로부터 일주일이 지난 후, 홀리는 똑같은 남학생에게 손으로 유사 성행위를 해주었고 남학생은 홀리의 가슴을 만졌다. 홀리는 당시를 이렇게 회상한다. "저한테 정말 엄청난 일이었어요. 남자 페니스를 만지다니! 걔는 내 가슴을 만지고! 저는 약간 어리둥절한 상태였어요. 왜냐하면 딱 3주 전만 해도 절대로 싫다고 했을 거거든요. 하지만 왠지 하고 싶더라고요. 물론 그 이상 나갈 생각은 없었지만요." 10월 초까지(미국 대학은 보통 8월 말에 학기를 시작한다—옮긴이) 홀리는 두 명의 다른 남학생과 기분좋게 훅업을 했고, 파티에서 춤을 추다가 서로 애무를 하는가 하면 남학생들의 방까지 따라가기도 했다. "저는 이런 기회를 기다리고 있었나 싶었어요. 고등학생 때는 남자애들이랑 훅업할 기회가 전혀 없었거든요. 대학에 오니까 널린 게 그런 기회라 이용할 수 있을 것 같았죠."

홀리는 대학 미식축구 경기를 보러 갔다가 기숙사 같은 층에 사는 코너를 만났다. 두 사람은 대다수 또래들보다 다소 진보적인 정치적 견해를 가지고 있으며 〈데일리 쇼(케이블에서 방영되는 정치 풍자 뉴스—옮긴이)〉의 열렬한 팬이라는 점에서 말이 잘 통했다. 홀리와 코너는 문자를 주고받기 시작했고, 어느 날 밤 코너는 홀리와 친구들에게 남학생 사교클럽 파티에 데려가줄 수 있느냐고 물었다. 사교클럽 활동이 중시되는 캠퍼스에서 남자 신입생들은 힘겨운 시간을 보내고 있었다. 남학생과 여학생의 '적당한 비율을 유지'해 사교클럽 회원들에게 유리하도록 하기 위해, 이러한 사교클럽들은 입장 가능한 비회원 남학생 수를 제한하는 경우가 많았다. 따라서 남자 신입생이 여러 명의 여학생들(3~4명 또는 그 이상)과 함께 가지 않는 한, 입장 자체가 거부될 가능성도 있었다.

홀리는 얼마 전 밤에 외출했다가 찍어서 인스타그램에 올린 사진을 보여주었다. 사진 속의 홀리는 내가 생각하는 여학생 사교클럽의 유니폼 같은 복장을 하고 있었다. 딱 붙는 검정 미니스커트와 맨다리, 배꼽티, 그리고 스틸레토 힐. 머리는 죽 뻗은 스트레이트로 길게 늘어뜨렸고 빨간 립스틱과 진한 아이라이너로 꾸민 모습이었다. 지금 내 앞에 맨얼굴로 앉아 있는 여학생과는 완전히 다른 사람처럼 보였다. 홀리는 이렇게 말했다. "가슴이 드러나는 배꼽티를 입고 맨다리에 진짜 높은 하이힐을 신었을 때 제일 자신감이 생겨요. 진정 자유로운 기분이에요. 저는 제 몸이 자랑스러워서 막 자랑하고 싶어요."

홀리의 "내 몸이 자랑스럽다"는 말은 계속해서 나를 괴롭혔다. 어떤 측면에서, 나는 그런 차림으로 당당하게 활보할 수 있는 젊은 여성들의 치기와 자발적인 의지, 그리고 옷차림에 대한 비난을 거부하는 태도를 존경한다. 그러나 그와 동시에 '자랑스러움'과 섹시함의 근거가 되고 수치심을 느낄 필요가 없는 몸은 오직 특정한 유형의 몸뿐이라는 점이 마음에 걸린다. 그리고 홀리의 몸이 항상 그런 특정한 유형의 몸에 속하는 것은 아니었다. 신입생 시절의 홀리는 우리가 처음 만났을 때보다 11킬로그램이나 더 나갔었다고 한다. 그래서 여름 내내 살을 빼기 위해 다이어트와 운동을 했고, 당시의 옷차림은 지금보다 훨씬 더 얌전했다. 홀리는 이렇게 말했다. "제 외모가 너무 불만족스러워서 노출이 심한 옷은 절대로 입지 않았어요. 그런 옷을 입고 다녔다면 상처를 엄청나게 받았을 거예요. '와, 저렇게 뚱뚱한 애는 저런 거 입으면 안 되는 거 아니냐!'라고 욕을 엄청 먹었겠죠. 특히 남자애들한테요." 홀리가 '올바른' 몸을 과시하면서 뿌듯함을 느끼는 것은 충분히 이해할 만하다. 남자들의 인정을 받을 뿐만 아니라 심지어 다른 여자들까지 선망의 눈으로 바라본다면 분명 자신감도 생길 테니까. 하지만 조롱당할 위험이 항상 도사리고 있는 상황에서 홀리의 복장을 무작정 '자유롭다'고 보기는 어렵다. 예를 들어 홀리와 같은 사교클럽 회원 중 한 명은 최근에 상당히 체중이 불었다고 한다. 홀리는 이렇게 말했다. "그애가 노출이 심한 옷을 입을 수가 없다는 건 아닌데, 성격이 거지같은 남자애들이 '돼지네'라고 욕하는 걸 들으면 어떨지 뻔하잖아요."

내가 최근에 방문한 여러 대학 캠퍼스에서 사교클럽 하우스(또는 운동선수들이 사는 숙소)는 훅업 문화의 중심지 역할을 하고 있었다. 전국학생사교클럽협회National Panhellenic Conference에 소속된 21개의 여학생 사교클럽은 자발적으로 음주를 금지하고 있다. 따라서 대부분의 파티를 주최하고, 입장을 통제하며, 술을 제공하는 것은 남학생 사교클럽들이다. 남학생 사교클럽 회원들은 일반적으로 신입생 기숙사나 여학생 사교클럽 하우스에서 파티가 열리는 장소까지 여학생들의 기사 노릇을 하겠다고 자청하는데(그렇다고 해서 반드시 다시 집까지 데려다주는 것은 아니다) 이러한 파티에서는 '젊은 여자는 걸레'라는 단 하나의 콘셉트를 헤아릴 수 없이 다양한 형태로 즐긴다. 몇 가지 예를 들어보면 'CEO와 일하는 여직원들' '운동하는 남자들과 요가 하는 년들' '인명구조원들과 서핑하는 걸레들' '미군 병사들과 여군들' 등이 있다. 파티를 좋아하는 여학생들은 이렇게 모욕적인 테마를 "남자애들이 다 그렇지 뭐" 식으로 대수롭지 않게 취급하며(좋아하는 노래 속 모욕적인 가사를 무시하는 것과 비슷하다), 대부분의 남학생들이 '직접 만났을 때' 행동하는 방식과는 관련이 없다고 생각한다. 이와 관련해 남학생 사교클럽에 문제가 발생하는 경우는 이러한 성차별의 정도가 너무 지나치거나 인종차별적인 요소가 섞여 있을 때뿐이다. 캘리포니아 폴리텍 대학의 '파이 시그마 카파Phi Sigma Kappa'는 2013년에 '식민지 주민들과 나바호 잡년들NavaHos'이라는 파티를 열었다가 학교 당국으로부터 조사를 받았다(대학 정책을 위반하지 않았다는 결론이 났다). '시그마 카이Sigma Chi' 클럽의 하버드 대학지부도 '정복자 남자들과 나바호 잡년들Navajos'이라는 비슷한 파티를 열어 공분을 샀다. 한편, 시그마 카파의 듀크 대학지부는 2013년에 인종차별적인 '아시아 테마' 파티를 열었다는 뉴스가 불거지면서 클럽 활동을 정지당했다. 이 파티의 초대장은 "안녀엉, 춴저란 듀크 학생드라!!"라는 말로 시작했다(아시아계 학생들의 서투른 억양을 흉내낸 것—옮긴이). (듀크 대학의 남학생 사교클럽들은 지난 몇 년 간 '섹파 가능 여성'을 초대하거나 '꿩 대신 닭' 파티를 여는가 하면 여학생들에게 '헤픈 간호사, 헤픈 의사, 헤픈 학생, 아니면 그냥 대놓고 헤픈 년' 차림으로 핼러윈 파티에 참석해달라는 이메일을 보내는 등의 터무니없는 행동으로 여러 차례 헤드라인을 장식했다.) '델타 카파 엡실론Delta Kappa Epsilon'의 예일 대학지부는 2010년에 회원들이 신입생 기숙사 근처에 모여 "'노'는 좋다는 뜻, '예스'는 항문으로 해달라는 뜻" "내 이름은 잭이고 나는 시체성애자야, 나는 죽은 여자랑 섹스를 하고 그 안에 잔뜩 사정을 하지" 등의 구호를 외치는 사건이 발생한 후 캠퍼스에서 활동 정지를 당했다. 2012년에는 역시 델타 카파 엡실론의 애머스트 대학지부에서 연례 통돼지 구이 파티를 위해 제작한 티셔츠에 브래지어와 끈팬티 차림에 입에는 사과가 물려 있고 몸통 옆에 멍이 든 여성이 쇠꼬챙이에 묶여 매달려 있고 그 옆에 돼지가 서 있는 그림이 인쇄되어 있다는 사실이 밝혀지면서 학생들의 항의가 빗발쳤다. 심지어 이 티셔츠에는 "1847년부터 통통한 것들을 구워왔지"라는 글귀가 쓰여 있었다. '파이 델타 세타Phi Delta Theta'의 텍사스 기술대학지부는 2014년에 개최한 파티에서 "'노'는 좋다는 뜻, '예스'는 항문으로 해달라는 뜻"이라는 현수막을 걸고 파티 참석자들에게 물을 쏘아대는 '질 스프링클러'를 설치해 클럽 인가를 취소당했다.

이렇게 문제가 된 사교클럽의 회원들은 대다수 다른 사교클럽들과 마찬가지로 부유한 백인들이 많다. 어찌된 영문인지 이들은 인종차별주의와 여성혐오가 그저 보수집단에 새로운 구성원으로 합류하는 것이 아닌, 반항의 상징이라고 믿는다.

젊은 여성들은 암묵적으로 파티 주최 측의 너그러운 환대에 섹스로 보답해야 한다는 압력을 느끼며, 하다못해 섹스의 가능성이라도 약속해야 한다. 한 동부 해안 지역 사립대학 3학년생은 나에게 이렇게 말했다. "모든 여학생들은 사교클럽 하우스에 들어가는 순간부터 자신의 성적 매력이 가장 값진 자산이 된다는 사실을 알아요. 남학생들에게 술이나 마약, 교통편, 무엇이든 받아내기 위해서는 섹스를 하겠다는 암시를 줘야 한다는 걸 모르는 애는 없어요. 모든 사람이 참여하는 일종의 게임이죠. 우리 학교 학생들은 전부 우등생이라 그런가 다들 게임을 엄청나게 잘한다고요!"

홀리의 학교 여학생 사교클럽에 소속된 학생들은 의무적으로 일주일에 최소한 나흘 밤은 남학생 사교클럽 파티에 참석해야 한다(월요일만 빼놓고는 매일 밤마다 '파티들'이 넘쳐난다). 이 여학생들은 파티에 가기 전에 다른 남학생 사교클럽에 들러 한두 시간 정도 어울리며 술을 마시는 '전초전'을 갖는다. 홀리는 이런 자리에서 보통 맥주 서너 잔을 마시거나 도수가 높은 술을 두세 샷 정도 마신다. 그다음에는 원래 가려던 남학생 사교클럽 회원들이 와서 진짜 파티 장소로 데려간다. "어떤 클럽 하우스에서는 기본적으로 도착하자마자 지하로 내려가서 남자애랑 비비고 춤을 추다가 그 남자애랑 같이 하는 거예요. 그 정도로 빨라요. 하지만 제가 제일 좋아하는 클럽 하우스에서는 친구들하고 수다를 떨고, 술 마시기 게임도 하고, 춤도 좀 추고, 다시 자리로 돌아와서 대마를 피우기도 해요. 가끔은 같은 클럽 여자 회원들끼리 춤을 추기도 하는데 그건 그것대로 재미있어요. 물론 남자랑 부비부비하면서 노는 것도 재밌죠. 남자가 그런 식으로 저한테 집적대는 것도 기분 좋고요. 굳이 훅업까지 갈 필요는 없어요. 그리고 파티에는 남자보다 여자가 많기 때문에 모든 여자가 그럴 수 있는 것도 아니에요. 하지만 파티에서 훅업 많이 하는 건 맞아요."

이야기를 들으면서 계산을 해보니 홀리는 하룻밤에 평균 3~6잔씩 술을 마시고 있었다. 여성에게 독주 네 잔은 폭음에 해당한다. 홀리는 자신이 술을 많이 마신다고 생각하지 않았고, 홀리의 친구들도 그렇게 생각하지 않을 가능성이 크다. 음주는 훅업 문화에서 빼놓을 수 없는 요소다. 술은 단순히 더 수월하게 훅업을 할 수 있도록 만들어주는 역할만 하는 것이 아니다. 옥시덴털 칼리지의 사회학과 부교수 리사 웨이드가 말하는 "강제적 부주의" 상태를 만들기 위해 술은 꼭 필요하며, 따라서 훅업 문화 자체가 상당 부분 술에 의존하고 있다. 동부 해안 지역 대학의 한 2학년생은 나에게 이렇게 말했다. "제가 아는 여자애들은 꼭 이중생활을 하는 것 같아요. 일요일 밤에서 목요일 오후까지는 하루종일 도서관에서 살면서 공부도 정말 열심히 해요. 그러다가 주말이 오면 남학생 사교클럽 사전 파티에 가기 전에 다들 기숙사에서 몇 잔씩 들이켜요. 대략 30분에 4~8잔쯤? 그 정도는 보통이에요. 그리고 어떤 남자애 옆에서 눈을 뜬 다음 도대체 어쩌다 이 지경이 됐는지 기억을 못하는 일도 흔하고요."

웨이드에 따르면, 학생들은 자신들이 하는 섹스에 아무 의미가 담겨 있지 않다는 신호로 술을 이용한다. 웨이드는 한 학기 동안 신입생 84명에게 입학한 후 섹스와 데이트를 한 기록을 매주 제출하도록 해 자체적인 연구를 실시했다. "학생들은 맨정신으로 한 섹스에 대해 이야기할 때 아주 경건한 말투를 사용했습니다. 마치 섹스가 눈부신 유니콘이라도 되는 것처럼 얼마나 '의미 있고 중요한 행위'였는지 강조했는데, 이를 반대로 생각하면 술 취한 상태의 섹스는 의미가 없다는 뜻이죠." 대학에서는 서로에 대한 호감이 아니라 술이 성적 행위를 촉발하는 매개체로 자리잡았다. "섹스를 한 다음날 되돌아보면, 술 자체가 섹스를 한 이유가 되는 거죠."

삽입 성관계와 마찬가지로 술을 마시는 젊은이들의 비율은 사실상 지난 십 년에 걸쳐 하락세를 보이고 있지만, 젊은 여성들(그중에서도 백인 여성)이 한자리에서 마시는 술의 양은 줄어들지 않고 있다. 2013년에 질병관리예방센터에서 실시한 조사에서는 지난 30일 내에 폭음을 한 적이 있다고 답한 비율이 여대생은 25퍼센트, 여고생은 20퍼센트에 달했다. 이들은 일반적으로 한 달에 세 번 정도 폭음을 하며, 한 번 술을 마실 때마다 평균 여섯 잔 정도를 마신다. 다른 조사에 따르면 여자 대학생의 3분의 2와 남자 대학생의 80퍼센트 이상이 폭음을 한 경험이 있으며, 폭음을 하는 습관은 '음주거식증drunkorexia'이라고 부르는 섭식장애와도 관련이 있다고 한다. 특히 열량이 높은 술을 마시고도 몸매를 유지하기 위해 음식 섭취를 제한하려는 여학생들 사이에서 이런 현상이 두드러지게 나타난다. 대학생의 89퍼센트가 모르는 사람과 훅업 전에 술에 취하며 매번 평균 4잔 또는 그 이상의 술을 마신다. 아는 사람과 훅업 전에 술을 마시는 대학생은 75퍼센트다. 입이나 질, 항문 등 어떤 형태로든 삽입이 개입되는 성적 행위를 할 때 만취할 확률이 가장 높았다. 또한 나중에 후회의 뜻을 표시할 가능성이 가장 높은 것도 술에 취해서 한 행위였다.

나와 이야기를 나눈 여학생들은 '막가는 것'을 '대학생활'의 필수적인 요소로 꼽았다. 이들은 하나같이 똑같은 여행 팸플릿에서 읽은 걸 인용하는 것처럼 토씨 하나 틀리지 않고 같은 말을 늘어놓았다. 나는 도대체 언제부터 그 말이 술에 취해 파티에서 논다는 구체적인 의미를 가지게 되었는지 모르겠다. 내가 대학을 다닐 때도 분명 술을 마시고 마리화나를 피우는 학생들은 있었다. 하지만 누군가 나에게 대학에 대해 설명해보라고 말했다면, '대학생활'은 가족 곁을 떠나 밤늦게까지 친구들과 심각한 토론을 벌이고, 다양한 음악과 영화를 접하며, 열정을 가질 만한 분야를 발견하고, 사랑에 빠지는 경험을 통해 스스로를 재정립하는 과정이라고 말했을 것이다. 하지만 잡지 『애틀랜틱』에 실린 케이틀린 플래너건의 신랄한 폭로에 따르면, 대학 등록금이 하늘 높은 줄 모르고 치솟으면서 각 대학은 엄청난 빚더미에 앉더라도 이 학교에서 공부할 가치가 있다고 '소비자들(입학 가능성이 있는 학생들)'을 설득해야 할 입장에 처하게 되었다. 그렇다면 홍보처가 대학에서 머리 아픈 공부만이 아니라 아무 생각 없이 신나게 놀 수 있는 기회도 누려보라는 광고를 내는 것도 당연하다. 이보다 더 소비자를 끌어당기는 유혹이 있겠는가? 플래너건은 이렇게 적었다. "대학생활의 모든 순간이 미화된다. 맥주 파티를 비롯한 신나는 파티와 함께 (…) 미국 젊은이들이 적극적으로 자기계발을 지향할 수 있는 전당, 바로 대학!" 이는 대학이 젊은 남성들이 금욕과 금주, 정절을 지키며 성직자가 되기 위한 수련을 쌓는 곳이라는 최초의 설립 목적에서 벗어나도 한참 벗어난 것이다.

내가 왜 맨정신으로는 훅업을 하지 않느냐고 묻자 여학생들은 웃음을 터뜨리며 술을 마시지 않으면 어색할 것이라고 대답했다. 여학생들은 모든 불쾌한 감정을 어색하다는 한마디로 뭉뚱그려 표현하는 것 같았다(불편하다와 때때로 이상하다는 말도 빈번히 사용했다). 이 경우, 여자아이들이 불편함을 느끼는 것은 자신의 행동을 무언가의 '탓'으로 돌릴 수가 없기 때문만이 아니라, 감정적·심리적·육체적으로 성적 접촉에 완전히 몰입한다는 생각 자체가 부담스럽기 때문이다. 한 대학 신입생은 이렇게 말했다. "맨정신이면 꼭 사귀고 싶어하는 것 같잖아요. 그건 정말 불편해요."

코너가 처음으로 홀리 일행을 따라서 파티에 갔던 날 밤, 두 사람은 약간 술이 취한 상태에서 춤을 추다가 키스를 했다. 다음날은 같이 미식축구 경기를 보러 갔다. 채 일주일이 지나지 않아 홀리는 코너에게 오럴 섹스를 해주었는데, 홀리는 그전까지 한 번도 오럴 섹스를 해본 적이 없었다. 홀리는 이렇게 말했다. "저는 '우아! 대체 이런 걸 어떻게 알았지?'라는 심정이었죠. 심지어 코너가 부탁한 것도 아니었어요. 저는 약간 술에 취해 있었고, '좋았어, 한번 해보는 거야' 하는 기분이 들었어요. 그러고는 '음, 예상보다 나쁘지 않은데. 도대체 이걸 왜 그렇게 대단한 일로 여겼을까?'라는 생각이 들었어요." 홀리는 골똘히 생각하며 잠시 말을 멈추었다. "제 생각에는 바로 그 순간이었던 것 같아요. 이전보다 훨씬 자유롭다고 느낀 게."

홀리는 당시를 돌아보면 자신이 코너에게 "너무 후했다"고 생각한다. 홀리는 코너를 "기쁘게" 해주려고 노력했지만 코너는 그러한 감정에 보답하지 않았다. "어느 날 밤 제가 물었어요. '나한테 오럴 해줄래?' 걔는 제 아래쪽으로 내려가더니 0.5초 만에 이러더라고요. '나 이거 진짜 못하겠어. 토 나와.'"

홀리는 말을 이었다. "물론 저도 좋을 때는 있었죠. 하지만 제 기분이 중요한 건 아니었어요. 제 오르가슴은 당연하고 중요한 게 아니더라고요. 관계를 할 때 꼭 제가 오르가슴을 느껴야 하는 건 아니었으니까요."

두 사람이 처음 훅업한 지 2주 후, 코너는 홀리에게 여자친구로 사귀고 싶다고 말했다. 홀리는 너무나 기뻤다. 홀리의 말에 따르면 코너는 삽입 성관계에 대해 결코 부담을 주지 않았다. 그냥 준비가 되면 이야기하라는 말뿐이었다. 한 달 후에 홀리는 성관계를 가질 마음의 준비를 했고, "영화에서 본 것처럼 마법 같은 아름다운 순간"이 될 거라고 생각했다. 홀리는 심지어 그날을 위해 크리스마스 전구로 방을 장식하기까지 했다. 그러나 현실은 아팠다. 아주 많이. "저는 코너에게 그만하라고 했죠. 우리는 한동안 키스를 하면서 꼭 껴안고 장난을 쳤죠. 그다음에 제가 다시 한번 해보자고 했어요. 처음보다는 좀더 하긴 했는데, 그래도 여전히 너무 아프더라고요."

삽입 성관계가 다소 실망스럽기는 했지만 그래도 홀리는 이것이 하나의 성과이며 자신이 방금 중요한 단계를 거쳤다고 생각했다. 코너가 떠난 후, 홀리는 고막이 찢어질 정도로 아이팟의 볼륨을 높이고 〈나 방금 섹스했어(I Just Had Sex)〉라는 노래를 들으며 의기양양하게 친구의 방으로 향했다(이 노래의 "나 방금 섹스했어. 그리고 너무 좋았어. 내 페니스를 어떤 여자의 몸안에 넣었지"라는 가사는 우스울 정도로 상대방을 전혀 고려하지 않는 남성을 묘사한다는 점을 생각해볼 때 아이러니한 곡 선택이 아닐 수 없다). "그땐, 정말 너무 쿨해진 거 같은 기분이었죠." 홀리는 이렇게 말한다. "완전 어른이 된 기분이었어요! 그리고 그 특별한 순간을 제가 좋아하고 신뢰하고 서로를 원하는 남자애랑 나눈 거잖아요. 게다가 정신도 말짱했고요. 이건 저한테 굉장히 중요했는데요. 첫 섹스를 술을 마신 상태에서 할 생각은 없었거든요. 멀쩡한 정신으로 섹스를 제대로 경험해보고 싶었어요."

코너는 이틀 뒤에 홀리를 차버렸다.

홀리와의 관계를 자기 부모님의 관계와 비교하던 사람이 코너였다(코너의 부모님도 대학 입학 두 달째 되던 즈음에 데이트를 시작했다고 했다). 코너는 아직 한 달 이상 남은 겨울방학 동안 홀리가 보고 싶어서 어쩌냐는 이야기도 했었다. 자신의 여자친구가 되어달라고 부탁한 것도 코너였다. 홀리는 엄청난 상처를 받았다. 홀리는 추수감사절 연휴가 다가오자 한시라도 빨리 학교를 벗어나고 싶은 생각에 이틀 먼저 집으로 향했다.

부모님은 기차역으로 홀리를 데리러 왔고, 어머니는 홀리를 아래위로 훑어보다가 이렇게 말했다. "너 순결을 잃었구나."

"도대체 어떻게 알았느냐고 엄마한테 물어봤어요. 엄마는 이렇게 말했죠. '네 꼴 좀 봐. 엉망이라고! 그냥 아무한테나 몸을 줘버리면 안 된다는 좋은 교훈을 얻었길 바란다.'"

섹스에 대한 여학생들의 생각과 태도는 가족, 미디어, 친구, 그리고 본인의 경험을 통해 형성된다. 홀리는 여성으로서의 성적 품위를 지키기 위해 동년배들의 규칙을 따랐고 '옳다고' 생각했던 행동을 전부 다 했지만 배신당했다. 홀리는 이 경험을 통해 사랑이나 서로 헌신하는 관계 자체를 포기하게 되었다. '전혀 감정이 없지는 않지만, 사귀지도 않는' 상태를 원했다. 뿐만 아니라 학교 과제와 여학생 사교클럽 가입, 파티 등으로 눈코 뜰 새 없이 바쁘기도 했다. 홀리는 여전히 정식으로 사귀는 상대가 나타날 때까지 삽입 성관계를 보류할 계획이다. 그게 언제가 되던 말이다. "제 생각은요." 홀리는 여기서 잠시 말을 멈추었다가 이렇게 정정했다. "저는 아직도 섹스가 특별한 의미가 있다고 생각해요. 상대방과 서로 마음이 통하고 진심으로 좋아하기 때문에 애정을 보여주는 행위라고요."

남자친구가 없었던 홀리는 2월에 열리는 여학생 사교클럽의 겨울 데이트 파티에 같은 기숙사의 친한 남학생을 초대했다. 홀리는 전초전에서 이미 샷을 여섯 잔이나 들이켰고, 두 사람은 상당히 거나한 상태로 파티장에 도착했다. 파티가 끝난 후 홀리는 어느 정도 애무를 하게 될 것이라 생각하며 남학생 방으로 향했지만 이미 술이 너무 많이 취한 상태였다. 그래서 남학생에게 오늘 너무 예쁘다며 섹스를 하고 싶다는 말을 들었을 때 '안 될 건 또 뭐야?'라는 생각이 들었다.

몇 분 후, 홀리는 반수면 상태에서 깨어난 것 같은 기분이 들었다. "저는 '으아, 뭐야! 섹스를 하고 있다니. 제대로 남자친구를 사귀기 전에는 섹스를 하면 안 되는데'라는 생각이 들었어요." 크게 당황한 홀리는 남학생에게 그만하라고 말했다. 남학생은 가지 말라고 설득했지만 홀리는 침대를 박차고 나와 옷을 챙겨 입었다. 홀리가 구두를 손에 든 채 맨발로 방을 가로질러 방문을 활짝 열자 남학생 몇이 문 바로 밖에 서서 안에서 나는 소리를 듣고 있었다. 홀리는 친구의 방으로 달려가서 울음을 터뜨렸다.

홀리는 이렇게 말했다. "저는 남자친구도 아닌 사람과 섹스를 해버린 저 자신에게 너무나 화가 났지만 결국은 극복했어요. 별로 그 일에 신경 안 써요. 원래 알던 애랑 한 게 좀 신경이 쓰이긴 해도요. 하지만 그때 제 머릿속에는 스스로가 완전 쓰레기라는 생각뿐이었어요. 그냥 아무나와 섹스하는 쌍년, 나쁜 년이라고요."

모든 남자의 문란한 여자친구

메건 마수드의 방 벽에는 새끼 고양이 그림이 걸려 있다. 베갯머리 위에는 무심한 듯 담배를 들고 침대에 엎드린 채 하이힐 신은 발을 꼬고 있는 우마 서먼과 그녀 앞에 놓인 권총 한 자루가 담긴 〈펄프 픽션〉 포스터가 걸려 있었다. 메건의 책상에는 반쯤 마신 다이어트 콜라 병, 뚜껑이 열린 쿠키 상자, 작은 샷용 술잔 몇 개가 어지럽게 널려 있었다. 나는 바닥에 쌓여 있는 옷을 요리조리 피해 의자 앞으로 가서 그 위에 놓인 빨랫감들을 치워낸 다음, 물방울무늬 무릎방석에 발을 올려놓고 앉았다.

중서부 공립대학 경제학과 2학년에 재학중인 메건은 체구가 아주 자그마하고(150센티가 될까 말까 정도였다) 커다란 검은 눈을 가지고 있었다. 메건은 웃음이 많은 여학생이었는데, 나와 이야기를 하는 동안 곧게 뻗은 짙은 머리를 멍하니 꼬았다 풀었다 했다. 메건은 자기 어머니가 '평범한 백인 여성'이라고 했다. 레바논 출신인 아버지는 메건이 대학에 입학하기 직전에 분홍색 립스틱 모양을 한 호신용 스프레이 한 통을 주었다. 메건은 이를 웃음거리로 넘겨버렸다. "아빠는 제가 처녀인 줄 알아요." 메건은 웃으며 말했다.

메건은 배꼽이 드러나는 주황색 탱크톱과 엉덩이와 배에 딱 달라붙어 허벅지까지 간신히 내려오는 미니스커트를 입고 있었다. 거울을 보면서 꼼꼼하게 앞모습, 옆모습, 뒷모습을 확인했다. "이 치마 입으니까 배 나와 보이지?" 메건은 문간에 서 있는 친구에게 물었다. "구라치지 말고."

"뻥 아니고." 친구가 답했다. "핫하다니까. 완전 말랐는데 뭐." 메건은 불만족스러운 표정으로 다시 한번 자기 모습을 확인하면서 이렇게 말했다. "저는 평소엔 생각 안 하고 막 먹거든요. 그러다가 파티에 가려고 옷을 입다보면 그때 도넛 하나 더 먹지 말걸

하고 후회하죠." 메건은 옷을 차려입으면서 자신이 이번 학기에 듣고 있는 젠더학 강의에 대해 이야기해주었다. "전혀 몰랐거든요. 광고에서 남자 모델들은 항상 기타를 치든 운전을 하든 무언가 하고 있는데 여자 모델들은 그냥……" 메건은 여기까지 말하고 전형적인 모델 포즈를 취해 보였다. 머리를 옆으로 살짝 기울이고, 턱은 아래로 내리고, 손을 엉덩이에 올려놓은 채 은근하게 짓는 수줍은 미소.

나는 웃음을 터뜨렸다. "너 진짜 흉내 잘 낸다."

"저는 여섯 살 때 이후로 머리를 똑바로 하고 사진을 찍은 적이 없는 것 같아요. 대체 어디서 배운 건지."

메건은 다시 한번 배를 쳐다보고, 그다음에는 엉덩이를 살폈다. 상의를 갈아입더니 치마를 벗고 다른 치마를 입었다. 처음 입었던 치마가 배가 덜 나와 보인다고 생각했는지 다시 갈아입었다. "젠더학 수업에서는 '망할 놈의 가부장제 같으니라고' 하면서 화를 내다가도 밤이 되면 그런 건 다 까맣게 잊는 거죠. 제 머릿속은 '이 치마를 입으면 엉덩이가 빵빵해 보이나?' 하는 생각밖에 없어져요." 메건은 화장품 파우치를 집더니 화장실로 향했다. 본인은 화장을 싫어하지만 남자애들의 관심을 끌기 위한 준비의 일종이라고 말하며 어두운색 립스틱과 반짝이는 스모키 아이섀도를 발랐다. 한 손에는 브러시, 한 손에는 일자 빗을 들고 머리를 정돈하더니 십 센티 높이의 하이힐을 신고 온몸에 향수를 뿌렸다. "옷을 차려입고 하이힐을 신으면 남의 시선을 덜 의식하게 돼요. '내가 제일 잘나가' 하는 생각이 들어서 우쭐해지거든요." 밤 날씨가 쌀

쌀쌀했지만 메건은 재킷을 입지 않았다. 가방도 들지 않았다. 한 손에는 열쇠와 학생증을 들고(나중에 둘 다 잃어버렸다) 스마트폰과 아이팟을 치마 허리 밴드 부분에 찔러넣었는데, 워낙 딱 달라붙는 치마라서 그럭저럭 고정이 될 정도였다. 마지막으로 거울을 한 번 보고 뒤로 돌아 엉덩이를 확인한 후 치마 밑단을 잡고 끌어내렸는데, 메건은 그날 밤 내내 몇 분마다 이 동작을 반복했다. 전초전에서 나눠 마실 보드카 한 병을 집어든 메건은 방을 나섰다. 시간은 거의 열 시였다. 메건의 목표는? "술이 떡이 된 다음에 누군가와 진한 스킨십을 하는 거죠." 발랄한 말투였다. "밤에 놀러 나가는 이유가 남자 만나려고 그러는 거잖아요?"

훅업 문화가 보편화된 상황에서도 '걸레'라는 낙인은 사라지지 않았다. 단지 그 기준이 더욱 모호해졌을 뿐이다. 여자아이들은 여러 차례 나에게 그 단어를 싫어하고, 사용하지도 않으며, 친구들을 '슬럿셰이밍'하지 않았다고 말했다(하지만 사실은 슬럿셰이밍이 자주 일어난다). 동시에 여자아이들은 스스로를 감시한다. 홀리와 같은 일부 여학생들은 자신의 행동방식이 변화함에 따라 '싸구려'라는 말을 더이상 쓰지 않는 것이 아니라, 그 의미를 수정해버린다. 메건과 같은 여학생들은 '걸레'라는 말을 일종의 명예훈장쯤으로 여기거나, 최소한 그러려고 노력했다. "제가 바로 소위 말하는 문란한 여자친구죠." 나와 처음 만났을 때 메건이 명랑한 말투로 한 말이었다. "그 말을 들으면 자유로워지는 기분이에요. 정신 나간 것처럼 노는 애가 되는 거 최고죠. 누군가 제 행동으로 저를 재단하려 한다면, 상관없으니 그러라고 하죠 뭐. 전 신경 안 써요. 섹스를 저보다 덜 하니까 자기가 나보다 낫다는 인간이 있으면 그냥 엿이나 처먹으라 그래요. 섹스가 얼마나 좋은데 별로 하지도 못한다니 안됐지 뭐예요? 뭐, 저라고 나갈 때마다 훅업을 하는 건 아니고요. 절대 아녜요. 근데 그냥 절 확 놔버리는 재미가 엄청나요. 그게 다른 사람 눈에 어떻게 비칠지는 걱정하지 않고요. 그리고 대학에서는 다들 서로 절대 관심없고요."

메건도 홀리처럼 자신의 행동을 '자유롭다'고 표현했지만, 그 한계에 대해서는 나름대로 고민하고 있었다. 나와 다시 한번 이야기를 나눌 때 메건은 이렇게 주장했다. "저는 걸레가 아니에요. 아마도 저를 그렇게 생각하는 사람들도 있겠지만, 저는 그런 식으로 행동하진 않으니까 아니라고 생각하거든요…… 마스카라를 떡칠하고 스모키 화장을 하고 가슴 커 보이려고 브래지어를 두 개씩 하고 다니는 여자가 제가 생각하는 걸레 이미지니까요." 또 한번은 "저는 혼자인 게 좋아요"라고 말한 다음, 몇 분 뒤에 "남자애라면 아무도 걸레랑은 데이트 안 하려고 하죠"라고 털어놓기도 했다. 메건은 여성의 섹슈얼리티에 대한 전통적인 개념에 가끔은 저항하기도 하고 가끔은 순응하기도 하면서 갈팡질팡하는 모습이었다. 메건과 대화를 나누다보면 자꾸 무너져내리는데도 어떻게든 모래성을 쌓으려는 사람을 보는 것 같았다. 메건은 한계를 초월하기보다는 한계에도 불구하고 그 안에서 스스로를 정당화하려고 노력했다. 메건은 이렇게 이야기하기도 했다. "제 생각에는 내숭을 떨지도 않지만 창녀처럼 싼 티는 안 나게 적당히 까진 척하고 사는 게 모든 여자애들의 목표인 것 같아요. 물론 하룻밤 섹스도 가끔 하죠. 섹스도 꽤 해봤고요. 하지만 남학생 사교클럽의 모든 남자애들과 자지는 않아요. 남자들을 '에스키모 형제'로 만들지는 않을 정도로요." '에스키모 형제'란 같은 사교클럽의 남성 두 명 이상이 동일한 여성과 성관계를 갖는 것을 의미한다. "그 적당한 균형점을 찾는 것이 모든 여대생의 꿈이에요, 무슨 말인지 아시겠어요?"

홀리와 마찬가지로 메건도 나와 대화를 나눌 때 나름대로의 목적을 가지고 있었다. 메건도 과거에 예상했던 것과는 상당히 다른 양상으로 흘러간 자신의 성관계 역사를 이해하고 정리해볼 기회를 갖고 싶었던 것이다. 뿐만 아니라 메건도 홀리처럼 고등학교 시절에는 '착한 학생'이었다고 털어놓았다. 열일곱 살 때까지는 남자랑 키스도 한 번 해본 적이 없었지만, 그 시점이 되자 빨리 진도를 나가고 싶은 생각이 간절했다. "남자친구하고 '첫 경험들'을 빨리 해치워버리고 싶었거든요. 제 친구들은 전부 남자랑 키스해봤고 오럴 섹스도 해준 적이 있는데 저만 안 해본 거니까요." 첫번째 남자친구를 사귀는 4개월 동안 메건은 친구들을 '따라잡았고' 남자친구에게 오럴 섹스를 해주었지만 되돌려받지는 못했다. "오럴 섹스를 받을 수 있다는 생각 같은 건 아예 해보지도 못했네요." 메건은 대학에 입학하기 직전 여름에 당시 사귀던 다른 남자친구와 첫번째 삽입 성관계를 했는데, 두 사람은 절대 '페이스북 공식 연인'이 아니었다고 했다. 메건은 첫번째 성관계를 끝마쳤다는 데 안도했고 당시의 경험에 대해 좋은 기억을 가지고 있다.

메건은 십대 초반부터 자위를 해왔다. 혼자 있을 때는 오르가슴에 아주 쉽게 도달했지만, 파트너가 있을 때는 절대 절정을 경험하지 못했다. 메건은 이렇게 설명했다. "전희를 제대로 하지 않는 남자애들이 너무 많아요. 그냥 바로 섹스를 한다니까요. 한동안 그러고 있다보면 저도 지치고 상대방도 열심히 하는 티가 나니까 그냥 그쯤에서 끝내려고 오르가슴을 느끼는 시늉을 해요. 그리고 '아, 너무 좋았어' 같은 말을 하죠." 나와 이야기를 나눈 많은 여학생들이 가끔씩 오르가슴을 느끼는 흉내를 낸다고 털어놓았기 때문에 메건이 딱히 특이한 경우는 아니었지만, 안타까운 일인 것만은 분명하다. 『대학생의 성생활The Sex Lives of College Students』에 따르면 대학생들이 오르가슴을 흉내내는 비율은 꾸준히 상승하고 있으며 1990년대의 절반에서 오늘날에는 70퍼센트까지 치솟았다. 성관계중에 상대방이 절정에 도달했다고 생각하는 남학생의 비율과 실제로 오르가슴을 느낀 여학생의 비율 사이에 간극이 생기는 이유가 이것일지 모른다. 여자들은 지루하거나, 피곤하거나, 아프거나, 성관계를 끝내고 싶을 때 오르가슴에 도달한 시늉을 한다. 메건처럼 상대방의 자존심을 지켜주기 위해서거나, 실제로는 별로 좋지 않더라도 섹스를 즐기는 것처럼 보여야 한다는 부담감 때문에 오르가슴을 흉내내는 경우도 많다. 특히 훅업의 가장 중요한 요소가 육체적 쾌감이라는 인식이 팽배한 상황이니 말이다. 여학생들은 또한 침대에서 자신이 원하는 바를 아예 요구할 수 없기 때문에 오르가슴을 느끼는 시늉을 하기도 했다. 몇몇 여자아이는 그러한 행동이 역효과를 낳지 않을까 의문을 제기했다. 한 아이비리그 대학 2학년생은 나에게 이렇게 말했다. "제 몸이 어떻고

202

뭘 좋아하고 싫어하는지 가르쳐주기 위해 기꺼이 시간을 투자할 만큼 섹스 파트너들에게 신경을 써본 적이 없어요. 하지만 이제는 노력을 좀 해보려고요. 왜냐하면 남자들이 이 문제를 의식하도록 만들면 다른 여자애들한테도 도움이 될 테니까요. 그리고 심지어 좋지도 않은 거 하느라 일부러 시간을 쓸 이유도 없는 거고요."

홀리와 마찬가지로 메건도 대학에서 처음으로 남학생과 훅업한 것은 입학한 지 며칠밖에 지나지 않았을 때였다. 메건의 말에 따르면 섹스는 "완전 끔찍했어요. 상대는 무작정 움직이기만 하는 타입이었어요. 제가 오르가슴을 느끼는 척할 때까지 그냥 피스톤 운동만 반복하다가 잠이 들었죠." 하지만 메건은 그후 두 달 정도 그 남자애와 반정기적으로 훅업을 했다고 했다. 나는 섹스가 그렇게 별로였는데 왜 다시 잠자리를 했느냐고 물어보았다. 메건은 어깨를 으쓱했다. "어떤 면에서는 섹스라는 건 항상 좋아요. 그리고 술에 취하면 혼자 집에 들어가기가 싫어요. 남자든 군것질거리든 뭔가 꼭 있어야 되는, 그런 기분 아세요?"

나를 처음 만났을 때, 당시 2학년 중반쯤을 보내고 있던 메건은 삽입 성관계 기록용으로 쓰고 있는 생리주기 추적 앱을 켜서 보여주었다. 메건은 그때까지 열두 명과 잠자리를 했지만, 만약 누가 물어보는 경우 더 사회적으로 용인될 만한 다섯 명 정도로 줄여서 답했다고 했다. 오럴 섹스만 했던 상대의 수는 "다행히도 모르는" 편이 낫다고 했다. "저는 남자애한테 오럴 섹스를 해주는 건 진짜 별일 아니라고 생각해요. 예를 들어 어떤 남자애가 있는데 그쪽 사교클럽에 갈 때마다 '안녕 메건, 내 방 구경할래?'라고 말하죠. 그쪽 방에 가서 제가 오럴 섹스를 해주고 서로 애무를 해요. 저는 이렇게 말하죠. '난 이렇게 부담 없는 게 좋아.' 상대방은 '맞아, 나도 그래' 하고 맞장구치고요. 저는 심지어 그 남자애 전화번호도 몰라요."

그러한 관계에서 남성이 얻는 이익은 분명해 보였지만, 너는 도대체 무슨 이익을 얻고 있느냐고 메건에게 물었다. 메건은 어깨를 으쓱했다. "매번 섹스를 할 때마다 자문해볼 수 있겠네요. '내가 무슨 영화를 보겠다고 이러고 있지?' 남자애들은 제가 오럴 섹스를 진짜 잘한다고 해요. 아마도 연습이 굉장히 많이 되어 있기 때문이겠죠. 저는 그 남자애랑 키스하는 게 아주 좋아요. 흥분되고 아드레날린이 솟아나죠. 그리고 최소한 같이 있을 사람이 있는 거잖아요. 적어도 그때만큼은 제 존재감이 대단해지죠. 비록 딱 15분 동안만이라고 해도요. 같이 놀고, 스킨십을 하고, 제가 특별하다고 느껴지니까 좋아요."

즐거운 스킨십이 성폭력으로 변할 때

홀리한테는 남자가 필요해. 홀리의 여학생 사교클럽 회원 중 한 명은 이렇게 생각했다. 그래서 남자친구에게 같은 남학생 사교클럽 회원인 로버트를 홀리에게 소개시켜달라고 부탁했다. 네 사람은 함께 점심을 먹으러 갔고 더블 데이트를 즐겼다. 홀리는 로버트가 다정한 사람이라고 생각했지만 딱히 이성으로나 성적으로 관심은 없었다. 하지만 상당히 많은 시간을 함께 보내다보니 서로를 잘 알게 되었고, 어느 날 밤 로버트의 남학생 사교클럽에서 벌어진 파티에 참석한 두 사람은 춤을 추다가 애무를 하기 시작했다. 약간의 시간이 흐른 뒤, 홀리는 '자기도 모르게' 로버트의 방으로 가서 '삽입 성관계 외의 모든 것'을 하고 있었다. 근사한 경험이었다. "서로 오럴 섹스를 해줬어요. 저에게는 정말 대단한 일이었죠." 그후 로버트는 걸어서 홀리를 기숙사까지 데려다주었다. 홀리의 말에 따르면 비록 자신이 완전히 술에 꼴려 있기는 했지만 로버트는 "점잖은 신사였고 상대방이 취했다는 점을 이용해서 섹스를 하지는" 않았다.

때는 학기가 끝날 즈음이었다. 홀리와 로버트는 기말고사 기간에 문자를 주고받았고 몇 번 산책을 같이 했으며 간간이 서로 애무도 했다. 홀리는 그 이상에 전혀 관심이 없었다. 그냥 로버트와 함께 시간을 보내는 것이 좋을 뿐이었다. 두 사람은 어느 날 밤 자정이 지난 시간에 학교 건물에 몰래 숨어들어간 뒤 강의실에서 훅업을 했다. 홀리는 맥주 두 잔을 마셨지만 딱히 취한 상태는 아니었다고 했다. 로버트도 취하지 않기는 마찬가지였다. 이번에도 '삽입 성관계 외의 모든 것'을 했지만, 가장 큰 이유는 로버트에게 콘돔이 없었기 때문이었다. "이상한 일이지만 저는 진짜로 로버트와 섹스를 하고 싶었어요." 홀리의 말이었다. 어쩌면 로버트가 자신에게 육체적 즐거움을 주기 위해 진심으로 노력하는 것처럼 보이는 최초의 남성이었기 때문일지도 몰랐다. "하지만 안 그랬길 천만다행이죠. 만약 했다면 제가 진짜 싫어졌을 거예요. '야, 이 남자애를 만난 지 얼마 되지도 않았잖아. 더 자세히 알아봐야 한다고.'"

여름방학 동안 홀리는 어머니에게 피임에 대한 이야기를 했다. 피임약을 복용하고 싶었던 것이다. "엄마한테 제 주변 사람들 분위기 때문에 무슨 일이 생길 경우를 대비해서 피임약을 먹는 게 더 안전할 것 같다고 말했어요. 하지만 엄마는 이렇게 말했어요. '글쎄, 넌 섹스를 하고 싶어하면 안 돼. 남자친구도 없잖아. 아직 열아홉 살이라고.' 근데 전 정반대로 생각했거든요. '나는 열아홉 살이야, 남자친구도 없지, 그리고 섹스를 하고 싶어!' 엄마는 아무것도 모르는 거예요. 만약 선생님한테 털어놓은 이야기를 우리 엄마한테 했다면 아마 다시 대학으로 돌아가지 못하게 했을 거예요. 엄마는 너도 '그런 여자애들 중 하나'라고 했겠죠."

그해 여름에 일어난 일은 그것뿐만이 아니었다. 홀리는 그전에 자위를 해본 적이 없었고, 원래 여자들은 그런 걸 하지 않는다고 생각했었다. 같은 사교클럽 회원 몇 명이 장난으로 홀리의 생일에 바이브레이터를 선물한 적이 있었다. 어느 날 집에서 혼자 심심했던 홀리는 바이브레이터를 한번 써보기로 결심했고, 처음으로 오르가슴을 느꼈다. 홀리는 여름 내내 자신의 몸을 구석구석 탐구하며 보냈다. "완전 최고였어요! 어색함을 무릅쓰면서 다른 사람에게 부탁하지 않고도 제 몸에 대해 전부 배울 수 있었어요." 여학생들은 상대방의 유무에 관계없이 처음으로 경험한 오르가슴이 엄청난 전환점으로 작용했다고 말하는 경우가 많았다. 왜 그렇지 않겠는가? 여성의 오르가슴에 대해 전혀 배운 것이 없었으니 말이다. 한 고등학교 3학년생은 이렇게 말했다. "처음 오르가슴을 느꼈을 때 울었어요. 울었다고요! 정말 강렬한 느낌이었어요. 그 경험은 제가 한 명의 인간으로 성장하는 데 큰 도움이 된 것 같아요."

홀리는 섹슈얼리티에 대한 새로운 기준을 가지고 대학 2학년을 시작했다. 여전히 '진지한' 관계에는 관심이 없었지만 성적 실험을 해볼 의욕은 충분했던 홀리는 안전하다고 느끼는 상황에서 아는 사람하고만 삽입 성관계를 하겠다고 결심했다. "무슨 일이 생겨도 도움을 청할 수 없는 이상한 데서 섹스를 하고 싶지는 않더라고요." 또한 콘돔은 필수 요소로, 절대 타협 대상이 아니었다. 그러던 어느 날 밤 홀리는 전초전에서 술 석 잔을 마시고 파티에 가서 석 잔을 더 마셨다. 그다음에 예거마이스터Jägermeister(알코올 농도 35도에 달하는 독일 술―옮긴이) 한 잔을 맥주에 섞은 '예거 폭탄주'를 마셨다. 뒤이어 레드불을 들이켰다. 에너지 음료와 알코올을 섞어 마시면 거짓말처럼 정신이 말짱하다는 기분이 드는데, 이를 '멀쩡한 만취 상태'라고 부른다. 카페인과 알코올을 섞어 마실 경우 비슷한 양의 술을 마신 또래들에 비해 운전할 수 있다고 생각할 확률이 4배나 높다. 어쩌면 이것 때문에 서로 '챙겨줘야' 하는 같은 사교클럽 회원들이 홀리가 괜찮아 보인다고 생각했는지도 모른다. 아니면 본인들 역시 제대로 판단할 상태가 아니었을 수도 있다. 어쨌든, 홀리가 그날 밤에 대해 마지막으로 기억하는 것은 그 레드불 한 잔이었다.

겨울방학 직후, 메건이 한 조촐한 파티에서 탁구공을 던져넣어 맥주를 마시는 비어퐁 게임을 하고 있을 때 타일러라는 2학년생이 추근대기 시작했다. 새벽 2시쯤 되어 메건의 친구들이 파티장을 떠날 준비를 하고 있을 때 타일러는 메건에게 가지 말라고 했다.

"난 너랑 섹스 안 할 거야." 메건이 말했다.

"괜찮아. 그냥 키스하고 껴안기만 하자."

메건의 친구는 마지막으로 다시 한번 메건을 보면서 아무 말 없이 메건 본인의 의사를 확인했다. 메건은 괜찮다고 고개를 끄덕였다. 술도 많이 취하지 않은 상태였고 타일러와 치근덕거리는 게 꽤나 재미있었기 때문이다.

두 사람은 손을 잡고 사교클럽 하우스 안으로 걸어들어가면서 서로에 대해 이런저런 이야기를 나누었다. 타일러는 다정해 보였다. 하지만 클럽 하우스로 들어가자마자 타일러의 태도는 변했다. 타일러는 메건을 데리고 서둘러 위층에 있는 자기 방 침대로 향했다. 두 사람은 서로 애무를 했고 메건은 오럴 섹스를 해주기 시작했지만 타일러는 삽입 성관계를 하자고 계속 졸랐다. 메건은 싫다고 했다. 타일러는 더 강하게 요구했다. 메건은 피임약을 먹지 않아서 안 된다고 말하며, 그 정도면 상대방도 기분이 나쁘지 않을 만한 괜찮은 변명이라고 생각했다. 하지만 타일러는 콘돔을 꺼내더니 메건을 아래로 찍어 누르고 몸속으로 삽입했다. 메건은 이렇게 말했다. "저는 그냥 거기 가만히 누워 있었어요. 어쩌면 제가 섹스를 진짜 못하면 걔가 그만둘지도 모르잖아요. 그러다가 타일러가 같이 샤워를 하겠느냐고 물었는데, 저는 이렇게 대답했죠. '글쎄, 우리 방금 섹스했잖아. 이제 와서 싫다고 하는 게 무슨 의미가 있지?' 저는 그냥 그 순간을 어떻게든 포장해보려고 노력했어요. 방금 일어난 일이 그런 게 아니라며 스스로를 세뇌라도 시켜보려고요."

샤워를 하면서 타일러는 메건에게 거칠게 키스를 했고, 메건을 타일 쪽으로 밀어붙이더니 뒤쪽으로 삽입하고 다시 섹스를 하기 시작했다. 메건은 뜨거운 물 수도꼭지를 끝까지 돌리면서 타일러가 멈추기를 바랐다. 하지만 멈추지 않았다. 그리고 이번에는 항문성교를 시작했다. "제가 아프다고 말하니까 '아, 미안해'라고 말하면서도 계속하더라고요. 그쪽 사교클럽 사람들이 샤워실 안으로 들어와서 우리를 보면서 웃었어요." 메건은 타일러에게 두 번 더 그만하라고 부탁했고, 마침내 타일러는 움직임을 멈췄다. 어떻게 해야 할지 몰랐던 메건은 그날 밤을 그곳에서 보냈다. 다음날 아침에 타일러가 기숙사까지 차를 태워다주자 메건은 "고마워. 재밌었어"라고 말했다. 메건은 지금까지도 자신이 왜 그런 말을 뱉었는지 알 수 없다고 했다. 친구가 메건 방에 들러서 어젯밤에 어땠느냐고 물었다.

"나 강간당한 거 같아." 메건의 말이었다.

대학에서 열리는 파티는 아주 신나고 재미있는 때가 많다. 그렇지 않다면 누가 참가하겠는가? 그러나 암스트롱과 동료들이 지적했듯이, 이러한 파티 분위기는 강간을 조장하기도 한다. 노출이 심한 옷을 입는 것은 남성이 아니라 여성이다. 거주지를 떠나 누군가 태워주는 차를 타고 파티장으로 가야 하는 것도 남성이 아니라 여성이다. 또한 이들은 여자일 뿐만 아니라 학년도 낮은 경우가 많기 때문에 파티를 여는 남자 선배들에게 '상냥하고' 공손하게 행동해야 한다는 기대치도 있다. '잘 노는 여자애'는 단순히 남자애가 엉덩이에 손을 대거나 꼼짝 못하게 하면서 하반신을 밀착해왔다는 이유로 소란을 피우지 않으며, 노련하고 예의바르게 그 자리를 빠져나올 수 있는 방법을 찾아낼 것이다. 또한 '잘 노는 여자애'들은 자유롭게 술을 마신다. 술의 힘을 빌리면 과감한 성적 행동을 하고 낯도 가리지 않게 되며, 친밀한 관계나 쑥스러움, 책임에 대해서도 생각하지 않게 된다. 게다가 술을 마시면 성폭력에 저항하거나 무슨 일이 있었는지 기억하고 당당히 신고할 가능성도 낮아진다. 암스트롱의 주장에 따르면, 눈에는 보이지 않지만 체계적으로 조장된 이런 식의 암묵적 파티 문화는 대학생들에게 허용되는 '정신 나간' 행동의 범주에 포함되는 것으로 보인다(비록 극단적인 축에 속하기는 하지만). 성폭력 피해자들은 다른 사람을 설득하기는커녕 자기 자신조차 실제로 범죄가 일어났는지 확신하지 못하기 때문에, 일반적으로는 가해자들이 이러한 행동을 해도 아무런 불이익이 따라오지 않는다.

다음날 아침 침대에서 눈을 뜬 홀리는 여기가 도대체 어디인지 알 수가 없었다. 자기 옆에는 이름만 아는, 전날 밤 파티에서 만난 기억조차 나지 않는 4학년 남학생이 누워 있었다. 바닥에는 사용한 콘돔이 떨어져 있었다.
"어젯밤 무슨 일이 있었는지 기억해?" 남학생이 물었다.

홀리는 고개를 저었다.

"너랑 나랑 잤어."

그 남학생은 대학 캠퍼스에서 몇 블록 떨어진 곳에 살고 있었는데 마침 차가 고장났다고 했다. 그래서 홀리는 전날 밤엔 '몸매를 돋보이게 해줬던' 파티용 옷을 그대로 입고 하이힐을 신은 채 여학생 사교클럽 하우스까지 혼자 걸어왔다. 소위 '수치스러운 귀갓길walk of shame(전날 누군가와 밤을 샌 흔적이 남은 차림새로 돌아다니는 것—옮긴이)' 역시 젊은 여성의 행동만을 비난하는 훅업 문화의 또 다른 병폐다. 남자들은 평소에 입고 다니는 옷을 그대로 입고 파티에 가는 경우가 많기 때문이다. 가끔씩은 여학생들이 전날 밤 섹스를 한 상대에게서 무언가를 빌려 입기도 하지만(빌린 옷을 돌려줄 기회가 없는 경우도 많다) 대부분의 경우는 메건의 말처럼 놀림감이 된다. "'전날 입었던 파티용 옷'을 입고 있으면 다들 금세 알아채요. 캠퍼스를 걸어가고 있으면 야유가 들려오죠. '오오오! 어젯밤 어땠어?'" 여기서도 마찬가지로 이렇게 괴롭힘을 당하는 것은 보통 여학생들뿐이다.

홀리는 그날 하루종일 추리닝을 입은 채 울다가 TV 보기를 반복했고, 룸메이트는 홀리를 꼭 안아주었다. 홀리가 그 일을 당한 것은 나와 만나기 고작 2주 전이었다. "그딴 일 때문에 제 인생을 망칠 수는 없어요." 홀리의 목소리는 결연했다. "그런 일에 휘둘릴 수는 없어요. 그건 그냥 한 번 일어난 일에 불과해요. 다시는 그 정도로 술을 많이 마시지 않을 거예요."

필름이 끊길 정도로 술을 마시는 건 절대 좋은 일이 아니고 홀리가 앞으로 어느 정도 자제력을 발휘하려고 하는 것은 너무나 당연한 일이지만, 나는 홀리가 그 상황을 악용한 남자보다는 모든 것을 자기 탓, 술 탓으로 돌리고 있다는 점이 못내 신경쓰였다. "아마 걔는 제가 얼마나 취했는지 몰랐던 것 같아요. 하지만 잘 모르겠어요. 캠퍼스 강간방지단체에서 활동하는 제 친구는 제가 원칙적으로 합의를 할 수 없는 상태였기 때문에 강간을 당한 거래요. 그리고 저는 거의……" 홀리는 잠시 멈추었다가 다시 말을 이었다. "물론 제가 강간 피해자가 되고 싶다는 말은 아니지만, 최소한 그 남자 앞에서 '응, 나 섹스하고 싶어!'라는 말까진 안 했기를 바랄 뿐이에요. 만약 그랬다면 이제까지 아무하고나 섹스를 하지 않는다고 해왔던 제 말들이 전부 거짓말이 되니까요." 홀리는 고개를 젓더니 한숨을 쉬었다. "차라리 기억이 안 나서 다행인 것 같아요."

이 두 사람을 처음 만났을 때 나는 메건이 강간 피해자였고 홀리도 성폭행을 당했을 가능성이 있다는 사실을 전혀 몰랐다. 인터뷰 대상자를 모집하는 이메일에는 합의되지 않은 성행위에 대한 질문이 포함되어 있지 않았고, 두 사람 모두 강간 때문에 나와 이야기를 하기로 마음먹은 것은 아니라고 했다. 2014년 말에 발표된 미 법무부 보고서에 따르면, 전국적으로 대학 내 성폭력에 대한 인식이 높아지고 있음에도 불구하고 성폭력을 신고하는 대학생 피해자의 비율은 고작 20퍼센트에 불과한 것으로 추정된다. 이는 대학을 다니지 않는 또래 피해자들의 신고 비율보다 훨씬 낮은 수치다. 대학생 피해자들은 보복에 대한 두려움이나 수치심, 자책감, 또는 신고를 하면 상황이 더욱 악화될 것이라는 생각 때문에 좀처럼 나서지 못한다. 특히 대학 내 성폭력 가해자가 실제로 처벌을 받은 사례가 극히 드물다는 점을 감안하면 말이다. 또한 성관계 합의 여부 자체를 의도적으로 애매하게 만드는 파티 문화 때문에 좀처럼 신고를 하지 못하는 경우도 많다. 남부 사립 대학 3학년인 머라이어는 나에게 사교클럽 문화를 지나치게 매도하지 말라고 요구하며 이메일에 이렇게 적었다. "전 지성을 갖춘 여자예요. 성폭력을 방관하고 술을 먹이는 게 여학생 사교클럽의 전부였다면 저는 진작 탈퇴했을 겁니다." 머라이어는 여학생 사교클럽에서 인생을 통틀어 가장 소중한 친구들을 사귀었으며, 하나같이 "성실하고" "주변에 좋은 영향을 미치며" "명석한" 친구들이라고 설명했다. 머라이어에 따르면 물론 "과거의 젠더 역할을 정당화"하고 인종 및 남녀 차별적 요소가 곳곳에 산재되어 있는 사교클럽 문화는 개선의 여지가 있다. "하지만 저는 오늘날 대학 캠퍼스에서 여학생 사교클럽이 훌륭한 경험을 쌓고 변화할 수 있는 기회를 제공하는 페미니즘의 보루가 될 수 있다고 굳게 믿습니다."

그러나 머라이어는 이와 동시에 술 취한 남학생 사교클럽 회원들이 상대방의 허락 없이 마음껏 몸을 만지고, 키스하고, 비벼대는 캠퍼스 훅업 문화에 자신과 주변의 여학생들은 "진저리"를 친다고 말했다(머라이어는 "그런 사람들은 파리처럼 쳐서 쫓아버려야해요"라고 적었다). 여학생들은 자신이 섹시하다는 생각에 대담해졌다가도, 순식간에 이용당하고 소비되는 성적 대상으로 전락했다는 기분을 맛보기도 한다. 남학생들 역시 혼란스럽고 확신을 갖지 못하는 경우도 있다. 주변환경에 적응하려고 열심이지만 남성성과 섹스, 강압, 정복에 대한 여러 가지 기대치 때문에 어려움을 겪는다. 애매한 신호를 잘못 해석하거나 지나치게 술에 취한 나머지 상대방 여성이 어떤 상태인지 제대로 파악하지 못하기도 한다. 이 경우 남녀 모두 다음날 아침에 눈을 뜨고는 옆에 누워 있는 사람이 누군지, 또는 무슨 일이 벌어졌는지 기억하지 못할 수도 있다. 머라이어의 말에 따르면, "도대체 강간이 뭔지 아는 사람이 없어요." 남학생이나 여학생 모두 마찬가지다. "강간을 당한다면 제가 알 수 있을까요? 만약 어두운 골목에서 모르는 사람에게 당한다면 확실히 강간이라고 생각할 수도 있겠죠. 하지만 그런 경우가 아니라면 잘 모를걸요."

그래서 나는 메건이 대학 심리치료사의 권고를 받아 학생윤리위원회에 타일러를 성폭행 혐의로 고발했다는 이야기를 듣고 깜짝 놀랐다. 조사는 2학기 내내 진행되었다. 메건은 여러 번에 걸쳐 그날 밤 있었던 일을 진술했다. 친구들도 그날 이후로 메건이 얼마나 우울해하고 좀처럼 학업에 집중하지도 못하고 강의도 빠지고 평소보다 더 많은 술을 마시며 딴사람처럼 변했는지 증언했다. 타일러도 자기만의 버전으로 그날 밤에 대해 진술했다. 메건이 정확히 언제 삽입 성관계에 합의했다고 생각했냐는 질문을 받은 타일러는 이렇게 대답했다. "글쎄요, 걔가 저한테 오럴 섹스를 해줬는걸요. 그게 합의나 마찬가지 아닌가요." 타일러의 답변에 메건은 크게 분노했다. "저는 거기서 끝내려고 오럴 섹스를 해준 거지 뭘 더 하려는 게 아니었다고요. 저는 섹스를 하고 싶지 않다고 분명히 말했어요. 피임약을 안 먹어서 안 된다고 말했죠. 그런데도 그냥 침대에서 뛰어내리더니 콘돔을 끼고 저를 강간했어요."

메건이 생각하기에 결국 이 사건의 향방에 결정적인 열쇠가 된 것은 자신이나 타일러의 말이 아니라 타일러와 같은 남학생 사교 클럽 회원들의 증언이었다. 남학생들은 타일러 편을 들지 않았고, 가끔씩 타일러가 공격적인 면을 보이며 심지어 폭력적인 성향도 있다고 인정했다. 타일러는 이미 다른 일로 싸움을 벌여 근신하고 있는 상태였다. 결국 타일러는 일 년간 정학처분을 받았고 해당 학기에 이수한 학점은 모두 무효 처리가 되었다. 메건은 타일러가 다시 학교로 복귀하지는 않을 것이라 생각하지만, 과연 타일러가 그 일을 통해 무언가 교훈을 얻었는가에 대해서는 회의적이다. 메건은 이렇게 말했다. "청문회가 끝나고 나서 타일러는 그런 기분이 들게 해서 미안하다고 했지만, 절대 자신의 행동에 대한 사과는 하지 않았어요. 자기가 잘못을 했다고는 전혀 생각하지 않더라고요." 사실 메건은 오히려 자기가 타일러에게 사과를 할 뻔 했는데 간신히 참았다고 털어놓았다. "물론 걔가 너무 미웠어요. 하지만 이상한 기분이었어요. 게다가 타일러를 안아주면서 이렇게 네 인생을 망쳐서 미안하다고 말해주고 싶은 생각까지 드는 거 있죠."

메건과 친구들이 캠퍼스 밖에 있는 어떤 집에서 전초전을 위해 사탕처럼 알록달록한 술잔에 술을 따르는 동안 TV에서는 영화 〈슈퍼 배드Despicable Me〉가 흘러나오고 있었다. 그 자리에는 여학생 여섯 명과 마침 다른 학교에서 놀러온 남학생 두 명이 있었다.

학생들은 숙취 때문에 겪은 일과 에버클리어^{Everclear}(도수가 최대 95도에 달하는 고알콜 보드카—옮긴이)의 폐해, 그리고 정글 주스(집에서 제조한 독주—옮긴이)나 애플파이 문샤인(에버클리어에 럼과 사과 주스 등을 섞어 만든 술—옮긴이), 마리화나나 스키틀즈 캔디를 우려낸 보드카같이 자기가 마셔본 괴상한 술에 대한 무용담을 주고받았다. 그후 한 시간 동안 메건과 친구들은 각각 술을 네다섯 잔씩 들이켰다. 남학생들의 경우 여섯 잔은 족히 마셨다. "마시는 법이 따로 있어요." 남학생 한 명이 나에게 말했다. "세 잔을 마신 다음 3분 동안 쉬고, 다시 두 잔을 더 마시고 5분 기다리죠. 그다음 한 잔만 더 마시면 준비가 다 된 거예요." 나는 왜 중간에 몇 분씩 쉬느냐고 물어보았다. "지나치게 술에 취하지는 않았는지 확인하려고요." 대답하는 남학생의 표정은 너무나도 진지했다.

술을 마시는 동안 학생들은 수다를 떨고, 친구들에게 문자를 보내고, 인스타그램에 셀카를 올렸다. 물론 전부 미성년자들이었기 때문에 술병까지 같이 찍히지 않도록 항상 주변을 세심하게 둘러보는 것을 잊지 않았다. "찍히지 않으면 마시지도 않은 거죠!" 메건은 반농담조로 이렇게 말했다. 학생들은 저마다 마음만 먹으면 바로 잡을 수 있는 포즈나 표정이 몇 개씩 있었다. 섹시하게 입을 살짝 벌리거나, "얘는 내가 진짜 좋아하는 친구야"라고 소개를 받을 때 짓는 미소, 그리고 입을 벌리고 "신나 죽겠네" 하는 표정. 남학생들은 장난을 치며 전형적인 '여학생 사교클럽 단체사진 찍기 포즈(무릎을 약간 굽히고 상체를 앞으로 숙인 채 무릎에 손을 얹는 자세—옮긴이)'를 흉내내기도 했다. 남학생 한 명은 SNS 타임라인을 확인하고는 이렇게 불평했다. "'좋아요'를 하나밖에 못 받았네. 지금쯤 47개 정도는 받아야 하는데!" 학생들은 같이 술을 마시는 시간의 최소 절반 가량을 각자의 스마트폰만 뚫어지게 보고 있었다.

나는 학생들이 대화를 하면서 성별을 얼마나 자주 언급하는지 본인들조차 모르고 있을 거라는 생각이 들었다. 예를 들면 남학생 중 한 명은 고등학교 시절 같은 반이었던 어떤 여학생을 "낮에는 크리스천 공주님 밤에는 완전 걸레"라고 언급했고, 남학생 사교클럽에서 파티가 열리면 술을 전부 준비해야 하는 남학생들과 머리, 손톱, 신발, 화장품 등의 '외모 유지비'를 투자해야 하는 여학생들 중 결국 어느 쪽이 돈을 더 많이 쓰는가에 대한 악의 없는 토론을 벌이기도 했다. 여학생들은 남학생들에게 자신들이 단순히 금전적인 부분만 희생하는 것이 아니라는 점을 지적했다. "예를 들면 우리는 온몸의 털을 다 밀어야 된다고." 한 여학생이 말했다.

"난 목 아래로는 절대 면도기를 가져다 댈 생각이 없어." 한 남학생이 웃으면서 답했다.

다른 여학생이 말했다. "게다가 우리는 12센티 하이힐을 신고 걸어야 해."

이 말에는 남학생들도 수긍하지 않을 수 없었다. 여학생들이 이겼다. 그걸 이겼다고 부를 수 있다면.

학생들은 파티 문화의 부수적인 폐해에 대해서도 이야기를 나눴다. 폭식증에 시달리는 그들이 아는 여학생, 재활원에 들어간 또다른 여학생, 캠퍼스에서 쫓겨난 남학생 사교클럽들, 술에 취해 술집에서 뒤로 공중제비를 넘으려다가 끔찍한 결말을 맞이한 어느 남학생까지.

마침 여성에게 작업을 거는 내용인 〈블러드 라인〉이라는 곡이 흘러나왔고, 중독성이 대단하면서도 논란의 여지가 있는 "너도 원한다는 걸 알아, 너도 원한다는 걸 알아, 너도 원한다는 걸 알아"라는 후렴구가 울려퍼졌다. 메건은 가사에 전혀 신경쓰지 않는다는 듯이 박자에 맞춰 머리를 까딱거렸다.

놀랍게도 메건은 강간 사건 이후 성욕이 더욱 왕성해졌다고 말했다. 홀리와 마찬가지로 메건도 그런 부정적인 경험 때문에 자기 자신이나 대학생활을 망치고 싶어하지 않았다. "저는 한동안 섹스를 꽤나 많이 했어요. 그렇게 하는 것도 좋더라고요. 타일러와 하룻밤을 보낸 다음에는 끔찍한 기분이 들었는데 다시 아침마다 들뜬 기분으로 눈을 뜨니까 좋았어요." 하지만 2학년 2학기에 접어든 지금, 메건은 하룻밤 섹스에 점차 싫증을 내고 있었다. "굉장히 상처를 많이 받아요. 그만큼 마음의 준비를 하긴 해도요. 어차피 원나이트를 하고 나면 문자 하나 안 주고받고 그냥 끝날 걸 알아요. 항상 그렇거든요. 남자들은 일단 섹스만 하면 존중이고 뭐고 없어요. 늘 그런 식이죠. 그리고 그건 진짜 거지같은 일이에요. 최소한 문자는 하나 보내줬으면 하고 바라잖아요. 하다못해 재밌었고 다음에 또 놀자는 그런 거요. 만약 어떤 남자애가 섹스하고 사흘 동안 문자를 안 하면 저는 엿이나 먹으라는 심정이 되죠. 하지만 토요일 밤에 그 남자애가 갑자기 '야, 놀러올래?'라는 문자를 보내오면 꼭 가야 될 거 같아져요. 그애를 다시 보고 싶은데 다른 방법이 없거든요."

　남녀를 막론하고 대부분의 학생들은 가장 최근에 있었던 훅업에 대해 대체적으로 만족한다고 주장했지만, 그와 동시에 대다수가 훅업을 통한 섹스를 후회해본 적이 있다고 답했다. 이때 남학생들은 다른 사람을 '이용한 것'에 가책을 느끼며, 여학생들은 '이용당한 것'에 상심하는 경향이 있다. 나는 뉴잉글랜드의 한 사립대학 2학년생에게 같이 하룻밤을 보낸 상대에게 기대하는 상식수준의 예의라고 하기에 문자 한 통은 너무 낮은 기준이 아니냐고 말했다. "심지어 남자들 입장에서는 그것도 아주 크게 양보하는 거죠." 그 학생도 동의했다. "반면에 여자는 가만히 앉아서 기다리는 거밖에 할 게 없어요. 고문이나 다름없어요. 여자가 먼저 문자를 보내면 남자는 기겁해서 도망갈걸요. 우리 학교에는 식당이 하나밖에 없거든요. 그래서 섹스를 하고도 문자를 보내지 않은 남학생을 맞닥뜨리면 '잘 봐. 너랑 결혼하고 싶은 거 아니거든' 하는 거죠. 제 가슴을 다 봤지만 지금은 저랑 모르는 사이가 되고 싶어 하는 남학생이 생물학 시간에 바로 옆자리에 앉기도 하고요. 그러니까 같은 수업을 듣는 사람들이랑은 훅업 안 하는 게 낫죠. 기숙사 같은 층에 사는 사람도 안 되고요. 사람들과 어울릴 때 저 자신과 공부할 때 저 자신을 철저히 분리해놔야 해요."

희생자인가 승리자인가

술을 마시고 의식을 잃은 날부터 일주일이 지난 후에 홀리는 이전 학기가 끝나갈 무렵 가끔 데이트를 하던 로버트와 다시 훅업을 했고, 두 사람은 결국 섹스를 하게 되었다. 너무나 근사했다. "다음날 일어났을 때 너무 기분이 좋았어요. 정식으로 사귀는 사이는 아니지만 제가 잘 알고 좋아하는 다정한 사람과 섹스를 했다는 생각에서요. 둘 다 충분히 즐겼어요. 마음껏 다양한 시도도 해봤고 둘 다 오르가슴을 느꼈어요. 우리는 계속 이렇게 가벼운 사이로 지내자는 데 의견을 모았어요. 굳이 우리 두 사람의 관계를 정의한다면 '섹스하는 친구' 정도 되겠네요. 로버트와 저는 분명 친구예요. 만약 이런 관계가 지속된다면 제가 그 이상을 바라게 될지도 모르지만 그건 어디까지나 '가정'이에요. 이런 건 전부다 처음이거든요." 과거를 되돌아보면 홀리 스스로도 자신이 얼마나 많이 변했는지 믿을 수 없을 정도다. 홀리는 고작 일 년 전만 해도 성경험이 없는 여자아이였다. 고작 일 년 전만 해도 정식으로 사귀는 사이가 된 후 최소한 6개월이 지나지 않으면 성관계를 하지 않겠다고 말했을 것이다. "저는 한계선을 넘고, 넘고, 또 넘었어요. 그래서 지금 어디까지 왔는지를 보면 아주 신기해요. 제 행동이 괜찮다고 말해주는 문화나 분위기 때문에 진짜 괜찮다는 생각이 들어서 여기까지 온 건지, 아니면 나이가 들어 성숙해지고 인간적으로 성장했기 때문에 여기까지 온 건지 잘 모르겠어요." 홀리는 믿을 수 없다는 듯이 머리를 가로저었다. "꽤 이상한 여정이었어요."

내가 만나본 여학생들은 자신을 충분히 배려해주지만 감정적인 요구는 일절 하지 않는 파트너와 정기적으로 섹스를 하는 관계, 즉 '섹스하는 친구'를 이성관계의 이상적인 형태로 꼽는 경우가 많았다. 하지만 친구와 연인 사이에서 미묘한 균형을 유지하기란 보통 까다로운 일이 아니다. 사회학자 리사 웨이드는 이렇게 말한다. "대학생들은 '섹스하는 친구'가 있으면 좋겠다는 이야기를 자주 하는데, 거기에는 그만한 이유가 있을지도 몰라요. 사실 매우 실용적인 관계거든요. 그래도 이건 어디까지나 이론에 불과하고요, 진짜 '섹스만 하는 친구'는 거의 불가능에 가깝다고 봅니다." 웨이드가 조사한 학생들의 경우 '섹스'와 우정 둘 다 지속되지 못했다. "훅업 문화에서는 친근감만 표시해도 선을 넘게 된다는 점이 문제예요. 누군가 '네가 좋아'라는 말을 입 밖에 내는 순간, 연인으로 발전하고 싶다는 뜻으로 해석됩니다. 그렇지만 상대방에게 인간적인 호감이 있다고 말할 수가 없다면 진정한 친구가 될 수도 없지 않나요? 따라서 섹스 파트너 관계를 꾸준히 유지하는 유일한 방법은 상대방을 함부로 대하고 못되게 굴어서 연애감정이 없다는 사실을 깨닫게 하는 거예요." 섹스하는 친구라는 관계에서 상대적으로 시큰둥한 태도를 보이는 것이 반드시 남자라는 법은 없다. 나와 이야기를 나눈 한 대학 신입생은 이렇게 말했다. "작년에 '섹스하는 친구'로 발전한 경우가 두 번 있었어요. 저는 그때마다 당장은 남자친구를 사귈 생각이 없다고 말했죠. 한명은 별다른 이야기 없이 점점 멀어졌지만 나머지 한 명은 더 집

착을 하더라고요. 그 남자애가 '나는 이 이상의 관계가 되고 싶어'
라고 말하면 저는 '난 아닌데'라고 대답하는 식이었어요." 학생은
어깨를 으쓱해 보였다. "물론 저는 그 남자애를 좋아했어요. 같이
있으면 재미있었고 저도 상당히 끌리기는 했죠. 하지만 결국 그애
를 남자친구로 삼을 만큼 좋아하지는 않았어요. 끝이에요. 그리고 지
금은 더이상 친구로 지내지 않아요. 진짜 짜증나요."

　홀리는 2학년 가을부터 겨울까지 로버트와 그런 관계를 유지했
다. 그런 관계가 정확히 어떤 관계인지는 모르겠지만 그렇다. 하
지만 3월에 스카이프를 통해 마지막으로 홀리의 상황을 확인하
자 로버트가 얼마 전에 관계를 끝냈다는 답이 돌아왔다. 이야기를
들어보니 홀리는 로버트에 대한 '감정에 걸렸고' 이제 슬슬 '관계
를 분명히 하자'는 '이야기'를 꺼냈다고 한다. 로버트는 별로 그럴
생각이 없었다. 두 사람은 성 패트릭의 날(3월 17일로 아일랜드 사람
들의 축제일이다—옮긴이)에 마지막으로 한 번 잤는데, 당시 홀리는
'완전히 술이 떡이 된 상태'였다. 홀리는 허리 아래로 아무것도 입
지 않은 채 로버트의 몸 위에 엎드려서 키스를 해달라고 몸을 기
울였지만, 로버트는 얼굴을 돌리면서 싫다고 했다. 그 일로 깊은
상처를 받은 홀리는 이렇게 말했다. "저는 분명 로버트를 사랑했
고 둘이 함께 보낸 시간은 올해 저에게 가장 행복한 순간들이었
어요. 솔직히 말하면 기분이 정말 거지같아요. 하지만 분명히 해
둘 게 있어요. 저는 로버트와 그렇게 애매한 관계를 유지했던 걸
절대 후회하지 않아요. 비록 공식적으로 사귀는 사이는 아니었지
만 우리는 서로 좋아했고, 아껴주었고, 함께 있을 때 즐거웠어요.

따라서 여러 가지 면에서 저와 로버트의 경우는 훅업 문화가 관계를 '망쳐놓은' 전형적인 사례로 볼 수도 있겠죠. 하지만 이 점만은 분명히 알아두셨으면 해요. 저는 그 문화의 희생자가 아니고 자발적인 참여자였다는걸요."

밤 11시가 되자 메건의 대학 캠퍼스 주변 거리는 손바닥만한 치마를 입은 여학생들과 맥주를 들이켜는 남학생들로 북적였다. 봄 학기가 시작된 후 첫번째 주말이었던 탓인지 모든 사람이 파티를 벌이고 있었다. 남학생 몇 명이 조용한 안뜰을 가로지르고 있는 우리 일행을 발견하고는 메건에게 "야, 이리 와!"라고 소리를 질렀다. 메건이 대꾸하지 않자 남학생들은 "너 어디 가!" 하고 소리쳤다. 그래도 대답하지 않자 조롱이 날아왔다. "걸레 같은 년!"

"저런 거 진짜 싫어요." 메건은 못마땅한 표정을 지으면서 말했다.

홀리와 마찬가지로, 메건도 무례한 일을 당할 때 고질적인 이중잣대보다는 자기 자신을 탓하는 경향이 있었다. "남자들은 저를 진지하게 대하지 않아요. 사실 제가 다 망쳐놓았다고 할 수 있죠. 제 발등을 찍은 거예요. 그래서 저는 새로운 사람을 만나거나 사람들이 선입견 없이 저를 대할 수 있는 파티에 가려고 노력해요. 만약 그 사람들이 저에 대해 알게 되면 마음대로 제 엉덩이를 만지거나 춤을 추다가 몸을 비벼대도 된다고 생각할 거예요. 공식 걸레랑 누가 진지한 데이트를 하고 싶겠어요. 그런 점이 짜증나기는 해도 제 행동 자체를 바꿀 정도까지는 아니지만요."

심리학자이자 『비싸게 굴기Hard to Get』의 저자 레슬리 벨의 말에 따르면, 여성은 "훅업 문화에서 희생자도, 승리자도 아니며, 단순히 잘못된 정보를 가지고 있는 경우가 많다". 벨은 여성들이 가벼운 만남을 통해 무엇을 할 수 있는지, 그리고 무엇을 얻을 수 없는지 분명히 이해해야 한다고 주장한다. 이를테면 훅업은 근사한 섹스를 즐기거나 좋은 관계를 구축하기 위해 필요한 기술을 익히는 데는 거의 아무런 도움이 되지 않는다는 것이다. 이는 지극히 현명한 조언이지만 그렇다고 해서 논점이 바뀌는 것은 아니다. 어떤 여학생들은 나에게 "남자처럼 섹스를 즐길 수 있다"고 자랑하기도 했는데, 이는 아무 감정 없이 육체적으로 얽힐 수 있다는 의미이자, 남자들이 여자들을 대상화하듯이 상대방을 완전히, 또는 부분적으로 대상화할 수 있다는 의미다. 이것을 평등이라고 불러야 한다면 너무나 서글픈 일이 아닐 수 없다. 그 대신, 이 여학생들이 남자들도 여자들처럼 성적으로 너그럽게 대해주기를 기대한다면 어떨까? 다른 모든 인간관계에서와 마찬가지로, 전혀 모르는 사람이든 친한 사람이든 관계없이 모든 성관계 파트너를 존중하고 배려해야 한다고 배웠다면? 그리고 그 이하로는 절대 양보하지 않는다면?

나는 이제 어른들의 세계로 돌아갈 때였다. 메건은 남학생 사교클럽 파티로 향했고, 내가 파티장 문 앞에서 지키고 있는 남학생의 심사를 절대로 통과하지 못하리라는 것은 우리 둘 다 너무나 잘 알고 있었다. 메건은 내가 혼자서 캠퍼스를 가로질러 택시를 타는 곳까지 나갈 수 있을지, 무사히 길을 찾을 수 있을지 걱정하며 법석을 떨었다. 나는 메건과 작별인사를 하고 한 번 안아준 후 밖으로 나가기 위해 걷기 시작했다.

"조심하세요!" 메건이 등뒤에서 소리쳤다.

그 말을 들은 나는 마음속으로 생각했다. '너도 조심해.'

5장

커밍아웃
— 온라인과
오프라인

GIRLS AND SEX

내 호텔방 창문 밖으로 오전 내내 굵고 습한 눈발이 흩날리고 있었다. 5센티, 10센티, 15센티. 오후 2시가 되자 내가 방문중이던 중서부 대학가의 모든 것이 마비되었다. 수업은 전부 휴강이었다. 감히 미끄러운 도로로 나서려는 승용차나 버스도 없었다. 스키와 스노보드 동호회 학생들은 어린아이가 썰매를 타고 내려올 수 있을 만큼 경사가 완만한 언덕 위에 임시로 스피커를 설치한 다음 음악에 맞춰 아슬아슬하게 자유 스키나 스노보드를 즐겼다. 오후 3시가 되자 땅거미가 지기 시작했고 그날 예정되었던 약속은 전부 취소되었다.

딱 하나만 제외하고. 거리 저쪽에서 팀버랜드 부츠와 오리털 점퍼 차림에 손을 주머니에 쑤셔넣고 강한 바람 때문에 어깨를 잔뜩 구부린 채 터벅터벅 걸어오는 사람이 내 눈에 들어왔다. 서

둘러 아래로 내려간 나는 호텔 회전문이 돌면서 한바탕 찬바람이 들어오는 순간에 딱 맞춰 로비에 도착했다. 그 사람은 쾅쾅 발을 굴러 눈이 잔뜩 묻은 부츠에서 눈을 털어내고 빠알간 볼을 둘러싼 목도리를 풀더니 장갑을 벗었다. 그러고는 손을 내밀어 내 손을 꼭 쥐면서 악수를 했다. "페기 선생님 맞으시죠." 내 눈을 똑바로 쳐다보면서 미소를 지었다. "저는 앰버 맥닐이라고 해요."

인터넷이라는 새로운 길모퉁이

나는 앰버가 용감하게 눈보라를 뚫고 나를 만나러 왔다는 사실에 놀라지 말았어야 했다. 내 이메일 질의에 응답한 여학생들 중에서 가장 적극적으로 자신의 이야기를 들어달라고 호소한 것은 바로 동성애자 여학생들이었다. 어떤 여자아이는 나에게 이런 메일을 보내기도 했다. "저는 젊은 여자 동성애자에다 유색인종이에요. 저랑 꼭 얘기를 해보셔야 돼요. 제가 선생님의 유니콘이라고요!" 나는 인종과 성적 지향을 막론하고 비이성애자 여자아이들로부터 내가 기대한 것보다 훨씬 많은 메일을 받았다. 한국계 미국인인 어떤 열여덟 살 여학생은 자신이 남성이나 여성 모두에게 육체적으로 끌리지 않는 무성애자asexual라고 했다. 솔직히 인정하자면 그 여자애는 나에게 상당한 충격을 주었다. 이 아이와 인터뷰를 하고 있자니 일평생 엄격한 채식주의자로 살아온 사람을 앞에 두고 고기 먹기의 즐거움을 묘사한 책에 대해 이야기를 늘어놓는 것 같았다. 하지만 그 아이는 자신이 원래부터 그러한 성적 지향을 가지고 있었으며, 학대나 거부로 인해 그런 것이 아님을 분명히 기록해달라고 했다. "저는 늘 이랬던 거 같아요. 섹스에 전혀 관심이 없었어요. 좀 징그러운 거 같아요." 뿐만 아니라 이 여학생은 인터넷에서 무성애자 커뮤니티가 아주 활발하게 운영되고 있으며 협력단체, 교육자료, 만남을 위한 사이트 등의 다양한 형태가 존재한다고 덧붙였다.

나는 매번 인터뷰를 시작하기 전에 여자아이들에게 성적 파트너를 언급할 때 남성대명사나 여성대명사, 둘 중에서 어느 쪽을 사용해야 하느냐고 물었다. 상당수는 확실하게 이성애자나 동성애자라고 답했고, 양성애자나 양성매념兩性魅念·bi-curious(양성애자나 동성애자가 아니면서 이성 및 동성과의 연애와 성적 관계에 호기심을 갖는 사람—옮긴이)이라고 답하는 경우도 있었다. 나와의 인터뷰 그 자체가 막 싹이 트기 시작한 성적 지향을 탐구해보는 장이 된 적도 몇 번이나 있었다. 예를 들어 동부 연안 대학에 입학한 지 한 달밖에 되지 않았으며 조용한 목소리를 가진 열여덟 살 리지는 나와 이야기를 나누는 내내 안절부절못하고 얼굴을 붉혔으며 말을 하면서 바닥이나 내 어깨 너머를 쳐다보았다. 리지는 경미한 우울증 증상을 보였으며 내 이야기에 반응도 거의 보이지 않았기 때문에, 나는 도대체 왜 리지가 나와 이야기를 해보겠다고 자원했는지 의아한 기분이 들기 시작했다. 리지는 고등학교 때 무리에 끼지 못하고 왕따를 당했으며, '남자애들이 좋아하는 운동도 잘하고 예쁘고 똑똑한 소위 엄친딸들은 리지를 '나쁜 년'이나 '돼지'라고 불렀다고 했다. 그래도 고등학교 2학년 때는 학교 오케스트라에서 함께 클라리넷을 연주하는 월이라는 남자친구를 사귀었다. 리지는 이렇게 말했다.

"하지만 월을 상대로 성욕을 느낀 적은 한 번도 없어요. 그냥 '베프'라는 느낌에 가까웠어요. 우리는 같이 놀고, TV 보고, 영화를 보러 갔죠. 가끔씩 살짝 키스는 했지만 제대로 애무는 하지 않았어요."

나는 리지에게 그렇게 스킨십을 할 때 어떤 기분이 들었느냐고 물었다. 리지는 어깨를 으쓱했다. "괜찮았던 것 같아요. 사실 저는 원래 그런 걸 별로 좋아하지 않거든요. 솔직히 말하면 그게 뭐가 대단한 거라고 그 난리인지 이해가 안 돼요." 약 4개월이 지나자 월은 점점 더 졸라대는 투로 문자를 보내면서 진도를 더 나가자고, 그것도 아주 끝까지 가보자고 압력을 가하기 시작했다. "우리 진짜 섹스해야 돼!" "해보자! 재미있을 거야! 끝내줄 거라고!" "왜 안 돼? 이해가 안 가!" 월이 보낸 문자 내용이다. 리지는 "저는 월에게 그런 문자를 받는 게 불편하다고 말했어요. 목 아래로는 전혀 스킨십을 한 적이 없었거든요! 그런데도 월은 계속해서 문자를 보내면서 끊임없이 그 이야기를 꺼내는 거예요"라고 말했다.

리지는 살짝 키스만 해본 남자아이, 그것도 리지가 허용하는 범위가 어디까지인지 전혀 개의치 않고 대화 기술이라고는 문자 메시지 몇 줄 수준을 크게 벗어나지 않는 남자아이에게 왜 자신이 성관계를 할 생각이 없는지 납득시켜야 한다는 생각은 하지 않았지만, 그래도 설명하려는 시도는 해보았다. 리지는 자신이 섹스를 꺼리는 이유가 자기 몸에 대한 수치심 때문일지도 모른다고 했다. "모델이나 인기 연예인들을 자주 보잖아요. 다들 너무 날씬하고 예뻐요." 리지는 통통한 자신의 배를 내려다보면서 말했다. "옷을 사러 갈 때도 마찬가지예요. 옷들이 전부 날씬한 사람들 사이즈예요. 근데 전 날씬하지가 않거든요." 그다음에 리지는 고개를 저었다. "하지만 사실 저는 뭔가 해보고 싶은 기분도 안 들 정도로 걔한테 끌리지 않았어요. 그냥 '으웩, 월은 섹스를 하고 싶어 하는데 난 별로' 정도의 기분이었어요." 리지는 두 달 정도 월의 요구를 거부한 끝에 "잠시 시간을 갖자"고 제안했다. 소위 '절친' 이라던 월은 다시는 리지에게 말을 걸지 않았다.

그후 다른 남자아이들이나 심지어 성인 남성들도 리지에게 관심을 보였지만 리지는 한 번도 응한 적이 없었다. 육체적으로 가까워질 수 있다는 생각만 해도 역겨웠다. 나는 리지에게 자신의 몸을 사용해 성적인 즐거움을 느꼈을 때가 언제냐고 물어보았다. 리지는 얼굴을 붉혔다. "한 번도 없었던 것 같아요." 성적으로 흥분해본 적은 있어? 리지의 볼이 더욱 발그레하게 물들었다. "그런 쪽은 별로 관심을 가지고 알아본 적이 없어요. 저는 그냥 수업을 듣고 공부를 하고 싶을 뿐이에요. 그리고 사람들에게 마음을 여는 건 굉장히 어려워요. 노력이 많이 필요해요."

리지와 이야기를 나누어보니 그 말을 충분히 이해할 수 있었다. 우리 대화는 중간에 여러 차례 끊겼다가 다시 이어졌다. 리지는 아마도 내가 만나본 여자아이들 중에서 가장 말수가 적은 편에 속할 것이다. 나는 다시 물었다. "지금까지 남자애들 얘기만 했잖아. 다른 여자애한테 마음이 끌려본 적은 없니?" 리지의 얼굴은 다시 한번 붉게 물들었지만 이번에는 난처해하기보단 기분이 좋아 보였다. "진짜 친한 친구가 하나 있긴 해요." 리지는 이렇게 말하고는 나에게 처음으로 웃음을 보였다. "그 친구를 양쪽 측면으로 다 좋아해요. 무슨 말인지 아시겠어요? 저는 친구와 좋아하는 사람의 경계선에서 간신히 균형을 잡고 있는 것 같아요. 그 친구는 정말…… 너무 멋있어요." 다시 한번 웃자 리지의 얼굴이 환하게 밝아졌다. "이유를 꼭 집어서 말할 수도 없어요. 저는 누군가에게 이런 기분을 느껴본 적이 한 번도 없어요…… 그냥 느낌이 와요."

리지의 경우 알고 지내는 동성애자는 없었지만 인터넷, 그중에서도 특히 팬픽션을 통해 동성애를 접했다고 했다. 팬픽션이란 인기 있는 소설, TV프로그램, 연극, 영화, 또는 노래의 열렬한 팬들이 창작해 온라인으로 공유하는 일종의 속편이다. 성애소설『그레이의 50가지 그림자』는『트와일라이트』에 기반을 둔 팬픽션에서 출발한 것으로 유명하다.『해리 포터』의 경우 사이트 한 곳만 보아도 무려 8만 개의 팬픽션이 게재되어 있다.『헝거 게임』을 바탕으로 한 어떤 팬픽션은 내가 이 글을 쓰는 현재 200만 뷰 이상을 기록하고 있다. 팬픽션은 서로 다른 세계관과 장르 사이의 '크로스오버'가 가능하기 때문에 예를 들어 가수 해리 스타일스가 '방향direction'을 잃고 중간계로 들어설 수도 있다(해리 스타일스가 속한 그룹 원디렉션One Direction을 차용한 것이다—옮긴이). 또한 팬픽션에는 해당 캐릭터들을 만들어낸 창작자가 (아마도) 전혀 상상조차 하지 못한 동성 간의 수위 높은 성애 장면이 등장하는 버전도 많다. 〈스타트렉〉의 스포크가 커크 선장과 관계를 갖는가 하면, 셜록 홈스와 왓슨이, 배트맨과 조커가, 헤르미온느와 지니가 엮인다. 이 팬픽션을 가장 많이 창작하고 소비하는 계층은 성인 여성과 십대 소녀들이다. 그렇다면 왜 이러한 팬픽션에 압도적인 비율로 등장하는 것이 남성들 사이의 성관계일까? 확실한 이유를 알기는 어렵다. 어쩌면 아직도 주류 미디어에서 여성 캐릭터의 비중이 적어 캐릭터로서의 주목도가 떨어지는지도 모른다. 아니면 남성의 몸에 대해 글을 쓸 경우, 일반적으로 여성들이 섹슈얼리티를 탐구하려고 할 때 부담으로 작용하는 외모나 행동, 또는 적극성에 대한 제약에 구애받지 않고 마음껏 원하는 바를 표현할 수 있기 때문일지도 모른다. 이유가 무엇이든 간에 팬픽션은 젊은 여성들에게 일종의 해방구가 되어준다. 일반적으로 팬픽션은 상업적인 목적으로 쓰는 글이 아니며 상업화가 가능한 경우도 극히 드물다. 따라서 팬픽션은 미디어의 한구석에 자리잡고 있을 뿐, 예외적인 경우를 제외하면 팬픽션을 통해 수익을 올리는 사람은 없다.

없는 게 없는 정보의 바다 인터넷의 다른 모든 요소들과 마찬가지로 폭넓게 퍼져 있는 팬픽션에는 장점만큼 단점도 있다. 스테튼 아일랜드 출신의 열여덟 살 여학생은 중학교 때 묘사가 매우 적나라한 팬픽션을 접했다고 회상하며 이렇게 말했다. "어리든 나이들었든 간에 여자들은, 그리고 가끔씩은 남자들까지도 자기가 좋아하는 캐릭터를 이용해서 포르노 소설을 엄청 써요. 저는 전부 다 읽었어요. 팬픽션을 읽기 전에는 BSDM(지배와 복종, 감금, 가학 및 피학 등을 포함한 다양한 성행위—옮긴이)이 뭔지도 몰랐어요. 굉장히 많은 섹스 장면에서 BSDM이 등장하거든요. 그리고 되게 오랫동안 발기 안 한 페니스의 평균 길이가 20센티인 줄 알았어요. 그리고 흥분하면 거기서 더 커지는 줄 알았어요. 그래서 '저런 거 근처에도 가고 싶지 않아!'라고 생각했었어요."

〈닥터 후〉라는 TV드라마의 열혈 팬인 리지는 드라마 속에서는 이성애자로 등장하는 여성 캐릭터 두 명을 커플로 엮어놓은 텀블러 블로그를 통해 우연히 처음으로 여성 동성애를 접하게 되었다. "처음에는 이상했어요. 하지만 스토리 자체는 굉장히 좋았어요. 설득력이 있었죠. 그래서 계속 읽었어요. 그걸 통해서 제 세계관이 넓어졌어요. 제 말은요, 전에는 그런 것에 대해 제대로 생각해본 적이 없었거든요. 딱히 당황스럽지는 않았어요. 그냥 이상할 뿐이었죠. 전혀 접한 적이 없는 주제였고, 흥미로웠어요."

나를 포함한 어른들은 인터넷이 아이들에게 악영향을 끼치지 않을까 안절부절못하는 경우가 많으며, 특히 섹스와 관련된 콘텐츠에 대해서는 더욱 심각하게 걱정한다. 이런 우려도 당연한 것이다. 1980년 이전에 태어난 사람이라면 누구든 클릭 하나로 접근할 수 있는 극단적인 수위의 포르노, 왜곡된 여성의 신체 이미지, 섹스팅을 보면서 드디어 지구 종말이 가까워졌나보다 생각할 것이다. 그러나 대다수 현대 문화 콘텐츠들과 마찬가지로 문제는 그렇게 간단하지 않다. 어른들이 계속해서 성에 대한 공개적인 대화를 회피하는 한, 청소년들은 인터넷 한 모퉁이에서 정보를 찾을 수밖에 없다. 이것은 문제인 동시에 기회이기도 하다. 물론 여성의 가슴골이나 짧은 반바지를 입은 십대 소녀들의 엉덩이, 비키니 몰카가 넘쳐나는 레딧Reddit과 같은 인터넷 토론 사이트도 있다(레딧은 2015년 초에 합의 없이 찍은 포르노의 게시를 금지하는 게시판 정책을 발표했지만, 이런 '커뮤니티'를 정화하는 데는 전혀 효과를 거두지 못하고 있다). 하지만 스칼리틴Scarleteen, 고-애스크-앨리스Go Ask Alice! 섹스 이티시Sex, Etc.처럼 다소 직설적이기는 하지만 꼼꼼하고 의학적으로 검증된 조언을 제공하는 사이트들도 있다.

이성애자 청소년들과 마찬가지로 LGBTQ 청소년들에게도 인터넷은 양날의 검 같은 존재다. '게이, 레즈비언, 이성애자를 위한 교육 네트워크Gay, Lesbian, and Straight Education Network'의 2013년 보고서에 따르면, LGBTQ 청소년들이 사이버 불링(인터넷상에서 특정인을 집단적으로 괴롭히는 행위─옮긴이)을 경험하는 비율은 이성애자 청소년들의 세 배에 달하며, 남학생보다는 여학생들이 더 많이 괴롭힘을 당했다. 하지만 그와 동시에 LGBTQ 청소년들은 정보를 찾고 도움을 구하기 위해 인터넷을 이용한다. 특히 이성애자 청소년들에 비해 자살률이 여전히 다섯 배나 높은 이들에게는 이러한 도움이 매우 절실하다. 아직 커밍아웃을 하지 않은 LGBTQ 청소년의 절반 이상이 인터넷을 통해 비슷한 지향의 사람들과 소통한다고 이 보고서는 적고 있다. '오프라인' 세계에서 성정체성을 밝히기 전에 먼저 온라인에서 커밍아웃을 하는 LGBTQ 청소년의 비율은 10분의 1 이상이며, 4분의 1 이상이 오프라인보다 온라인에서 훨씬 더 많은 것을 터놓고 이야기한다.

이상적인 세상이라면 퀴어 청소년들이 정보를 찾거나 동질감을 느끼기 위해 게이 채팅방을 기웃거릴 필요가 없어야 한다. 그러나 동시에 인터넷은 유례가 없을 정도로 다양한 성정체성을 인정하고 포용할 수 있는 경로를 제공한다. 인터넷을 통해 무성애자를 위한 정보와 도움을 찾은 리지는 퀴어 청소년들이 인터넷을 활용하기 시작하는 과정을 살짝이나마 보여준 사례다. 그러나 모든 것이 인터넷으로 연결된 세상의 진정한 잠재력을(그리고 조금은 기이한 면도) 가장 잘 보여준 이는 리지가 사는 곳에서 수백 킬로미터 떨어진 대학에 다니는 열아홉 살 앰버였다.

앰버와 나는 싸늘한 호텔 로비에서 첫인사를 나누고 내 방으로 향했다. 앰버는 전등불 아래에 놓인 등받이의자에 앉은 다음, 어떻게 현실에서는 부모님의 기대에 부응해 인기 많은 이성애자 여자애의 외관을 유지하면서도 비밀리에 인터넷상에서 자신조차 이해할 수 없는 두번째 자아를 만들어냈는지 털어놓기 시작했다. 결국에는 바로 이 두번째 자아가 가장 진실한 앰버의 모습이었다.

이성애자 소녀를 연기하다

앰버가 처음으로 인터넷에서 다른 사람 행세를 한 것은 고작 아홉 살 때였다. 앰버는 부모들이 가장 두려워할 행동, 즉 게임 사이트에서 낯선 사람과 채팅을 하고 있었다. "사람들이 저에게 야한 이야기를 하기 시작하더라고요. 그때 제가 섹스가 뭔지 알기나 했는지도 잘 모르겠어요. 저는 그냥 순진한 아이였어요." 결국 앰버가 왜 그렇게 컴퓨터 앞에 오래 앉아 있는지 의아하게 생각한 앰버의 부모님은 인터넷 사용 이력을 확인해보았다. 그리고 앰버가 무엇을 하고 있었는지 알게 된 즉시 컴퓨터 사용을 무기한 금지했다. 앰버는 벌 자체보다 경악하는 엄마 아빠의 반응이 훨씬 더 신경쓰였다. "제가 정말 너무너무 나쁜 행동을 한 것 같은 기분이 들었어요. 진짜 진짜 속상했어요. 그뒤로 일 년 동안은 키보드를 건드리지도 않았어요."

하지만 다시 키보드에 손을 댔을 때, 앰버는 유저들이 가상 세계에서 아바타를 통해 다른 유저들과 상호작용을 하는 〈세컨드 라이프〉와 〈심즈〉에 빠져들었다. 온라인게임이든 플레이스테이션이든 앰버는 항상 남성 캐릭터를 골랐고, 그 점에 대해 이렇게 설명했다. "별생각 없이 한 일이에요. 그냥 그게 좋아서요. 남자 아바타를 만들어서 웹사이트에 들어간 다음 여자애들에게 말을 걸고 예쁘니 어쩌니 하면서 초등학교 5학년이 할 법한 말을 했었어요. 사실 그 점을 이상하게 생각해본 적은 한 번도 없어요. 솔직히 게이라는 단어가 무슨 뜻인지도 몰랐는걸요. 아무도 그거에 대해 이야기하는 사람이 없었어요. 부모님도 안 하고 학교에서도 아무도 안 했죠. 지금 생각해보면 상당히 이상한 게, 저희 집이 허허벌판에 있었던 것도 아니고 큰 대학 근처에 살았거든요. 심지어 고등학교 땐 학생이 3000명이나 됐는데 게이라는 말을 입 밖에 내는 사람은 없었어요. 그래서 제 성정체성에 의문을 가져본 적이 없었어요."

이는 물론 대법원이 미국 50개 주 전체에서 동성혼을 합법화하기 오래전의 일이다. 그래도 완전히 암흑시대는 아니었다. 멀리사에서리지나 엘런 디제너러스 같은 연예인들은 1990년대에 자신의 성정체성을 공개적으로 밝혔다. TV와 영화에서 게이 캐릭터나 게이를 암시하는 캐릭터가 등장하는 빈도도 늘어나기 시작했다. 어쩌면 그 결과일지도 모르겠지만, 미국에서는 커밍아웃의 평균 연령이 1991년의 25세에서 오늘날의 14~16세 사이로 크게 낮아졌다. "아이들은 대략 열 살 정도에 자신이 어떤 성에 이끌리는지 깨닫게 되었다고 말합니다." 샌프란시스코 주립대학에서 '가족 포용 프로젝트Family Acceptance Project'를 이끌고 있는 케이틀린 라이언의 말이다. "이는 부모를 포함한 대다수 어른들이 생각하는 것보다 훨씬 빠른 겁니다. 하지만 성적 지향은 단순히 섹스하고만 관련이 있는 게 아닙니다. 성적 지향은 사회적·감정적 공감과 인간관계, 유대감에도 큰 영향을 미칩니다." 케이틀린은 만화가 앨리슨 벡델의 만화 회고록을 바탕으로 한 브로드웨이 뮤지컬 〈펀 홈Fun Home〉을 일례로 꼽았다. 아홉 살짜리 '어린 앨리슨'은 부치(남성성이 강한 레즈비언—옮긴이) 배달원이 식당으로 들어오는 모습을 보았을 때 자신이 남들과 다르다는 현실에 직면한다. 앨리슨이 부르는 이 뮤지컬의 대표곡 〈열쇠 꾸러미Ring of Keys〉는 에로티시즘이 아니라 성정체성과 그에 대한 인식을 노래한다. 그러면서 부치의 "뻐기며 걷는 모습"과 "태도" "딱 알맞은" 길이로 짧게 자른 머리, 청바지, 끈으로 묶는 부츠, 존재 방식, 그리고 자신을 세상에 표현하는 법에 대해 찬미한다.

어쩌면 앰버의 경우 인터넷 속 아바타가 이 '열쇠 꾸러미'였는지도 모른다. 어쨌든 남자 아바타 놀이는 오래가지 않았다. 이번에도 컴퓨터 이력을 확인한 부모님이 앰버가 무엇을 하고 있는지 알아낸 것이다. 그즈음 앰버의 부모는 이혼을 했고 아버지는 다른 주로 이사를 간 상태였다. 앰버는 공항에 가는 길에 엄마의 차 안에 앉아 길모퉁이에서 부모님이 상의하는 모습을 지켜본 일을 기억한다. "또 이런 일이 벌어졌어." 아빠의 말투는 단호했다. 나중에 엄마는 앰버에게 왜 남자 아바타를 골랐느냐고 물었지만 앰버가 미처 대답도 하기도 전에 본인이 듣고 싶었던 답을 억지로 끌어냈다. "그냥 어떤 기분인지 알아보고 싶었던 거야, 그렇지?" 앰버는 당시를 이렇게 기억했다. "그래서 저는 '네, 네, 맞아요. 어떤 기분인지 알아보고 싶었어요'라고 했죠." 앰버의 어머니가 딸의 성정체성에 대해 어떤 생각을 가지고 있었는지는 모른다. 하지만 최소한 그 생각을 앰버에게는 알려주지 않았다.

아이들이 부모보다 훨씬 능숙하게 인터넷을 사용하게 되는 데는 그리 오랜 시간이 걸리지 않는다. 중학교 2학년이 되자 앰버는 인터넷 검색기록을 삭제하고 추적이 불가능한 무료 이메일 계정을 만들어서 능숙하게 흔적을 감출 수 있게 되었다. 앰버는 제이크라는 남자아이 행세를 하면서 가짜 마이스페이스 페이지를 만들었으며, 같은 학교에 다니는 잘생긴 남자애의 사진을 다운로드해 프로필 사진으로 올리고 로스앤젤레스 출신이라고 적었다. 만약 당시 앰버에게 왜 그런 행동을 하느냐고 물어보았다면 아마제대로 이유를 대지 못했을 것이다. 훗날 당시를 되돌아보고 나서야 비로소 앰버는 그러한 행동을 자신의 성적 지향과 결부시킬 수 있게 되었다. 앰버는 2년 동안 그 마이스페이스 페이지를 앞세워서 본인 말마따나 "겁나 많은" 여자애들이랑 시시덕거렸다. 심지어 전화통화까지 하고서도 앰버가 여자라는 사실을 알아채는 아이는 단 한 명도 없었다(앰버는 십대 남자아이의 목소리를 상당히 그럴듯하게 흉내냈다). 그러나 딱 한 가지 실수를 했다. 상대방에게 진짜 전화번호를 알려주고는, 최근에 이사를 했기 때문에 로스앤젤레스가 아닌 중서부 지역 번호가 앞에 붙어 있다고 둘러댔던 것이다. 그게 6년 전이다. 앰버는 아직도 그때 알던 여자아이들 중 몇에게 문자를 받는다. "얼마 전에 정말 뜬금없이 '보고 싶어'라는 문자가 왔어요. 좀 이상했죠."

나는 십대 소녀의 상상 속 이상적인 남자친구는 어쩌면 남자 행세를 하는 여자아이일 수도 있겠다는 생각이 들었다. 십대 소녀들이 어떤 말을 듣고 싶어하는지 같은 또래 소녀보다 더 잘 아는 사람이 있을까? 앰버도 동의했다. "제 생각엔 그 여자애들이 고등학교 시절을 돌아보면서 '아, 그러고 보니 그 남자애가 있었지. 진짜 다정하고 뭐든지 다 이해해줬었어'라고 할 것 같네요."

그러나 앰버 본인은 당시를 떠올릴 때마다 고통스럽다. 다른 여자애들을 속였다는 사실에 수치심과 죄책감을 느끼는 것이다. "오랫동안 그 일 때문에 괴로웠어요. 지금은 거의 극복했지만 가끔 그런 문자가 오면 '이건 또 뭐야?' 하는 생각이 들죠. 여자애들이 진짜 난데없이 문자를 보내온다니까요. 〈캣피시Catfish(온라인 데이트의 진실과 거짓에 대해 다룬 TV프로그램으로, 캣피시는 남을 속이려고 SNS에 거짓 프로필을 만들어내는 사람을 의미한다—옮긴이)〉를 몇 번

242

보다보면 그때 그 남자애가 지역번호만 이상한 게 아니라 아예 가짜였을지도 모른다는 생각을 하게 되나봐요."

앰버는 "그렇게 생각하면 좀 울적해지네요"라고 덧붙였다.

앰버는 온라인에서 남자 행세를 하고 있었지만, 실제 생활에서는 오히려 여자아이, 그것도 특정한 유형의 여자아이처럼 행동하려고 노력했다. 사춘기가 될 때까지 앰버는 '선머슴 같은 여자아이'로 통했다. 헐렁한 옷을 입고, 머리는 뒤로 빗어 넘기고, 가끔은 아버지와 함께 면도하는 흉내를 내기도 했다. 가끔씩 누군가 앰버를 남자아이로 착각한다면? 대수롭지 않게 넘겼다. 대놓고 앰버에게 변해야 한다며 압력을 가하는 사람은 없었지만 앰버가 중학교에 들어가자 주변의 기대치는 분명해졌다. 앰버의 어머니는 고등학교 치어리더 출신이었고 아버지는 치과교정전문의였다. 앰버의 부모님에게 외형적인 모습은 매우 중요한 요소였다. 어쩌면 부모님은 앰버의 성적 지향에 대해 나름대로의 의구심을 가지고 있었기 때문에 의도적으로 이를 억누르려고 했는지도 모른다. 설령 그렇지 않다 해도, 최소한 앰버가 여성스러운 평범한 소녀처럼 행동하게 하려고 열심이었다. 부모님은 앰버에게 치마를 입으라고 권했고 어머니는 화장하는 법까지 가르쳐주었다. 앰버는 당시 일을 이렇게 이야기했다. "저는 '특이한' 애가 되고 싶지는 않았어요. 그래서 그냥 그런 흐름에 따라야 했죠. 주변 사람들과 자연스럽게 어울리고 싶었기 때문에 마스카라를 하고 '맞아, 잭 에프론 너무 좋아!' 같은 말을 했어요. 하지만 그런 옷을 입고 편하게 느껴본 적이 없어서 항상 옷을 이리저리 잡아당기기 일쑤였어요. 그냥 다 그러니까 저도 그런 것뿐이에요. 전 늘 그냥 그렇게 따라 했었어요."

친구들이 '이성관계'를 실험해본다며 잠깐씩 남자아이들을 만나기 시작하자 앰버도 거기에 동참했다. 하지만 남자아이가 어깨에 손을 두를 때마다 밀어냈다. "친구들에게는 그 남자애가 이상하다거나, 징그럽다거나, 지나치게 매달린다고 얘기했어요. 그리고 친구들에게 저 대신 그 남자애한테 '헤어지자'는 말을 해달라고 부탁했죠." 그러다가 열다섯 살 때 우연히도 제이크라는 이름을 가진 어떤 남자아이를 만나게 되었다. 앰버는 만나는 순간부터 제이크에게 끌렸다. "우리는 정말 친하게 지냈어요. 엄마는 우리가 몸만 따로따로일 뿐 같은 사람인 것 같다고 말할 정도였으니까요. 비디오게임도 하고 영화도 봤죠. 저는 제이크의 가족하고도 어울렸어요. 제이크도 우리 가족하고 친하게 지냈고요." 굳이 연애를 하고 싶은 생각은 없었지만 앞에서도 언급했듯이 미니스커트나 립글로스처럼 "그냥 다들 하는 것처럼, 이참에 그냥 남자친구도 사귀어볼까 했던 거예요."

앰버의 입장에서는 다행스럽게도 제이크는 혼전순결을 지키고자 하는 독실한 크리스천이었다. 그래서 앰버는 '걱정할 필요가 없다'고 생각했다. 고등학교 1학년 가을 학기가 끝나갈 무렵까지 몇 달 동안 사귀면서 두 사람 사이에 키스 이상의 접촉은 거의 없었다. 앰버는 키스를 좋아하지는 않았지만 그렇다고 해서 꺼려하지도 않았다. "키스할 때 진짜로 뭔가 느껴본 적은 없었어요. 별로 흥분되지도 않았죠. 그냥…… 그냥 한 거죠 뭐."

1월에 제이크는 앰버를 학교 겨울 무도회에 초대했다. 앰버는 초대에 응했지만, 짧은 치마를 입고 파티장에서 춤을 추면서 제이크와 몸을 비벼대야 한다는 사실 자체는 전혀 끌리지 않았다. 앰버는 '세련되기는 하지만 가슴은 전혀 노출하지 않는' 무릎길이의 빨간색 원피스를 입고 굽이 높은 힐을 신었다("하지만 끈이 달린 구두는 아니었어요. 앞코도 막혀 있었고요"). 하지만 춤은? 앰버는 참고 견뎌냈다. 솔직히 말하면 나와 이야기를 나눈 상당수 이성애자 여자아이들도 똑같은 말을 했다. 그후 제이크는 맥도날드 드라이브스루 매장에 가서 탄산음료를 산 다음 차에 앉아서 이야기를 나누자고 제안했다. 앰버는 그러자고 했다. "'어차피 나랑 제이크 사이에 별일이 있겠어? 상관없지 뭐' 하고 생각했죠." 두 사람은 교회 주차장에 차를 세웠다. 제이크는 시동을 끄고 몸을 기울여 키스를 했다. 그다음에 아무런 경고도 없이 앰버의 치마 아래로 손을 밀어넣었다. 앰버는 식은땀을 흘리면서 배에 힘을 단단히 주었지만 아무 소리도 내지 않았다. 제이크가 뒷좌석으로 가자고 했을 때 앰버는 다시 한번 '분위기에 따랐다'.

제이크가 앰버의 손을 잡고 본인의 바지춤에 찔러넣었을 때도 앰버는 흐름에 몸을 맡겼다. 제이크가 자신의 속옷을 옆으로 밀어냈을 때에도 마찬가지였다. "그다음에 말이죠, 세상에, 걔도 그냥 열여섯 살짜리 남자애일 뿐이잖아요. 이상한 곳으로 손가락이 들어왔어요. 제 항문으로요!"

제이크는 당황해서 어쩔 줄을 몰랐다. "정말 미안해! 너무너무 미안해!" 거듭해서 사과했다. 앰버는 제이크가 속상해하지 않았으면 좋겠다는 생각에 괜찮다며 제이크를 안심시켰다. 하지만 상황이 상황이니만큼 분위기는 찬물을 끼얹은 상태가 되어버렸다. 제이크는 바지 지퍼를 올리고 슬그머니 앞좌석으로 돌아갔다. "사실 저에게는 그보다 더 다행스러운 일이 없었죠." 앰버는 당시를 돌아보며 이야기했다. "그것 덕분에 그냥 다 끝났으니까요. 제이크는 차로 저를 집에 데려다주었고, 저는 '신난다! 끝났어!' 하는 기분이 들었어요."

물론 그게 끝은 아니었다. 제이크는 앰버가 일단 한 번 자기 몸을 만지도록 허락했기 때문에 다시 스킨십을 시도할 수 있을 것이라 생각했다. 그리고 앰버는 싫다는 말을 하지 않았다. 물론 좋다는 말도 하지 않았지만, 제이크는 앰버의 수동적인 태도를 동의한다는 뜻으로 받아들였다. 제이크가 자신의 몸을 더듬고 문질러대는 동안 앰버는 손을 몸 옆에 붙인 채 가만히 앉아서 허공을 바라보았다. "한번은 제이크가 저에게 왜 포르노 비디오에 나오는 여자들처럼 신음 소리를 안 내느냐는 거예요. 걔는 포르노를 아주 많이 봤거든요. 저는 너무 푹 빠져서 아무 소리를 내지 않는 거라고 했죠. 걘 아마 제가 그런 행위를 좋아하는 줄 알았을 거예요. 걘 그게 정상이라고 생각했고, 저는 굳이 아니라고 얘기 안 했으니까요. 왜냐면 저는 항상 흐름을 타는 앰버였으니까요."

내가 만나본 동성애자 또는 양성애자 여자아이들은 대부분 이성애자 행세를 하는 시기를 거쳤으며, 때로는 이성애자라는 간판을 내세운 채 동성애를 실험해보기도 한다. 예를 들어 샌프란시스코에 사는 양성애자 고등학교 3학년생은 춤을 추면서 다른 여자애들과 스킨십을 하기 위해 연령제한이 없는 클럽에 다니기도 했다. "대부분의 경우 여자애들은 남자애들의 관심을 끌기 위해서 그러겠죠. 물론 저는 그렇지 않았지만요. 하지만 걔들이 그걸 어떻게 알았겠어요. 그래서 정말 좋았죠." 나중에 이 여학생은 한발 더 나아가 남자친구와의 잠자리에 다른 여자아이를 끌어들이기도 했다. 대학에 입학한 후에는 여자와 데이트를 했다. 대체적으로 미국 여학생들은 최근 들어서야 동성에게 끌리는 마음을 개방적으로 받아들이게 되었고, 성적 유동성sexual fluidity(한 사람의 섹슈얼리티나 성정체성이 한 가지로 고정된 것이 아니라는 개념—옮긴이)이라는 개념도 더욱 쉽게 수용하게 되었다. 예를 들어 1990년대 초반의 『대학생의 성생활』이라는 보고서에서는 동성과 성적인 접촉을 한 적이 있다고 대답한 이성애자 여학생의 비율이 3퍼센트에 불과했다. 2008년에는 그 비율이 거의 3분의 1까지 치솟았다(물론 여기서도 단순히 남자들을 자극하려고 여자들끼리 하는 신체 접촉과 진짜 동성 간에 매력을 느껴서 하는 신체 접촉은 구분되지 않는다).

앰버는 이성애자를 흉내내는 게 점점 더 힘겨워졌다. 앰버는 자신이 제이크를 비롯한 어떤 남자에게도 자기 친구들 같은 감정을 가진 적이 없고, 가질 수도 없다는 사실을 잘 알고 있었다. "제 친구들은 여름방학 때 만났거나 페이스북을 통해 알게 된 남자애들의 사진을 꺼내 보여주면서 '세상에, 너무 섹시하지, 쟤랑 자고 싶어'라는 식으로 말했어요. 그러면 저는 '음, 그러네, 나도 그래'라고 말하는 수밖에요. 아니면 '이 남자 진짜 매력적이다' 같은 말을 하는 정도였죠. 절대 어떤 남자가 섹시하다거나 심지어 잘생겼다는 말조차 해본 적이 없어요. 남자를 보고 그런 생각 자체를 해본 적이 없거든요."

앰버도 리지와 마찬가지로 자신이 아는 한 레즈비언을 직접 만나본 적은 없지만, 〈엘 워드The L Word〉 같은 드라마를 통해 레즈비언을 접했다. 앰버는 자신의 감정이 비정상으로 보일까봐 걱정했고, 사실이 알려지면 어머니가 난처해하고 아버지는 크게 실망하며 친구들도 멀어질까봐 두려웠다. 고등학교 2학년 가을이 되자 이성애자 소녀의 탈을 쓰고 살아가기 위해 발버둥치던 앰버는 지치고 우울해졌다. 그래서 자신이 생각해낼 수 있는 유일한 탈출구, 바로 인터넷에 의지하게 되었다. "저는 감정을 솔직하게 털어놓을 수 있는 사람이 필요했어요. 한꺼번에 후련하게 털어버리면 그만일 거라는 생각이 들었어요. 그다음에는 다시 한 몇 년 정도 참으면서 살 수 있을 거라고 생각했어요." 앰버는 텀블러에서 게이 블로그를 검색했는데, 나도 앰버와 똑같이 검색을 해보았더니 처음에는 남자들의 사진이 스크린 가득히 등장했다. 남자들이 다정하게 키스하는 사진, 벌거벗고 거대하게 발기한 성기를 쓰다듬는 사진, 서로의 얼굴에 사정하는 사진, 두 명이나 세 명, 또는 여러 명이서 오럴이나 항문성교를 하는 사진. '레즈비언'의 검색결과도 별반 다르지 않게 적나라했지만, 거기에 '청소년'을 검색어로 추가하자 포르노 수준의 사진들 사이에서 고민하는 글귀들, 춤추는 고양이 사진들, 그리고 세심하게 배열한 셀카가 검색되었다. 앰버는 '여자아이를 좋아하는 여자아이들'이라는 페이지에서 노골적인 내용보다는 좋은 인용문들을 게시하는 해나의 블로그를 발견하게 되었다. 해나는 파리, 런던, 로마에서 언젠가 가보고 싶은 장소들의 사진과 자신이 직접 쓴 글들을 게시했다. 해나의 얼굴 사진은 찾아볼 수 없었다. "그걸 보니 해나는 진짜 그냥 이야기를 하고 싶어한다는 생각이 들었어요." 게다가 해나는 캐나다의 오타와라는 먼 곳에 살고 있었다. "완벽한 조건이었어요. 이제까지 제가 해온 그 모든 미친 짓들을 다 털어놓고, 다시는 해나와 이야기를 나누지 않겠다고 마음먹었죠."

앰버는 잠시 말을 멈추고 고개를 저었다. "완전히 잘못된 생각이었죠. 완전히요."

"해나는 제 인생을 송두리째 바꿔놓았어요."

21세기에 커밍아웃하기

우리가 처음 만났던 날부터 몇 달이 지난 어느 겨울날, 앰버는 나에게 해나를 소개시켜주었다. 두 사람은 캘리포니아에 있는 우리집에서 거의 4800킬로미터 떨어진 다른 나라에 있었지만 스카이프 덕분에 세 사람이 같은 방에 있는 것처럼 이야기를 나눌 수 있었다. 해나는 앰버를 위해 굽고 있는 초콜릿칩 바나나빵을 확인하기 위해 몇 분마다 자리를 떴다("앰버가 제일 좋아하는 거예요"라고 설명해주었다). 앰버와 해나는 12월 31일에 함께 파티에 갔던 일, 크리스마스에 앰버가 해나를 스케이트장에 데려가서 목걸

이를 선물한 일, 각자의 가족과 함께 시간을 보낸 일에 대해 이야기해주었다. 두 사람은 옆에 나란히 앉아 서로에게 팔을 걸치고 있었고 젊은 연인들이 흔히 그러듯 끊임없이 상대방을 쓰다듬었다. 앰버는 해나가 다니는 대학의 후드티를 입고 있었다. 해나는 앰버가 다니는 대학의 티셔츠를 입고 있었는데, 학교 로고는 짙은 색 긴 머리에 가려져 있었다.

앰버는 운명적인 첫번째 메시지를 보낸 지 5분 만에 해나로부터 스카이프로 이야기를 하자는 답장을 받았다. 두 사람의 스카이프 대화는 결국 새벽 4시까지 이어졌다. "저는 해나에게 모든 걸 다 털어놓았어요." 앰버는 애정이 가득 담긴 눈으로 해나를 바라보면서 나에게 말했다. "가짜 마이스페이스 프로필, 부모님한테 들킨 일까지 전부 다요. 완전히 말도 안 되는 일이었죠. 저는 채 일 초도 지나기 전에 이 이야기는 평생 다른 아무에게도 하고 싶지 않다고 생각했어요. 제가 느끼는 감정이 이상한 것이 아니라고 이야기해준 사람은 해나가 처음이었어요. 그리고 저는 제대로 된 관계라면 마땅히 이런 감정을 느껴야 한다는 사실을 깨달았어요. 상대방이 저를 인정하고 포용해주고, 편안한 마음으로 무엇이든 말할 수 있게 해줘야 한다는 걸요." 해나의 눈에 눈물이 고이자 앰버는 해나를 자기 쪽으로 가깝게 끌어당기며 물었다. "왜 울어?"

해나는 대답했다. "네가 너무 슬퍼 보였어. 네 이야기를 들어줄 누군가가 필요했잖아. 그때 이런 생각을 했던 기억이 나. '이 여자애는 괜찮다고 얘기해줄 사람이 절실히 필요하구나.'"

몇 주가 지나면서 앰버와 제이크의 관계는 점점 멀어졌고 결국 두 사람은 헤어지기로 했다. 이제 앰버는 남자친구가 없는 상태였지만, 아직 열여섯 살이었다. 그리고 새롭게 마음을 두고 있는 상대는 캐나다에 살고 있었다. 앰버가 해나를 직접 만날 수 있는 방법은 없었다. 최소한 부모님에게 모든 걸 털어놓지 않고서는.

유튜브에는 '커밍아웃 동영상'이 넘쳐나며, 이 단어로 검색하면 대략 2100만 개의 검색결과가 표시된다. 슬프거나 재미있는 동영상들도 있고 부모가 커밍아웃한 자녀를 받아들이거나 거부하는 장면이 실시간으로 담겨 있어 가슴이 미어지는 동영상들도 있다. 어떤 동영상에서는 쌍둥이가 함께 커밍아웃을 하기도 한다. '커밍아웃 하는 법'이라는 세부 장르가 있는가 하면 사람들이 커밍아웃을 주제로 만든 노래들도 여럿 찾아볼 수 있다. 앰버는 어머니에게 털어놓을 용기를 내기 위해 이런 동영상을 여러 개 보았다. 겨울방학에 커밍아웃을 해야겠다고 결심했지만 크리스마스가 지나고 새해가 되도록 계속해서 대화를 미루기만 했다. 마침내 개학 직전에 어머니에게 밖에서 같이 점심을 먹자고 제안했는데, 이는 앰버가 평소에 잘 하지 않는 행동이었다. 어머니가 공공장소에서 소란을 피우지는 않을 것이라는 생각이 깔려 있었기 때문에 앰버 입장에서는 전략적인 선택이었다. 모녀는 한 델리에서 만나기로 약속을 했다. 그날 아침 앰버는 너무나 긴장한 나머지 몸이 부들부들 떨릴 정도였다. 지금까지도 도대체 어떻게 교통사고를 내지 않고 점심 약속장소까지 차를 몰고 갔는지 의아할 정도다. 어머니는 심상치 않은 표정을 하고 이미 자리에 앉아 있었다. "너 임신했니?" 앰버가 미처 자리에 앉기도 전에 어머니의 질문이 날아왔다.

앰버는 웃으며 말했다. "아니야, 엄마." 그러면서 혼자 이런 생각을 했다. '임신이랑은 제일 거리가 먼데.'

앰버는 한 달 전에 써서 계속 가지고 다니던 편지 한 장을 펼쳤다. "저는 엄마를 사랑하고 실망시키고 싶지 않아요. 그리고 항상 엄마를 기쁘게 해드리고 싶어요." 여기까지 읽은 앰버의 눈에는 그다음의 문장이 들어왔다. "저는 동성애자예요." 하지만 이 부분에 도달하자 앰버는 목이 메어버렸다. "여지껏 말을 못했어요. 제 생각에는 저 자신조차 받아들이지 못했던 것 같아요. 저도 어떻게 된 영문인지 잘 모르겠지만, 마침내 이 이야기를 합니다." 처음에 앰버의 어머니는 안도한 듯 보였다. 딸이 마약을 하는 것은 아니었다. 무언가를 훔치지도 않았다. 임신을 하거나 성병에 걸리지도 않았다. 뿐만 아니라 아버지와 같이 살고 싶다고 하지도 않았다. 어머니는 앰버를 안아주고는 괜찮다고, 정말 괜찮다고 말했다. "사랑한다"는 말 다음에 대화는 다른 방향으로 흘러갔다. "네가 동성애자라는 걸 어떻게 알아? 어쩌면 성장 단계에서 그냥 거쳐가는 시기일지도 모르잖아." 어머니는 계속해서 말을 이었다. 어쩌면 부모가 이혼을 했기 때문에, 또는 주변에 제대로 된 남성 롤모델이 없었기 때문에 그렇게 되었는지도 모른다고. "엄마는 제가 태어날 때부터 이렇다는 걸 믿을 생각이 하나도 없었어요. 아예 이해를 못했죠."

커밍아웃의 평균 연령이 낮아지면서 부모의 이해와 지지는 그 어느 때보다 중요한 역할을 하게 되었다. 스물다섯 살 나이에 집에서 쫓겨나는 것과, 열두 살 나이에 부모에게 외면당하는 것은 전혀 다른 문제다. 만 명 이상의 청소년을 대상으로 한 조사에서 스스로를 성소수자라고 답한 청소년들은 인생에서 가장 바꾸고 싶은 것으로 관용과 가족 상황을 꼽았다. 대다수 청소년들은 돈 문제나 체중, 외모라고 답했다. 또한 '가장 중요한 문제'가 무엇이냐는 질문에 성소수자 청소년들이 가족이라고 답한 반면, 그 외의 청소년들은 학교 성적이라고 답했다. 케이틀린 라이언의 주장에 따르면 성소수자 청소년의 안녕에 가장 큰 영향을 미치는 요인은 바로 가족의 포용이다. 라이언의 가족 포용 프로젝트에서는 가족의 거부와 성소수자 청소년의 자살, 우울증, 불법약물 남용, HIV/AIDS 위험성 증가 사이에 상관관계가 있다고 보았다. 어떤 면에서 이는 너무나 당연해 보인다. 그러나 청소년들이 정확히 무엇을 '거부'라고 생각하는지는 좀더 복잡한 문제다. 예를 들어 부모의 침묵은 어떨까. 어떤 여학생은 잔뜩 화가 난 말투로 자기 엄마는 페이스북 페이지에 오빠와 오빠 여자친구 사진은 도배 수준으로 올리면서도 자기와 자기 여자친구 사진은 단 한 장도 올린 적이 없다고 말했다. 또한 청소년들은 앰버의 어머니가 한 것과 비슷한 발언들("동성애자라고 확신하니?" 또는 "어쩌면 지나가는 시기일지도 몰라")에도 매우 깊은 상처를 받는다. 친척들의 모욕적인 말을 부모가 그냥 흘려버리는 것도 성소수자 청소년들에게는 큰 상처가 되는 일이다. 그러나 이러한 부정적 또는 양면적인 반응들도 그만큼 자식을 사랑하기 때문에 나온다는 것이 라이언의 주장이다. "부모들은 잘못된 정보 때문에 더욱 과도하게 두려움과 불안감을 표시하는 경우가 많아요. 그리고 이렇게 생각하는 거예요.

'앞으로 우리 아이에게 대체 무슨 일이 일어날까? 우리 가족 내에서 어떻게 이 일에 대처해야 할까? 서로 상충되는 생각들의 타협점을 어떻게 찾아야 할까?' 다행한 일은 부모의 반응이 조금만 달라져도 엄청난 변화를 가져올 수 있다는 겁니다."

앰버의 어머니는 몇 달에 걸친 말다툼과 갈등을 겪은 후에야 겨우 현실을 받아들이게 되었다. 상황이 상황이니만큼, 앰버는 도저히 지금은 해나에 대한 이야기를 꺼낼 때가 아니라고 생각했다. 그래서 해나의 이야기를 한 번 미루고, 또다시 미뤘다. 한편 두 사람은 계속해서 밤늦게까지 스카이프로 대화를 나눴다.

"누구랑 그렇게 매일 얘기하는 거야?" 앰버의 여동생이 물었다.

앰버는 어깨를 으쓱하며 대답했다. "친구야."

하지만 그런 대답으로는 여동생의 호기심을 충족시키지 못했다. 여동생은 점점 더 의심의 눈초리를 보내며 적대적으로 행동하기 시작했다. 세탁실에서 앰버 뒤로 몰래 다가와 "언니는 호모야. 여자 좋아하는 년이라고" 하는가 하면, "언니는 완전 레즈잖아" 하는 식으로 조롱하는 일도 있었다.

"제 생각에 여동생은 자기한테 커밍아웃을 하게 만드는 좋은 방법을 몰랐던 것 같아요. 그리고 정말 사실을 알고 싶었겠죠." 앰버의 말이었다. 내가 너그러운 마음 씀씀이를 칭찬하자 앰버는 이렇게 덧붙였다. "글쎄요, 물론 저는 상처를 받았죠. 그리고 지금까지도 그때의 일이 여동생과의 관계에 좋지 않은 영향을 미치고 있어요. 도대체 누가 언니한테 그딴 소리를 하나요?"

물론 커밍아웃은 한 번으로 끝나는 것이 아니다. 이미 알고 있는 사람들뿐만 아니라 앞으로 만나게 될 모든 사람에게 여러 차례에 걸쳐 커밍아웃을 해야 한다. 아마도 친구들은 어렴풋이 짐작하고 있던 일이었겠지만, 앰버는 신뢰하는 친구들 몇에게 페이스북 채팅이나 문자를 통해 자신이 동성애자라는 이야기를 털어놓았다. "직접 얼굴을 보고 얘기하는 건 도저히 다시 못하겠더라고요." 친구들은 아무것도 변하지는 않는다며 앰버를 안심시켰지만 그 일을 다시는 언급하지 않았고 예외 없이 사이가 소원해졌다. "저는 '괜찮아, 그냥 요즘 바쁜가봐'라고 생각했어요. 하지만 지금 되돌아보면, 제가 동성애자라는 사실을 알게 된 후에는 더이상 저랑 친구 사이를 유지하고 싶지 않았던 것 같아요."

앰버는 도저히 엄마에게 해나에 대한 이야기를 할 용기를 내지 못했다. 그러나 어느 날 엄마가 앰버의 방으로 달려와서 문이 반대쪽 벽에 쾅 부딪힐 정도로 방문을 세게 열어젖혔다. 어머니는 앰버의 스마트폰을 흔들어대면서 소리를 질렀다. "도대체 이게 누구야?"

어머니는 앰버와 해나가 주고받은 문자를 전부 읽은 상태였고, 거기에는 두 사람이 서로에게 사랑을 고백하는 문자들도 포함되어 있었다. 앰버는 당시를 이렇게 회상한다. "정말 최악의 방식으로 엄마가 알게 된 거죠. 너무너무 속상했어요. 엄마가 제가 동성애자라는 사실조차 제대로 받아들이지 못하는데 누군지도 모르는 여자아이와의 원거리 연애를 이해하실 리가 없잖아요."

"네가 지금 무슨 짓을 하고 있는지 알기나 해?" 앰버의 어머니는 말을 이었다. "이 사람 몇 살이야? 서른다섯 살짜리가 거짓말을 하고 있는지 어떻게 알아?"

해나의 경우 아버지는 돌아가셨고 어머니는 딸의 성정체성과 막 시작한 연애를 좀더 이해하는 편이었다. 해나의 어머니는 앰버의 어머니와 이야기를 해서 상황을 수습하고 두 소녀가 서로 만날 수 있도록 해주겠다고 말했다. 앰버의 어머니는 거절했다. 딸이 캐나다에 있는 낯선 사람을 만나러 가도록 내버려둘 수는 없다고 했다. "저는 엄마에게 그냥 해나를 보게만 해달라고 빌었어요. 딱 하루만이라도." 앰버는 당시를 회상했다. "꼭 제가 캐나다로 갈 필요도 없었어요. 해나의 엄마가 해나를 우리집으로 보내주겠다고 했거든요. 하지만 엄마는 안 된다고 했죠. 우리를 계속 떨어뜨려놓으면 제가 이성애자가 될 거라고 생각하는 것 같았어요."

시간이 흐르고 여름이 찾아오자 앰버의 어머니도 어느 정도 마음이 누그러져 해나가 사흘 동안 앰버를 만나러 올 수 있도록 허락해주었다. 해나는 앰버네 집에 묵었지만 두 사람의 침실은 두 층이나 떨어져 있었다. 그러나 마침내 여자친구를 실제로 만나게 된 앰버는 전혀 개의치 않았다. 앰버는 초조한 마음으로 '여자 두 명이 같이 있을 때 하는 것'을 구글에서 검색해보았다. 하지만 걱정할 필요가 없었다. 앰버와 해나는 단둘만 있게 되자마자 키스를 하기 시작했는데, 그 감정은 앰버가 이전에 경험한 그 어떤 것과도 달랐다. "저는 완전히 빠져들었어요. 그냥 너무나 자연스럽고 정상적인 일이었고 모든 것이 제자리를 찾은 느낌이었어요. 다른 사람들도 사랑하는 사람과 친밀한 관계를 맺게 되면 바로 이런 감정을 느끼겠구나 싶었어요."

여자친구를 사귀는 소녀들이 섹스에 대해 하는 이야기는 남자친구를 사귀는 소녀들이 하는 이야기와 전혀 다르다. 캘리포니아 공립고등학교 3학년에 재학중이며 자신을 양성애자라고 밝힌 한 여학생은 동성 간의 관계에서만 찾아볼 수 있는 상호성이 무척이나 좋다며 이렇게 설명했다. "여자랑 섹스할 때는 너무 달라요. 이번에는 제 차례, 그다음 여자친구 차례, 다시 제 차례, 상대방 차례." 또 한 명의 양성애자 고등학교 3학년생은 남자와 섹스를 할 때 좀더 수동적으로 되는 경향이 있다고 했다. "하지만 여자랑 함께 있을 때는…… 일단 양쪽 다 수동적이면 안 되잖아요. 아무 일도 일어나지 않을 테니까요. 남자와 섹스할 때는 걔가 저에게 무언가를 하는 것 같지만 여자와 섹스할 때는 둘이 함께 무언가를 하는 기분이죠." 한 중서부 대학의 3학년생은 여자친구와의 섹스에는 "대본이 없는 것 같다"고 말했다. 어떻게 해야 한다는 기준이 없기 때문에 자유롭게 두 사람에게 맞는 성행위를 만들어갈 수 있다는 의미다.

제이크와 삽입 성관계를 해본 적이 없는 앰버는 해나를 처음 만났을 때 스스로를 처녀라고 생각했다. 나는 앰버에게 지금도 처녀라고 생각하는지 물었다. 앰버는 고개를 저었다. "하지만 '동성애자'라는 개념이 너무 헷갈려서 '레즈비언은 언제 순결을 잃게 되는가?'를 검색해보기도 했다니까요."

그래서 답은 뭐였니? 나는 앰버에게 물었다. "답은 없더라고요. 제 경우에는……" 앰버는 꽤나 오랫동안 말을 멈추고 뜸을 들였다. "스킨십이 깊어지고 단순한 키스 이상으로 서로의 몸을 만지게 되는 순간인 거 같아요. 가슴 정도로는 아니겠지만 허리 아래쪽이라면요. 상대방이 아래를 만지는 순간 더이상 처녀가 아닌 거죠."

"하지만 솔직히 말해서 정확한 정의는 잘 모르겠어요. 그냥 제가 생각한 거죠. 굳이 정의를 하자면…… 누군가와의 관계에서 오르가슴을 느꼈을 때가 아닐까요? 다른 사람과의 관계에서 오르가슴을 느끼고 난 후에는 확실히 처녀가 아니라고 할 수 있죠. 네, 저는 그렇게 정의하겠어요."

'여성스러움'의 기준은 무엇인가?

고등학교 3학년 시절을 보내면서 두 사람의 관계는 더욱 깊어졌고 그에 따라 앰버는 인생의 다른 면에서도 더욱 자신감을 가지게 되었다. 앰버는 자신이 대중 앞에서 이야기하는 것을 좋아한다는 사실을 깨닫게 되었고 전교생 대상으로 열리는 장기자랑대회 사회를 보았다. 홈커밍 코트(학교를 대표하는 학생들의 그룹으로 왕과 왕비 등으로 구성되며 보통 인기투표의 형태를 띤다—옮긴이)에 선발될 정도로 친구들 사이에서도 인기가 좋았다. 물론 거의 대부분의 기간 동성애자라는 사실을 숨기고 지냈지만, 더이상 치마를 입거나 화장은 하지 않았으며 이전보다 수수하고 중성적인 옷을 입었다. "그냥 인정해버린 거나 다름없었어요. 재밌었어요! 그리고 아무도 그걸 가지고 뭐라고 하지도 않았고요."

우리가 처음 만난 그날 오후, 앰버는 스마트폰에서 예전 사진을 꺼내 나에게 보내주었다. 공들여 매만진 금발머리를 어깨까지 늘어뜨리고 분홍색 립스틱과 파란색 아이라이너, 마스카라를 칠한 사진 속의 소녀는 내 앞에 앉아 있는 젊은 여성과 전혀 닮은 점이 없었다. 동시에 현재의 앰버는 내가 만나본 다른 이성애자 여자아이들과 크게 다를 바가 없었다. 최소한 파티에 가는 복장이 아닌, 평상시 학교에 가는 복장일 때 말이다. 앰버는 청바지와 학교 로고가 새겨진 후드, 등산화를 착용하고 있었다. 청바지는 남성용이라고 했지만 모르고 보면 전혀 알아채지 못할 정도였다. 앰버는 화장을 안 했지만 내가 만난 다른 많은 소녀들도 마찬가지였다. 앰버는 앞머리를 검정색 머리띠로 밀어올리고 뒷머리는 짧은 포니테일로 묶은 상태였다. 그런데도 처음 만나서 이야기를 나누는 동안 앰버 얼굴의 윤곽과 그늘진 부분이 시시각각 달라지는 것처럼 느껴졌다. 어쩌면 불빛 때문에 그랬을 수도 있고 그냥 내가 좀 피곤했던 탓일 수도 있지만, 앰버는 한순간 영락없는 여자아이처럼 보이다가도 갑자기 다음 순간 남자아이라고 해도 믿을 만큼 중성적으로 보였다.

앰버도 자신의 정체성을 항상 확신하고 있었던 것은 아니다. 이전에는 너무나 믿음직하다고 생각했던 인터넷조차 정체성에 대한 답을 찾으려고 할 때는 별반 도움이 되지 않았다. 샅샅이 뒤져 찾아낸 유튜브 동영상과 웹사이트에는 앰버가 트랜스젠더일지도 모른다고 적혀 있었다. 트랜스젠더라니 난생처음 들어보는 단어였다(트랜스젠더 셀러브리티 래번 콕스나 케이틀린 제너가 잡지 표지를 화려하게 장식하기 오래전의 일이다). 그후 앰버는 대학 입학을 위해 집을 떠나기 전까지 두 달 동안 자신이 트랜스젠더일까봐 걱정했다. "무서워서 죽을 지경이었어요. 어떻게 해야 하지? 수술을 받고 이름도 바꿔야 하는 건가? 저에게 다른 선택지가 없다고 생각했어요."

물론 인터넷에는 잘못된 정보, 왜곡된 사실, 근거 없는 전문지식, 옳지 못한 조언들이 넘쳐난다. 구글에서는 손톱 거스러미도 생명을 위협하는 증상이 된다. 운동이나 샤워도 마찬가지다(물론 운동을 하지 않으면 샤워하는 빈도도 줄어들 테니 두 가지 위험을 모두 최소화할 수 있긴 하다). 따라서 트랜스젠더라는 말은커녕 부치라는 말조차 들어본 적이 없는 젊은 동성애자 여성이라면 인터넷 검색을 하다가 혼란에 빠지는 것이 당연하다. 특히 앰버처럼 남성성과 여성성에 대한 전통적인 생각이 뿌리내린 환경에서 성장했다면 말이다. 미국인의 대략 0.3퍼센트가 자신을 트랜스젠더라고 생각하며 이는 70만 명에 해당한다(성인 인구의 3.5퍼센트가 스스로를 게이, 레즈비언, 또는 양성애자라고 생각하는데, 18세부터 29세 사이의 연령대에서는 그 비율이 더 높아진다). 그러나 정확한 수치는 좀처럼 얻기 어렵다. 과연 여기에 '젠더퀴어genderqueer', 즉 전통적인 남성과 여성 개념의 중간지대 또는 성별을 초월한 영역에서 살아가거나 남성과 여성을 합친 형태로 살아가는 사람들이 포함되는지 여부를 알 수 없기 때문이다. 가장 본격적인 형태(혹자는 가장 위협적인 형태라고 말한다)로 발현될 경우, 젠더퀴어는 여성다움과 남성다움, 남성성과 여성성이라는 개념을 완전히 거꾸로 뒤집어놓는다. 이때 성별은 태어날 때부터 생물학적으로 정해져 있는 필연적인 것이 아니라, 원하는 대로 변경이 가능하며 끊임없이 바뀌는 정체성, 자아 표현, 지향으로 바뀐다. 예를 들어 2013년에는 여자아이 몸으로 인생을 시작한 아린 앤드루스와 남자아이 몸으로 태어난 케이티 힐의 이야기가 화제를 불러모으기도 했다. 두 사람은 트랜스젠더 청소년 지원단체에서 사랑에 빠졌고, 함께 성전환을 했으며, 그후에 이성애자 커플로 살아가게 되었다. 또는 캘리포니아 오클랜드에서 남자아이로 태어난 사샤 플레시먼의 안타까운 이야기도 있다. 사샤는 스스로를 무성, 즉 남성도 여성도 아니라고 생각하며, '그 사람[they]'이라는 대명사를 선호한다. 사샤는 고등학교 3학년 때 시내버스를 탔다가 다른 십대 청소년이 치마에 불을 지르는 바람에 다리에 심한 화상을 입었다. 그후 각처에서 지지가 쏟아졌다. 소년들이 항의의 뜻으로 '사샤를 위한 치마[skirts for Sasha]'를 입고 행진을 하기도 했다. 치료비를 대기 위해 인터넷을 통해 수천 달러가 모였다. 또한 전통적인 성별 구분을 따르지 않는 학생들이 남녀 중 어느 쪽 화장실과 라커룸을 사용할 것인지 어느 운동부에 가입할 것인지 선택할 수 있도록 현지 학교 정책도 변경되었다.

오늘날의 대학 캠퍼스는 자신이 시스젠더(감정적·심리적·생리학적 성별이 타고난 신체적 성별과 일치하는 사람)인지, 일반적인 성별 관행을 따르지 않는 젠더 비순응자인지, 트랜스젠더인지 분명히 밝히는 젠더 전사[gender warriors]들로 넘쳐난다. 이들은 그[he] 또는 그녀[she]와 같은 남녀 대명사 대신 지[ze], 니[ne], 아우[ou], 히어[hir], 그 사람they 심지어 그것it 등의 중성 대명사를 사용하기도 한다. '성별 이분법'에 대한 반발은 엄격한 성별 구분 관행을 근간부터 바꾸어놓을 수 있을지도 모른다. 그러나 어린아이에게 섣불리 '성별 비순응자'라는 낙인을 찍어버리면 부모도 모르는 사이에 전통적인 성별 구분을 고착화시킬 위험성도 있다. 예를 들어 남자아이로 태어났지만 여자아이가 된 한 초등학교 1학년생 트랜스젠더의 가족이 아이가 재학중이던 콜로라도의 학교에서 아이에게 여자 화장실을 사용하지 못하게 하자 학교를 고소한 사건을 생각해보자. 부모는 세 쌍둥이 중 유일한 아들이었던 이 아이가 조금 다르다는 사실을 생후 5개월 즈음에 처음 눈치챘다고 했다. 이 아이가 쌍둥이 여자 형제에게 주려던 분홍색 담요에 손을 뻗었던 것이다. 나중에 이 아이는 크리스마스 선물로 받은 자동차를 거부했고, 스포츠팀이 인쇄된 옷에는 관심을 보이지 않았으며, 분장을 하고 행사에 참여할 때는 소방관 유니폼 대신 공주 드레스를 입었다. 태어난 지 다섯 달 된 아기는 분홍색과 파란색을 구별하지 못한다. 그리고 소방관 옷보다 드레스를 선택했다고? 그 가족과 실제로 트랜스젠더일지도 모르는 그 아이를 비난할 생각은 없지만, 그 일은 어른들의 선입견 외에는 그 어떤 것의 '증거'도 되지 못한다. 하지만 내가 읽은 거의 모든 언론 기사에서는 단순히 이러한 일화들을 늘어놓았을 뿐만 아니라, 기사의 헤드라인으로 뽑아두었다. 물론 나는 그 부모가 딸의 성정체성을 전폭적으로 지지한다는 점을 존경해 마지않는다. 그러나 아이가 반짝이는 드레스를 좋아한다는 사실을 있는 그대로 받아들이기는커녕, 그것만 보고도 남자아이를 여자아이라고 생각할 정도로 남성성과 관련하여 경직된 사고를 가지고 있다는 점에는 우려를 금할 수가 없다.

앰버가 자신의 성정체성에 의문을 가지게 된 이유 중 하나도 이와 마찬가지로 전통적인 남녀 역할에 대한 고정관념이었다. 앰버는 침대에서 주도적인 역할을 하고 자립심이 강한데다 경영학 관련 직업을 생각하고 있으며 요리를 싫어했다. 게다가 즐겨 입는 옷이나 태도 때문에 사실 자신이 남자가 아닐까 고민했던 젊은 레즈비언은 앰버뿐이 아니었다. 자기가 내 '유니콘'이라고 했던 열여덟 살 밸런티나도 고3 내내 자기가 '틀림없이' 트랜스젠더라고 생각했다. 저소득층 멕시코계 미국인들이 모여 사는 시카고의 한 동네에서 자라난 밸런티나는 바비 인형, 분홍색, 치마, 프릴 등 전통적으로 여성스럽다고 여겨지는 것은 전부 싫어했다. 면플란넬 셔츠와 헐렁한 청바지를 입은 밸런티나는 중학교 때 다른 여자아이들이 자기 무릎에 앉아 꼭 껴안고 '빅 대디(밸런티나는 체격이 아주 듬직했다)'라고 부르며 남자아이들에 대한 조언을 구했다고 했다. 고등학교에 진학한 후에는 자신의 정체성에 대한 단서를 찾아 인터넷을 뒤지기 시작했다. "알고 싶었어요. '내가 동성애자인가 아니면 트랜스젠더인가?'"

"잘못된 몸속에 들어 있는 것 같은 기분이 들었니?" 나는 밸런티나에게 물었다.

"아니요."

"남자가 되고 싶은 생각은 해봤어?"

"아니요."

"그렇다면 왜 네가 트랜스젠더일지도 모른다고 생각했어?"

"바로 그거예요!" 밸런티나는 이렇게 응수했다. "결국 제가 트랜스젠더가 아니라는 사실을 깨닫게 된 건 '내 몸속에 갇혀 있는 남자가 밖으로 나오려고 안간힘을 쓰는 기분'을 느꼈다는 사람들의 이야기를 읽었기 때문이에요. 저는 그런 기분을 느껴본 적이 없거든요. 남자가 되어야 한다고 생각해본 적도 없어요. 저는 제 보지가 좋아요. 절대 그걸 뭘 어쩔 마음은 없어요. 하지만 여자가 되고 싶은지도 확실히 모르겠어요."

서던캘리포니아 대학 영문과 교수이자 '페미니스트 연구센터 Center for Feminist Research' 소장이며 트랜스젠더 문제에 대해 꾸준히 기고를 하고 있는 잭 핼버스탬의 말에 따르면 이러한 혼란은 충분히 이해할 만한 것이다. 이렇게 고민하는 일부 젊은이들에게는 최근 화제가 된 콕스나 제너 같은 트랜스젠더 여성들(남성에서 여성으로 성을 전환한 경우)이나 아마존의 〈트랜스페어런트Transparent(성인이 된 후 여성에서 남성으로 성전환한 트랜스젠더와 그 가족 이야기—옮긴이)〉 같은 드라마가 도움이 될 수 있을 뿐만 아니라 심지어 구세주 역할을 하기도 한다. 그러나 부치들과 트랜스멘(여성에서 남성으로 성을 전환한 경우) 사이의 갈등은 점점 심각해지고 있다. "이제는 부치라는 개념 자체가 신체적 성별을 바꿀 때까지 머무르는 일종의 대기실처럼 인식되고 있습니다." 핼버스탬의 말이다. "스스로를 확실하게 반대쪽 성별로 인식cross-gender identification하지만 자기 몸에 대해서는 별다른 불만이 없는 사람들을 지칭하는 용어는 아직 없습니다. 부치라는 말은 점점 시대에 뒤쳐져가고, 트랜스

^{trans}라는 말은 전환이라는 의미를 담고 있기 때문에 아무래도 호르몬이나 수술을 연상시킵니다. 젠더퀴어라는 말이 그나마 사용할 만한 용어입니다만 그조차 완벽하지 않지요." 나는 "반대쪽 성별로 인식"이라는 말에 대해 곰곰이 생각해보았다. 그것 역시 문화를 기준으로 결정되는 경우가 많으며, 앰버나 밸런티나 같은 여자아이들에게는 오히려 더욱 혼란을 가중시킬 뿐이다. 젊은 세대의 여성성을 그토록 성적 대상화, 상업화, 이성애 중심의 시각이 담긴 좁은 의미로 정의한다면, 완전히 다른 유형의 여성이 될 수 있는 공간, 기회, 즐거움은 어디서 찾아야 한단 말인가?

앰버는 나와 처음 만났을 때 "그 문제에 대해 정말 열심히 찾아봤어요"라고 말했다. "트랜스젠더에 대해서라면 정말 제가 다 안다고 할 수 있어요. 온라인에서 찾은 체크리스트를 꼼꼼히 살펴봤어요. '여자 성기가 달려 있다는 생각을 하면 눈물이 나는가?' 등의 질문에 저는 '아니, 별로 그렇지 않은데'라고 생각했죠. 만약 누군가 저에게 마음대로 성별을 선택해보라고 말했다면 저는 아마 남성을 골랐을 거예요. 하지만 제가 여자라서 화가 나지는 않아요. 물론 여러 가지 모순되는 감정은 있죠. 예를 들어서 저는 제 가슴을 별로 좋아하지 않아요. 이상하죠, 그렇죠? 그러면 '내가 생물학적인 실수로 이렇게 태어난 건가?' 하는 생각이 들기도 해요."

결국 앰버는 지금 자신의 모습을 포기하고 완전히 새로운 사람이 되고 싶은 생각은 없다는 사실을 깨달았다며 이렇게 설명했다. "예를 들어 이름이 셰릴인데 갑자기 션이 되는 거죠. 더이상은 셰릴로 살아가고 싶지 않고 다시는 셰릴에 대해 이야기조차 하고 싫지 않은 거예요."

앰버는 의자에 앉은 채 몸을 앞으로 숙이면서 덧붙였다. "글쎄요, 저는 앰버로 살아가는 게 좋아요. 앰버가 아닌 사람이 되는 건 아예 상상조차 못하겠어요. 저는 앰버예요. 그리고 제가 완벽하게 레즈비언의 정의에 맞아떨어지는지는 모르겠지만, 최소한 트랜스젠더는 절대 아니에요. 저는 지금 제 몸을 가지고 좋은 사람과 건강하게 사랑을 나누면서 당당하고 행복하게 살아갈 수 있어요." 앰버는 다시 의자에 등을 기대더니 손을 무릎에 놓았다. "그리고 여기 이렇게 앉아서 선생님한테 이 이야기를 할 수 있기까지는 꼬박 일 년이라는 시간이 걸렸어요."

스카이프를 통해 대화를 나누는 동안 앰버와 해나는 오타와의 거리에서 손을 잡거나, 꼭 붙어서 걷거나, 키스를 하는 데 전혀 거리낌이 없다고 했다. 해나가 앰버를 만나러 올 때는 좀더 신중하게 행동한다. 앰버의 어머니는 아직 완전히 생각을 바꾼 상태가 아니다(앰버는 "엄마는 절대 제가 평범하게 남자친구를 사귀었을 때처럼 우리 두 사람을 받아들이지 않을 거예요"라고 말한다). 대학 캠퍼스에서는 대부분 두 사람의 관계를 받아들이는 편이지만 이따금씩 어린 남학생들의 놀림감이 되는 경우도 있다. 그래도 앰버는 자신의 진짜 모습을 더 공개적으로 드러내려는 시도를 하고 있다. 최근에는 자발적으로 LGBTQ 패널의 일원으로 활동하며 학교 강의에 초대받아 자신의 경험을 이야기하고 질문에 답하기도 했다. 또한 경제학과 공공정책을 복수전공하기로 결정했으며, 로스쿨에 진학해 궁극적으로는 정계에 입문하는 것도 고려중이다. "저는 하원의원에 도전해서 당선되고 싶어요." 앰버는 이 말을 하고는 웃음을 터뜨렸다. "선거에 입후보하기에 약간 불리한 점이 있긴 하죠. 여자에다 동성애자잖아요. 그래도 어떻게든 잘해나갈 거예요."

"글쎄, 앞으로 네 시대가 올지도 모르잖니." 내가 말했다.

앰버는 웃으며 고개를 끄덕였다. "저도 늘 그런 생각을 해요. 여자들이나 저 같은 동성애자들에게도 많은 기회가 열리고 있어요. 시간이 지나면 알게 되겠죠."

9장

애매한
경계선,
두번째
이야기

GIRLS AND SEX

나는 홈스쿨링 또는 '개별적으로' 고등학교 과정을 이수하는 학생들을 위한 특별과정이 설치된 커뮤니티 칼리지에서 그곳 학생인 매디 리드를 만났다. 매디는 나와 악수를 하더니 미소를 지었다. 하얀 피부와 풍만한 몸매, 콧잔등에 주근깨가 있는 매디는 붉은 기가 도는 갈색머리를 어깨 아래까지 기르고 있었다. 매디는 이미 한 학기 동안 여기서 공부를 하고 있었는데 졸업할 때까지 일 년을 더 다닐 계획이었다. 이것은 한때 매디가 꿈꾸었던 대로 평범한 고등학교를 다니며 학교 신문에 글을 쓰거나, 소프트볼 팀의 일원으로 경기에 나가거나, 졸업무도회에 참석하는 일은 없을 거라는 의미다. "저는 그 일에 대해 생각하지 않아요." 나와 함께 캠퍼스를 천천히 거닐며 이야기를 나눌 수 있는 조용한 곳을 찾는 동안 매디가 한 말이었다. "일부러 생각하지 않으려고 해요. 아직 상처가 아물지 않았거든요. 그리고 훨씬 심한 일을 당한 애들도 있다는 걸 알아요. 저는 무슨 일을 당한 건지 어렴풋이 기억할 뿐이니까요. 최소한 그런 장면들이 계속 떠오르지는 않아요. 하지만 솔직히 말해서 예전에는 이게 문제인지 잘 몰랐어요. 그냥…… 다른 나라에서나 일어나는 일이라고 생각했거든요."

누가 합의를 훔쳤나

지난 몇 년간 미국 사회에서 성폭력에 쏟아진 관심은 유래가 없을 정도다. 기숙사방에서 기자실, 그리고 백악관에 이르기까지 강간, 특히 대학 내에서 벌어지는 강간 퇴치 문제는 동성혼, 낙태, 경찰의 잔혹 행위와 함께 가장 중요하고 논란을 야기하는 인권 문제로 떠올랐다. 성폭력의 정의는 무엇인가? 무엇을 합의로 봐야 하는가? 학교에서는 성폭력 혐의를 어떻게 공정하게 다루어야 할까? 그러나 아는 사람에 의한 강간 문제가 논란을 일으킨 것은 이번이 처음은 아니다. 1980년대 후반과 1990년대 초반에도 여론이 극명하게 갈리는 유명한 사건들이 여러 건 쏟아졌다. 가장 먼저 언급할 만한 사건, 그리고 아마도 가장 끔찍한 사건으로 꼽힐 만한 것은 1989년에 뉴저지 주 글렌리지에서 남자 고등학생들 여러 명이 빗자루와 야구방망이로 지적장애인 여학생을 집단 강간한 사건이었다(남학생들은 여학생을 어린 시절부터 알고 있었다). 이 사건에는 현재 전국적으로 일어나고 있는 논란과 맥락을 같이하는 몇 가지 요소가 들어 있었다. 우선 이 남자 고등학생들은 미식축구를 열광적으로 좋아하는 한적한 전원 마을에서 큰 인기를 누리는 운동선수들이었다. 초기에는 이 사건이 이들의 평소 행동과는 전혀 다르며 원래는 '착한' 아이들이 저지른 '바보 같은 실수'로 간주되었지만, 사실 이들은 중학교 때부터 아무도 건드리지 못하는 자신들의 지위를 남용하며 학급 친구들을 괴롭히고 기물을 파손하며 난동을 부려왔음이 드러났다. 여학생과 여자 선생님들을 업신여기고(그중 한 명은 학교에서 주기적으로 성기 노출을 하는가 하면 수업중에 자위를 하는 일도 빈번했다), 섹스를 남자들의 우정을 쌓기 위한 행위로 취급했다(함께 포르노를 보고, 후배 여학생을 설득해 순서대로 오럴 섹스를 받아내고, 한 명이 성관계를 하면 나머지 학생들은 그 모습을 상대 여성 몰래 지켜보았다). 이들이 강간한 여학생은 약물이나 술이 아니라 정신지체 때문에 제대로 합의를 할 수 없는 상태였고, 지나가던 행인들은 개입하지 않았다. 이들이 체포된 후에는 마을의 수많은 어른들이 남학생들을 옹호했을 뿐 아니라 피해자 여학생이 '성적으로 매우 적극적'이었으며 강간을 '자초했다'고 주장했다.

거의 비슷한 시기에 당시 서른 살이었던 윌리엄 케네디 스미스의 성폭력 혐의가 불거져 전혀 다른 의미에서 대중을 경악시켰다. 스미스는 깔끔한 의대생이고 부유했으며 무엇보다 케네디라는 명문가 출신이었다. 그는 삼촌 에드워드 케네디 상원의원, 훗날 하원의원이 되는 사촌 패트릭과 함께 플로리다의 술집에서 술을 마시다가 강간 피해자로 추정되는 여성을 만났다. 나중에 그 여성은 아주 이른 아침에 윌리엄과 함께 케네디 가의 팜비치 별장 근처 해변을 걷고 있을 때 스미스가 자신을 힘으로 제압하고 바닥에 찍어 누른 채 강간했다고 주장했다. 스미스는 두 사람의 섹스가 합의에 의한 것이라고 반박했다. 이 사건은 결국 무죄 판결로 끝났다. 많은 사람들은 만약 판사가 세 명의 다른 여성들(각각 의사, 법대생, 의대생)이 재판에서 증언할 수 있도록 허용했다면 판결은 달라졌을지도 모른다고 생각했다. 이 세 명의 여성은 선서를 한 상태에서 스미스에게 폭행을 당한 적이 있지만 경찰에 신고하지는 않았다고 진술한 바 있었다.

미디어에서 이 사건을 낱낱이 해부하기도 전에, 이번에는 전 권투 헤비급 챔피언 마이크 타이슨이 늦은 밤 데이트를 하다가 열여덟 살 미스 블랙 아메리카 선발대회 참가자를 강간한 혐의로 인디애나 주에서 기소된 뒤 유죄 판결을 받은 사건이 터졌다. 타이슨은 6년 형량 중 3년을 복역했다. 이 가해자들 중 어느 누구도 '얼굴을 다 가린 스키 마스크를 쓰고 어두운 골목에서 튀어나오는 미친 남자'라는 보편적인 강간범 이미지에 맞아떨어지지 않는다. 강간 혐의를 제기한 여성들은 이들과 아는 사이였으며, 어떤 시점까지는 자발적으로 함께 어울렸다. 물론 피고 측 변호인은 이 점을 합의, 또는 최소한 부분적인 공모의 증거로 이용했다. 여성들은 자신에게 어떤 일이 일어날지 '알고 있었을 것'이라는 주장이었다. 뿐만 아니라 피고를 옹호하는 사람들은 이렇게 유명하고 모범적인 남성들이 누군가를 강간해야 할 '필요'가 도대체 어디 있겠느냐고 주장했다. 원한다면 어떤 여성이라도 손에 넣을 수 있을 텐데 말이다. 그러나 2015년에 타이슨의 전 매니저는 타이슨의 성폭행 기소가 '불가피한' 일이었다고 인정했고, 그 사건 이후 타이슨을 상대로 추가적인 고소가 제기되지 않았다는 사실이 유일하게 놀라운 점이라고 덧붙였다. 글랜리지의 남학생들 중 몇은 결국 자신들이 저지른 범죄로 감옥에 갔고, 그중에서 고소가 취하되었던 남학생 한 명은 군인이 되었다. 그는 2005년에 별거중인 아내의 집으로 들어가 아내와 동료 군인에게 총을 쏴 둘 다 부상을 입힌 뒤 스스로 목숨을 끊었다. 그것도 젖먹이 딸이 바로 옆방에 누워 있는 상태에서. 스미스는 어떻게 되었냐고? 2004년에 어떤 부하 직원이 스미스를 상대로 성폭행 혐의를 제기했지만 민사법원에서 기각되었다. 2005년에는 또다른 직원에게 성추행으로 고소를 당해 합의하는 일도 있었다.

타이슨이 유죄 판결을 받은 후 채 한 달이 지나지 않았을 때, 미 대법원은 교육에서의 남녀차별을 금지하는 법안 '타이틀 나인Title IX'에 근거해 학생들에게 전문대학과 종합대학을 고소하고 손해배상금을 청구할 수 있는 권리를 허용했다. 이것은 서던캘리포니아 대학, 스탠퍼드 대학, 캘리포니아 대학 버클리 캠퍼스, 위스콘신 대학, 미시건 대학, 터프츠, 코넬, 예일, 콜럼비아 등 미 전역의 젊은 여성들이 즉시 대학 내 성폭력에 대해 일제히 목소리를 높이는 계기가 되었다. 그중에서도 학교 당국의 무관심에 좌절한 나머지 학교 도서관 여자 화장실 벽에 강간 혐의를 받고 있는 남학생들의 명단을 써놓은 브라운 대학 여학생들의 사례가 가장 유명하다(남학생들은 나중에 '강간당해야 할 여자들'이라는 목록을 만들어 이에 보복했다). 벽에 명단을 적지 못하도록 학교 당국이 화장실 벽을 검정색으로 칠해놓은 후에도 여학생들은 흰색 페인트펜으로 계속해서 명단을 적어나갔으며, 어떤 시점에서는 명단이 30명까지 불어나기도 했다.

또한 이와 때를 같이하여 언론에서는 신랄하고 충격적인 대학 내의 '아는 사람에 의한 강간' 트렌드를 보도하기 시작했다. 1990년 12월만 봐도 워싱턴포스트는 「그 누구도 차마 믿을 수 없는 통계」라는 폭로 기사를 실었고, 『피플』은 「너무나 많은 대학들이 무시하고 있는 범죄」라는 커버스토리를 냈으며, 폭스TV는 〈대학 내 강간: '노'가 진짜 거절을 의미할 때^{Campus Rape: When No Means No}〉라는 다큐멘터리를 제작했다. 많은 언론에서 근거로 든 것은 1987년에 국립정신건강연구원^{National Institute of Mental Health}이 지원하고 당시 켄트주립대학 심리학 교수였던 메리 코스가 진행한 연구였다. 코스 교수는 32개 대학에서 6000명에 달하는 학생들을 조사한 결과, 여학생의 4분의 1 이상인 27.5퍼센트가 14살 때 이후 강간의 법적 정의에 부합하는 성적 접촉을 경험했다는 사실을 발견했다. 이러한 성폭력의 84퍼센트는 해당 여학생이 아는 사람이 저지른 것이었다. 57퍼센트는 데이트 도중에 일어났다. 코스 교수는 이 결과를 기반으로 '데이트 강간^{date rape}'이라는 용어를 만들어냈다. 다른 형태의 원치 않은 성적 행위('만지기, 키스, 또는 삽입을 제외한 애무')까지 포함하면 피해자의 비율은 거의 54퍼센트까지 치솟았다. 조사에 참여한 남학생 중 성적으로 공격적인 행동을 한 적이 있다고 인정한 비율은 4분의 1에 불과했다. 삽입 성관계를 위해 여성에게 말로 압력을 가한 적이 있다는 남학생은 10퍼센트였다. 물리적 힘을 사용해보았다는 남학생은 3.3퍼센트였고 누군가를 강간한 적이 있다는 남학생은 4.4퍼센트였다. 물리적 힘을 사용하거나 강간한 경험이 있다고 대답한 남학생들 중에 자신의 행동이 범죄라고 생각한 사람은 없었으며, 그 이유는 대체적으로 그런 행동을 해도 아무런 처벌을 받지 않았기 때문이었다. 코스 교수는 공영라디오방송 NPR에 출연해 이렇게 말했다. "그런 남학생들은 '네, 싫다고 하는 여자애를 힘으로 누르고 섹스를 한 적이 있지만 그건 절대 강간이 아니었어요'라고 말했습니다." 성폭력이 너무나 만연한 나머지, 아예 문화적으로 용납되는 여성과 남성 간의 '정상적인' 상호작용 범주에 포함되어버렸다는 것이 코스 교수의 결론이었다.

그다음에는 역풍이 불어왔다. 이러한 분위기를 강력하게 비판한 책 『이튿날 아침The Morning After』(1993)에서, 당시 프린스턴 대학원에서 영문학을 전공하던 미모의 대학원생 케이티 로이피는 대학 내의 '강간 위기'가 지나치게 과장된 것이라고 일축했다. "만약 내 친구들의 25퍼센트가 진짜로 강간을 당했다면 내가 모를 리가 있겠는가?"라는 것이 로이피의 논지였다. 어쩌면 모를 수도 있다. 로이피가 가장 큰 불만을 제기한 부분이, 코스 교수가 "남성이 술이나 약물을 주었기 때문에 원치 않는데도 성관계를 가진 적이 있습니까?"라는 질문에 "예"라고 답한 여성들을 강간 피해자 통계에 포함시켰다는 점임을 고려하면 말이다. 로이피는 강압적인 힘이 개입된 경우만 '진짜' 강간이라고 생각했다. 침묵만으로는 여성이 동의하지 않는다고 볼 수 없으며 합의 능력을 상실했다고 볼 수도 없다. 이는 전형적인 보수적 관점의 주장이며 심지어 오늘날까지도 이러한 생각을 가진 사람들이 있으나, 로이피는 여기에 전혀 상반되는 '페미니스트' 요소를 집어넣었다. 대학 내 강간 퇴치 활동가들이 오히려 여성의 주체성을 약화시키고 있다고 비난했던 것이다. 로이피는 이렇게 적었다. "남성이 [여성에게] 약물을 주었을지 모르지만, 그 약을 먹기로 결정한 것은 여성 본인이다. 여성들이 전부 무력하고 순진하다고 가정한다면 또 모를까, 그게 아니라면 여성들은 술이나 약물 복용을 선택한 것에 대해 스스로 책임을 져야 한다." 다른 말로 하면, '강간 위기'를 부르짖는 페미니스트들은 자신의 행동에 책임을 질 줄 아는 성인 여성으로 밤에 일어난 낯부끄러운 일 몇 번쯤은 자기가 알아서 극복해야 한다는 요지다. 로이피는 강간의 정의를 '물리적인 사실'이 아닌 '해석의 방식' 또는 '바라보는 방식'으로 확대하려는 시도에 반발했다. 마치 시민권, 참정권, 누가 재산권을 보유할 수 있는가, 심지어 누가 재산 취급을 받는가에 대한 재해석이 여성 권리의 핵심이 아닌 것처럼 말이다. 예를 들어 로이피의 책이 출간되기 고작 2개월 전에는 마침내 미국의 50개 주가 모두 부부 사이의 강간을 범죄로 인정하기도 했다.

로이피의 책은 뉴욕타임스의 사설을 토대로 집필된 것이며 이 사설은 뉴욕타임스 일요판 매거진 표지에도 발췌 인용되었다. 다른 언론들(『뉴스위크』, 『애틀랜틱』, ABC, NBC, PBS)도 갑자기 '데이트 강간 논란'으로 격하된 이 주제에 대해 기사와 프로그램을 쏟아내기 시작했다. 앞에서 언급한 술 관련 질문을 제외하고 코스 교수의 데이터를 다시 계산하더라도 법적으로 강간에 해당하는 일을 당한 여성의 비율은 여전히 6분의 1에 육박한다는 점을 언급하는 사람은 거의 없었다(다만 강간 퇴치 활동가들은 이 통계 수치를 '14세 이후'가 아닌 '대학 내에서'라고 잘못 언급하는 경우가 많았다. '14세 이후'라고 해도 충분히 참담한 결과이기는 하지만 말이다). 로이피에게 쏟아졌던 관심이 사그라들자, 이번에 기자들은 "데이트 강간은 헛소리"라고 주장한 커밀 팔리아와 현재 우익 성향의 미국기업연구소^{American Enterprise Institute}에서 상임연구원으로 재직중인 크리스티나 호프 소머스에게 눈을 돌렸다. 소머스는 『누가 페미니즘을 훔쳤나^{Who Stole Feminism}』에서 "전날 밤의 정사를 후회하는 사람이라면 누구든 강간 피해자 취급을 받을 수 있는 기회를 활짝 (열어주었다)"며 코스 교수를 비난했다(물론 소머스 본인은 술을 마신 상태에서 발생한 강간을 배제함으로써 술에 취해 의식을 잃은 상태에서 성관계를 맺은 사람이 '강간 피해자 취급'을 받을 수 있는 기회를 완전히 막아버린 셈이다).

1993년 10월이 되자 대학 내 강간 퇴치 운동은 여기저기서 조롱을 당했고, 급기야 악명 높은 〈SNL〉 콩트의 소재로까지 등장하게 되었다. 앤티오크 대학처럼 꾸며놓은 세트에서 진행된 〈이건 데이트 강간인가요?〉라는 가상 게임 콩트는 성관계를 하기 전에 구두로 분명하게 '예스'라는 답변을 얻어야 한다는 앤티오크 대학의 선도적인 의무조항을 웃음거리로 만들었다. 사교클럽 남학생으로 분한 크리스 팔리는 촌스러운 '피해자학' 전공 여학생(이런 게 재밌다고 생각한 모양이다)으로 분한 새넌 도허티와 '홀터 톱' '그 여자애는 취해 있었어' '나는 취해 있었어' '맥주 파티' '캠퍼스 밖 맥주 파티' '미친듯이 노는 맥주 파티' 등의 주제에 대해 논쟁을 벌였다. '데이트 강간 연기자들'이라고 적힌 티셔츠를 입은 다른 등장인물들은 허용 가능한 행동을 연기한다는 명목하에 "네 엉덩이를 만지면서 성적 친밀도를 높여도 될까?" "그 미친듯이 노는 맥주 파티에서 정말 재미있었어. 네 입에 키스를 해도 될까?" 같은 부자연스러워서 우스꽝스러운 질문을 던졌다. 이 콩트가 암시하는 바는 데이트 강간에 대한 목소리가 도를 넘었으며 음침하고 못생긴 페미니스트들이 남학생 사교클럽 하우스를 폐쇄하고 이성 간의 섹스를 망치려 한다는 것이다. 며칠 후 뉴욕타임스는 이 콩트를 언급하며 부적절하게 '키스에 대한 규칙을 제정'한 앤티오크 대학을 비난하는 사설을 의기양양하게 실었다. 앤티오크 대학 성범죄 방지 프로그램의 책임자가 뉴욕타임스 편집자에게 보내는 서신을 통해 "우리는 낭만이나 열정, 자연스러운 섹스를 막으려는 것이 아니다. 다만 즉흥적인 강간을 방지하려는 것이다"라고 반박하기는 했지만 이미 엎질러진 물이었다. '적극적인 동의 Affirmative Consent(술을 마시지 않은 상태에서 명백한 성관계 동의 의사를 밝혀야 한다는 규정—옮긴이)'는 (앤티오크 대학과 함께) 한낱 농담거리로 전락하고 말았다. 데이트 강간은 하루아침에 "전국에 만연한 심각한 현상"에서 "논란거리", 그리고 다시 "일시적인 소동"으로 격하되었고 옹호론자들의 반박이나 항의는 사실상 묵살되었다. 같은 해 11월에는 대부분 십대 청소년들인 1780만 명의 시청자가 〈베벌리힐스 아이들〉의 한 에피소드에서 멍청한 캐릭터 스티브가 '싫다'는 말을 입 밖에 낸 적이 없는 소녀를 '우연히' 강간하는 장면을 지켜보았다. 그 소녀는 결국 밤길 되찾기 운동Take Back the Night(특히 야간에 일어나는 여성에 대한 폭력을 종식시키기 위해 세계 각국에서 열리는 행진 — 옮긴이) 도중에 수많은 사람들 앞에서 스티브에게 사과를 하게 된다. 그 일로 얻은 교훈은? 소녀의 말에 따르면, "나는 좋다고 하지 않았지만 싫다고도 하지 않았기" 때문에 그런 '오해'가 생긴 것은 사실 본인의 잘못이었다고.

사랑과 전쟁

매디는 카일을 사랑했다. 정말로 사랑했다. 매디는 열다섯 살 생일을 맞기 직전에 한 파티에서 카일을 만났다. 카일은 일 년 선배였으며 다른 고등학교에 다니고 있었다. 두 사람은 훅업은 했지만 가벼운 키스 정도였고 심각한 것은 아니었다. 카일은 매디에게 아예 대놓고 자기는 다른 여자애를 좋아하지만 매디와 '섹스하는 친구' 사이가 될 생각은 있다고 말했다. 몇 주 후 매디는 다른 파티에서 카일을 만났고, 두 사람 모두 술을 마신 후 다시 한번 훅업을 하게 되었다. 역시 가볍게 키스로 시작했지만 이번에는 카일이 자신에게 오럴 섹스를 해주지 않으면 더이상 진도를 나갈 수 없다고 말했다. 흥분한 상태에서 사정을 하지 못하면 "아랫도리에 격렬한 통증"이 느껴진다면서 말이다(부모들은 필히 참고하기를. 나와 이야기를 나눈 수많은 여학생들이 이런 헛소리에 넘어갔다고 했다). 매디는 그러겠다고 했다. 그전에 남자에게 오럴 섹스를 해준 적은 없었지만 이미 카일을 좋아하는 감정이 싹트고 있었기 때문에 카일을 기쁘게 해주고 싶은 마음이었다.

그뒤에도 두 사람의 관계에는 아무 변화가 없었다. 변화는커녕 이것이 일종의 습관으로 자리잡았다. 파티에서 만나게 되면 애무를 하다가 카일이 '손가락'으로 매디를 자극해주고(오르가슴을 느낄 때까지는 아니었지만) 매디가 카일에게 오럴 섹스를 해주는 식이었다. 카일과 매디는 데이트를 한 적이 없었다. 상대방의 부모를 만난 적도 없었다. 마침내 두 사람이 삽입 성관계를 하기로 결정할 때까지 매디는 카일의 집에도 가본 적이 없었다. 그 즈음 열여섯 살이 된 매디는 첫번째 성경험을 카일과 함께하고 싶었다. 이들은 심지어 '진짜 사귀는 사이처럼' 사전에 콘돔까지 사두었다. 매디는 첫번째 섹스에 대해 달콤한 분위기였지만 불편하고 약간 지루했다고 기억한다. "한 2분 정도는 너무너무 아팠고 그다음에는 거의 손톱만 보고 있었어요." 하지만 매디는 한낮에, 술 한 모금 마시지 않은 멀쩡한 정신으로, 침실에서, 자신이 사랑하는 사람과 섹스를 했다는 점이 자랑스러웠다. 몇 주 후에 카일이 다른 여자애와도 섹스를 하고 있다는 이야기를 듣기 전까지는.

매디는 머리끝까지 화가 났다. 카일에게 복수를 하겠다는 매디의 계획은 꼭 〈가십 걸〉의 대본을 한 장 뜯어낸 것처럼 상투적이었다. 주말에 '끝내주게 핫한 차림을 하고' 카일이 참석할 파티에

간다. 그러고는? 카일의 친구 중 한 명과 훅업을 하는 것이다. 매디는 '후회하게 만들어줄 거야!'라는 생각을 했다고 한다. 그러나 열일곱 살 이상 먹은 사람은 누구도 이해하지 못할 이런저런 사고와 우연이 겹쳐 결국 매디는 곤란한 상황에 처하고 말았다. 거의 안면도 없는 옆 동네 고3 학생들, 심지어 대부분이 남학생이고 하나같이 술을 마셔대고 있는 사람들 사이에 끼게 된 것이다. 그 중에는 조시라는 미식축구 선수가 있었다. 조시는 매디가 아는 여자애와 일종의 사귀는 사이였는데("카일과 저의 관계와 비슷한 거였죠") 그 여자애에게 '굉장히 폭력적'으로 행동했다. 매디가 조시에게 그 여자애가 '조시에 대한 이야기를 많이' 했다고 전해주자 조시는 코웃음을 쳤다. "걔가 말하는 건 하나도 듣지 마. 걔는 정신 나갔어!" 매디는 예의바르게 굴면서도 적당히 거리를 두면서 자기는 관심이 없다는 뜻을 분명히 했다(최소한 매디는 그랬다고 생각했다). 그런데 무슨 영문인지 파티에서 두 사람이 훅업하는 사이가 될 거라는 소문이 돌기 시작했다.

"도대체 조시는 어떻게 그런 식으로 받아들일 수가 있지?" 다른 남학생이 그 소문에 대해 물어오자 매디는 이렇게 말했다. "조시랑 훅업 절대 안 해. 걔 진짜 별로야."

물어본 남학생은 능글맞게 웃었다. "글쎄. 일단 술 몇 잔 마시고 난 다음에 두고 보자고."

"그게 무슨 뜻이야?" 매디는 응수했다. "여자들한테 그런 소리 절대 하지 마!"

그 남학생은 양손을 위로 올리고는 웃으며 말했다.

"농담이야!"

숫자로 살펴보는 강간의 현주소

1990년대 전체와 2000년대 초반까지 대학 내 성폭력에 대한 연구는 조용히 축적되어갔고, 그 결과에 대한 회의론도 쌓여가기만 했다. 물리적 힘이 개입되는 가장 엄격한 강간의 정의를 적용하면 대부분의 연구에서 연간 강간 비율이 3~5퍼센트 정도로 나타났다. 이것은 일각에서 주장하던 4분의 1, 또는 더 최근에 주장이 제기된 5분의 1과는 상당히 거리가 있는 수치였다. 그래도 2013년 기준 미국 4년제 대학 교육기관에 정규 학생으로 재적된 여학생이 460만 명이라는 인구조사국의 통계를 고려하면 매년 13만 8000명에서 23만 명이 강간을 당한다는 의미가 된다. 결코 적은 수치가 아니다. 뿐만 아니라 소위 급진적 페미니즘 조직으로 알려진 미 연방수사국^{FBI}는 더이상 강간을 그렇게 보수적으로 정의하지 않는다. 2013년 현재, FBI는 "피해자와 합의 없이, 아무리 경미하더라도 신체의 일부나 물건을 피해자의 질 또는 항문에 삽입하거나 타인의 성기를 입에 넣는 것"으로 강간을 정의하고 있다(우연이겠지만, 이렇게 바뀐 정의에서는 피해자가 당연히 여성일 것이라고 가정하지 않는다).

2015년에는 이러한 논란에 종지부를 찍어야 마땅할(하지만 아마도 그럴 수 없을) 두 건의 중요한 보고서가 발간되었다. 15만 명의 대학생을 대상으로 실시한 미국대학협회Association of American Universities의 「캠퍼스 환경 조사Campus Climate Survey」에서, 응답한 여자 대학생의 3분의 1이 합의되지 않은 성적 접촉의 피해자임이 밝혀진 것이다. 한편 사회학자 제시 포드와 폴라 잉글랜드는 '온라인 대학사회생활조사Online College Social Life Survey'에 참여한 대학 4학년 생들의 성폭력 비율을 분석했다. 미국대학협회의 보고서와는 달리 포드와 잉글랜드는 삽입 성관계를 갖거나 시도한 경우에만 초점을 맞췄고, 비판자들이 수치를 부당하게 부풀리는 데 일조한다고 주장하는 오럴 섹스, 심리적 압박, 원치 않은 몸 만지기 행위는 모두 제외했다. 그 결과, 대학 입학 이후 물리적 힘 때문에 억지로 섹스를 한 적이 있다고 대답한 여대생은 10퍼센트였다. 누군가 물리적인 힘을 가했지만 실제 성관계까지 이르지 않고 상황에서 빠져나왔다고 답한 여학생은 15퍼센트였다(이 조사에서는 삽입 성관계 외의 다른 행동을 억지로 한 적이 있는지 여부는 묻지 않았다). 11퍼센트의 여학생이 '술에 취하거나, 의식을 잃거나, 잠이 들거나, 약에 취하거나, 그 외의 합의 불가능 상태'에서 누군가와 원치 않은 성관계를 맺은 적이 있다고 답했다. 또한 위에 나열한 일들 중 최소 하나 이상을 겪은 적이 있다고 답한 여학생은 25퍼센트였다. (형법상에서는 제외되지 않는다 해도) 로이피와 팔리아, 소머스 및 그 지지자들이 강간의 범주에서 제외시켜야 한다고 주장한 만취 상태의 성폭력을 포함하면, 대학 내 강간 피해자 비율은 다시 4분의 1로 올라간다.

 1990년 이후 미국 각 대학은 학내와 대학가에서 일어나는 모든 범죄를 교육부에 보고하도록 법적으로 의무화되어 있다. 범죄를 보고하지 않는 대학은 연방재정지원금을 받지 못하게 되는데, 이는 아무리 재정이 넉넉한 학교라 할지라도 매우 곤란한 일이 아닐 수 없다. 이러한 법 제정의 계기가 된 것이 바로 리하이 대학 기숙사방에서 열아홉 살 진 클러리가 강간 및 살해를 당한 사건이었다. 나중에 클러리의 부모는 지난 3년간 대학에서 여러 건의 폭력적인 범죄가 일어났지만 이를 제대로 추적하기 위한 규정이 없고, 그 결과 학생들은 위험을 인지하지 못한 채 학내의 안전을 과대평가해왔다는 사실을 알게 되었다. 클러리를 공격한 범인은 학생이 아니었지만 기숙사에 사는 학생들이 문이 잠기지 않도록 상자를 문에 괴어둔 탓에 자동잠금장치가 달린 문 3개를 누구나 자유롭게 드나들었다. 그러나 범죄가 발생해도 교육부에 제대로 보고하지 않아서 제재를 받는 경우는 매우 드물었다. 높은 강간율이 대학 입학을 고려하는 학생들에게는 그다지 매력적인 요소가 아니라는 사실을 고려할 때, 2006년까지 미 전역 대학의 77퍼센트가 대학 내 성폭력 발생건수가 0이라며 도무지 믿기 어려운 보고를 한 것도 그리 놀라운 일은 아닐지 모른다.

그러나 이러한 행태는 이제 통용되지 않는다. 2011년에 오바마가 새롭게 임명한 교육부 민권담당 차관보 알리 러슬린은 "친애하는 관계자 여러분"으로 시작하는 19쪽짜리 공문을 대학들에 발송해 대학 관계자들에게 타이틀 나인 법안의 모든 조항을 준수할 의무가 있음을 상기시켰고, 여기에는 성추행 및 성폭력과 관련된 내용도 포함되어 있었다. 사건을 신속하게 해결하고 혐의를 제기한 학생의 신체적·심리적 안전을 보장해야 한다는 지시사항(성폭력 혐의를 받는 남학생의 수업시간표를 조정하거나 피해자로 추정되는 여학생의 기숙사 출입금지)과 함께, 이 공문에서는 이전보다 완화된 새로운 입증 책임을 제시했다. 많은 대학에서 입증 기준으로 채택하고 있던 '명백하고 확실한 증거' 대신, 민사소송상의 일반증거원칙에 따른 '개연성 있는 증거preponderance of evidence'를 도입한 것이다. 이에 따라 더 많은 논란이 일어났고 우익 성향 활동가들은 범죄의 심각성과 혐의를 받고 있는 학생에게 쏟아질 사회적 비난을 고려할 때 입증 기준이 지나치게 낮다고 비난했다. 그러나 법률 블로거 마이클 도프가 지적했듯이, 민사법원에서 낮은 입증 책임을 적용하는 것은 범죄의 잔혹성이나 가해자의 명예가 훼손될 가능성과 관련 있는 게 아니라, 처벌의 경중과 관련이 있다. 따라서 O.J. 심슨 같은 경우, 무기징역이라는 중형이 걸려 있는 형사법원의 기준으로는 살인 혐의에 대해 무죄 선고가 내려질 수 있지만, 전적으로 금전적인 처벌만 부과되는 민사소송에서는 유죄가 될 수도 있다는 것이다. 따라서 대학들이 강간을 저지른 학생에게 내리는 처벌이 징역이 아니라 퇴학 또는 정학이라는 점에 비춰볼 때, '개연성 있는 증거'라는 기준은 사실 합당하다고 볼 수 있다.

이러한 교육부의 경고는 교육계를 발칵 뒤집어놓았다. 1990년대에 금전적 보상 청구 권리가 도입되었을 때와 마찬가지로 여학생들은 이 조치를 계기로 활발하게 목소리를 높이기 시작했다. 이들은 더이상 대의명분을 전파하기 위해 기존 언론의 문을 두드릴 필요가 없었다. 인터넷이 있었기 때문이다. 2012년에는 애머스트 대학 학생이었던 앤지 에피파노가 자신이 강간을 당했다고 했을 때 대학 관계자들이 보인 냉담한 반응에 대한 칼럼을 학교신문에 기고했다. 의심부터 하던 성폭력 상담사와 그후 앤지를 자살충동으로까지 몰고 간 우울증, 정신과 입원, 결국 학교를 자퇴하기까지의 상황을 자세하게 기록한 이 글은 인터넷을 통해 일파만파 퍼져나갔고 해당 페이지는 75만 뷰 이상을 기록했다. 앤지는 "침묵에서는 수치심이라는 고약한 맛이 난다. 나는 더이상 입을 다물고 있지 않을 것이다"라고 선언했다.

곧이어 애머스트, 노스캐롤라이나 대학, 터프츠, 예일, 버클리에 이르기까지 학생 활동가들과 성폭력 피해 여학생들을 주축으로 전국적인 운동이 일어나기 시작했고, 이들은 모두 소셜미디어를 통해 연대했다. 그러자 주류 언론도 이런 움직임에 주목하게 되었다. 이번에는 뉴욕타임스도 전적으로 동참하는 것처럼 보였다. 학생 활동가들과 백악관의 조치에 대한 기사를 1면에 싣고, 토요 리뷰 섹션에는 버지니아 대학에서 강간 피해를 당한 학생이 자신을 폭행한 사람에게 내려진 미온적 처벌에 대해 쓴 글을 실었으며, 대학 당국의 책임, 알코올 남용, 성폭력 신고를 주저하는 풍조, 남학생 사교클럽과 운동부의 미심쩍은 문화를 주제로 한 수많은 기고문을 게재했다. 또한 뉴욕타임스는 강간으로 고발했지만 '무혐의' 처분을 받은 남학생이 퇴학당할 때까지 2014~15년 학기 내내 22킬로그램이 넘는 매트리스를 등에 메고 다니겠다고 선언한 콜럼비아 대학 4학년생 에마 술코비츠의 이야기도 소개했다(해당 남학생은 대학 당국이 술코비츠의 비난으로부터 자신을 보호해주지 못했으며, 그 결과 자신의 대학생활을 망치고 명예를 실추시켰다는 이유로 콜럼비아 대학을 상대로 소송을 제기했다). 술코비츠를 영웅이라고 치켜세우는 사람들이 있는가 하면 정신 나갔다고 손가락질하는 사람들도 있었다. 어쨌든 예전처럼 수치심을 빌미로 침묵을 지키기보다는 많은 사람 앞에서 당당하게 부르짖는 것이 강간 퇴치를 위해 싸우는 여성들의 가장 든든한 무기가 되었다는 사실만은 분명했다.

2015년 봄이 되자 성폭력 사건의 부적절한 처리와 관련해 조사를 받는 대학이 100개 이상으로 늘어났다. 거기에는 애머스트, 브랜다이스, 다트머스, 에머슨, 에머리, 햄프셔, 하버드(로스쿨 포함), 프린스턴, 세라 로런스, 스탠퍼드, 스와스모어, 캘리포니아 대학 버클리 캠퍼스, 시카고 대학, 미시건 대학 앤아버 캠퍼스, 노스캐롤라이나 채플힐 캠퍼스, 서던캘리포니아 대학, 버지니아 대학, 밴더빌트 대학을 비롯한 미국 유수의 대학들도 포함되어 있었다. 이러한 조사가 변화를 이끌어낼 것인가? 섣불리 단정하기는 어렵다. 대학 내 성폭력 신고 횟수는 2009년에서 2013년 사이에 3264건에서 6016건으로 거의 두 배 가까이 증가했다. 언뜻 보면 상황이 더욱 심각해진 듯 보이지만 사실은 상당히 긍정적인 변화다. 실제 강간 발생 건수가 증가했다기보다는 적극적으로 나서서 신고하겠다는 피해자들의 의지, 자신의 이야기에 누군가 귀기울여 줄 것이라는 피해자들의 믿음이 커진 덕분에 수치가 상승한 것으로 보이기 때문이다. 문제는 대중의 관심이라는 강력한 무기가 무뎌지지 않도록 유지하는 것인지도 모른다. 미국심리학회^{American} Psychological Association 연구에 따르면 각 대학이 공식적인 조사를 받고 있을 때는 성폭력 신고 건수가 평균 44퍼센트 증가했다. 그러나 그후에는 다시 조사 이전 수준으로 떨어졌으며, 이는 일부 학교의 경우 강제성이 있을 때만 성폭력 수치를 정확하게 보고한다는 의미다.

어쨌든 나는 대학까지 와서야 강간 문제를 해결해보려고 하는 것은 늦어도 너무 늦다고 생각한다. 성폭력은 중고등학교 학생들 사이에서 더욱 빈번하게 일어난다. 차이점은 중고등학교의 경우 이를 보고할 의무가 없다는 점뿐이다. 뉴욕 북부의 대규모 사립 대학에서 실시한 2015년 조사에서, 이 학교 1학년 여학생의 28퍼센트가 대학에 입학하기 전인 14~18세 사이에 강제 또는 합의할 수 없는 상태에서 강간을 당하거나 강간을 당할 뻔했던 경험이 있다고 답했다. 1990년대 초반과 마찬가지로 미국 전역을 충격에 빠뜨린 최근의 몇 가지 사건 역시 중고등학생들 사이에서 일어난 일이었다. 2012년 가을 미식축구선수 둘이 술에 취해 인사불성이 된 열여섯 살 여학생을 여러 군데의 파티에 끌고 다니면서 번갈아 성폭행을 하고, 침을 뱉고, 심지어 같은 반 친구들이 지켜보고 그중 일부는 환호하는 가운데 여학생의 몸에 소변을 보는 사건이 일어나면서, 이 사건이 발생한 오하이오 주 스튜벤빌은 21세기의 글렌리지가 되었다. 피해자는 개의치 않은 채 범죄를 저지르는 자신들의 사진을 고등학교 트로피 장식장에 스카치테이프로 붙였던 글렌리지의 운동선수들처럼, 스튜벤빌의 이 남학생들도 단순히 피해자를 폭행하는 데서 그치지 않았다. 자신들의 '성과'를 기록으로 남겨야 했던 것이다. 스튜벤빌 '강간 멤버' 중 한 명은 "오줌을 뒤집어써야 마땅한 것들이 있다" "항문으로 거시기가 들어오는데 잠이 오냐" "오늘밤 주제곡은 완전 너바나의 〈나를 강간해 줘Rape Me〉야" 등의 주옥같은 트윗을 남겼다. 또 한 남학생은 남학생들에게 손목과 발목을 잡혀 옮겨질 때 머리가 뒤로 축 늘어진 피해자의 사진을 인스타그램에 올렸다. 유튜브 동영상에는 어떤 젊은 남자가 웃으며 피해자를 보고 니콜 심슨, 존 F. 케네디, 트레이번 마틴, 케일리 앤서니보다 "더 시체 같다"고 이야기하는 장면이 찍혔다(네 명 모두 잔인한 살인 및 암살 사건의 피해자다―옮긴이). 강간을 온라인으로 자랑하는 것은 새롭게 대두되는 끔찍한 트렌드일까? 그보다 일 년 앞서, 켄터키 주 루이빌에 사는 소년 몇 명(명문 가톨릭 학교의 우등생이자 운동선수들)이 술에 취해 의식이 반쯤 나간 상태로 자기 집 부엌에 누워 있는 열여섯 살 소녀를 성폭행하고 그 장면을 핸드폰 사진으로 찍어 돌려본 사건이 뉴스를 장식했다. 캘리포니아 새러토가의 오드리 포트라는 열다섯 살 소녀는 술에 취해 의식을 잃은 상태에서 성폭행을 당하는 사진이 인터넷에 게시된 후에 스스로 목숨을 끊었다. 캐나다 노바스코샤에 사는 열일곱 살 레테 파슨스도 정상적인 판단이 불가능한 상태에서 집단강간을 당한 후 오드리와 같은 선택을 했다.

이러한 사건을 살펴보던 나는 여성의 성적 수모에 대한 이야기를 하는 소년들이 '재미있다', 또는 그 이상으로 '웃기다'라는 단어를 매우 자주 사용한다는 사실을 깨닫게 되었다. 스튜벤빌 동영상에서 카메라에 비치지 않는 누군가가 강간은 재미없다고 말하자, 당시 고등학교 야구선수였던 마이클 노디아노스는 이렇게 응수한다. "재미있다기보다는 웃긴 거지!" 루이빌 사건의 가해자 중 한 명은 경찰 진술에서 피해자를 폭행하는 사진을 찍으면 '재미있겠다'고 생각했다는 말을 했다. 캘리포니아 대학의 한 여학생은 신입생 때 같은 기숙사에 사는 남학생이 자기 친구가 완전히 기절한 여자애와 섹스하는 장면을 스마트폰 동영상으로 찍었으니 같이 보자고 제안했다는 이야기를 해주었다. "이리 와서 이것 좀 봐. 엄청 웃겨." 내가 방문했던 중서부 지역 대학의 한 남학생은 처음에 하드코어 포르노를 보았을 때 굉장히 '웃기다'고 생각했다는 이야기를 해주었다. 그 남학생과 같은 반 친구들은 고등학교에서 어떻게 "못생기고 방과후에 밴드 활동이나 하는 여자애들"이 제일 왕성하게 성행위를 하는지 이야기하면서 그 단어를 사용했다.

　여학생들이 자주 사용하는 '어색하다'라는 말처럼, 일부 남자아이들은 어떻게 반응해야 할지 알 수 없을 때, 특히 성적으로 노골적이면서 비인간적인 일을 접할 때, 실제로는 속상하거나, 화가 나거나, 불안하거나, 혐오감을 느끼거나, 혼란스럽거나, 자신의 윤리관에 정면으로 대치되는 일을 접할 때 '웃기다'라는 말을 습관처럼 입에 담는 것 같았다. '웃기다'라는 말을 사용하면 적당한 거리를 확보하고 감정 없이 상황을 바라볼 수 있으며, 혹시라도 동정심 넘치는 반응을 보여 유약하고 지나치게 민감하며 남자답지 못하다는 핀잔을 듣는 일을 방지할 수 있다. 방관자들이 '웃기다'라는 말을 안전한 피난처로 삼는 것은 특히 충격적인 일이다. 만약 폭행을 보고 '웃기다'고 생각한다면 상황을 심각하게 받아들이거나 무언가 조치를 취할 필요가 없다. 아무런 문제도 없는 것이기 때문이다.

스튜벤빌과 루이빌, 노바스코샤, 새러토가에서 가해자들이 공유한 사진들은 폭행당한 소녀들을 다시 한번 피해자로 만들었으며, 그러한 사진들이 끊임없이 복제 및 다운로드되어 인터넷상을 떠돌게 됨에 따라 아마도 피해자들은 영원히 고통을 받게 될 것이다. 그러나 동시에 그 사진들은 실제로 범죄가 일어났다는 확실한 증거가 되기도 했다. 그렇다고 해서 명확한 유죄 판결이 내려지거나 더 엄한 처벌이 내려진 것은 아니었지만. 스튜벤빌 강간범들 중 한 명은 소년원 1년형을 받았고 나머지 한 명은 2년을 받았으며, 구형이 내려질 때까지 구치소에 머물렀던 기간도 전부 수감 기간으로 인정받았다. 루이빌에서 강간을 저지른 남학생들은 사회봉사 50시간 명령을 받았으며, 현지 신문이 개입하기 전까지는 라크로스 연습이 끝난 후 장비들을 치우면서 봉사 시간을 채우고 있었다. 오드리 포트의 강간범들 중 두 명은 소년원 30일 수감형을 받아 주말마다 가서 날짜를 채웠으며, 나머지 한 명은 연속 45일 동안 소년원에 수감되는 형을 받았다. 레테 파슨스를 강간한 학생들은 근신 처분을 받았다. 글렌리지 사건과 마찬가지로 이러한 사건에 연루된 남학생들에게는 동정심이 쏟아졌다. 범죄 행위는 평소 행실과 다른 것이었으며 딱 한 번의 실수에 불과하다는 주장, 유죄 판결이 이들의 밝은 미래에 미칠 타격에 대한 안타까움, 당사자 소녀에 대한 맹렬한 성토. 루이빌 강간범 중 한 명은 피해자에게 직접 문자를 보내서 고소를 취하해달라고 호소했다. "우리 인생을 영원히 망치지 않고도 이 문제를 해결할 수 있는 다른 방법이 있잖아…… 난 그냥 멍청할 뿐이지 나쁜 사람은 아니잖아."

"니가 이미 내 인생을 영원히 망쳐놨다고 생각하지는 않나봐?" 소녀는 쏘아붙였다.

쿨하지 않은 아이

술에 취해 잘 기억도 나지 않는 여러 가지 일이 일어난 끝에, 매디는 조시와 함께 차 뒷좌석에 앉아서 원래 가려던 파티로 향하고 있었다. 운전대를 잡은 것은 앤서니라는 다른 고등학교 3학년생이었고 조수석에는 앤서니의 여자친구 페이지가 앉아 있었다. 매디는 세 사람 모두를 무시한 채 카일과 문자를 주고받으면서 가끔씩 전화에 대고 소리를 질러댔다. 진심으로 걱정하는 표정의 조시가 무슨 일이냐고 물어보았다. 매디는 울음 섞인 목소리로 털어놓았다. "내가 일 년 반 동안 좋아한 남자애가 있거든. 얘한테 내 순결도 바쳤고. 근데 지금 그 남자애가 다른 여자애랑 섹스하고 있대."

"너는 다른 사람이랑 섹스해본 적 있어?" 운전석에서 앤서니가 물었다.

"아니." 매디는 여전히 훌쩍이며 말했다. "나는 사랑하는 사람하고만 하거든."

"어휴, 그게 니 문제야!" 앤서니가 말했다. "그냥 다른 사람이랑 하면 그딴 거 생각 안 날걸!"

매디는 비록 카일에게 잔뜩 화가 나기는 했지만 그렇다고 해서 바보는 아니었다. 앤서니의 '충고'는 그냥 무시해버렸다. 네 사람은 한동안 차를 타고 돌아다녔지만 파티 장소를 찾을 수가 없었다. 앤서니는 어쩌면 이미 경찰이 와서 파티를 해산시켜버렸는지도 모른다고 했다. 앤서니와 조시는 파티 대신 근처 공원에 가는 게 어떻겠냐고 제안했고, 여학생들은 그러자고 했다. 앤서니가 어딘지 모르는 숲속으로 차를 몰고 가자 선배들 앞에서 쿨하지 않은 아이처럼 보이기 싫었던 매디는 아무 말도 하지 않았지만, 남몰래 스마트폰으로 사진을 찍어두었다. 다음날 그 사진에 기록된 위치정보가 두 남학생의 거짓말을 증명해주었다. 이들은 자신들이 갔다고 주장하는 장소 근처에도 가지 않았던 것이다. 앤서니와 페이지는 매디와 조시 단둘만 남겨두고 숲속으로 산책을 가버렸다. 조시는 자동차 문 쪽으로 매디의 몸을 밀치고는 키스를 하기 시작했다. 매디는 그곳에 있기 싫었고 조시와 키스하기도 싫었다. 화가 나고 혼란스러웠고 약간 두려운 마음도 들었다. '아이씨. 어쩌지?' 매디는 이것도 곧 끝난다며 스스로를 다독이려 했다. 앤서니와 페이지가 금방 돌아올 테고 진짜 파티에 가면 조시를 떼어버릴 수 있을 거라고. 그러나 매디는 당시 조시에게 실제로 했던 말을 재현하면서 상황이 불편하지만 상대방의 심기를 거스르고 싶지 않을 때 십대 여학생들이 사용하는 가냘프고 무기력한 목소리를 냈다. "저는 '저기, 우리 계속 이러면 안 될 것 같아, 제발 떨어져줘'라고 했어요."

조시는 매디의 손목을 움켜쥐고 더 깊은 숲속으로 끌고 들어갔다. 그러고는 매디를 나무에 밀어붙이고 다시 키스를 하기 시작했다. 매디는 이렇게 말했다. "저는 상황이 심상치 않다는 걸 알았고 그곳을 떠나야 한다고 생각했어요." 하지만 매디가 어디로 갈 수 있었을까? 조시가 매디의 어깨를 잡고 아래쪽으로 누르기 시작하자 매디는 어깨를 흔들어 떨쳐버렸다. 하지만 조시는 다시 한번 시도했다. 매디는 조시의 손을 치웠다. 이렇게 몇 번 더 옥신각신하다가 마침내 조시가 말했다. "아, 어려워서 못하겠나? 하기 싫어?"

"아니, '너무 어려워서' 그런 게 아냐. 나는 그냥 너랑 아무것도 하기 싫어." 매디는 조시의 기분을 배려해기 위해 조시가 '정신 나갔다'고 했던 자기 친구 때문에 꺼려진다고 했다.

"걔한테 굳이 말할 필요는 없어." 조시가 말했다.

매디는 고개를 저었다. "아니, 그냥 하기 싫어." 매디는 그 말을 하자 조시가 입술을 뿌루퉁하게 내밀고는 채여서 상처받은 시늉을 했다고 말했다. 바로 그때 앤서니가 경적을 울리기 시작했다.

두 사람은 차 뒷좌석에 올라탔고 조시는 럼주 한 병을 손에 들었다. "뚜껑이 어디 갔는지 모르겠어. 그리고 차 안에 뚜껑 열린 술병이 있는 상태에서 운전을 하면 안 되잖아." 조시는 병을 매디에게 내밀며 이렇게 덧붙였다. "그러니까 네가 마셔야 돼."

매디는 고개를 저었다. 더이상 술을 마시고 싶은 생각은 없었다.

"아, 그건 괜찮아." 앤서니가 설명했다. "럼주를 마시면 혈중 알코올 수치가 올라가지만 취하지는 않아."

어쩌면 매디는 그저 위태위태한 그날 밤을 잘 넘겨보려고 했는지도 모른다. 혹은 체격이 건장한 남자 선배 두 명을 적으로 돌리지 않으려고 했었는지도 모르겠다. 게다가 앤서니는 술병의 술을 다 비울 때까지 시동을 걸 생각이 없어 보였다. '쿨하게 굴자.' 매디는 네 명이 술병을 돌려가며 마시는 동안 스스로에게 되뇌었다. '그저 무사히 집에 가서 침대에 들어가는 게 목표야.' 매디는 몇 모금 마시는 척하려고 해보았지만 결국 여섯 잔 정도는 넘긴 것 같았다. 그후에는 중간 중간 기억이 끊겼다. 카일이 배신했다며 다시 울었던 기억이 난다. 차를 탄 채 주문을 할 수 있는 패스트푸드점에 갔던 일도 어렴풋이 기억한다. 조시가 매디를 자기 무릎 위로 끌어당겼던 기억이 난다. 그러고 나서 매디는 완전히 의식을 잃어버렸다.

여학생들에게 술 마시지 말라고 하는 대신, 강간범들에게 강간하지 말라고 하라

성관계의 합의 여부를 둘러싼 논란의 핵심에는 술에 대한 또하나의 논쟁이 자리잡고 있다. 얼마나 술을 마시면 지나치게 술에 취해 합의를 할 수 없는 상태가 되는 것일까? 얼마나 술을 마시면 지나치게 술에 취해 싫다고 할 수 없는 상태가 되는 것일까? 그런 판단을 하는 것은 누구의 책임인가? 대학 내 성폭력에서 술이 개입돼 있는 비율은 80퍼센트에 달하는 것으로 추정되며, 대부분 자발적으로 마신 경우다. 피해자와 가해자(또는 여러 명의 가해자들) 모두 술을 마신 사례도 적지 않다. 앞서 언급했듯 미국 대학의 파티 문화(수많은 고등학교 커뮤니티도 마찬가지다)가 강간범들, 특히 상습적인 강간범들을 보호하는 역할을 하기도 한다. 그러나 2013년에 에밀리 요프가 웹진 '슬레이트'의 여성 섹션인 '더블엑스DoubleX'에 과도한 음주는 성폭력 피해자가 될 위험성을 높인다며 젊은 여성들에게 경고하는 글을 기고하자, 피해자에게 책임을 전가한다는 강력한 비난을 받았다. 『애틀랜틱』『뉴욕 매거진』 '제저벨' '살롱' '허핑턴포스트' '데일리메일' '페미니스팅' 심지어 '슬레이트 더블엑스'의 동료 필진까지도 요프를 '강간 옹호자'라고 불렀다. 요프의 기고문에 대한 격렬한 분노가 일어나는 가운데 세대 차이가 눈에 띄게 드러났다. 비교적 윗세대, 즉 요프와 비슷한 연배(나도 여기에 해당하겠다)의 여성들은 요프의 경고가 충분히 일리 있다고 생각했다. 요프가 술 취한 여성은 강간을 당해야 마땅하다거나 강간을 당할 경우 여성의 잘못이라고 말한 것은 아니기 때문이다. 또한 맨정신으로는 절대 성폭력을 당하지 않는다고 말한 것도 아니다. 요프는 단지 대부분의 어머니 세대 여성이 딸에게 하는 이야기, 즉 술을 마시면 위험한 상황을 파악하고 도망칠 수 있는 능력이 저하된다는 의견을 공개적으로 피력했을 뿐이다. 또한 여성은 알코올 대사 방식이 남성과 다르기 때문에 같은 양의 술을 마시더라도 혈중 알코올 농도가 더 높아지고 비슷한 체격과 몸무게의 남성보다 행동에 더 많은 영향을 받는다. 대학 내에서 폭음이 매우 빈번하게 일어난다는 점을 고려할 때 여성들도 현실을 알아야 하지 않을까?

하지만 많은 젊은 여성들은 옷차림과 관련된 논쟁 때와 비슷한 입장에서 이에 반박했다. 우리에게 술 마시지 말라고 하는 대신, 강간범에게 강간하지 말라고 해라. 진짜 성폭력을 줄이고 싶다면 여성뿐만 아니라 남성들의 알코올 남용을 문젯거리로 지적하는 것이 논리적이지 않은가? 특히 성폭력 가해자들도 피해자들만큼이나 술을 마실 가능성이 높다는 점을 고려하면 말이다. 술은 잠재적 강간범의 행동에 크나큰 영향을 주는 것으로 이미 입증된 바 있다. 술은 자제력을 저하시키고, 사회적 신호나 상대방의 주저하는 태도를 묵살하도록 부추기며, 멀쩡한 상태에서는 불가능한 무력을 행사할 용기를 주고, 잘못된 행동을 쉽게 정당화해준다. 잠재적인 강간범이 술을 많이 마실수록 더욱 공격적으로 행동하게 되며 피해자의 고통을 알아챌 확률은 낮아진다. 반대로 술을 마시지 않은 남성들은 성적으로 강압적인 태도를 취할 가능성이 적을 뿐만 아니라 술로 인한 실랑이가 벌어질 기미가 보일 경우 서슴지 않고 앞으로 나선다.

활동가들은 모든 강간 사건의 공통점은 강간범이 존재한다는 것뿐이라고 지적하는데, 이는 전적으로 맞는 말이다. 여성의 몸을 머리에서 발끝까지 가리고, 술을 금지하고, 집에 감금해둔다 해도 여전히 강간 사건은 발생할 것이다. 게다가 이렇게 산다면 아프가니스탄과 뭐가 다르겠는가? 나는 이것이 어느 한쪽만 단속한다고 해서 해결되는 문제가 아니라고 생각한다. 나는 특히 미성년자의 경우, 남녀를 막론하고 누구든 술을 마시고 고주망태가 될 권리가 있다는 주장에 동조하기 힘들다. 그렇게 술을 마셔야 할 이유가 도대체 무엇인가? 악의 없는 대학의 통과의례라고? 미국에서 매년 술을 마신 상태에서 자신도 모르게 부상을 당하는 18세에서 24세 사이의 학생은 60만 명에 달한다. 사망자만도 1825명이다. 고등학교에서 술을 마셔보았기 때문에 술이 세다고 자신만만해하는 청소년들이야말로 특히 대학에서 가장 위험한 일을 당할 확률이 높다.

나는 캘리포니아 주에서 가장 명민한 학생들이 학업을 위해 모여드는 대학가 버클리에 거주하고 있다. 이곳에 모이는 신입생들의 고등학교 내신 평점은 4.46이다. 그러나 2013~14학년이 시작된 지 고작 두 달이 지난 지금, 응급 의료원들은 위험할 정도로 술에 취해 인사불성이 된 107명의 똑똑한 학생들을 병원에 실어날랐다. 신입생들이 처음 학교에 도착하는 '이사 주간'만 해도 911에 알코올중독 신고 전화가 폭주한 나머지 주변 시에 구급차 지원을 요청해야 할 정도였다. 병원 응급실이 술에 취한 학생들로 만원이 되는 바람에 구급차들을 다른 곳으로 보내야 할 정도였다(하필 그런 날 밤에 뇌졸중이나 심장마비로 구급차에 실려간 '주민들'을 하늘이 도우셨기를). 여담이지만 그 두 달 동안 대학 경비원들이 미성년자 음주로 적발한 학생은 정확히 두 명이었다. 또한 폭음이 잦아지면 성폭력 빈도도 늘어난다. ABC방송 계열 한 지역방송국에서 제작한 폭로 프로그램에서, UC버클리 대학의 신고를 받고 출동한 어느 응급 의료원은 보복을 피하기 위해 얼굴을 흐릿하게 가리고 목소리를 변조한 상태에서 기자에게 인사불성이 된 여학생을 질질 끌고 파티 장소를 나오는 이 일류 대학 남학생들을 직접 저지한 적이 있다고 말했다. 남학생들 중 한 명은 심지어 그 여학생을 알지도 못한다고 시인했다. "그 남학생들이 어떤 의도였는지 누가 알겠습니까?" 응급 의료원의 말이었다. 2014~15학년이 시작되고 3개월 만에 9건의 강간 신고가 들어왔다. 그중 5건은 알려지지 않은 남학생 사교클럽 학생들이 여학생들의 음료에 몰래 '루피스(의식을 잃게 하는 진정제로 성범죄에 많이 이용된다─옮긴이)'를 넣어 무방비 상태로 만들었다는 주장이 제기된 날 밤에 일어났다.

딸아이의 엄마로서, 나는 위험 요소를 줄여야 한다는 데 전적으로 동의한다. 따라서 나는 당연히 딸에게 술이 여성의 신체에 미치는 효과를 자세히 설명해줄 것이다. 성범죄자들이 어떻게 남녀간의 이러한 차이를 악용해 술 그 자체를 데이트 강간에 사용하는지, 그리고 과음을 할 경우 어떻게 남녀 모두 여러 가지 건강 및 안전 문제에 취약해지는지 설명할 것이다. 나는 술에 취하는 것이 사회적 불안감을 줄이고, 주변에 적응한 것 같은 기분을 느끼며, 머릿속에서 끊임없이 들려오는 자기회의를 잠재우기 위한 쉬운 방법처럼 보인다는 점을 충분히 이해한다. 그렇다 해도 재미있게 놀기 위해, 아니 좀더 정확히 말하자면 내가 재미있는 사람이라는 것을 증명하기 위해 한 시간에 독한 술을 여섯 잔이나 들이키는 것은 정도가 지나치다. 뿐만 아니라 멀쩡한 정신으로 하기에는 너무 '어색한' 섹스를 위해 술을 마시고 용기를 끌어모으는 행태도 바람직하다고 보기 어렵다. 결과적으로 양쪽 합의에 의해 관계를 맺었다 해도, 섹스 자체는 아마 형편없을 것이다. 두 사람 모두 거나하게 취한 경우 나중에 후회하거나 잘 기억하지 못할 행동을 할 수도 있고, 합의 여부 자체도 사실 확실하게 판단하기 어렵다. 이것을 성폭력으로 봐야 할까? 학생 자신들의 의견도 사뭇 엇갈린다. 2015년에 워싱턴포스트/카이저 가족재단Kaiser Family Foundation이 실시한 설문조사에서, 현재 대학에 재학중이거나 적을 두었던 학생들은 거의 모두 합의를 할 수 없는 상태거나 의식을 잃은 사람과 섹스를 하는 것은 강간이라는 데 동의했다(환영해 마땅할 엄청난 문화적 변화). 하지만 양쪽 모두 합의를 할 수 없는 상태라면? 이것 역시 강간이라고 답한 사람은 5분의 1에 불과했다. 성폭력이 아니라고 답한 사람의 비율도 그와 비슷했고, 나머지 60퍼센트는 잘 모르겠다고 답했다. 대학생 성생활의 모순을 고려하면 이는 충분히 이해할 만한 결과다. 훅업을 위해서는 반드시 술을 마셔야 하지만, 술을 마시면 합의를 할 수 없는 상태가 된다. 여러 개의 확실한 기준이 분명히 존재하는데도 학생들은 너무나 자주 그 선을 넘고 만다. 하지만 개중에는 진짜 혼란스럽고 복잡한 상황들도 있다. 레드불과 술을 섞어 마시고(이 경우 주변 사람들이 감쪽같이 속을 정도로 멀쩡해 보인다) 완전히 기억을 잃어버린 홀리를 기억하는가? 어쩌면 홀리는 조리 있게 말도 잘했고 섹스를 하고 싶어하는 것처럼 보였을 수도 있다. 어쩌면 상대방도 홀리만큼이나 술에 취해 인사불성이었는지 모른다. 어쩌면 상대방은 전혀 취하지 않은 채 의식적으로 홀리를 노렸을 수도 있다. 홀리는 영원히 진실을 알아내지 못할 것이다.

따라서 나는 내 딸에게 사람은 실수를 할 수도 있으며, 모든 상황이 우리가 바라는 만큼 명확하지는 않다고 말해줄 것이다. 그렇다고 해도 만약 내 딸이 주변의 분위기 때문이든, 술에 취한다는 것이 어떤 기분인지 알아보고 싶어했든, 술이 별로 세게 느껴지지 않아서 그랬든, 이유를 불문하고 완전히 취해서 상상하기조차 끔찍한 성폭력의 대상이 된다면, 그것은 어떤 상황에서도 절대 내 딸의 잘못이 아니다. 나는 딸에게 강간을 정당화할 수 있는 것은 세상 어디에도 없다고 분명히 말해줄 것이다. 강간의 원인은 절대로 피해자에게 있지 않다. 피해자가 수치심을 느끼거나 침묵을 지킬 필요도 없다. 만약 나에게 아들이 있다면? 딸과 마찬가지로 분명히 말할 것이다. 술 취한 여성은 '손쉬운 먹잇감'이 아니다. 여성들이 잘못된 선택을 했다 해서 네가 마음대로 강간할 수 있다는 의미는 아니다. 나는 아들에게 과도한 음주는 장기적으로 건강에 나쁜 영향을 미칠 뿐 아니라 합의하지 않겠다는 상대방의 의사를 감지하거나 존중하는 능력을 저하시킨다고 말해줄 것이다. 상대방이 합의할 수 있는 상태인지 손톱만큼의 의구심이라도 있다면, 만약 그런 생각이 일 초라도 머릿속을 스치고 지나간다면, 상대방 여자뿐만 아니라 본인의 안전을 위해 거기서 멈춰야 한다고 말해줄 것이다. 섹스를 할 다른 기회는 오기 마련이다(믿어도 좋다. 나중에 분명히 온다). 따라서 나는 부모들과 정책 입안자들이 왜 여학생들의 음주에 초점을 맞추려 하는지는 충분히 이해하지만, 이것만으로는 절대 충분치 않다고 생각한다.

"매디, 너 강간당한 거야"

나중에 페이지는 매디가 기억하지 못하는 일들을 들려주었다. 남학생들은 페이지에게 키스를 해보라며 매디를 부추겼고, 매디는 그에 따라 페이지에게 입을 맞추었다. 그다음에 매디는 조시에게 키스를 하면서 크게 환호성을 질렀다. "내가 이 차의 여왕이야. 다들 나를 제일 좋아하니까!"

"진짜 이 차의 여왕이 되고 싶으면 차 안에서 섹스를 해야 돼." 앤서니가 말했다.

"좋아." 매디는 이렇게 말하면서 조시를 쳐다보았다. "하자!"

매디는 콘돔을 써야 한다고 고집했는데, 페이지는 그것 때문에 매디의 의식이 또렷하다고 생각했다. 마침 콘돔을 가지고 있던 앤서니가 조시에게 건네주었다. 의식이 오락가락하는 가운데 너무 취해서 자기 손으로 바지를 벗을 수 없었던 매디는 어렴풋이 조시에게 자기 바지를 벗기라고 말했던 것을 기억했다. 또한 자동차가 매디의 동네 골목길을 빠르게 지나가고 있던 어떤 시점에서 잠깐 정신을 차렸던 기억도 났다. 누군가의 위에 올라타 있었는데, 아래에 있는 사람이 누구인지, 도대체 어떻게 여기까지 오게 된 것인지 알 수가 없었다. 그 사람과 자신이 섹스를 하고 있다는 사실을 깨달았을 때 매디는 울기 시작했다. "하지만 손도 꼼짝

할 수 없었고 말도 할 수가 없었어요." 매디의 말이었다. "그리고 조시는 그 일에 너무나 열중한 나머지 제가 울고 있다는 사실을 몰랐을 거예요." 그 외에도 몇 가지 조각조각 머릿속에 남아 있는 기억은 있었지만 대부분 혼란, 눈물, 무기력함으로 점철되어 있었다. 마침내 조시가 관계를 끝내자 매디는 차 한쪽 구석으로 가서 간신히 바지를 치켜올렸다.

"나 집에 갈래." 매디가 말했지만 나머지 세 명은 다른 파티를 물색하고 있었다.

"싫어! 집에 데려다줘!"

"너 왜 그래?" 페이지가 짜증난다는 말투로 물었다. "왜 울어?"

매디는 점점 더 서럽게 울면서 집에 가고 싶다는 말만 반복했다. 그 모습에 나머지 세 명은 초조해졌다. "야, 쟤 내려줘." 누군가 말했고, 세 명은 매디의 집 근처 쇼핑가에 매디를 혼자 내려놓고 떠났다.

다음날 아침 이른 시간부터 근처 카페에서 아르바이트 근무를 하던 매디는 주기적으로 울음을 터뜨렸지만 스스로도 정확한 이유를 알 수가 없었다. "무언가 나쁜 일이 일어났다는 걸 알 수 있었어요. 하지만 왜 그렇게 속상한지 확실히 잘 모르겠더라고요." 매디는 일이 끝난 다음 친구에게 잠깐 만나자고 했고, 기억하는 일들을 다 털어놓았다.

"매디. 너 강간당한 거야." 친구가 말했다.

매디는 부인했지만, 매디의 친구는 마침 그날 밤 차를 운전했던 앤서니를 알고 있었기 때문에 바로 그 자리에서 전화를 했다.

"너는 니 차 뒷좌석에서 애가 강간당하도록 내버려둔 거잖아!" 친구가 앤서니에게 따졌다. 앤서니 역시 그 일을 부인했고 매디와 직접 통화를 할 수 있겠냐고 부탁했다. 매디의 기억에 따르면 앤서니는 위로하듯이 다정한 목소리로 이야기를 했다. "야, 어젯밤 일이 기분 나빴고 화가 났다는 건 아는데 너는 강간당한 게 아니야. 사람들한테 그런 얘기 하고 다니지 마."

"내가 사람들한테 그런 얘기를 하고 다니는 게 아냐." 매디는 이렇게 말하고 전화를 끊었다. 매디는 친구와 함께 집으로 향했고, 친구는 매디의 어머니에게 이야기를 하겠다고 말했다. "미안해. 하지만 나도 어떻게 해야 할지 잘 모르겠어. 누군가 대책을 세워줄 사람이 필요해."

매디는 부모님의 반응을 보지 않기 위해 곧바로 자기 방으로 향했다. 약간의 시간이 흐른 뒤 매디의 아버지가 노트북을 손에 들고 매디의 방문을 두드렸다. 매디는 아버지에게 기억나는 일을 모두 이야기했다.

"왜 싫다고 하지 않았니?" 아버지가 물었다.

"싫다고 했어요!" 매디는 말했다. "하지만 그다음에 술이 더 많이 취해서…… 모르겠어요. 설명할 수가 없어요." 매디는 주말이 끝난 후 월요일에 학교에 가지 않았고, 그다음날도, 또 그다음날도 결석했다. 일주일 정도는 거의 침대에서 일어나지도 못했다. 한편 페이지는 매디가 달리는 차 뒷좌석에서 순결을 잃었다는 사실이 부끄러워서 강간당했다고 억지를 부린다는 소문을 퍼뜨리기 시작했다. 낯선 사람들이 페이스북에 찾아와서 매디를 "거짓말쟁이 창녀"라고 불렀다. 남녀를 불문하고 매디의 편을 드는 학생들은 거의 없었다. 매디는 이렇게 말했다. "걔들은 실제로 어떤 일이 벌어졌는지 몰랐죠. 저도 무슨 일이 벌어졌는지 몰랐는걸요. 아직도 몰라요. 아직도 정확하게 기억나지 않는 부분들이 있거든요."

심지어 매디의 친구들(이제는 과거의 친구들이지만)조차 매디의 편을 들어주지 않았다. "'그 자리에 없었으니까 사실인지 아닌지 판단할 수 없어'래요. 그러면 저는 이렇게 말했죠. '왜 그냥 내 편을 들어주지 않니? 우리 친구 아냐?'" 당연히 조시도 매디를 거짓말쟁이라고 했다. 조시는 사건 초기에 딱 한 번 문자를 통해 매디에게 직접 연락을 했다. "너 사람들한테 내가 강간했다고 말하고 다니냐?" 조시가 물었다. 매디는 그렇지 않다고 답문을 보냈다. 그후 조시는 다시 연락하지 않았다. "강간을 했다고 인정할 남자는 없죠. 그걸 기대하지도 않아요. 사과까지 바라지도 않아요. 사과를 왜 하겠어요? 본인 생각에는 잘못한 게 하나도 없거든요. 저를 으슥한 골목으로 끌고가서 강간한 것도 아니잖아요. 그냥 조시는 정말 섹스가 하고 싶었는데 제가 거절했고, 자존심이 상한 거죠."

매디의 편이 되어준 몇 안 되는 사람 중 한 명은 조시의 전 여자친구, 아니 섹스 친구이자, 매디에게 조시가 자신을 거칠게 다룬다고 말했던 바로 그 여자아이였다. "그 여자애는 한 치의 의심도 없이 제 말을 믿어줬어요. 조시가 제 어깨를 눌렀다고 했잖아요? 그애한테도 그런 행동을 했대요. 그리고 조시가 자기들한테도 비슷한 행동을 했다는 여자애들이 두 명 더 있었어요. 하지만 이렇게 엉망진창으로 큰일을 만든 건 저뿐이라는 거죠." 매디는 고개를 저으며 한숨을 쉬었다. "언젠가는 걔도 크게 당할 일이 있을 거예요."

크리스마스 연휴가 다가왔고 매디는 그 일이 잊히기를 바랐다. 하지만 그렇지 않았다. 12월이 지나고 1월이 되어 학교가 다시 시작되자 소문은 걷잡을 수 없이 퍼져나갔다. 매디가 임신했었대! 매디가 낙태를 했대! 매디는 학교를 자퇴하고 더이상 SNS나 문자를 확인하지 않게 되었다. 결국 매디는 이곳 커뮤니티 칼리지에 입학했다. 그리고 같은 학교에 다녔던 여학생 중 최소한 한 명은 매디와 같은 이유로 그곳에 오게 되었다는 사실을 알게 되었다.

'예스'라는 말의 의미

1990년대에 보수층에서 가장 심각한 폐해로 경고했던 문제점 중 하나는, 만일 술 때문에 발생한 성폭행을 강간의 정의에 포함시킨다면 대학에는 지난밤의 섹스를 후회해서 상대방에게 앙심을 품은 여학생들의 신고가 쇄도할 것이라는 지적이었다. 마치 성폭력 피해자가 자발적으로 나서서 신고하는 게 쉬운 일인 양 말이다. 마치 강간을 당했다는 여학생들의 말을 사람들이 쉽사리 곧이곧대로 믿어주는 양 말이다. 마치 강간을 신고하는 일이 사회적 자살 행위가 아닌 양 말이다. 마치 주변에서 이러한 여학생들을 피하거나, 걸레라고 부르거나, 비난하고, 조롱하고, 위협하지 않는 양 말이다. 2014년에 어느 밴더빌트대 학생이 강간 혐의를 제기해 결국 한 남학생 사교클럽이 활동 정지 징계를 받았던 사건 이후, 익명으로 학내 현안을 논의하는 인터넷 게시판 칼리지에이트ABC^CollegiateABC에 올라왔던 반응을 생각해보자. 게시판 이용자들은 '밀고한 여학생'의 신상을 캐내려 했고, 실명이 공개되자 그 여학생을 두고 '조울증 환자' '미친년' '사이코' '더러운 년' '쓸모 없는 걸레년', 그리고 수차례 '밀고자'라고 불렀다. 밴더빌트 대학 신문 편집장 앙드레 루이야르는 이렇게 적었다. "이 게시판에서 '밀고'라는 말이 거듭 사용되었다는 사실은, 외부 사람들은 알 수 없도록 양탄자 아래 숨겨놓는 끈끈이나 지워지지 않는 맥주 지린 내처럼 계속 감춰둬야 했던 비밀을 피해자가 드러냈다는 것을 의미한다. (…) 원 게시물은 다음과 같은 구호를 외치고 있다. '우리는 하나로 단결하여 이런 개떡같은 일이 허용되는 것을 막아야 한다.'" 여기서 "개떡같은 일"은 강간이 아니라 여학생들의 신고를 의미했다.

2015년 봄, 대학 캠퍼스에는 동료 남학생들의 인생을 망치고 싶어 몸이 근질근질한 사이코 같은 젊은 여자들이 가득하다는 점을 증명하려던 사람들에게 우연히 안성맞춤의 기회가 찾아왔다. 『롤링스톤』에서 보도했던 버지니아 대학의 집단강간 사건이 조사 과정에서 허위로 드러나자 잡지 측에서 이 기사를 철회했던 것이다. 이 일이 강간 퇴치 운동을 억압하기 위한 새로운 초석이 될 것인지는 알 수 없다. 지금은 90년대와는 시대가 다르기 때문이다.

그러나 콜럼비아 대학 언론대학원에서 이 사건을 취재하면서 내린 결론대로, 『롤링스톤』의 편집자들은 "기사를 통해 대학 내 성폭력에 대한 경종을 울리고 버지니아 및 다른 대학이 성폭력 문제에 좀더 적절한 조치를 취하도록 촉구하고자 했다. 그러나 허위 사건을 보도함으로써 오히려 많은 여성들이 강간 혐의를 조작해낸다는 인식이 널리 퍼지게 하고 말았다."

물론 무고한 사람에게 강간 혐의를 제기하는 사례도 분명히 있다. 그렇지 않다고 주장한다는 것은 말도 안 되는 일이다. 하지만 조작을 경고하는 사람들이 주장하는 것만큼 빈번하지는 않다. 법률적으로 '허위 신고'는 강간이 일어나지 않았다는 사실을 명백히 입증할 수 있는 경우에만 해당한다. 단순히 폭행이 아니었다는 점만 확인되는 경우에는 허위 신고가 아니라 근거 없는 신고, 또는 결론을 내릴 수 없는 신고로 분류한다. 호프 소머스, 캐시 영, 웬디 맥엘로이를 비롯한 보수 성향의 전문가들과 모든 '악플러'들은 성폭행 혐의의 40~50퍼센트가 거짓이라고 주장한다(다만 범죄학자 젠 조던이 지적한 대로, 이러한 비판자들은 이상하게도 강간을 고발한 여성의 절반이 거짓말쟁이라고 단호하게 주장하면서도 고소를 철회한 여성들은 하나같이 정직하다고 믿는다). 조디 래피얼은 『강간은 강간이다』에서 이러한 통계는 퍼듀 대학의 사회학자 유진 J. 캐닌의 1994년 보고서를 바탕으로 한 것이며, 이 보고서는 중서부 작은 마을에서 9년에 걸쳐 제기된 45건의 성폭력 신고에 대한 경찰서의 분석결과를 취합했을 뿐, 확실한 증거나 정식 조사결과를 바탕으로 한 내용은 아니었다고 설명했다. 캐닌 본인도 이 보고서의 내용을 일반화해서는 안 된다고 경고했으며 "강간 신고 철회는 경찰에게 '2차 가해'를 당하지 않으려는 고소인의 희망이 반영된 결과일 수도 있다"고 인정했다. 래피얼은 미국과 영국에서 30년 이상에 걸쳐 실시된 7건의 포괄적인 연구가 그보다 훨씬 믿을 만하다고 적었다. 이 연구에서는 허위 신고 비율을 2~8퍼센트 정도라고 추정하는데, FBI 통계에 따르면 이 수치는 '아는 사람에 의한 강간'을 둘러싼 논란이 수면 위로 떠올랐던 1990년 이후로 꾸준히 하락하고 있다. 허위 신고 가능성을 염두에 두는 것은 분명 중요하지만, 그에 대한 우려는 너무 부풀려진 감이 없지 않다. 특히 대부분의 경우 피해자의 이야기를 주변에서 믿어주지 않으며, 대학 내 강간의 80퍼센트는 아예 신고조차 되지 않고, 고발당한 가해자 중 유죄로 판명 나는 경우는 고작 13~30퍼센트에 불과하다는 점을 고려하면 그렇다.

대학 내 강간과 관련해 '과잉 수정overcorrection(특정한 문제행동을 지나칠 정도로 반복하도록 강요해 스스로 지쳐 문제행동을 하지 않도록 만드는 방법―옮긴이)' 문제를 제기하기도 했던 에밀리 요프는 심적으로 강요당하거나 압력을 받아서 한 섹스를 강간 통계에 함께 묶는 것은 성폭행을 "대수롭지 않은 일로 격하"시킬 위험이 있다며 반대했다. 요프 역시 "남학생에게 '설득당해서' 성적 접촉을 한 다음 이를 후회하게 된" 여학생이 섣불리 강간 혐의를 제기해 결국 남학생이 퇴학당하는 사례가 발생하지 않을까 우려했다. 요프는 "우리는 오늘날의 젊은 남성들에게 여성에게 압력을 가해 성행위를 갖는 것은 절대 바람직한 일이 아니라고 가르치고 있습니다"

라고 인정하면서도, "그러나 그와 동시에 오늘날의 젊은 여성들에게 여성은 남성의 설득에 손쉽게 넘어가고, 연약하며, '쉽게 압도되고' 무력한 존재라고 가르치고 있는 셈입니다"라고 주장했다.

바로 여기서 나는 요프와 의견을 달리한다. 고등학생 또는 대학생들 사이의 대다수 성적 접촉은 물론 폭력과는 거리가 멀다. 양측의 합의에 의해, 양쪽이 원해서 이루어지는 것이다. 항상 양쪽이 똑같이 만족스러운 것은 아니라고 해도 말이다. 그렇다고는 해도, 강압에 의한 섹스 역시 무시할 수 없는 비중을 차지한다. 강간이 "대수롭지 않은 일로 격하"되기는커녕, 요프는 이러한 강압이 남성의 권리로 인정되며 그로 인해 합의, 심지어 섹스에 대한 우리의 생각 자체가 달라질 수도 있다는 점을 "대수롭지 않은 일로 격하"하고 있는지도 모른다. 다른 영역에서는 남녀 역할이 활발히 변화하고 있음에도 불구하고 성적인 영역에서만큼은 여전히 남성이 먼저 접촉을 시도하는 것이 바람직하다고 여겨진다(내 말이 믿기지 않는다면, 오늘날의 '적극적인' 여자아이들에 대해 토론할 때 십대 아들을 둔 어머니들의 분노에 찬 성토를 들어보라).

남자아이들의 성욕은 자연스러운 것이고 이들의 쾌락은 당연한 것으로 간주된다. 남자아이들은 성적으로 자신감이 넘치고, 확신에 차고, 많은 것을 알고 있어야 한다는 인식이 보편적이다. 앞서 언급한 바와 같이 젊은 여성들은 섹스의 문지기이자 남성 성욕의 속도를 늦추는 관성 역할을 한다. 이런 역학 때문에 수면으로 드러나지 않는 성폭력이 활개를 치게 되며, 어느 정도의 성적 강요, 심지어는 폭력까지도 정상적이고 허용 가능한 범주 내에 있는 것으로 정당화된다. 그러한 행동이 퇴학을 당해 마땅한 것인지는 잘 모르겠지만 분명 진지한 논의는 필요해 보인다. 서던메소디스트 대학의 임상심리학자이자 젊은 여성들에게 거절하는 기술을 가르치고 있는 로렐라이 심슨 로는 이렇게 설명한다. "대다수 성적 폭력과 강압은 언뜻 보기에 위험하지 않은 상황에서 일어납니다. (⋯) 따라서 어떤 남자아이와 아홉 번 데이트를 하면서 합의하에 성적인 행위를 했고 그 경험이 기분좋았으며 좀더 진지한 관계로 발전하고 싶은 생각을 가지고 있다고 해도, 딱 한 번 상황이 급변할 경우에 제대로 대비하기는 어렵습니다."

심슨 로의 말에 따르면 이렇게 급변하는 상황이 갑작스럽게 보일지는 모르지만 사실 자세히 살펴보면 전조는 충분히 관찰된다. "남자들은 처음에 이렇게 말할 겁니다. '에이, 조금만 진도 더 나가자' 또는 '왜 안 돼?' '나는 니가 진짜 좋아. 너는 나 싫어?' 여성을 상대로 한 설득이나 애원, 죄책감 유도 전략은 수도 없이 많아요. 거기에 칭찬과 감언이설도 동원되지요. 게다가 아주 교묘하기 때문에 많은 여학생들이 스스로에게 이런 질문을 던지게 됩니다. '내가 제대로 해석하고 있는 걸까?' '진심으로 저런 말을 한 걸까?' '무슨 뜻으로 한 말이지?'" 심슨 로와 동료들은 가상현실 시뮬레이션을 사용해 여학생들이 그러한 신호를 알아채고 넘어가지 않도록 도와주는 교육 프로그램을 개발했다. 고등학생과 대학생들을 대상으로 한 시범 운영에서, 초반에 대부분의 참가자들은 원치 않은 스킨십을 거절하고 위협적인 상황을 피할 수 있다고 확신했다. 그러나 남성 아바타가 끈질기게 전화번호를 묻거나 섹스를 하지 않으면 폭력을 휘두르겠다고 위협하는 등, 점점 심상치 않은 분위기로 흘러가는 다양한 시나리오에서 역할극을 하게 되자 참가자들은 굳어버린 채 어쩔 줄 몰라 했다. 심슨 로는 성폭행이 오직 가해자들의 책임이기는 하지만, 확실한 의사표현과 자기변호가 꼭 필요한 방어기술이라고 강조했다. "우리는 여성들이 일반적인 성적 교류를 하다가도 자신의 안전을 스스로 지키는 행동으로 신속하게 전환할 수 있는 능력을 갖추는 것이 매우 중요하다는 사실을 발견했습니다. 또 그렇게 하기 위해서는 성적 교류가 강압으로 변할 때 바로 알아챌 수 있어야 하고요."

심슨 로의 프로그램에 참여한 여학생들은 직접적인 거절이 남학생에게 상처를 주게 될까봐 걱정했다. 여학생들은 거절하는 것에 죄책감과 불편함을 느꼈다. "여학생들은 예외 없이 상냥하고 예의바르며 타인의 감정을 배려하고 그에 공감하는 것을 이상형으로 삼고 있습니다." 심슨 로의 설명이다. "이는 물론 훌륭한 일이고 좋은 품성이지요. 하지만 이런 생각이 너무나 뿌리깊게 박혀 있기 때문에 많은 여성이 위험한 상황에서도 그런 식으로 행동해야 한다고 생각합니다. 무례한 사람처럼 보일까봐 두려워하는 거예요. 연구를 하면서 자주 접하게 된 단어가 '싸가지 없다'였어요. 무언가 하고 싶지 않다고 거절하는데도 계속해서 압력을 가하거나 설득을 하면서 뒤로 물러서지 않는 남자는 여성과 서로의 경계선을 존중하지 않는 사람이므로 그 시점에 '아하' 하고 알아챌 필요가 있어요. 상대방에게 상처를 줄까봐 걱정할 필요가 없다는 것을요. 우리는 강압적인 설득이 얼마나 일찍부터 시작되는지 강조하고,

상대방의 행동이 폭력적으로 변하기 전에 여성들이 적절하게 대처할 수 있도록 돕습니다." 초기 데이터를 보면 교육을 90분간 이수한 후 3개월이 지난 시점에서 교육 참가자들이 성적 피해를 당하게 되는 비율은 대조군의 절반에 불과했다. 450명 이상의 캐나다 대학 신입생들을 대상으로 시범적으로 실시된 또하나의 위험경감 프로그램도 비슷한 결과를 나타냈다. 일 년이 지난 후, 이 프로그램에 참가한 학생들이 강간을 당한 비율은 안내책자만 받고 프로그램에 참가하지 않았던 여학생들의 절반으로 나타났다. "우리는 막무가내로 밀어붙이거나 강요해서 하기 싫은 행동을 하게 만들 권리는 누구에게도 없다는 메시지를 전하고자 했습니다." 심슨 로의 말이다. "스스로를 위해 가능한 한 큰소리로, 그리고 원한다면 물리적으로 저항할 권리가 있다는 메시지를 말이죠."

심슨 로의 이야기를 들으면서 나는 자신을 강간한 남학생에게 "고마워, 재밌었어"라고 말했다던 메건을 떠올렸다. 고등학교 때 남자친구가 두 번이나 자신을 강간했다는 또 한 명의 대학 신입생도 떠올랐다. 한 번은 두 사람이 사귀는 도중에, 다른 한 번은 헤어지고 난 다음 파티에서 이야기 좀 하자며 자기 차 안으로 끌어들였을 때였다. 두 번 다 그 여학생은 술에 취해 있었다. 두 번 다 그 여학생은 싫다고 말했다. 두 번 다 상대 남학생은 여학생의 말을 무시했다. 그 여학생은 이렇게 설명했다. "아마도 그애를 밀어내든지, 옆으로 몸을 빼내든지, 다른 사람들한테 들리도록 크게 소리를 지를 수 있었을 거예요. 하지만 그때마다 무슨 영문인지 그렇게 하지 못했어요. 저는 굉장히 강한 사람이에요. 도덕적 가치관도 분명하고요. 어떠한 일에 대해서도 당당하게 이야기할 수 있어요. 하지만 아무런 대응도 하지 못했어요. 꼭 마비된 것 같았어요." 나는 2015년 여름에 뉴햄프셔 주 세인트폴 사립고등학교에 다녔던 어떤 여학생의 법정 증언에 대한 기사를 읽으면서 다시 한번 심슨 로의 말을 떠올렸다. 그 여학생은 1학년 봄에 한 인기 많은 고등학교 3학년 남학생이 학년 말에 의례적으로 벌어지는 '선배 의식senior salute'의 일환으로 자신을 성폭행했다고 증언했다. 선배 의식이란 졸업을 앞둔 남학생들이 누가 더 많은 후배 여학생들과 성관계를 갖는지 경쟁하는 것이다. 여학생의 증언에 따르면, 처음에는 졸업반 남학생이 자신에게 관심을 보인다는 사실이 기뻤기 때문에 어두운 기계실에 함께 들어갔지만 남학생이 갑자기 거칠게 행동하는 바람에 어떻게 대응해야 할지 몰랐다고 한다. "저는 '싫어, 싫어, 싫다고! 이 아래는 안 돼'라고 했어요." 여학생은 자신의 허리 위를 가리키며 말했다. "저는 최대한 예의바르게 행동하려고 했어요." 가해자가 자신의 몸을 더듬고, 깨물고, 성기를 삽입하는 와중에도 "문제를 일으키고 싶지 않았어요"라고 여학생은 증언했다.

이러한 여학생들이 심슨 로의 가상현실 시뮬레이터를 사용해보았다면 도움이 되었을 것이다. 동시에 나는 남자 대학생의 거의 3분의 1이 무사히 빠져나갈 수만 있다면 여성을 강간하겠느냐는 설문에 그러겠다는 답변을 내놓았던 2014년의 한 보고서를 떠올렸다. 비록 질문에 ('강제적으로 여성과 성관계를 갖는다'가 아니라) 직접적으로 강간이라는 단어가 들어갈 경우 긍정 답변의 비율은 13.6퍼센트로 떨어졌지만 말이다. 여성들에게 스스로를 변호하고 타인과의 관계에서 자신이 느끼는 감정을 정확하게 표현하도록 가르치는 것은 여러 가지 의미에서 중요하며, 실제로 이는 일부 여성들이 성폭행을 막거나 피할 수 있도록 도와주기도 한다. 그러나 강간범들의 행동은 좌시하고 여성들의 음주에만 초점을 맞추는 경우와 마찬가지로, 남자들의 접근을 물리칠 책임을 오직 피해자에게만 지운다면 남자들에게는 강압적인 행동을 할 특권이 있다고 인정하는 셈이나 다름없다. 또한 페미니스트 캐사 폴릿의 글처럼 "몸이 굳어버렸거나, 두렵거나, 평생 동안 몸에 배어버린 조신함 때문에 '바로 그 한마디'를 내뱉지 못하고 눈물을 흘리며 훈제연어처럼 누워 있는" 여성들이 많은데도 불구하고, 이를 여성의 성관계에 대한 기본적 동의라고 보는 잘못된 인식을 심어주게 된다. 심지어 여성이 싫다는 의사를 크고 분명하게 표현하더라도 남성은 귀기울이지 않을지 모른다.

앤티오크 대학이 선도적으로 도입했던 '적극적 동의' 규정과 유사한 정책들이 다시 한번 변화의 희망으로 떠올랐다. 2014년에 캘리포니아는 주의 재정 지원을 받는 대학에 적용되는 '예스라고 말해야 동의한 것이다.^yes means yes' 법안을 전국 최초로 통과시켰다. 이 법안은 성폭행 혐의를 제기한 여학생에게 분명히 거절했다는 사실을 증명하도록 요구하는 대신, 혐의를 받고 있는 남학생에게 '양쪽 모두 상대방과의 성적 행위에 참여하겠다는 긍정적이고, 명확하고, 의식적인 결정'을 했다는 사실을 증명하도록 요구한다. 다른 말로 하면 말이나 보디랭귀지를 통해 분명하고 적극적인 '동의'를 받는 것이 당연하다는 의미다. 또한 합의는 언제라도 철회할 수 있으며 약물이나 술 때문에 정상적인 판단이 불가능할 경우 법적으로 합의 자체를 할 수 없다. 이는 권력관계를 근본적으로 변화시키는 법안이며, 〈이건 데이트 강간인가요?〉라는 〈SNL〉 콩트로부터 십여 년이 지난 현재, 이를 웃음거리로 생각하는 사람은 많지 않다. 뉴욕 주도 2015년에 '적극적 동의' 법안을 통과시켰다. 뉴햄프셔, 메릴랜드, 콜로라도 주도 모두 유사한 법안을 고려하고 있다. 하버드 대학을 제외한 모든 아이비리그 학교에도 '예스라고 말해야 동의한 것이다'라는 취지의 규정이 마련되어 있다.

예상대로 보수층은 머지않아 작별키스를 시도했다는 이유로 대학에서 퇴학당하는 남자 대학생들이 수천 명에 달할 것이라 경고했다. 그러나 진보 진영이라고 해서 이 정책이 마냥 편한 것은 아니었다. 『복스』의 편집장 에즈라 클라인은 정책을 지지하기는 하지만, 이 법안이 "대학 내에 동장군처럼 자리잡은 채 일상적인 성행위를 의심의 도가니로 몰아넣고 무엇이 합의에 해당하는가를 둘러싼 두려움과 혼란을 야기할 것이다"라는 글을 기고했다. 이러한 양 진영의 불안감은 1993년 당시로는 획기적이었던 캘리포니아 주의 학내 성희롱 금지 법안에 대한 두려움을 연상시킨다. 이 법안은 9세 이상일 경우 각 학교에서 성희롱을 근거로 학생을 퇴학시킬 수 있도록 허용한 바 있었다. 하지만 그 결과는? 21년 이상이 지난 지금까지 놀이터에서 여자아이에게 뽀뽀했다는 이유로 교도소로 끌려간 초등학교 4학년생은 단 한 명도 없다. 또한 사소한 문제에 대한 소송이 쇄도하는 바람에 파산 상태가 된 학교도 없음은 물론이다. 동시에 이 법안을 통해 성희롱이 완전히 근절된 것도 아니다. 그러나 이 법안은 학생들이 이 문제를 이해하고 논의할 수 있는 틀을 제공해주었으며, 만약 성희롱이 일어날 경우 다양한 측면에서 어떤 조치를 취할 수 있는지 보여주는 효과를 가져왔다. 여학생들에게 노출을 삼가하고 "스스로를 존중하라"고 설교하던 교감선생님에게 이의를 제기했던 캐밀러 오티즈를 기억하는가? 나중에 캐밀러는 친구들과 힘을 합쳐 남녀 학생으로 구성된 학교 성희롱 퇴치 그룹을 조직했다. 이 그룹 구성원들은 2015년 겨울에 학교 이사회에 참석해 남녀 학생 750명 이상이 서명한 탄원서를 제출했다. 이들이 제기한 우려 중 하나는 자신들이 다니는 고등학교가 주 법률 및 연방 법률을 모두 준수하지 않는다는 점이었다. 이 학교는 현재 정책 수정작업을 거치는 중이다. 퇴학당한 학생은 아무도 없다. 고소를 당하거나 감옥에 간 학생도 없다. 게다가 학생들은 시민으로서의 책임, 리더십, 그리고 사회적 변화를 이끌어내는 행동과 관련해 훌륭한 교훈을 얻었다. 한편 이 문제에 대한 인식이 높아지자 성희롱이나 성폭행을 슬쩍 눈감아주던 관행도 점차 문제로 떠오르기 시작했다. 맥주 제조 업체 앤하이저부시는 2015년에 "오늘밤, 여러분의 사전에서 '노no'를 삭제해줄 완벽한 맥주"라는 버드라이트의 새로운 라벨 문안을 공개하면서 이를 뼈저리게 깨닫게 되었다. 미국인들의 정서는 1990년대 이후 상당히 변했으며 영향력 있는 코미디언들의 조롱 대상도 바뀌었다. 예를 들어 코미디쇼 호스트 존 올리버는 지나치게 예민한 여성을 조롱하기는커녕, 그런 광고 카피가 승인되도록 내버려둔 버드라이트의 남학생 사교클럽 같은 사고방식을 신랄하게 비판해 대학생 연령의 스튜디오 관객들로부터 환호성을 이끌어냈다. 버드라이트 경영진이 허공에 주먹을 휘두르면서 이렇게 소리지르는 광경을 상상해보라. "이봐, 끝내주는 아이디어인데!" "내 말이 그 말이라고, 알겠어?" "세상에, 세상에, 세상에, 세상에. 바로 이거야, 이 자식아!", 그리고 아무 말 없이 "와아아아아아아아!"(앤하이저부시는 이 방송 며칠 전에 문안에 대한 뉴스가 트위터를 한바탕 휩쓸자 공개사과문을 게시했다).

적극적인 합의를 의무화하는 법안이 대학 내 성폭력을 줄이는 데 효과를 발휘할까? 성폭력 사건이 지금보다 수월하게 해결될까? 이는 알 수 없다. 폴릿의 말처럼 상당수 성폭력 사건은 남성과 여성의 증언을 바탕으로 판결이 내려지며 혐의를 받는 가해자는 "노라는 말은 하지 않았다"를 "예스라고 했단 말이야!"로 바꿔서 말할 수 있기 때문이다. 워싱턴포스트/카이저 가족재단의 설문조사에 참여한 학생들 중에 '예스라고 말해야 동의한 것이다'라는 기준이 실제 상황에서 '매우 현실적이다'라고 답한 학생은 고작 20퍼센트에 불과했고 '어느 정도 현실적이다'라고 답한 학생은 49퍼센트였다. 다만 '예스라고 말해야 동의한 것이다'를 통해 젊은 세대의 성생활에 대한 대중 담론이 남자들은 무조건 공격적이고 여자들은 그저 취약하기만 하며 한쪽이 궁지에 몰리거나 험악한 분위기에서 이루어지는 행위라는 부정적인 시각에서, 두 사람이 상호합의하에 서로를 배려하며 진전시켜나가는 건강한 행위라는 긍정적인 시각으로 재정립되는 절실히 필요한 작업이 가능할지도 모른다. 특히 각 주에서 캘리포니아처럼 체계적인 교육을 통해 어린 학생들에게 이 점을 전달하고자 한다면 말이다. 어쩌면 이 과정을 통해 십대 여학생들은 자신이 성적으로 진짜 원하는 것이 무엇인지 생각해보고 용기를 내 상대방에게 자신의 의사를 전달할 수 있게 될지도 모른다. 어쩌면 이 과정을 통해 남학생들은 좀더 흔쾌히 상대방의 생각에 귀기울이게 될지도 모른다.

11월의 어느 날 오후, 성관계 합의라는 주제를 논의하기 위해 모인 고등학생 포커스 그룹(시장조사나 여론조사를 위해 각 계층을 대표하도록 뽑은 소수의 사람들로 이뤄진 모임─옮긴이)을 관찰하도록 나를 초대했던 샌프란시스코 만안 지역의 한 비영리단체도 바로 이러한 바람을 가지고 있었다.

흑인 남학생 두 명, 백인 남학생 두 명, 백인 여학생 두 명, 히스패닉 여학생 한 명, 아시아계 여학생 한 명으로 구성된 학생들은 임대한 거실 소파에 여기저기 흩어져 앉아 있었고, 이십대의 진행자가 학생들의 대화를 조심스럽게 이끌어나갔다. 학생들은 몇 시간에 걸쳐 술로 인한 혹업 때문에 어떻게 '예스' 여부를 판단하기가 어려워졌는지, 직접적으로 '노'를 할 경우 어떤 사회적 대가를 치러야 하는지, 술에 취한 친구가 틀림없이 나중에 후회할 행동을 하려고 할 때 끼어들기가 얼마나 난감한지, 오래 사귄 연인과 어떻게 합의 여부를 협상하는지 또는 하지 않는지 열띤 토론을 벌였다. 또한 이들은 성폭력에 대한 이야기도 나누었다. 여학생들 중 두 명은 어떠한 형태로든 성폭력을 경험했다고 말했다. 또 한 명은 친한 친구가 다른 친한 친구에게 성폭력 혐의를 제기해 곤란한 상황에 처해 있다고 말했다. 남학생 중 한 명도 술을 너무 많이 마셔서 거절할 수 없는 상태에서 같은 반 나이 많은 학생의 꼬임에 넘어가 섹스를 한 적이 있다고 했다. 그 남학생은 과연 그 일이 강간이었는지 알고 싶어했다.

그러나 학생들이 가장 많이 이야기를 나눈 것은 모순으로 가득 찬 문화에서, 특히 남학생과 여학생의 섹스에 대한 기대치와 섹스로 인한 결과 및 섹스의 의미에 대한 생각이 어느 정도 바뀌기는 했지만 아직 완전히 달라지지는 않은 상황에서, 섹스 파트너 혹은 또래들 사이에서 기본적인 기준과 경계를 마련하는 것이 얼마나 까다로운 일인가 하는 문제였다. 미식축구선수 마크 산체스처럼 머리띠를 사용해 텁수룩한 머리를 뒤로 올린 마이클은 이렇게 말했다. "그래. '예스라고 말해야 동의한 것이다'는 맞는 말이지. 근데 만약 상황이 변하면 그 '예스'는 어떻게 변하는 거지? 술에 취했을 때 하는 '예스'는 무슨 의미야? 아니면 멀쩡한 정신일 때 하는 '예스'만 진짜인가?"

"그리고 예스라고 하기 위해 술을 마시는 사람들은 또 어떻고?" 아니카는 앉은 자세에서 팔꿈치로 무릎을 짚고 몸을 앞으로 숙이면서 적극적으로 대화에 참여했다. "두 사람이 원래부터 서로 관심이 있었는데, 술을 마시고 흑업하게 친구한테 파티를 열어달라고 한 경우도 있었다니까."

아래쪽을 짧게 친 헤어스타일에 빨간색 뿔테 안경을 쓴 케일럽이 끼어들었다. "술을 마시지 않은 상태에서 훅업하는 건 별로라는 게 제일 큰 문제야."

아니카는 고개를 끄덕이며 덧붙였다. "그리고 예스는 여러 가지 의미일 수도 있어. 특히 내가 취해 있는 상태라면 말이야. 이를테면 내가 예스라고 하는 이유가 바로 이 사람과 훅업하고 싶어서일 수도 있고, 아무하고나 훅업하고 싶어서일 수도 있고, 이 사람과 훅업하면 친구들이 부러워할 것 같아서일 수도 있거든."

니콜은 훅업을 멈춰야 한다는 '직감'이 들면 즉시 그 시점까지 자기가 했던 모든 행동을 머릿속에 떠올려본다고 털어놓았다. 방 저편에 있는 남자아이를 뚫어지게 바라본 것, 서로 유혹한 것, 어깨에 손을 댄 것, 키스를 한 것, 셔츠를 벗긴 것, 이 모든 행동 때문에 상대방은 니콜이 그 이상의 스킨십까지 허락했다고 믿게 되었다는 것이다. "그러면 벌써 죄책감이 드는 거지. 그리고 입 밖으로 '더이상은 안 돼'라고 말하면서 상대방과 충돌하는 순간에 어떤 일이 일어날지 걱정되기도 하고."

파이브패널 캡 five-panel cap(봉제선이 보이도록 다섯 면으로 나뉜 챙 있는 야구모자—옮긴이)과 미국 해병대 티셔츠를 입은 게이브리얼도 말을 보탰다. "너무 복잡한 문제야. 남자 입장에서는 나중에 문제가 일어나지 않도록 자기가 최선을 다해야지. 상대방을 보면서 '정말 괜찮아? 백 퍼센트 확신해? 확실한 예스라고 봐도 되는 거야?'라고 말할 수 있도록 훈련을 해야 될 것 같아."

최근에 남자친구와 헤어졌다는 로런은 조용한 목소리로 심지어 오래 사귄 연인 사이에서도 성관계 합의는 까다로운 문제라고 말했다. "일단 한 번 섹스를 하면 계속 예스인 것처럼 되어버리거든." 로런의 이 말에 다른 두 명의 소녀도 고개를 끄덕였다. "그러면 정작 결정적인 순간에 어떤 말을 하든, 무엇을 하고 싶든 관계없이 항상 그런 식으로 흘러가더라고." '착한 여자친구'는 무슨 일이 있어도 예스라고 해야 한다. 섹스를 하고 싶은 생각이 없더라도 기꺼이 합의를 하거나 최소한 남자친구의 말에 순응한다. 남자친구와의 관계를 안정적으로 유지하고 상대방을 기분좋게 해주기 위해 기꺼이 희생하는 것이다. 그렇다면 이 아이들은 그런 상황을 뭐라고 부를까?

마이클은 이렇게 말했다. "있잖아, 이런 이야기들을 듣고 있으려니까…… 사실 내가 여자친구를 일 년 정도 사귀었거든…… 내 생각에는 아마도 내가 그 반대 입장이었던 것 같아…… 그럴 의도는 아니었지만 어쩌면 내 여자친구에게 무의식적으로 압력을 가하고 있었는지도 몰라." 마이클은 잠시 말을 멈추고 무언가를 골똘히 생각했다. "앞으로 내가 남녀평등을 주도하는 사람이 되고 싶은지는 잘 모르겠어. 하지만 나중에 내가 뭘 하든, 어디를 가든, 이 문제를 잊지 않고 언급할 거야. 학교나 직장에서 만나는 사람들하고만 이 문제에 대해 이야기를 해도 우리 사회와 문화를 바꿔놓는 데 상당히 기여할 수 있을걸. 진심이야."

"'그건 강간이 아니야' 라는 말을 듣는 게 어떤 기분인지 알아요"

"너는 강간당했다고 생각하니?" 나는 매디에게 물었다.

매디는 손가락을 내려다보면서 어깨를 으쓱했다. 나는 이 질문을 둘러싼 수십 년의 논쟁을 생각해보았다. 얼마 전까지만 해도 그 대답은 당연히 '아니다'였을 것이다. 심지어 나 자신도 그렇게 대답했을지 모른다. 너무나 많은 것이 변했고, 너무나 많은 것이 변하지 않았다. "법적으로요?" 매디는 물었다. "네, 강간당한 거죠. 콘돔을 쓰라는 말은 합의를 의미하지 않거든요. 하지만 그후에 사람들이 저를 대하는 태도는……" 매디는 다시 어깨를 으쓱했다. "다들 그래요. '겨우 그까짓 것 때문에 전학을 해? 별일도 아니잖아.' 그리고 남자애들은 '아, 그건 강간이 아니야'라고 말해요. 그래서 잘 모르겠어요." 매디는 잠시 침묵을 지켰다. "요즘에는 '강간 문화'를 바꾸는 것에 대해 블로그 포스트도 하고 글도 쓰고 있어요. '그건 강간이 아니야'라는 말을 듣는 게 어떤 기분인지 알거든요. 그리고 그런 일을 당한 후에 얼마나 끔찍한 기분이 드는지도 알아요. 만약 다른 사람이 그런 일이나 더한 일을 당하는 걸 막을 수 있다면, 제가 바라는 건 그것뿐이에요."

매디는 나와 대화를 나누면서 절대 자신을 폭행했던 남학생의 실명을 언급하지 않으려고 조심했다. 하지만 딱 한 번 실수로 이름이 튀어나왔고, 집에 와서 검색을 하자마자 바로 인터넷에서 해당 남학생의 정보를 찾을 수 있었다. 그 남학생은 고등학교에서 농구부와 육상부로 활약했으며 성실한 학생처럼 보였다. 또한 올해 대학 신입생이 되어 남학생 사교클럽에 가입한 모양이었다. 그렇다고 해서 그 남학생이 누군가를 성폭행했다는 의미는 아니다. 다만, 그 남학생의 이력과 관심거리는 충분히 위험요소가 될 만했다. 사교클럽 회원과 운동선수들은 강간 상습범 중에서도 상당한 비중을 차지하니까 말이다. 인터넷을 살펴보던 내 눈에 그 남학생이 다니는 한 대규모 대학의 이름이 들어왔다. 당시 나에게는 대학을 다니는 여자 조카가 여덟 명 있었다. 그중 한 명이 그 남학생과 같은 학교에 재학중이라는 사실을 깨닫자 온몸에 오싹한 한기가 돌았다.

7장

솔직한
성교육이
필요하다

GIRLS AND SEX

캐리스 데니슨은 캘리포니아 북부의 한 고등학교 다용도 교실에서 70명의 고등학교 1학년생들 앞에 서 있었다. 금발머리에 과거 황무지 경비원으로 일하면서 태운 구릿빛 피부를 가진 오십대 초반의 데니슨은 보헤미안시크 스타일의 웨지 샌들을 벗어던진 채 맨발로 서 있었으며, 즐겨 입는 튜닉과 청바지 차림이었다. 발목에는 은으로 된 발찌를, 팔목에는 그물 모양의 구슬 팔찌를 두르고 있었다. 짤랑거리는 여러 개의 뱅글 팔찌를 찬 오른손에는 부드러운 천을 이용해 해부학적으로 정교하게 만든 여성 음부 모양의 인형이 들려 있었다. 바로 그 순간 데니슨은 손가락으로 그 음부 인형의 클리토리스 부분을 애무하면서 이렇게 말했다. "여학생들과 이야기를 나눠보니 자기 클리토리스를 실제로 처음 만진 것이 다른 사람이었다고 말하는 여학생들이 너무나 많더군요." 양탄자가 깔린 바닥에 여기저기 앉아 있는 남녀 학생들은 지난 두 시간 동안 가끔씩 부스럭대거나 집중력이 떨어진 모습을 보이기도 했지만 지금만큼은 완전히 몰입해 있었다. "누군가와 성관계를 가지려고 하는데 어떻게 해야 자기 기분이 좋아지는지 모른다면 정말 곤란하겠죠." 데니슨의 말이었다. "그렇다고 해서 상대방이 뭐든 다 알아서 하도록 결정권을 줘버리고 내버려두기도 곤란하잖아요. 따라서 다른 사람과 성관계를 가지기 전에 우선 혼자서 성경험을 해보는 것이 큰 도움이 됩니다. 자기 몸이 무엇을 좋아하는지 알아두면 유용해요."

그렇다. 데니슨은 방금 십대 여학생들에게 자위를 해보도록 독려한 것이다. 그것도 십대 남자아이들 앞에서. 데니스는 남녀 고등학생 70명을 앞에 두고 여성에게는 클리토리스라는 기관이 있다는 사실뿐만 아니라, 그 기관의 유일한 존재 이유까지 설명했다. 클리토리스는 오직 쾌감을 느끼기 위해 존재한다고. 그리고 이러한 강의 내용은 미국 성교육 역사에서 듣도 보도 못한 것이다. 그러나 데니슨은 스스로를 성교육 강사라고 부르지 않는다. 정확한 정보를 제공하는 동시에 청소년들이 누군가의 잣대에 구애받지 않고 윤리나 사회적 정의 같은 거시적인 개념과 함께 섹스 및 약물 남용 문제를 논의할 수 있는 장을 마련해주는 '청소년 옹호자'라고 생각한다. 데니슨은 캘리포니아 전역의 고등학교들을 돌아다니면서 교육을 하는데, 일 년에도 몇 번씩 같은 학급을 방문하면서 지난번에 가르친 내용에 이어 강의를 펼친다. 무척이나 솔직하고 직설적인 강의인 탓에 오늘 이 학교처럼 주로 사립학교에서 데니슨을 초빙하지만, 공립학교에서도 강의 요청이 점차 늘어나고 있다. 데니슨의 강의에서는 의사결정, 자기주장 기술, 성적 합의, 개인의 책임, 젠더 역할, 그리고 다양한 성적 지향 및 성정체성을 다룬다. 그러나 데니슨은 오늘 이 자리에 모인 고1 학생들에게 자신의 소명에 대해 이렇게 설명했다. "제가 하는 모든 일들은, 청소년들이 후회, 죄책감, 수치심보다는 기쁨과 자랑스러움을 느낄 수 있는 결정을 최대한 많이 내릴 수 있도록 돕는 것입니다."

데니슨은 강의에서 위기 상황과 위험에 대해 이야기한다(물론 반드시 그러한 단어를 직접적으로 사용하는 것은 아니다). 일반 보건교육 시간에 생식기관의 해부학적 구조와 피임에 대해 다루지 않았다면 그 내용도 설명한다. 졸업할 즈음이 되면, 아무리 혼전 순결을 계획하고 있거나("그건 아주 근사한 일이지!") 평생 남성과 섹스를 할 생각이 없는 여학생이라 할지라도 "술에 취해 어지러운 상태로 어두운 곳에서" 콘돔을 낄 수 있어야 한다고 가르친다. 또한 부모들의 '가르침'이나 미심쩍은 미식축구 코치들의 '보건' 교육에서 언급되지 않는 부분, 즉 청소년들은 성적 행위를 하면서 쾌감을 느껴야 한다는 이야기도 해준다. 데니슨은 훨씬 솔직하게 섹슈얼리티에 대해 이야기할 뿐만 아니라, 오히려 그것이 위기 상황을 줄이는 데 가장 효과적인 전략이라고 생각한다(이는 연구를 통해 증명된 바 있다). 데니슨은 나에게 이렇게 말했다. "어떤 학부모들은 그게 말도 안 되는 소리라고 생각합니다. 하지만 맞는 말이에요. [청소년들은] 더 많은 정보를 가지고 있을 때 오히려 더 자제하게 됩니다. 정확한 지식을 가지고 있기 때문에 다른 선택지, 다른 해결법이 있다는 걸 알게 되거든요. 제가 보기에는 오히려 이 문제에 애매하고 폐쇄적으로 접근할수록 청소년들, 특히 여자아이들을 위험한 상황으로 내모는 거라 볼 수 있어요."

데니슨의 교육 방식이 적지 않은 논란을 불러일으키고 있는 탓에, 나는 실제 데니슨의 강의를 참관할 수 있도록 허락해줄 학교를 찾는 데 상당히 애를 먹었다. 데니슨의 철학은 지난 30년간 성교육의 주류를 이루었던 '안 돼요-싫어요-하지 마세요Just-say-no' 사고방식과는 다소 맥락을 달리하지만 서서히 점진적으로 저변을 확대해나가고 있다. 2011년에 『뉴욕타임스 매거진』은 섹스를 피자 먹는 일에 비유해 유명세를 탄 파격적인 필라델피아의 교육자 알 베르나치오의 기사를 실었다. 섹스와 피자 먹기는 둘 다 내면의 욕망, 즉 굶주림과 욕구에서 출발한다. 양쪽 모두 여러 가지 이유 때문에 지금 당장은 적절한 시기가 아니라는 판단을 내릴 때가 있다. 만약 실행하기로 결정을 내릴 경우, 어느 정도 논의와 협상이 필요하며 관련된 모든 사람들을 만족시키기 위한 선의의 노력이 필요하다. 예를 들어 여러분은 페퍼로니를 좋아하지만 함께 피자를 먹을 사람은 좋아하지 않기 때문에 반반씩 나눈 피자를 주문한다든지, 이번에는 여러분이 먹고 싶은 걸 주문하고 다음번에 상대방이 먹고 싶은 걸 주문한다든지, 완전히 다른 토핑을 선택한다든지 하는 식으로 말이다. 이 비유에는 누가 이긴다거나 누가 우위를 점유한다거나 하는 내용이 전혀 등장하지 않는다. 다만 욕구, 상호간의 합의, 대화, 협력, 과정, 즐거움의 공유를 강조할 뿐이다.

마찬가지로 2009년에는 미국인구협회Population Council가 유엔총회, 세계보건기구WHO, 유엔에이즈계획UNAIDS, 유네스코를 비롯한 다수의 기관과 협력해 『하나의 커리큘럼It's All One Curriculum』을 발간하고 인터넷에서 무료로 다운로드할 수 있도록 했다. 인권과 젠더 감수성에 대한 내용이 포함된 이 가이드는 교육자들을 비롯한 관계자들이 "존엄, 평등, 그리고 책임감 있고 만족스러우며 건강한 성생활을 즐길 수 있는 청소년들의 능력을 함양하고 그러한 청소년의 권리를 옹호하도록" 돕는 것을 목표로 삼는다. 이 커리큘럼은 데니슨이나 베르나치오의 가르침과 마찬가지로 (혼자 하는 것이거나 다른 이들과 함께하거나) 성적 탐구를 청소년기의 정상적인 한 부분으로 제시한다. 물론 거기에는 위험이 도사리고 있지만 즐거움도 분명 존재하며, 청소년들을 소중히 여기는 어른들의 역할은 아이들이 이 두 가지 사이에서 균형을 유지할 수 있도록 도와주는 것이다. 나 역시 엄마로서 내 아이가 성행위를 한다는 생각만 해도, 내 부모님이 우리 삼남매를 낳는 데 필요한 것 이상의 성행위를 했다는 상상을 할 때와 거의 비등할 정도로 당황스럽다. 하지만 부모의 침묵, 교실에서의 훈계, 미디어의 왜곡이 가져오는 결과는 그보다 훨씬 끔찍하다. 이보다는 훨씬 나은 방법이 있어야 한다.

이상한 동침—섹스와 정치

1959년에는 미국에서 낙태가 아직 범죄였다. 결혼하지 않은 여성은 합법적으로 피임을 할 수 없었으며 사회학자이자 『섹스가 학교에 갈 때When Sex Goes to School』의 저자 크리스틴 루커에 따르면 약사들은 독신처럼 보이는 남성들에게 콘돔을 팔지 않았다. 비록 당시에도 여성의 50퍼센트, 남성의 75퍼센트가 결혼식을 치르기 전에 삽입 성관계를 했지만, 섹스는 결혼할 때까지 유보해두어야 한다는 대중의 공감대가 폭넓게 형성되어 있었다. 그러나 머지않아 이러한 풍조는 순식간에 급진적으로 바뀌게 된다. 1960년에 등장한 경구피임약은 성혁명의 첫번째 구세주였다. 그로부터 3년 뒤에는 『여성의 신비The Feminine Mystique』라는 책이 출간되어 페미니즘의 새로운 물결을 불러일으켰다. 다시 십 년 뒤에는 대법원에서 여성이 낙태를 선택할 수 있는 권리를 보장했다. 출산과 관계없이 섹스를 즐길 수 있게 되자 '결혼할 때까지 기다린다'는 개념, 심지어 성인이 될 때까지 기다린다는 개념 자체가 점차 구시대의 산물이 되어갔다. 1965년에서 1980년 사이에 삽입 성관계를 해본 16세 여성의 수는 두 배로 늘어났다. '미국 성 정보 및 교육협의회Sex Information and Education Council of the United States, SIECUS'의 설립자이자 의사인 메리 캘드론을 필두로 한 활동가들은 이러한 변화가 긍정적이고, 가치중립적이며, 의학적으로 정확한 성교육 시대의 도래로 이어질 것을 희망했다.

하지만 그렇게 되지는 않았다. 『섹스 가르치기Teaching Sex』의 저자

제프리 모런에 따르면, 진보 성향의 의원들은 미성년자들이 계속해서 피임을 할 수 있도록 하기 위해 부정적인 방향으로 접근하는 쪽을 택했고, 아무리 불가피하다고는 하지만 청소년의 섹스는 기본적으로 위험천만하며 모종의 대책이 필요한 '위기'라는 사고 방식을 널리 전파했다. 이들은 새로운 성적 자유로 인해 특히 흑인들 사이에서 십대 출산이 '급속히 확산'되었으며 이것이 빈곤의 악순환으로 이어진다고 주장했다(실제로 흑인 청소년의 출산율은 백인 청소년의 3배이기는 하지만 1960년대와 1970년대를 거치면서 전반적인 청소년 출산율은 꾸준히 하락했다). 이에 대한 현실적인 대응방안은 청소년들에게 스스로를 지키도록 가르치는 것이다. 그에 따라 1978년에 에드워드 케네디 상원의원의 발의로 '청소년 보건서비스 및 임산예방보호에 관한 법률Adolescent Health Services and Pregnancy Prevention and Care Act'이 도입되었으며, 이 법률은 고질적인 재정난에 시달리면서도 위기관리, 피임, 낙태 교육, 상담, '가치 명료화values clarification'에 초점을 맞춘 교육 프로그램을 지원했다. 또한 이 법률은 성적 행위에 기대하는 기준으로서 결혼이 아니라 '준비가 된 상태readiness'라는 애매모호한 개념을 내세웠다. 모런에 따르면 보수 진영은 이에 격렬하게 반발했다. 교육 컨설턴트이자 활동가인 다이앤 래비치는 격분하여 이렇게 지적했다. "정부가 국민에게 자위하는 법을 가르치는 것이 과연 적절한 일인가? 쿤닐링구스를 하는 법은? 불륜이 보편적으로 퍼져 있다고 안심시키는 것은?"(물론 이는 잘못된 지적이다).

이로 인해 이전에는 평범한 '가정생활' 수업에서 성공적인 결혼생활이라는 주제를 다룰 때 가볍게만 언급하고 지나가던 성교육이 일종의 치열한 이념의 전쟁터로 바뀌었다. 전통적인 결혼 개념의 와해, 여성의 권리 향상, 동성애의 점진적 수용, 심지어 성별이라는 개념 자체가 무너질 가능성에 대한 우익 진영의 두려움은 성교육 현장에서 적나라하게 드러났다. 1981년 레이건 대통령은 대선에서 뉴라이트가 자신을 지지해준 데 대한 보답의 일환으로 '순결법Chastity Law'이라는 별칭이 붙은 법안에 서명했다. 이 법안은 연방정부가 재정을 지원하는 성교육에서는 "성행위를 삼감으로써 얻을 수 있는 사회적·심리적 건강상의 이익"만을 가르치도록 의무화하는 최초의 법안이었다. 그러나 레이건은 이 법안의 연간 예산으로 고작 400만 달러만을 할당했다. 대단히 아이러니하게도 '좀더 진보적이라는' 클린턴 정부가 들어서고 나서야 금욕 성교육 예산이 6000만 달러로 대폭 증가했는데, 이는 1996년의 복지개혁법Welfare Reform Act에 슬쩍 끼워넣은 선심성 사업이었다. 예산이 증가하면서 성교육에서 제시하는 메시지도 더 엄격해졌다. 이제 공립학교에서는 학생들에게 육체적 관계가 허용되는 영역은 오직 결혼뿐이며 나이에 관계없이 혼외관계(이혼을 하거나 배우자가 세상을 떠난 후의 성관계도 포함)는 돌이킬 수 없는 신체적·감정적 손상으로 이어진다고 가르쳐야 예산을 받을 수 있게 되었다.

조지 부시 대통령이 취임한 후에는 혼전순결 프로그램 예산이 계속 증가해 가장 높았던 시기에는 연간 1억 7600만 달러에 달하기도 했다. 그에 따라 에이즈 확산이 가장 심각한 문제로 대두되던 1988년에는 임신이나 질병을 방지하는 최선의 방법이 금욕이라고 가르치는 성교육 강사가 고작 2퍼센트에 불과했지만, 1999년에는 섹슈얼리티에 대해 포괄적으로 가르쳐야 할 성교육 강사의 무려 40퍼센트가 자신들이 전달해야 할 가장 중요한 메시지는 금욕이라고 여겼다. 2003년이 되자 콘돔을 비롯한 여러 가지 피임법에 대해 전혀 가르치지 않는 공립학교가 30퍼센트에 달하게 되었다(피임 실패율만 간단히 언급하고 넘어갔다). 의회 보고서에 따르면 2005년 당시 연방정부가 지원하는 금욕 성교육 프로그램의 80퍼센트가 경구 피임약의 임신 방지 효과는 20퍼센트이며, 라텍스 콘돔은 암을 유발하고, HIV는 땀이나 눈물을 통해서도 전염될 수 있으며, 십대 동성애자 남자아이들의 절반이 HIV 보균자라는 노골적으로 잘못된 정보를 '사실'이라며 가르치고 있었다.

이를 전부 합치면 미 연방정부는 1982년 이후 금욕 성교육 프로그램에 17억 달러 이상을 쓴 셈인데, 사실상 이 막대한 돈을 그냥 태워버린 것이나 다름없다. 앞선 장에서 언급했던 바와 같이 혼전순결을 맹세하는 사람들은 그렇지 않은 또래들에 비해 평균적으로 몇 개월 늦게 성관계를 갖지만, 정작 성생활을 시작하게 되면 본인이든 상대방이든 임신이나 질병에 제대로 대비하지 못할 가능성이 높다. 금욕 성교육을 받은 사람들도 마찬가지다. 십년에 걸친 다양한 연구에 따르면 금욕 성교육을 받았다고 해서 대조군과 비교할 때 섹스를 아예 삼가거나 더 늦게 하는 것은 아니었다. 또한 성관계 파트너의 수가 더 적지도 않았다. 그러나 의도치 않게 임신할 확률은 최대 60퍼센트까지 높았다. 이쯤 되면 금욕 성교육 옹호자들은 국민들의 건강, 심지어 성적 절제보다도 순결 이데올로기를 더 중시하는 것이 아닐까 의심될 정도다. 그렇지 않다면 금욕 성교육은 진작 포기하고 십대의 성행위 빈도를 줄이며 피임과 질병 방지 비율을 높이고 만남 방식을 개선하는 데 여러 차례 효과가 증명된 바 있는 성교육, 즉 포괄적 성교육comprehensive sex education으로 선회했을 것이기 때문이다.

버락 오바마 대통령 취임 후 마침내 포괄적 성교육이 연방정부의 관심을 받기 시작했지만, 어디까지나 부정적인 결과를 줄이는 데 중점을 두었다. 철저한 심사 과정을 거쳐 십대 임신 방지에 효과가 있는 것으로 증명된 연구 및 프로그램에 1억 8500만 달러의 예산이 배정되었다. 물론 이보다 덜 진보적인 정권이 들어서면 이러한 예산도 순식간에 공중분해될 수 있으며 사실 향후에 그런 일이 생길 가능성은 다분하다. 예를 들어 공화당 주도로 아동낙오방지법No Child Left Behind을 개정하여 2015년 여름에 하원을 통과한 학생성취법안Student Success Act의 한 조항은 "암시적이든 명시적이든, 동성애든 이성애든, 십대 청소년의 성행위를 예상 가능한 행동의 범주로 정상화하는" 프로그램에 대한 모든 재정 지원을 삭감하게 되어 있다. 한편 금욕 성교육의 경우에는 의료보험개혁법Affordable Care Act을 통해 매년 7500만 달러씩 꾸준히 지원이 계속된다. 부시 정권 때보다는 훨씬 덜했지만 아직도 성교육 정책과 관련해 바로 잡아야 하는 문제가 산적해 있는 셈이다.

그 결과 부모들의 입장에서는 자녀의 '성교육' 수업시간에 도대체 어떤 내용이 다뤄지는지 전혀 알 수 없게 되었다. 의학적으로 정확한 성교육을 의무화하는 주는 고작 14개주에 불과하다. 하지만 그나마도 보장은 할 수 없다. 예를 들어 내가 사는 캘리포니아 주도 이 14개 주 중 하나에 해당한다. 그러나 2015년 봄이 되어서야 처음으로 한 판사가 공공연하게 잘못된 사실을 가르치던 공립학교에 시정명령을 내렸다. 캘리포니아 주 클로비스 시 학생들은 몇 년 동안이나 결혼하지 않은 상태에서 성관계를 가진 여성을 '더러운 신발dirty shoe'에 비유하는 동영상을 봐야 했고 "한 명의 남자, 한 명의 여자, 한 번의 인생One man, one woman, one life"이라는 반동성애 구호를 외쳐왔던 것이다. 그와 비슷한 시기에, 노스웨스턴 대학 파인버그 의과대학에서 의료인문학 및 생명윤리학을 가르치는 앨리스 드레거 교수는 진보 성향의 미시건 주 이스트 랜싱의 한 공립학교에서 자기 아들이 듣고 있는 금욕 성교육 수업을 트위터로 생중계했다. 성교육 강사들은 피임 실패율에 대해 경고하면서 전부 구멍난 콘돔이 들어 있는 콘돔 박스를 예로 들었다. 또한 남학생들에게 섹스를 거절할 줄 아는 '착한 여학생'을 찾으라고 조언했다. 드레거의 트윗 중계에 따르면, 강사는 수업 도중에 학생들에게 "이 주사위를 여덟 번 굴려보겠습니다. 여러분이 생각한 숫자가 나올 때마다 콘돔이 찢어졌다고 가정하고 종이로 된 아기를 가져가세요"라고 말했다. 그 직후에 올라온 트윗은 "강사가 종이로 된 아기를 모든 학생들에게 나눠줬다. 콘돔이 전부 찢어져서 한 반 전체가 임신한 거야!"였다. 드레거는 수업이 끝난 후 이런 트윗을 올렸다. "방과후에 그 아이들을 전부 모아놓고 사실대로 이야기해줬으면 좋겠네. '섹스는 좋은 거야. 그렇기 때문에 다들 섹스를 하고 싶어하는 거지. 조심하고 마음껏 즐겨.'"

삶은 논술시험 같은 것

거의 25년 전에 사립 여학교에서 영어를 가르치고 야외학습 프로그램을 진행하던 캐리스 데니슨은 깨달음을 얻었다. 중고등학교 시절에 습득해야 할 중요한 교훈 중 너무나 많은 것들이 교실 밖에서 얻어진다. 데니슨이 가르치던 학생들은 자신의 경험에 대해 이야기하고 싶어했고 이야기할 필요성을 느꼈지만, 도무지 방법을 알지 못했다. 게다가 자기 이야기를 털어놓을 기회도 없었다. "우리가 이 아이들을 망치고 있다는 생각이 들기 시작했습니다." 데니슨은 내게 말했다. 만약 학생들과 대화를 나눌 수 있도록 어떻게든 정식 공간을 마련하면 어떨까? 교실에서 유용하게 활용했던 중요한 기술을 학교 밖에서도 적용하도록 독려하면 어떨까? "시험범위도 모르고 논술시험을 보러 가는 사람은 없을 겁니다. 그렇지 않은가요? 하지만 아이들은 파티에 갈 때 아무 생각 없이 가요. 심지어 어떤 일을 피하고 싶은지도 별달리 생각지 않아요." 데니슨은 학생들에게 상황이 달갑지 않은 방향으로 흘러갈 경우 스스로를 책망하는 대신 논술문을 수정할 때 사용하는 "곰곰이 생각하고-수정하고-고쳐쓰기" 전략을 떠올리라고 가르치기 시작했다. "'세상에, 그날 밤은 정말 최악이었어, 끔찍했다고!' 생각하기보다는 한발 물러서서 '왜 그렇게 별로였지? 어떤 부분이 내 책임이고 어떤 부분이 내 통제권 밖이었지?'를 생각해보도록 가르칩니다. 형편없는 시험점수를 받았거나 다른 나쁜 일이 일어났을 때처럼요. 서로 비난하고 책임을 전가하는 대신 뒤로 한발 물러서서 상황을 파악하고, 찬찬히 생각해보고, 계획을 수정하고, 스스로를 용서하고, 다시 앞으로 나아가는 겁니다."

데니슨은 수업시간에 '좋은' '나쁜' '책임감 있는' '무책임한'은 물론 심지어 '건전한' '불건전한' 같은 표현도 사용하지 않으려고 의식적으로 노력한다면서 이렇게 설명했다. "이런 것들은 개인적인 믿음의 문제입니다. 하지만 '후회'라는 감정은 가치관에 관계없이 밀려들어요." 데니슨은 다양한 배경과 가치관을 지닌 학생들 앞에서 강의하기 때문에 이 점이 매우 중요하다고 강조한다. 익명으로 질문하는 시간을 주면 어떤 학생은 "꽤나 정기적으로 훅업을 즐기는 편인데 그래도 괜찮은가요?"라는 질문을 던지는 반면, 같은 반의 다른 학생은 "결혼할 때까지 섹스를 하지 않아도 괜찮은가요?"라고 물어보기도 한다. "이런 상황에서는 '좋은' 선택이라는 개념 자체가 성립하지 않습니다. 따라서 양쪽 학생들이 모두 편안하게 받아들일 수 있는 방식으로 섹스에 대해서 이야기할 수 있느냐가 핵심입니다. 어떤 여학생이 주말에 남자들 몇 명과 훅업을 하고 나서 월요일 아침에 기분이 좋다면 그건 올바른 선택이에요. 거기서부터 한발 물러나서 스스로에게 이런 질문을 던져볼 수 있죠. 상대도 즐거운 시간을 보냈을까? 상대가 나와 같은 생각을 가지고 있었던 게 확실한가? 만약 확실치 않다면, 내 기분은 어떤가? 물론 섹스를 소중히 여기며 남은 일생을 함께하겠다고 맹세한 배우자를 위해 순결을 지키고 싶어하는 여학생도 있어요. 그런 학생에게도 그런 생각을 하면 기분이 어떤지 물어봅니다. 죄책감이나 수치심이 아닌, 기쁨과 자부심을 느낀다면 아무 문제없는 거죠. 만약 죄책감과 수치심을 느낀다면 왜 그런지 이야기를 나눠 보는 거예요. 그러면서 '내가 하는 선택이 나와 주변 사람들에게 어떤 영향을 미치는가? 나에게는 어떤 결과를 가져오고 상대방에 게는 어떤 결과를 가져오는가' 하는 생각을 할 수 있도록 가르치 는 겁니다."

데니슨이 가르치는 내용의 상당 부분, 아니 아마도 거의 대부 분은 딱히 섹스에 대한 내용이 아니다. 데니슨이 설명하는 의사 결정과 소통은 섹스만 아니라 다른 어떤 영역에서도 유용한 기술 이다. 또다른 날 오후에 나는 데니슨이 처음 만나는 중학교 3학년 학생들 앞에서 강의하는 모습을 지켜보았다. 데니슨은 우리가 불 편함을 느낄 때 무의식적으로 하게 되는 반사적인 행동, 즉 '대비 책'에 대해 설명했다. "많은 대비책이 젠더 역할에 기인합니다. 그 리고 상당수가 가족들 사이에서 행동하는 방식과 관련이 있습니 다. 예를 들어 방과후에 무언가 하고 싶은 게 있는데 친구들은 다 른 일을 하고 싶어한다면 어떻게 할까요? 또는 어떤 상황에 처했 는데 갑자기 너무나 거북해져서 뭘 어떻게 해야 할지 모르겠다 면?"

책을 통해 배운 지식은 이러한 투쟁-도주 상황(갑작스런 자극에 대해 투쟁할 것인가 도주할 것인가를 판단하는 본능적 능력이 필요한 상 황—옮긴이)에서 그다지 도움이 되지 않는다. 특히 여학생들의 경 우라면 더 그렇다. "저는 무척이나 적극적이고, 페미니스트이며, 수업시간에 소설에 등장하는 상징에 대해 선생님이 잘못 설명하 는 것을 지적할 수 있을 정도로 똑똑한 여학생들을 한 달에 수백

명쯤 만납니다. 그런데 이 여학생들이 파티에 가서 어떤 남자가 다리에 손을 올려놓거나 다리 사이에 손을 집어넣는 상황에 처하게 되면 강력한 접착테이프를 입에 붙여놓은 것처럼 꿀 먹은 벙어리가 되고 맙니다. '손 좀 치우지?'라는 말을 도무지 입 밖에 내지 못하는 거죠. 넘치는 적극성과 자신감이 그 순간에는 발휘되지 않습니다. 그 순간만큼은 내면의 다른 부분이 튀어나오거든요. 그 다음에는 후회와 수치심이 뒤따릅니다. 이렇게 돼버리는 이유는 그런 상황에 대비해 제대로 연습이 되어 있지 않기 때문입니다."
다시 한번 교실은 물을 끼얹은 것처럼 조용해졌다. 교사에게 아픈 곳을 찔린 학생들이 다들 숨을 죽이고 있는 것 같았다.

데니슨은 자원자 한 명을 찾았고, 호리호리한 체격에 시카고불스 농구팀 티셔츠를 입은 잭슨이라는 남학생이 일어섰다. 데니슨은 이렇게 설명을 하기 시작했다. "사람들은 '적극성'에 대한 이야기를 많이 해요. '공격성'과 '수동적 공격성'도 마찬가지고요. 이것은 실제 상황, 특히 거북함을 느끼는 상황에서 우리가 반응하는 방식을 나타내는 말이에요." 데니슨은 스마트폰을 꺼냈다. "예를 들어 제가 잭슨의 스마트폰을 빌려서 하루만 쓰고 돌려주겠다고 말했다고 가정해봅시다. 하지만 벌써 사흘이 지났어요. 뿐만 아니라 액정을 깨뜨리고 말았어요. 이제 스마트폰을 잭슨에게 돌려주면 잭슨은 수동적인 반응이 어떤 건지 보여줄 거예요."

데니슨은 잭슨 쪽으로 걸어가서 스마트폰을 잭슨에게 건네주었다. "스마트폰 빌려줘서 고마워, 잭슨. 잘 썼어." 데니슨은 가상으로 액정이 깨진 부분을 가리키며 별일 아니라는 듯이 덧붙였다.

"여기가 살짝 이렇게 됐어."

"괜찮아." 잭슨은 말했다.

"정말?" 데니슨은 잭슨에게로 한발 다가갔다. "그럼 또 빌려줄래?"

"아니, 그건……"

데니슨은 한발 더 가까이 다가갔다. "아, 그럼 너 차 있니?"

"응, 저쪽에 있어."

"열쇠 좀 줘볼래?" 잭슨은 열쇠를 데니슨에게 건네주는 시늉을 했고 상황극은 끝났다.

데니슨은 학생들에게 이렇게 말했다. "지금 잭슨이 보여준 대비책은 '나는 거북하고 불쾌해. 이 상황이 끝났으면 좋겠어. 그러니까 최대한 빨리 이 여자가 하자는 대로 해야지'라는 것이었어요. 하지만 제가 한발 다가섰을 때 잭슨이 뒤로 물러나는 걸 봤나요? 그걸 보고 저는 '좋아, 내 뜻대로 되고 있어. 아무 책임도 질 필요 없네. 얘를 이용해먹을 수 있겠어'라는 반응을 보였죠. 따라서 우리 두 사람의 반응을 바탕으로 생각해봅시다. 과연 제가 다시 잭슨에게 뻔뻔하게 굴까요? 하, 당연하겠죠. 이제 잭슨은 과녁이 그려진 포스트잇을 이마에 붙이고 있는 셈이나 다름없어요. 하지만 만약 잭슨이 이런 생각을 해봤다면 어땠을까요? '지금 내 기분이 어떻지? 어떤 생각이 들어? 상황이 어떻게 흘러가기를 바라지?' 어쩌면 30초만 시간을 내서 생각을 해보고 무언가 다른 행동을 취한다면 눈앞에 있는 뻔뻔한 여자가 다시는 말을 걸지 못하게 막을 수 있을지도 모릅니다."

빨간색과 흰색으로 된 줄무늬 셔츠를 입은 마른 남학생이 손을 들고 물었다. "그렇다면 공격적인 대비책은 정확히 어떤 거죠?"

"남이 너한테 뻔뻔하게 굴기 전에 밀어내는 거지. 아님 개한테 쓰레기라고 솔직히 말하던가." 다른 남학생이 응수했다.

"아빠 엄마가 나한테 소리지를 때 맞받아서 소리지르는 것도 여기에 해당하지 않을까." 여학생 한 명도 거들었다.

데니슨은 오늘 수업에 하급생들이 존경하는 상급생들 몇 명을 조교로 초대해놓았다. 페도라를 쓰고 빈티지 바이올런트 팜므Violent Femmes(미국 록밴드―옮긴이) 티셔츠를 입은 상급생 여학생 한 명이 손을 들었다. "제 대비책은 누군가 저에게 '너 뭐 먹고 싶어?'라고 물으면 '너 먹고 싶은 거 먹자'라고 대답하는 거였어요. 그리고 제가 뭘 하고 싶은지 절대, 한 번도 이야기한 적이 없어요. 요즘은 그걸 바꾸려고 노력하고 있어요. 최소한 제가 편하게 느끼는 가까운 사람들과 함께 있을 때는요."

"그러면 지금까지는 늘 그렇게 하진 못한 거구나……" 데니슨은 여학생이 좀더 설명을 하도록 유도했다.

여학생은 고개를 끄덕였다. "사실 아직도 자주 그래요. 하지만 예전에는 제가 바라는 걸 말할 용기가 없었어요. 제가 하고 싶은 걸 말하면 사람들이 저를 싫어하지 않을까 항상 너무 걱정이 됐거든요."

데니슨은 여학생의 이 말을 받아서 설명을 이어갔다. "이 점을 염두에 두고 아까 이야기했던 상황들을 다시 돌아봅시다. 훅업 상황에서, 특히 미성년자가 출입 가능한 클럽에 쉽게 갈 수 있는 도시에서는 이런 상황을 더욱 자주 접하게 되죠. 만약 저런 식의 대비책이라면 나중에 후회할 행동을 하게 될 위험이 다분합니다. 술은 입에 대지 않고 그냥 춤만 추겠다고 하면서 클럽에 가지만, 거북한 상황이 생길 수도 있다는 생각은 하지 않거나 그에 대비해서 제대로 계획을 세우지 않는 학생들이 너무 많아요."

데니슨은 계속 말을 이어갔다. "그런 클럽의 뒤쪽 복도에는 오럴 섹스를 하는 사람들이 넘쳐납니다. 삽입 성관계는 하고 싶지 않은데 '너한테 오럴 섹스 해주기 싫어'라고 말하는 습관이 되어 있지 않기 때문에 어쩔 수 없이 오럴 섹스를 하는 경우도 있어요. 거절하는 법을 아예 모르는 것 같아요. 그리고 나중에 후회할 만한 성적인 행위도 무척이나 많이 합니다. 술도 마찬가지예요. 옆에서 권하는 술을 거절하다가 지치기도 하고, 집에 오라고 문자를 보내는 부모님 때문에 짜증이 나서 술을 마시기도 합니다. 따라서 제대로 효과를 발휘하는 진짜 대비책을 마련하기 위해 노력하는 것, 특히 여러분과 똑같은 입장에 처해본 적이 있는 선배들과 머리를 맞대고 생각해보는 게 큰 도움이 돼요. 우선 처음에는 자신의 대비책을 두세 개 파악해보는 걸로 시작할까요. 이번 학기가 끝날 때까지 찾아봐도 좋아요. 그다음에 앞으로 몇 년 동안 그런 대비책에 대해 이야기를 나눠보는 겁니다. 그쪽으로 머리를 움직여봅시다. 후회할 일을 피하고 자기주장을 확실히 내세우는 연습은 너무나 중요합니다. 뿐만 아니라 연습을 하면 할수록 더 쉬워진다는 장점도 있어요."

데니슨과 학생들은 수동적, 공격적, 적극적 시나리오를 몇 개

더 다루었다. 데니슨은 자원한 학생들에게 "지금 어떤 기분이 드는지, 어떤 생각을 하는지, 상황이 어떻게 흘러갔으면 좋겠는지"를 명확하게 말로 표현하도록 촉구했다. 수업 종료를 몇 분 남겨두고 학생들이 익명으로 쪽지에 적어서 제출한 질문 몇 개에 답을 해준 후, 학생들의 전화와 문자를 받는 용도로만 사용하는 스마트폰 번호를 나눠주었다. 데니슨의 몇몇 동료들은 몇 년에 걸쳐 학생들이 밤낮을 가리지 않고 아무때나 사생활을 침해하도록 내버려두는 데니슨의 태도에 의문을 제기해왔다. 데니슨은 훗날 나에게 이렇게 말했다. "동료들은 그게 분명하게 경계를 그어야 하는 문제라고 하더군요. 저는 그렇게 생각지 않아요. 저는 교실에 들어가서 학생들에게 자신의 행동에 의문을 제기하고, 원하지 않는 방향으로 흘러가는 상황을 분명히 파악하고 인정하며, 전반적인 상황에 대해 곰곰이 생각해보도록 독려합니다. 그리고 학생들의 편이 되어주겠다고 약속합니다. 그다음에 제가 쏙 빠져버리고 연락도 닿지 않는다면 제 임무를 제대로 다하지 못하는 거죠." 데니슨이 받는 메시지는 대부분 섹스와 약물에 대한 기본적인 사실을 물어보는 것이다. 가끔은 딜레마에 빠진 관계나 양쪽 모두 '후회'할 것 같은 상황에서 어떤 선택을 해야 하는지 물어보는 학생들도 있고, 단순히 감사 문자를 보내는 학생들도 있다. 대다수가 익명으로 오는 문자들이며 가끔은 자신이 가르쳤던 학생의 친구의 친구, 즉 한 번도 본 적 없는 학생에게서 메시지가 오기도 한다. 데니슨이 최근에 받은 메시지를 몇 개 소개해보자.

- 남자친구가 오르가슴을 느끼고 난 다음에는 절 만지질 않는데, 이게 정상인가요?
- 콘돔이 찢어진 적이 있어서 여자친구랑 저는 다른 피임법을 찾아야 하는지 생각중이에요. 그런데 제 여자친구는 호르몬 조절 피임약을 먹고 있거든요. 약을 섞어 먹으면 안 되나요?
- 어떤 남자애랑 얘기하고 있는데 그 남자애가 (문자로) 이렇게 말했어요. '넌 뭐 평생 남자 거시기를 빨지 않을 것처럼 군다. 그건 여자애들의 의무라고……' 지금 두 달 정도 그 남자애랑 '썸'을 타고 있는데 어떻게 해야 할지 모르겠어요. 나중에 후회하지 않을 결정을 내리고 싶거든요.
- 한 달 전에 저를 나쁜 년이라고 부른 남자애를 따라서 버스를 네 번 갈아타고 기차까지 탔어요. 지금 제가 대체 왜 여기 있는 걸까요.
- 캐리스, 그동안의 모든 가르침에 너무나 감사드려요. 고등학교 시절에 정말 많이 도움을 받았어요. 덕분에 대학에 와서 성교육 팟캐스트를 시작했어요!

스크롤을 내리면서 문자를 살펴보던 데니슨은 놀랍다는 듯이 고개를 흔들었다. "만약 성인들도 저에게 도움을 청하는 십대 청소년들처럼 자신의 주변 환경과 선택에 대해 깊이 생각해본다면 어떨까요. 이 아이들은 무척이나 생각이 깊어요. 어떤 행동을 하기 전에 충분히 생각하거든요. 행동으로 옮기고 난 다음에도 충분히 생각해보고요. 심지어 행동을 하는 도중에도 생각합니다. 저에게는 상당한 자극이 됩니다."

네덜란드의 성교육 현황

걱정하는 부모들에게 딱 맞는 해결책이 있다. 네덜란드로 이민을 가자. 물론 비현실적인 얘기다. 그러나 어쩌면 미국에도 약간이나마 네덜란드의 방식을 도입할 수 있을지 모른다. 네덜란드에서는 이미 이 문제를 전부 해결한 것 같아 보이기 때문이다. 미국이 선진국 중에서 가장 높은 십대 임신율로 골머리를 썩고 있는 반면, 네덜란드는 십대 임신율이 가장 낮은 국가들 중 하나다. 미국의 십대 출산율? 네덜란드의 8배나 된다. 십대 낙태율도 1.7배다. 물론 인구 구성의 크나큰 차이가 이러한 통계 수치에 영향을 미치는 것도 사실이다. 미국은 네덜란드보다 훨씬 다양한 인종으로 구성된 나라이며, 유년기 빈곤율이 높고, 사회복지는 허술한데다, 우익들도 많다. 하지만 이러한 요소를 전부 감안하더라도 분명히 차이는 존재한다. 무작위로 선별한 미국 여성과 네덜란드 여성 각 400명씩의 초기 섹스 경험을 비교한 연구를 살펴보자. 조사대상은 거의 모두 백인 중산층이었고 유사한 종교적 배경을 가지고 있었기 때문에 비슷한 계층을 비교했다고 할 수 있다. 조사결과 미국 여성들은 네덜란드 여성들보다 더 어린 나이에 성생활을 시작하고 성관계 파트너도 더 많으며 피임을 할 확률도 적었다. 마침 '기회'가 있었기 때문에, 또는 친구나 파트너의 압력 때문에 처음 성관계를 가졌다고 대답하는 비율도 미국 여성들이 높았다. 조사대상 일부와 진행한 후속 인터뷰에서 미국 여성들은 내가 만나본 여학생들과 마찬가지로 '호르몬이 미쳐 날뛰어서' 관계를 갖게 되었고, 남자 쪽이 관계의 주도권을 가지고 있었으며, 남성의 쾌락이 우선시되고, 양쪽 모두 만족감을 느끼는 경우는 드물었다고 답했다. 네덜란드 여성들은 어떨까? 이들은 서로 사랑하며 존중하는 관계 속에서 성생활을 하기 시작했으며, 어떻게 하면 기분이 좋고 어떻게 하면 별로인지, 어느 '정도'까지 스킨십을 진전시키고 싶은지, 그 과정에서 어떤 보호조치가 필요한지 터놓고 파트너와 의논했다(또한 네덜란드 여성들은 파트너를 "매우 잘 알고 있었다"고 대답했다). 네덜란드 여성들은 미국 여성들에 비해 자신의 몸과 욕망에 대해 거부감이 없었으며 쾌감을 얻는 방법도 더욱 잘 파악하고 있었다.

이것만 해도 얼른 뛰어나가서 클롬펀(네덜란드 전통 나막신—옮긴이) 한 켤레를 사기에 충분하지 않은가.

그렇다면 네덜란드의 비결은 무엇일까? 네덜란드 여성들은 교사와 의사들이 섹스, 쾌락, 서로 사랑하는 관계의 중요성에 대해 솔직하게 이야기해준다고 대답했다. 뿐만 아니라 부모가 이러한 주제에 접근하는 방식에서도 미국과 네덜란드 사이에 극명한 차이가 드러났다. 미국 어머니들은 섹스의 위험과 돌발 상황을 강조하고, 아버지들은 아예 언급을 하지 않거나 언급을 한다 해도 재미없는 농담 정도에 그칠 뿐이다. 대조적으로 네덜란드의 부모는 딸이 어렸을 때부터 친밀한 육체적 관계에서 얻을 수 있는 기쁨과 그에 수반되는 책임을 가르친다. 한 네덜란드 소녀는 첫번째 삽입 성관계를 가진 후 엄마에게 이야기했다고 한다. "이 문제에 대해 터놓고 얘기하거든요. 제 친구 엄마도 저에게 어땠느냐고 물어보셨어요. 제가 오르가슴을 느꼈는지, 그리고 상대 남자도 느꼈는지."

두 나라가 처음부터 이렇게 극명하게 다른 것은 아니었다. 매사추세츠 대학 사회학과 부교수이자 『내 집에서는 안 돼Not Under My Roof』의 저자 에이미 스컬릿에 따르면, 1960년대 후반만 해도 네덜란드 사람들은 미국인들과 비슷하게 대체적으로 혼전 섹스를 못마땅해하는 분위기였다. 성혁명이 양국의 성담론을 완전히 바꿔 놓은 후, 미국의 부모와 정책 입안자들은 그에 대응해 십대 청소년의 섹스를 보건 위기로 취급했지만, 네덜란드의 부모와 정치가들은 다른 방향을 택했다. 적절한 지도편달이 필요하기는 하지만, 청소년의 섹스는 어디까지나 자연스러운 현상이라고 의식적으로 받아들인 것이다. 네덜란드 정부는 22세 이하 모든 여성이 부모의 동의 없이도 무료로 골반 검사, 피임, 낙태를 할 수 있는 제도를 마련했다. 1990년대에 미국이 쓸모없는 금욕 성교육에 수백만 달러를 들이붓는 동안, 네덜란드의 교사 및 부모들은 섹스와 연애의 긍정적인 면을 활발히 논의하고 신체의 구조, 생식, 질병 방지, 피임, 낙태에 대해 아이들에게 자세히 가르쳐주었다. 또한 네덜란드에서는 친밀한 신체 접촉을 할 때 자기 자신과 상대방을 존중해야 한다고 강조했으며 자위와 오럴 섹스, 동성애, 오르가슴을 공개적인 토론 주제로 삼았다. 전국적인 설문조사에서 대다수 십대 청소년들이 여전히 섹스에서는 남자가 좀더 주도적으로 행동해야 한다고 생각한다는 결과가 나오자, 네덜란드 정부는 성교육 커리큘럼에 '상호작용' 기술을 추가하여 "어떻게 하면 기분이 좋은지 상대방에게 정확히 전달하는" 법과 분명하게 경계선을 긋는 법을 가르쳤다. 그 결과 2005년에는 네덜란드 청소년 다섯 명 중 네 명이 첫번째 성경험은 자신이 통제할 수 있는 상황에서 적절한 시기에 이루어졌으며 즐거웠다고 답하게 되었다. 섹스를 할 때 "양쪽 모두 하고 싶다고 생각했다"고 답한 십대 여자아이들은 86퍼센트, 십대 남자아이들은 93퍼센트에 달했다. 성경험이 있는 십대 청소년의 3분의 2가 첫번째 삽입 성관계를 너무 성급하게 해버렸다고 생각하는 미국과는 큰 차이를 보인다.

그러나 스컬릿의 주장에 따르면, 미국과 네덜란드는 단순히 섹스뿐만 아니라 십대 청소년이 성인으로 성장하는 과정에 대해 근본적으로 다른 생각을 가지고 있다. 미국 부모들은 청소년이란 본질적으로 반항하기 마련이며 '미쳐 날뛰는 호르몬'에 휘둘리는 존재라고 여긴다. 따라서 강력하게 단속하고, 엄격한 제약을 두며, 섹스 또는 알코올이나 약물 남용으로 이어질 수 있는 모든 행동을 금지하거나 철저하게 제한하는 방식으로 대응한다. 그러나 이러한 우려는 결국 현실이 되고 만다. 청소년들은 규칙을 어기고, 부모와 갈등을 빚으며, 가족으로부터 멀리 떨어짐으로써 독립을 쟁취한다. 일반적으로 부모 눈을 속이거나 대놓고 거짓말을 해야 하는 섹스는 독립을 위한 수단이 된다. 예를 들어 캐리스 데니슨은 부모와의 갈등 문제와 관련해 학생들이 해오는 질문 중 대략 절반 정도가 엄마 아빠 모르게 피임을 하거나 성병 검사를 받는 방법이었다고 말해주기도 했다. 나머지 절반은 민감한 문제에 대한 이야기를 어떻게 꺼내야 부모님이 제대로 귀기울일까에 대한 질문이었다. 이 두 가지 모두 십대 청소년과 그들을 가장 사랑하는 사람들 사이의 균열을 잘 보여주며, 이러한 균열은 대부분 우리 부모들이 만들어낸 것이나 다름없다. 스컬릿은 십대 소녀들이 특히 괴로워하며 '착한 딸' 노릇과 성적 경험을 양립시킬 수 없어 많은 고민을 한다고 했다. 결국 이들은 부모에게 거짓말을 하거나, 성관계를 인정하기는 하지만 부모의 눈에 띄지 않도록 몰래 하게 된다. 어느 쪽이든 부모와의 거리는 멀어질 공산이 크다. 정치적으로 진보적인 부모가 섹스 문제만 나오면 '보수적인 부모'처럼 굴었다는 샘의 이야기를 되돌아보자. 웃으면서 아버지는 "제가 처녀라고 생각한다"고 말했던 메건은 어떤가. 열아홉 살 때 피임약을 먹으면 어떻겠냐고 어머니에게 물었다가 "넌 섹스를 하면 안 돼"라는 대답을 들었던 홀리도 있다. 이 여자아이들은 반강제로 부모 앞에서 순진한 딸 행세를 하고 있었다. 그렇다고 해서 이 아이들의 행동이 바뀐 것은 아니다. 그저 부모의 지원도 받지 못한 채 더욱 취약한 상태가 되었을 뿐이다.

한편 네덜란드 청소년들은 부모와 친밀한 관계를 유지하며 허젤러헤이트gezelligheid의 분위기 속에서 성장한다. 대다수 미국인들이 제대로 발음하지도 못하는 이 단어를 스컬릿은 '포근함' 정도로 번역한다. 네덜란드 부모와 청소년 자녀는 급증하는 성욕을 포함해 자녀의 심리적·감정적 발달에 대한 이야기를 자연스럽게 나눈다. 그 연장선에서, 네덜란드 부모들은 미국에서는 매우 진보적인 가정을 제외하면 지극히 보기 드문 외박을 허용한다. 꾸준히 만나는 남자친구나 여자친구가 있는 15세에서 17세 사이의 네덜란드 청소년 중 3분의 2는 이성친구가 자기 방에서 자고 가도 된다고 대답했다. 그렇다고 해서 무분별한 행동을 방치한다는 의미는 아니다. 오히려 그 반대다. 네덜란드 부모는 자녀들에게 난잡한 행동을 절대 삼가도록 이르며, 섹스는 서로 사랑하는 관계 속에서 이루어져야 한다고 가르친다. 외박의 기본 원칙을 협상하는 것이 항상 쉽지만은 않지만(부모들은 어느 정도 '적응' 시기가 필요하며 얼굴을 붉히는 일이 생기는 경우도 있다고 인정한다), 부모가 자녀에게 영향력을 발휘하고, 올바른 윤리의식을 심어주며, 적절한 보호조치의 필요성을 강조할 수 있는 또 한 번의 기회가 된다. 스컬릿은 이것을 일종의 '가벼운 통제'라고 부른다. 그리고 그 결과에 대해서는 토를 달기 어려울 것이다.

네덜란드라고 해서 완벽하지는 않다. 네덜란드에서도 십대 여자아이들은 남자아이들보다 억지로 성적 행동을 했다고 대답할 확률이 높다. 성관계 도중에 통증을 느끼거나 오르가슴에 좀처럼 도달하지 못할 가능성도 여자아이 쪽이 높다. 네덜란드의 십대 소녀들은 소년들 못지않게 욕망과 사랑을 추구하는 데 적극적으로 관심을 표현하며 성적 욕구를 더 흔쾌히 인정하지만, 여러 명의 상대와 감정 없이 섹스를 하거나 하룻밤 섹스를 즐기는 여자아이들에게는 여전히 '걸레'라는 꼬리표가 따라다닐 위험성이 높다. 그러나 스컬릿은 이 단어가 미국만큼 심각한 비난이나 사회적 오명을 의미하지는 않는다는 사실을 알게 되었다. 한편 스컬릿이 인터뷰한 네덜란드 남자아이들은 섹스와 사랑이 공존해야 한다고 대답했다. 그들의 아버지들이 성적 행위를 할 때는 상대방도 마찬가지로 적극적으로 임해야 하고, 여자들도 남자만큼이나 성적 행위를 즐길 수 있으며(또한 마땅히 즐겨야 하고), 어떤 소년의 말마따나 "술 취한 사람과 [섹스를] 할 정도로 멍청하게 굴면 안 된다"고 명확하게 가르쳐주었다고 답하기도 했다. 미국 남자아이들도 사랑을 갈구하는 경우가 많지만, 이들은 자기가 특이해서 사랑에 목을 맬 뿐, 오로지 '섹스에만 혈안이 된' 또래들은 그렇지 않다고 생각하는 경향이 강했다.

나는 어떤 선택을 할 것인가

"나는 부모님과 섹스에 대해 편하게 이야기할 수 있다."

캐리스 데니슨은 중학교 3학년 학생들이 움직이기 시작하는 모습을 지켜보았다. 방금 캐리스가 제시한 위의 문장에 해당하는 학생들은 교실 앞쪽으로 이동하고 그렇지 않은 학생들은 뒤쪽으로 향했다. 데니슨은 교실 중간에 서 있으면 안 된다고 분명히 못을 박았다. 이 연습의 핵심은 학생들이 억지로라도 입장을 분명히 정하고, 자신의 입장을 옹호하거나 심지어는 깊숙이 자리잡은 생각을 바꾸도록 하는 것이었다. 그러나 이 경우 거의 모든 학생들이 '해당하지 않음'을 선택했다.

"우리 아빠 엄마는 이상해요." 한 여학생은 반 전체 학생들에게 이렇게 이야기했다.

이 수업 도중에 데니슨이 제시하는 문장 중 몇 가지는 단순한 미끼 질문처럼 보였다. "십대 청소년이 섹스를 할 때는 매번 콘돔을 사용해야 한다"는 문장을 던지자 모든 학생이 동의했다. 그다음에 데니슨은 "오럴 섹스는 진짜 섹스가 아니다"라고 말했다. 학생들 몇이 교실 가운데에 서려 했지만 데니슨은 그러지 못하게 하면서 이렇게 설명했다. "인생을 살아가면서 때로는 어려운 선택을 해야 합니다. 중간에 서 있을 수는 없어요. 어떻게든 움직여야 할 때가 있기 마련입니다." 결국 모든 학생이 양쪽으로 갈라졌다. 어쩔 수 없이 동의하지 않는 쪽을 택한 여학생은 이렇게 말했다. "글쎄요, 진짜 섹스는 아니죠. 하지만 완전히 섹스가 아닌 것도 아니고요. 오럴 섹스는 말하자면……" 여학생은 어쩔 수 없다는 듯이 어깨를 으쓱하면서 말했다. "잘 모르겠어요."

그 여학생 옆에 서 있던 남학생이 덧붙였다. "임신을 할 수 있어야 진짜 섹스라고 생각해요."

데니슨은 눈살을 찌푸렸다. "한 번도 남자랑 성관계를 해본 적 없는 서른다섯 살 레즈비언 친구가 있어요. 그럼 그 친구는 처녀인가요?" 그 질문에 남학생은 혼란스러운 표정을 지으며 말끝을 흐렸다. "아니요. 하지만……"

'동의함'을 선택했던 한 여학생이 끼어들었다. "저는 섹스란 타인과 아주 은밀한 시간을 갖는 것이라고 생각해요. 꼭 상대방의 몸에 무언가를 삽입할 필요는 없지 않나요." 이 여학생의 대답에 몇명이 동의한다는 의미로 손가락을 튕기며 딱 하는 소리를 냈다.

데니슨은 나중에 고등학교 2학년 수업에서 똑같은 연습을 할 때 더욱 도발적인 문장을 제시했다. "남자가 여자에게 오럴 섹스를 해주는 것은 기본적으로 여자가 남자에게 오럴 섹스를 해주는 것과 같다"는 화두를 던지자 교실 안에는 한바탕 혼란이 일었다. 몇몇 학생들은 데니슨에게 "같아야 한다는 뜻인가요, 아니면 실제로 같다는 뜻인가요?"라고 물었지만 데니슨은 침묵을 지켰다. 학생 중 몇 명은 교실 중간에서 움직이지 않았다. 그러나 결국 거의 모든 학생들이 '동의함' 쪽에 섰다.

"상당히 많은 학생들이 이쪽에 섰군요." 데니슨은 학생들을 보며 말했다. "실제 상황에서도 그런가요? 여자가 남자만큼이나 오럴 섹스를 많이 받는다고 생각하는 사람은 손을 들어보세요." 손을 든 학생은 아무도 없었다. "그렇다면 도대체 왜 그런지 이야기를 나눠봐야겠네요."

다음 문장은 "주변에 원치 않은 섹스를 한 사람이 있다"였다. 여기서도 다시 한번 거의 모든 학생들이 '그렇다' 쪽에 섰다.

록밴드 매치박스 트웬티Matchbox Twenty 티셔츠를 입은 남학생이 손을 들고 질문을 했다. "'원치 않은'이라는 게 무슨 뜻이죠? 술을 잔뜩 마시고 섹스를 한 다음날 '아, 왜 그랬을까' 하고 생각하는 경우를 말하는 건가요?"

"학생은 그걸 원치 않은 섹스라고 부르나요?" 데니슨이 되물었다.

"네." 남학생의 답변이었다.

발목까지 오는 줄무늬 원피스를 입은 여학생이 끼어들었다. "하지만 그랬다고 해서 남자를 나쁜 놈이라고 부르는 건 좀 불공평한 것 같아요." 그 여학생은 술에 취한 것처럼 어눌한 목소리를 흉내냈다. "당시에 '아, 그거 좋은 생각인데!' 해놓고 나중에 '야, 왜 그랬어' 하잖아요. 그건 남자 쪽 책임이 아니죠."

"꼭 누군가에게 책임이 있어야 원치 않은 섹스라는 개념이 성립할 수 있는 건가요?" 데니슨은 물었다.

여학생은 어깨를 으쓱했다. "아니요, 그건 아닌 것 같아요."

데니슨은 '그렇다'고 답한 학생들을 가리켰다. "이쪽에 선 여러분. 원치 않은 섹스를 한 사람을 한 명 이상 알고 있다면 손을 들어보세요." 대부분이 손을 들었다. "원치 않은 섹스를 한 사람을 두 명 이상 알고 있다면 손을 내리지 마세요." 대부분은 그대로 손을 든 채 서 있었다. "세 명 이상." 여전히 손을 든 학생이 많았다. "네 명." 데니슨은 그다음에 한참 침묵을 지키다가 다시 입을 열었다. "저는 지금 십대들을 정말 좋아해요. 세상에서 가장 똑똑하고, 가장 창의적이고, 가장 용감한 세대라고 생각해요. 하지만 너무나 많은 십대들이 후회하고 혼란스러워하며 말 못할 고민을 해요. 이런 후회와 고민을 줄이려면 어떻게 해야 할까요? 우리는 무엇을 제대로 하지 못하고 있고, 무엇을 해야 할까요?"

털실 모자를 쓴 남학생이 손을 들었다. "향정신성 약물에 그런 이름이 붙은 데는 그럴 만한 이유가 있다고 생각해요. 그런 약을 먹으면 멀쩡한 정신에서는 하지 않을 결정을 내리게 되거든요."

데니슨은 고개를 끄덕였다. "우리는 어떤 선택을 할 때 어떤 힘에 굴복하기도 하고 선택을 통해 힘을 얻기도 합니다. 그렇죠? 술이나 약물을 섭취하면 자제력을 잃게 되는데요. 사람들이 가끔 술을 마시거나 약을 먹는 것도 살다보면 자기 자신을 놓아버리고 싶은 때가 있기 때문이거든요. 하지만 그렇다고 해서 술이나 약물의 힘을 잊어서는 안 되죠. 술을 한 모금 마실 때마다 주변 상황을 파악하는 힘을 조금씩 잃게 된다는 사실을 알고 있어야 해요. 자기 자신을 추스르거나 감정을 판단하는 능력을 잃게 되는 거잖아요."

회색 운동복 상의를 입은 한 여학생이 커다란 풍선껌을 우적우적 씹으며 손을 들었다. "합의라는 것의 의미를 아주 분명하게 정의해야 해요. 처음에 확실하게 '응 나도 하고 싶어'라고 이야기하지 않으면 거기서 멈춰야죠. 대놓고 싫다고 하지 않았더라도요. 술에 취했을 때도 마찬가지죠. 하고 싶다고 했다가 나중에 마음을 바꾸는 경우에도 더이상 진도를 나가면 안 돼요. 그런 건 합의가 아니죠."

"방금 '합의의 의미를 분명하게 정의한다'고 했어요." 데니슨은 그 여학생의 말을 받았다. "아주 일리 있는 말이에요. 두 사람이 서로 훅업중이고 둘 다 무척이나 열중해 있어요. 제삼자가 '괜찮아?'라고 물으면 두 사람 다 '응, 짱이야!'라고 대답하죠. 그러다가 갑자기 마음이 바뀝니다. 그러면 어떻게 해야 할까요?"

"마음이 바뀐 쪽에서 '지금은 별로 하고 싶지 않아'라고 말해야죠." 풍선껌을 씹는 여학생이 말했다. "거기서 멈추고 다시 그전에 하던 일로 돌아가면 되죠."

"아주 대답 잘했어요. 그런데 마음이 바뀐 사람이 말을 안 하는 경우도 있을 수 있겠죠. 그렇다면 상대방은 어떻게 해야 할까요?"

"계속해도 괜찮은지 물어봐요." 여학생은 대답했다.

"맞아요. 합의를 얻어내는 건 무척이나 섹시한 일이에요." 데니슨은 목소리를 한 옥타브 낮추고 턱을 내민 채 십대 소년을 흉내 냈다. "그냥 '야, 괜찮지? 응? 괜찮지?'라고 물어본다고 생각해봅시다." 데니슨은 잠시 설명을 멈추고 학생들이 잠시 생각해볼 시간을 주었다. "굉장히 상냥하게 들리죠. 합의가 필요하다고 해서 '지금 당장 법률 서류를 꺼내고 변호사를 불러와야겠어'라고 말하라는 건 아니에요." 학생들은 웃음을 터뜨렸다. "그리고 성관계를 시작하는 데는 여러 가지 다양한 방법이 있다는 사실을 아는 것이 중요해요. 반드시 A지점에서 B지점까지 직선으로 질주할 필요는 없어요. 한 지점에서 다른 지점까지 가야 한다고 할 때도 여러 가지 다양한 표현이나 비유가 존재하잖아요." 데니슨은 '베이스 돌기' '홈런' '점수 내기' 같은 익숙한 표현들을 동원해 성관계 상황을 야구에 비유했다. "야구를 할 때 타자석에 서서 공을 때리고 2루까지 간 다음에 '있잖아, 난 여기가 좋아. 그냥 여기에 있을래. 굳이 홈까지 안 갈 거야'라고 말하는 사람은 없잖아요? 그러면 경기에서 지니까요. 그렇죠? 하지만 성관계는, 처음에 좋다고 말했다고 해서 반드시 끝까지 좋다는 뜻은 아닙니다. 합의라는 유용한 도구를 활용하세요. 좋은 애인은 상대방의 말을 잘 듣는 사람입니다. 상대방의 말을 잘 듣지 않는 사람은 좋게 봐줘야 나쁜 애인이고 최악의 경우 강간범이나 다름없죠."

학생들은 헉 하고 숨을 들이쉬었다. "힐!" 누군가의 목소리도 들려왔다.

"그만큼 소통이 중요하다는 이야기예요. 그렇다고 해서 성관계를 하는 도중에 '찬가'를 부르라는 소리는 아니지만, 상대방과 교감을 나눠야 한다는 거고요. 섹스는 상대방과 '친밀한' 관계를 이루는 행위예요. 섹스를 통해 친밀한 관계의 형태와 느낌을 결정하게 되고 '친밀함'이 무엇을 의미하는지도 결정하게 되죠. 하지만 섹스는 혼자 하는 게 아니에요. 두 사람이 연관돼 있죠. 이런 식으로 생각해볼 수도 있어요. '양쪽 모두가 즐길 수 있는 성관계는 어떤 것일까.'"

미식축구용 셔츠를 입고 양쪽 귓불에 피어싱을 한 남학생이 손을 들었다. "이전에는 그런 식으로 생각해본 적이 없었는데요, 아까 말씀하신 야구 이야기 말이에요. 야구는 상대팀을 상대로 점수를 내려고 하는 경기잖아요."

"그렇지요." 데니슨은 그 말을 받았다. "야구에는 승자와 패자가 있죠. 이기기 위해 서로 경쟁하는 경기니까요."

"그러면 섹스에서는 누가 패자예요? 상대방?" 다른 여학생이 물었다.

데니슨은 그저 미소만 지을 뿐이었다.

학생들이 의견을 주고받는 모습을 지켜보고 있자니 내 머릿속에는 데니슨의 학생 중 한 명인 올리비아와 나눈 대화가 떠올랐다. 지금은 대학 신입생이 된 올리비아는 중학교 3학년부터 고등학교 1학년 때까지 수도 없는 남자아이들과 훅업을 했다고 말했다. 그 이유는 본인도 명확히 설명하지 못했다. 훅업이 딱히 재미있지도 않았고 본인 말에 따르면 '역겹기'까지 했다고 한다. "특정한 계기 때문에 변화가 일어난 건 아니에요." 어느 날 오후, 올리비아는 자신이 다녔던 고등학교 근처 한 카페에서 나와 이야기를 나누면서 이렇게 말문을 열었다. "그냥 제가 원하는 대로 행동하지 않고 있다는 것과, 그때 제 모습이 제가 바라는 모습과는 굉장히 다르다는 걸 깨닫기 시작했어요. 다만 캐리스의 수업도 그런 깨달음을 얻는 데 큰 역할을 했죠. 그냥 상황이 흘러가는 대로 내버려두는 대신 의식적으로 의사결정을 하는 법을 배웠어요. 그리고 제 가치관과 윤리에 대해 진지하게 생각해보기 시작했어요." 올리비아는 짙은 색 머리카락 몇 가닥을 잡아당기며 골똘히 생각하는 표정이었다. "제가 생각하기에 가장 큰 변화는 이제 제가 분명한 의도를 가지고 생각을 하며 살려고 노력한다는 점이죠. 예를 들어 예전에는 진짜 하고 싶은지도 제대로 생각해보지 않고 '응, 좋아. 지금 훅업하자'라고 했었어요. 그렇다고 해서 지금은 훅업을 완전히 그만뒀다는 뜻은 아니지만 고등학교 2학년 때부터는 훨씬 덜 충동적으로 행동하게 됐어요. 그리고 훅업을 할 때도 그냥 분위기에 따라 흘러가는 것이 아니라 적극적으로 참여한다는 기분이 들게 되었죠."

두 명의 고등학교 1학년생이 위쪽에 "훅업이란……"이라는 단어가 보라색 대문자로 인쇄된 포스터 크기의 두꺼운 종이를 들고 있었다. 잠시 후 데니슨은 학생들에게 마커를 나눠주면서 그와 비슷한 종이에 적어둔 "금욕이란……" "섹스란……" "섹스와 술이란……" "순결이란……" "슬럿셰이밍이란……" "쑥맥이라고 비난하기 prude shaming 란……" 등의 질문에 대한 답을 쓰도록 했다. 그다음 학생들은 소그룹으로 나뉘어 결과를 분석하고 다른 학생들 앞에서 발표하는 시간을 가졌다. "우리는 훅업이 사람마다 서로 다른 걸 의미한다는 사실을 발견했습니다." 곱슬거리는 짙은 머리를 허리까지 늘어뜨린 여학생이 말했다. "하지만 대체적으로 훅업은 '아무 조건 없이' 가볍게 하는 행위라는 인식이 보편적이었습니다. 예를 들어 파티에서 많이들 그러는 것처럼요." 여학생은 웃으면서 말했다. "하지만 훅업이 좀더 복잡한 상황으로 이어지는 경우도 있습니다."

데니슨이 끼어들었다. "십대들 사이에서는 아주 흔하게 일어나는 일이죠. 골치 아픈 일을 피하려고 가볍게 훅업을 하는 건데, 가끔씩 오히려 역효과가 날 때도 있으니까요. 그런 경우를 이야기하는 게 맞나요? 어떻게 복잡해지는 거죠?"

발표하던 여학생은 이렇게 대답했다. "한쪽은 별생각이 없는데 다른 한쪽이 상대방에게 애착을 갖게 되고, 둘 사이에 무언가가 일어나고 있다고 생각하는 거죠."

데니슨은 학생들에게 물었다. "깊게 생각하지 말고 그냥 직관에 따라 대답하세요. 훅업을 나쁘다고 생각하는 사람?" 아무도 손을 들지 않았다. "긍정적이라고 생각하는 사람?" 남학생들만 몇명 손을 들었다. "그렇다면 긍정적이지도, 부정적이지도 않은 일이고, 그저 하나의 선택에 불과하다고 생각하는 사람은?" 아까보다 많은 학생들이 손을 들었고 이번에는 남녀 학생 비율이 비슷했다.

수업이 진행되면서 여러 가지 익숙한 주제가 나왔다. "섹스란……"이라는 질문에는 모든 학생들이 열정적인 응답을 했으며 자기 소그룹을 대표해 발표를 한 금발머리의 키 큰 남학생은 "한마디로 사람들은 섹스를 '끝내준다!'고 생각합니다"라고 말했다. 그러나 데니슨이 부정적인 성적 경험을 한 사람을 알고 있냐는 질문을 던졌을 때 모든 학생들이 손을 들었다. "그런데도 '섹스란……'이라는 질문에 부정적인 답을 쓴 사람은 한 명도 없었습니다. 왜 그렇다고 생각하나요?" 또한 데니슨과 학생들은 오럴 섹스가 진짜 '섹스'인지에 대해서도 토론을 했다. 데니슨이 레즈비언 친구 이야기를 꺼낼 때까지는 오럴 섹스도 진짜 섹스라는 말에 동의하는 학생이 딱 두 명에 불과했다. 아까 발표를 하던 금발머리 남학생이 말했다. "솔직히 말해볼까요? 자기가 하고 싶은 대로 하는 게 섹스죠 뭐." 적지 않은 학생들이 손가락을 튕기며 동의를 표시했다.

그후 한 시간 정도는 순결(발표한 여학생은 "우리 그룹에서는 그 말에 '깨끗하다'거나 '순수하다'는 의미가 함축되어 있다는 사실에 불만이 많았어요"라고 말했다)과 금욕(이 주제에 대한 발표에서는 '슬프다' '개인의 선택' '항문' 등의 단어가 언급되었다)에 대한 생각을 서로 교환했다. 농구 셔츠를 입은 한 남학생은 이 문제에 대해 근본적인 의문을 제기했다. "그런데 금욕이라는 게 뭐죠? 삽입 성관계만 빼고 다 하는 건가요, 아니면 아예 접촉 자체를 안 하는 건가요. 그것도 아니면?" 섹스와 술에 대해 발표한 그룹은, 처음에는 점잖게 이 두 가지를 동시에 하면 좋지 않다고 말했다. 그러나 데니슨이 멀쩡한 정신으로 훅업하는 사람을 알고 있냐고 묻자 아무도 손을 들지 않았다. 단 한 명도. "무언가에 취한 상태가 아니면 아무도 다른 사람과 섹스를 하지 않는다는 이야기가 점점 더 많이 들려와요. 그리고 그게 바로 후회로 이어질 수 있는 행동이죠."

한 여학생은 이렇게 말했다. "어떻게 보면 그쪽이 더 쉬운 것 같아요. '아, 깊게 생각하지 않았어. 술에 취해 있었거든' 하면서 넘겨버릴 수 있거든요."

"그게 바로 자기기만이죠." 데니슨은 응수했다. "특히 여학생들이 그렇죠. 허용 가능한 경계선을 분명하게 정해두면 내숭 떤다는 이야기를 듣고, 섹스를 하겠다고 하면 걸레라는 소리를 듣죠. 이런 상황에서는 어느 쪽을 선택하든 욕을 먹게 되는 거예요. 그런데 최소한 술을 마시면 '맞아, 술에 취해서 내가 뭘 하고 있는지도 잘 몰랐어'라고는 말할 수 있지요. 그러니까 술은 책임을 회피하기 위한 수단이기 쉬워요. 사실 술을 변명거리로 삼는 것도 어느 정도 이해는 갑니다. 어느 쪽을 선택하든 수치심을 느끼거나 후회를 하게 된다면 그런 식으로 빠져나갈 길을 마련해두고 싶은 게 당연하죠. 그렇다면 어떻게 해야 할까요? 이 문제를 좀더 자세히 살펴볼 필요가 있어요. 다음 수업에서 이 부분에 대해 더 많은 이야기를 나눠보도록 합시다."

수업이 끝나기 직전에 데니슨은 언제나처럼 익명의 질문에 답을 해주었다. 내가 참관한 수업에서 나온 질문을 몇 가지 소개해본다.

- 성관계를 하는 도중에 소변을 보면 어떻게 되죠?
- 오럴 섹스를 하다가 어떻게 성병에 걸리는 거죠?

- 여자들이 오르가슴을 느끼면 방 저쪽까지 애액을 내뿜을 수 있다는 게 사실인가요?
- 정상적인 페니스는 크기가 얼마나 되나요?
- 정자의 칼로리는 어느 정도인가요?
- 순결을 잃을 때 항상 처녀막이 찢어지나요?
- 손으로 남자의 성기를 자극할 때 윤활제가 필요한가요?
- 항문성교를 할 때 어떻게 하면 상대방의 느낌이 더 좋아지나요?

데니슨은 담담하게 이러한 질문에 답을 해주었으며, 사실을 정확히 전달하고 근거 없는 믿음을 정정해주었다. '누구든지 다 한다'는 잘못된 생각도 예외는 아니었다. 어떤 중학교 3학년의 걱정스런 질문에 데니슨은 이렇게 대답했다. "모든 사람이 섹스나 훅업을 한다는 인식이 퍼져 있는데요. 그렇지 않습니다. 또래들이 다들 섹스를 한다고 생각하는 학생들이 많은데 사실 그 정도로 보편적인 건 아닙니다. 특히 중학교 3학년이라면 더 그렇고요. 최소한 고등학생이 될 때까지 키스 한 번 해보지 않은 사람들도 엄청 많아요. 그 이상은 말할 것도 없고. 따라서 '그럴 때'가 되었기 때문에 훅업을 해야 한다는 생각?" 데니슨은 여기서 고개를 저었다. "그런 생각은 정말로 바꿔야 해요. '지금 내 기분은 어떤가, 나는 훅업에 대해 어떻게 생각하는가, 상황이 어떻게 흘러가기를 바라는가, 나중에 지금을 되돌아볼 때 후회하지 않으려면 어떻게 해야 하는가?'를 반드시 생각해야 합니다."

또한 데니슨은 친구가 여러 사람과 섹스를 해서 고민이라는 고등학교 2학년생에게 이러한 답을 해주었다. "그 문제에 대해 꼭 '웩, 토 나와'라든가 '좋겠네' 혹은 '그러면 안 돼'라는 식으로 반응할 필요는 없어요. 이렇게 물어보세요. '그럼 너는 기분이 어때? 그래서 네가 얻는 게 뭐야? 너한테 어떤 도움이 되니?' 올바른 방식으로 접근하기만 한다면 아주 괜찮은 대화로 이어질 수 있어요. 그리고 만약 그 친구를 진심으로 아낀다면 친구가 수치심을 느끼지 않도록 보호해주세요."

학생들의 익명 질문에 대한 데니슨의 답을 듣고 있노라면 다소 석연치 않을 때도 있었다. 고2 학생 한 명이 성관계를 할 때 상대방이 통증을 느끼지 않도록 하는 방법이 없느냐고 물어보았을 때가 바로 그 예다. 데니슨은 포르노에서 본 대로 무조건 격렬하게 피스톤 운동을 하기보다는 페니스를 질 속에 천천히 넣었다 빼면서 여성의 몸이 적응할 수 있도록 해주라고 답했다. 데니슨은 계속 똑같은 지점을 자극하지 않도록 남성이 체중을 옮겨 싣거나, 여성 파트너의 '용기를 북돋아' 남성의 엉덩이를 잡고 삽입하는 깊이를 조절할 수 있도록 해도 좋다고 했다. 부인할 수 있는 여지는 없다. 데니슨은 분명 섹스하는 방법을 설명하고 있었다. 보수적인 정책입안자들의 가장 끔찍한 악몽이 실현된 셈이다. 하지만 네덜란드의 사례만 봐도 알 수 있듯이, 사회 전반에 만연한 포르노 문화를 타파하고, 후회하는 사례를 줄이며, (어느 시기든 간에) 섹스를 선택하는 십대 청소년들의 만족감을 높이기 위해 필요한 것이 바로 이런 종류의 논의다. 그렇다면 왜 내가 그 이야기를 들으면서 민망하게 느꼈을까? 물론 이왕 내 딸이 남자아이와 한 침대에 들어간다면, 그저 인터넷에서 본 대로 섹스를 하려는 남자아이보다는 이런 질문을 던지고 답변을 들으면서 섹스에 대해 배운 남자아이와 함께하는 편이 훨씬 나을 것이다. 데니슨은 나중에 나에게 그 답변에 대해 이렇게 설명했다. "저는 학생들에게 어떻게 하라고 말하지는 않습니다. 다만 그 학생이 자기 자신과 파트너를 존중하는 마음과 책임감에서 우러난 직접적인 질문을 던졌기에 직설적으로 답했을 뿐이에요. 물론 학생들 질문 99퍼센트가 무척이나 직설적이긴 해도요. 만약 제가 구체적으로 대답하지 않았다면 저는 학생들의 신뢰를 이용하는 다른 거짓말쟁이 어른들과 다를 바가 없겠지요." 데니슨은 "가장 중요한 것은 소통입니다"라는 말로 수업을 마쳤다. 구구절절이 맞는 말이다.

메리 포핀스가 항상 카펫 가방을 들고 다니듯이 데니슨은 어딜 가든 칸이 나뉜 작은 은색 상자를 가지고 다녔으며, 매 수업이 끝날 때마다 그 상자에서 콘돔 몇 개를 꺼냈다. 그 상자에는 여성 성기 인형과 올바른 콘돔 사용법을 보여주기 위한 페니스 모형(리처드라는 별명이 붙어 있었다), 1회용 윤활제 캡슐을 비롯한 여러 가지 성교육 수업용 도구가 들어 있었다. "계속 이야기를 나누고, 계속 질문을 던지세요. 아는 것이 힘입니다." 데니슨은 이렇게 말하기도 했다. 물론 콘돔을 공중에 던지면서 "자유를 누릴지어다!"라고 웃으며 외치는 남학생들도 있긴 했다. 그러나 그보다는 남녀를 막론하고 좀더 진지하게 접근하는 학생들이 더 많았다. 어떤 학생들은 자연스럽게 콘돔을 집어갔다. 어떤 학생들은 쭈뼛쭈뼛 다가가서 색인 카드나 펜을 집는 척하다가 조심스럽게 콘돔 한두

개를 주머니에 슬쩍 넣었다.

수업이 끝나 학생들이 교실을 나가고 나서도 데니슨과 개인적인 이야기를 나누고 싶어서 남아 있는 학생들이 꼭 몇 명씩 있었다. 어떤 여학생은 법정 강간이 정확히 무엇인지 알고 싶어했다. 또다른 학생은 자기도 비슷한 길을 걷고 싶다며 데니슨의 일에 대한 질문을 던졌다. 그러던 어느 날 오후, 다른 학생들이 모두 교실을 나간 후에 데니슨에게 마지막으로 말을 건 것은 짙은 곱슬머리에 커다란 갈색 눈을 한 남학생이었다. 그 남학생은 운동화 발끝 부분을 교실 바닥에 부비면서 여자친구가 성관계를 갖자고 조르는데 자기는 아직 준비가 안 되었다고 털어놓았다. 데니슨은 그 남학생에게 이렇게 대답했다. "남학생들이 그런 질문을 얼마나 많이 하는지 알면 아마 너도 깜짝 놀랄걸. 굉장히 힘들고 외로운 기분이 들 거야." 고개를 끄덕이는 남학생의 눈에는 눈물이 고였다. 데니슨은 내 귀에는 들리지 않는 낮은 목소리로 한참 동안 그 남학생에게 무언가 이야기했다. 그다음 자신의 전화번호와 이메일 주소를 건네주고 언제든 연락하라고 일렀다. 남학생은 고개를 끄덕이고는 아주 약간이나마 덜 외로워하며 교실을 떠났다.

이 책은 소녀들에 대한 이야기이자, 여성의 자유롭고 건강한 성적 표현을 막는 장애물, 그리고 이것이 여성의 행복에 미치는 영향에 대한 이야기다. 하지만 나는 성교육 수업이 끝난 교실에서 데니슨과 그 남학생이 나눈 이야기도 책에 넣고 싶었다. 진정한 변화를 위해서는 소녀들뿐 아니라 소년들도 바뀌어야 하기 때문이다. 단순히 남자아이들에게 '여자아이를 임신시키지' 않도록 조심하라고 주의를 주는 것만으로는 더이상 충분하지 않다. 아마도 요즘 같은 분위기에서는 강간의 정의가 바뀌고 있다고 경고해주는 사례도 많을 테지만 이것 역시 충분치 않다. 아들을 둔 부모들은 아들을 앉혀두고 다양한 형태의 압력, 강압, 합의, 그리고 여자아이들이 긋는 경계선을 극복해야 할 도전 과제로 생각하도록 촉구하는 풍조에 대해 이야기를 나눠보아야 한다. 또한 남학생들은 성적 대상화된 미디어와 포르노가 자신들에게도 악영향을 미치고 있다는 사실을 이해해야 한다. 여성을 공격, 폄하하거나 정복하지 않고도 남성적인 섹시함을 보여줄 수 있는 바람직한 사례를 접해야 한다. 남학생들도 상대방과 공유하는 즐거움, 상호간의 존중, 배려에 대해 알아야 하며, 상대를 무너뜨리려는 야구선수 같은 사고방식에서 함께 피자를 즐기려는 사람과 같은 사고방식으로 전환해야 한다. 이는 생각만큼 어려운 일이 아닐지도 모른다.

캐리스 데니슨은 대부분 고등학교에서 수업을 하기 때문에, 나는 그보다 어린 학생들의 성교육 현장을 살펴보기 위해 어느 날 오후에 남녀 초등학교 4, 5학년을 대상으로 한 일주일짜리 사춘기 교육 수업을 참관했다. 분홍색 머리를 한 이 수업의 강사는 제니퍼 더바인이라는 안성맞춤의 이름을 가진 여성(더바인은 신성하다는 의미의 divine과 발음이 유사하므로 목사라는 직업과 잘 어울리는 이름이라는 의미—옮긴이)으로, 유니테리언교(삼위일체론을 부정하고 신격의 단일성을 주장하는 기독교의 한 종파—옮긴이) 목사이자 성교육 자격증을 소지하고 있었다. 첫번째 시간에 더바인은 몇 가지 눈에 띄는 차이점을 제외하면 사춘기는 '음부가 달린 사람이든 페니스가 달린 사람이든 상관없이' 기본적으로 똑같다고 설명했다. 누구나 키가 자라고, 누구나 여드름이 나며, 누구나 예전에는 안 나던 곳에서 털이 나기 시작하고, 누구나 성기가 성숙해지고, 누구나 '간질간질한' 기분을 느끼며, 누구나 아기를 만들 수 있게 된다. 또한 더바인은 남성과 여성 신체의 복잡한 구조를 각각 한 세션에 걸쳐 설명했다. 신체 구조에 대한 설명이 끝난 후에는 학생들에게 정밀하게 그려진 남성과 여성의 내부 및 외부 생식기 그림을 나눠주고는 각 기관의 이름을 적도록 했다. 그에 따라 초등학교 남자아이들과 여자아이들은 모두 음문, 대음순과 소음순, 질과 요도 입구, 항문이라는 이름을 적을 수밖에 없었다. 나는 터럴과 게이브라는 두 남자아이의 뒤에 앉아 있었는데, 둘 다 순조롭게 적어나가는가 싶더니 갑자기 터럴이 명칭을 깜빡 잊어버린 모양이었다. "야, 게이브, 이게 뭐라고 했지?" 터럴은 자기가 들고 있던 종이 한쪽을 가리켰다. 게이브는 슬쩍 쳐다보고는 대답했다. "아, 그건 클리토리스야. 여자가 기분이 좋아지게 만드는 곳이래."

이것이 시작이다.

부모들도 게이브에게서 중요한 교훈을 얻을 수 있다. 나는 최근에 나처럼 페미니스트이자 정치적으로 진보적이며 십대 딸을 둔 엄마인 내 친구와 이야기를 나누다가 딸들에게 기계적인 생식 과정만 가르치거나 원치 않은 성적 압력을 거부하도록 독려하는 것, 또는 강간이 네 잘못이 아니라고 말해주는 것만으로는 충분하지 않다고 말했다. 심지어 때가 되었을 때 피임약과 콘돔을 쥐여주는 것으로도 충분치 않다.

나는 부모는 딸들과 함께 여성의 몸이 자극에 어떻게 반응하는지, 자위와 오르가슴은 무엇인지부터 시작해 바람직한 섹스에 대한 전반적인 이야기를 나눠야 한다고 했다. 하지만 내 친구는 주저했다. "걔네들이 우리한테 그런 이야기를 듣고 싶어하겠어?" 친구의 대답이었다. 부모에게서 듣고 싶어하지 않는다고? 그렇다면 어디서 그런 이야기를 듣겠는가? 아이들은 TV와 컴퓨터, 스마트폰, 태블릿, 영화관 화면에서 요란하게 울려대는 왜곡되고 잘못된 메시지가 아닌, 제대로 된 이야기를 들을 자격이 있다. 부모는 자녀의 성적 발달을 부정하거나 그에 대해 무조건적인 두려움을 드러내기보다는 딸들을 올바른 방향으로 인도해야 한다. 아이들이 섹스에 도사리고 있는 위험성을 이해하면서도 존중하는 마음과 책임감을 가지고 자신의 욕구를 받아들이며 복잡하고 다양한 뉘앙스를 가진 섹슈얼리티를 이해하기 위해서는 부모의 도움이 절실히 필요하다.

네덜란드의 사례를 연구한 후, 에이미 스컬릿은 성적으로 건강한 생각을 가진 자녀를 키워내기 위한 4단계의 'ABCD모델'을 고안했다. 우선 청소년들이 자신의 욕구와 쾌락을 이해하고, 성적인 바람을 확실히 표현하고 경계선을 분명히 정하며, 책임감 있게 성관계를 준비할 수 있도록 '자율성Autonomous'을 갖추는 것이 A다. 이러한 기술을 습득하기 위한 최선의 방법은 자신의 욕구와 편안함을 느끼는 영역을 파악하면서 천천히 섹슈얼리티를 탐구해나가는 것이다. 술에 잔뜩 취해 섹스를 하며 순결을 내던져버리는 사람과, 세 시간에 걸쳐 파트너와 키스를 하면서 성적인 긴장감, 함께 느끼는 즐거움, 서로의 의도를 파악하는 방법을 배우는 사람 중에서 성적으로 더 많은 '경험'을 쌓는 것은 어느 쪽이겠는가? 솔직히 말해서 미국 부모들이 A 이상의 단계까지 나아가지 못한다고 해도, 이미 상당한 성과를 거둔 것이나 다름없다.

하지만 이 모델에는 세 개의 글자가 더 있다. B는 평등하고 서로 지지해주며 상호간의 이익, 존중, 배려, 신뢰를 소중하게 여기는 관계를 '구축Building'하는 것이다. C는 자녀와의 '유대Connection'를 유지하고 가꾸는 것이다. D는 또래들 사이에서 '다양성Diversity'과 여러 가지 성적 지향, 문화적인 신념, 발달 양상을 인정하는 것이다. 이성 친구의 집에서 외박하는 것? 내가 부모로서 실제로 외박을 쉽사리 허락할 수 있을지는 모르겠지만 절대 안 된다고도 선불리 말하기 어렵다. 네덜란드 부모들이 외박에 대해 내세우는 근거가 무척이나 설득력 있기 때문이다. 그러나 이 문제를 세부적으로 어떻게 풀어나가든 간에, 분명한 것은 우리 부모들이 딸과 아들에게 지금보다 훨씬 더 마음을 열고 다가가야 하며, 자녀들 역시 우리에게 마음을 솔직히 털어놓도록 다독여야 한다는 점이다. 사실 내 친구가 한 말은 틀렸다. 아이들은 정말로 부모로부터 그런 이야기를 듣고 싶어한다. 내 말을 믿어도 좋다. 2012년에 4000명 이상의 청소년을 대상으로 한 조사에서, 대부분의 십대들은 처음 성경험을 하기 전에 특히 어머니나 아버지로부터 성에 대해 많은 것을 배우고 싶다고 대답했다. 그중에서도 관계와 섹스의 감정적인 측면에 대해 부모가 더 많은 조언을 해주기를 바랐다. 따라서 이렇게 생각해보자. 여러분은 딸이 실제 파트너와 성관계를 해보기 전에 자신의 몸을 속속들이 탐색해보고 이해하기를 바라는가? 여러분은 딸이 친밀한 관계를 단순한 성관계 이상으로 생각하기를 바라는가? 여러분은 딸이 가능한 한 적은 수의 파트너와 관계를 맺고, 항상 성병과 임신 가능성에 철저히 대비하기를 바라는가? 성관계를 즐기는 것은 어떤가? 고정관념을 초월하는 것은? 딸이 서로 배려하는 평등한 관계 속에서 바라는 것과 싫어하는 것을 자유롭게 표현할 수 있기를 바라는가? 만약 딸이 관계의 틀에 구애받지 않고 자유롭게 성적인 즐거움을 추구한다면, 그러한 경험 역시 서로에 대한 존중을 기반으로 안전하게 이루어지기를 바라지 않는가? 적어도 나는 그렇다. 그렇기 때문에 더더욱, 크게 심호흡을 한 번 한 다음 건강한 관계, 소통, 만족, 즐거움, 상호성, 윤리, 그리고 발가락이 저절로 구부러질 정도의 짜릿한 쾌락에 대해 자녀와 이야기를 나눠야 한다(한 번이 아니라 여러 번).

무척이나 많은 여학생들과 이야기를 나눈 지금, 나는 내 딸과 그 소녀들에게 바라는 바를 분명하게 깨닫게 되었다. 나는 섹슈얼리티라는 것이 그 잠재적인 위험에도 불구하고 자기 자신에 대한 이해와 창의력, 의사소통을 촉진하는 기폭제가 되기를 바란다. 나는 십대 소녀들이 자기 몸의 관능적인 측면을 마음껏 즐기되, 그것 외에는 가치를 인정받지 못하는 존재가 되지는 않기 바란다. 나는 십대 소녀들이 침대에서 자신이 원하는 바를 확실히 요구하고 얻어낼 수 있기를 바란다. 나는 십대 소녀들이 질병이나 원치 않은 임신, 학대, 멸시, 폭력으로 괴로워하지 않기 바란다. 만에 하나 성폭력을 당할 경우 학교 관계자들과 고용주, 법정에 의지할 수 있게 되기를 바란다. 물론 쉬운 일은 아니지만 그렇다고 해서 전혀 터무니없는 바람도 아니다. 우리는 현시대의 여학생들에게 당당하게 자신의 의견을 피력하고 집이나 학교, 직장에서 평등한 대우를 기대하도록 가르쳤다. 이제는 지극히 사적인 영역에서도 그러한 '친밀한 정의'를 요구할 때다.

감사의 말

보통 이 시점쯤 되면 글을 쓰는 작업이 무척이나 고독한 일이기는 하지만 너무나 많은 분들의 도움으로 여기까지 올 수 있었다는 둥 이런저런 소리를 늘어놔야 맞을 것이다. 하지만 이건 지금까지의 여정을 너무나 점잖고 건전하게 표현한 것이다. 내가 진짜 하고 싶은 말은 이렇다. 나는 집필에 몰두하는 동안 같이 살기도 힘들고, 주변에 두기도 힘들고, 어떤 식으로든 알고 지내거나 교류하기도 힘든 사람이다. 책을 쓰는 작업은 나를 극한까지 몰아붙인다. 안절부절못하고, 강박적이고 괴팍하게 행동하며, 나만의 세계에 푹 빠져 있다. 걸핏하면 투덜거리기도 한다. 뿐만 아니라 책을 쓰는 동안에는 주변 사람들과 감정적, 물리적으로 거리를 둔다. 가끔씩은 사랑하는 가족과 친구들이 어떻게 이런 나를 참아내는지 모르겠다는 생각이 들 정도다. 하지만 가족과 친구들은 여전히 그런 나를 견뎌주고 있고, 이야말로 나에게는 지극히 은혜로운 일이다.

따라서 솔직하게 털어놓도록 하겠다. 또 한 번 책을 세상에 내놓기까지 나와 함께 모든 일들을 겪고, 머리를 맞대고 여러 가지 문제를 깊이 생각해주고, 내 의견에 이의를 제기하고, 나를 설득하고, 거처를 제공해주고, 감내해준 바버라 스웨이먼, 페기 캘브, 루스 핼펀, 에바 아일렌버그, 에일렛 월드먼, 마이클 셰이본, 실비아 브라운리그, 내털리 콤파니 포르티스, 앤 패커, 레이철 실버스, 유세프 일라이어스, 스티비 캐플런, 조앤 셈링 보스천, 미치 보스천, 주디스 벨저, 마이클 폴란, 시몬 머리안, 레이철 시먼스, 줄리아 스위니 블룸, 마이클 블룸, 대니 세이저, 브라이언 매카시, 다이앤 에스팔던, 댄 윌슨, 테리사 타우치, 코트니 마틴, 모이라 케니, 닐 칼렌, 르챙 창 자페, 세라코빗, 일리나 실버먼에게 감사한다.

연구 및 조사와 관련해 많은 도움을 준 카엘라 일라이어스, 새라 버넬헨더슨, 필 쉬, 에벌린 왕, 헨리 버그먼, 새라 카두토에게도 감사한다. 훌륭한 자문 역할을 해주었고 (가끔은 지극히 사적인 문제로 씨름하기도 했던) 조카들, 특히 줄리 앤 오렌스타인, 루시 오렌스타인, 애리엘 오렌스타인, 해리 오렌스타인, 매슈 오렌스타인, 셜리 카와후치에게 너무나 감사하다는 말을 전하고 싶다. 집필 과정에서 조언을 아끼지 않았던 내 에이전트 수잰 글루크, 엄청난 참을성의 소유자인 편집자 제니퍼 바스, 데비 허버닉, 레슬리 벨, 패티 월터, 루시아 오설리번, 리사 웨이드, 잭 핼버스탬, 재키 크라서스, 폴 라이트, 브라이언트 폴에게 감사하다는 말도 빼놓을 수 없다. 누구에게도 방해받지 않고 글을 쓸 수 있는 공간과 시간이라는 호사를 누릴 수 있게 해준 피터 반스와 메사 레퓨지, 그리고 신디의 근사한 요리를 즐길 수 있었던 유크로스 재단^{Cindy-licious Ucross Foundation}에도 마음속 깊이 감사한다.

기술적인 문제 때문에 내 원고가 사라졌을 때 이를 살려내준 그레그 놀스는 천국에 특별한 자리를 마련해주어야 한다. 그리고 겉모습이 전부는 아니지만, 이 책을 근사하게 디자인해준 마이클 토드에게 감사한다. 나를 이해해주고 따뜻하게 지지해준 『캘리포니아 선데이 매거진^{The California Sunday Magazine}』 직원들, 특히 더그 맥그레이에게 감사한다. 또한 내 조사 때문에 여러 가지로 번거로운 일을 감내해야 했던 캐리스 데니슨에게 특별한 감사의 말을 전하고 싶다.

무엇보다도 흔쾌히 내 인터뷰에 참여해준 젊은 여성들과, 젊은 여성들을 찾을 수 있도록 도와준 어른들에게 감사하지 않을 수 없다. 인터뷰한 여성들의 개인정보 보호를 위해 이 자리에서 실명을 밝힐 수는 없지만 본인들은 잘 알고 있을 것이다. 한 명 한 명을 만나 이야기를 나눈 일은 무척이나 즐겁고 유익했으며 여러분의 도움 없이는 절대 이 책이 탄생할 수 없었다는 것을.

마지막으로 우리 가족과 친척들에게 감사한다. 내가 표현할 수 있는 것보다 훨씬 많은 사랑을 남편인 스티븐 오카자키에게 바친다.

그리고 사랑하는 딸 데이지, 엄마가 너를 너무 창피하게 만들지 않았기를 바란다. 엄마는 너를 무한히 사랑하고 항상 너 자신의 모습으로 당당히 살아갈 수 있기를 간절히 바란단다.

들어가며_십대 소녀들과 섹스에 대해 결코 알고 싶지 않았던 (하지만 반드시 물어봐
야 할) 모든 것

12쪽　미국인의 평균 첫 성경험 나이: Finer and Philbin, "Sexual Initiation,
Contraceptive Use, and Pregnancy Among Young Adolescents."

16쪽　"청소년의 친밀한 신체 접촉": Haffner, ed., *Facing Facts: Sexual Health
for America's Adolescents.*

16쪽　'친밀한 정의': McClelland, "Intimate Justice."

1장. 십대 소녀들을 옥죄는 성적 대상화의 덫

28쪽　"모런은 '만약 남자들이 똑같이 행동하지 않는다면 (…) 가능성이 크다'고 적
었다": Moran, *How to Be a Woman*, p. 283.

29쪽　"유치원생 여자아이들은 (…) 디즈니 공주를 동경한다": Glenn Boozan, "11
Disney Princesses Whose Eyes Are Literally Bigger Than Their
stomachs," Above Average, 2015. 6. 22.

29쪽　자기대상화: American Psychological Association, *Report of the APA
Task Force on the Sexualization of Girls.* 이 획기적인 보고서는 성적 대
상화를 다음 요소의 조합으로 정의한다. "어떤 사람의 가치가 다른 특징을

배제한 채 오직 성적인 매력 또는 행동에 따라 결정되는 것, 어떤 사람을 (좁은 의미의) 신체적 매력을 성적인 매력과 동일시하는 기준에 빗대어 판단하는 것, 어떤 사람의 성적 대상화, 즉 독립적인 행동이나 의사결정을 할 수 있는 사람이 아닌 다른 사람의 성적 이용을 위한 대상으로 보는 것." 또한 다음을 참조하라. Madeline Fisher, "Sweeping Analysis of Research Reinforces Media Influence on Women's Body Image," *University of Wisconsin-Madison News*, 2008. 5. 8.

29쪽   "중학교 2학년 학생들을 대상으로 한 연구": Tolman and Impett, "Looking Good, Sounding Good." 또한 다음을 참고하라. Impett, Schooler, and Tolman, "To Be Seen and Not Heard."

30쪽   "외모에 집착하는 소녀들": Slater and Tiggeman, "A Test of Objectification Theory in Adolescent Girls."

30쪽   고등학교 졸업반 학생들의 자기대상화: Hirschman et al., "Dis/Embodied Voices."

30쪽   자기대상화와 낮은 정치적 효능감: Caroline Heldman, "The Beast of Beauty Culture: An Analysis of the Political Effects of Self-Objectification,"2007년 3월 8일 네바다 라스베이거스에서 열린 서양정치과학협회Western Political Science Association 연례회의에서 발표된 논문. 또한 다음을 참조하라. Calogero, "Objects Don't Object"; *Miss Representation*, dir. Jennifer Siebel Newsom and Kimberlee Acquaro, San Francisco: Representation Project, 2011.

30쪽   프린스턴 대학에서 발표한 보고서: 프린스턴 대학의 학부 여성 리더십 운영위원회, *Report of the Steering Committee on Undergraduate Women's Leadership*, 2011: Evan Thomas, "Princeton's Woman Problem," *Daily Beast*, 2011. 3. 21.

31쪽   "특정한 방식으로 옷을 입거나 보여야 한다는 압력": Liz Dennerlein, "Study: Females Lose Self-Confidence Throughout College," *USA Today*, 2013. 9. 26.

31쪽   "자연스러운 완벽함": Sara Rimer, "Social Expectations Pressuring Woman at Duke, Study Finds," *New York Times*, 2003. 9. 24.

31쪽 "상업화되고, 일차원적이며, 무한대로 복제되고": Levy, *Female Chauvinist Pigs*.

35쪽 "끈팬티라 부르는 고문도구": Haley Phelan, "Young Woman Say No to Thongs," *New York Times*, 2015. 5. 27.

37쪽 "살을 뺀다, 새 렌즈를 산다": Brumberg, *The Body Project*.

37쪽 "여학생들의 소셜미디어 페이지 댓글": Steyer, *Talking Back to Facebook*; Fardouly, Diedrichs, Vartanian, et al., "Social Comparisons on Social Media."또한 다음을 참조하라. Shari Roan, "Woman Who Post Lots of Photos of Themselves on Facebook Value Appearance, Need Attention, Study Finds," *Los Angeles Times*, 2011. 3. 10; Lizette Borrel, "Facebook Use Linked to Negative Body Image in Teen Girls: How Publicly Sharing Photos Can Lead to Eating Disorders," *Medical Daily*, 2013. 12. 3; Jess Weiner, "The Impact of Social Media and Body Image: Does Social Networking Actually Trigger Body Obsession in Today's Teenage Girls?" *Dove Self Esteem Project* (블로그), 2013. 6. 26.

39쪽 "이 '절친들'은 (…) 관중이 된다": Adriana Manago, Department of Psychology and Children's Digital Media Center, UCLA와의 필자 인터뷰, 2010. 5. 7. 또한 다음을 참조하라. Manago, Graham, Greenfield, et al., "Self-Presentation and Gender on MySpace."

39쪽 "인스타그램 같은 사진 공유 사이트": Lenhart, "Teens, Social Media and Technology Overview 2015."

40쪽 "1500개 중 1499개의 프로필": Bailey, Steeves, Burkell, et al., "Negotiating with Gender Stereotypes on Social Networking Sites."

41쪽 "올해의 단어": 셀카selfie라는 단어의 첫번째 사용으로 남아 있는 기록은 2002년에 술에 취한 어떤 호주 사람이 온라인 채팅방에서 사용한 사례다. 옥스퍼드 연구원들이 2013년 단어 셀카의 사용빈도가 2012년 동기대비 17퍼센트나 증가했음을 확인 한 후에 '셀카'를 올해의 단어로 지정했다. Ben Brumfield, "Selfie Named Word on the Year in 2013,"CNN.com, 2013. 11. 20.

41쪽 "페이스북이나 인스타그램 계정이 있는 사람이라면 (…) 누구나": Mehrdad

Yazdani, "Gender, Age, and Ambiguity of Selfies on Instagram," *Software Studies Initiative*(블로그), 2014. 2. 28.

41쪽 나르시시즘: Rachel Simmons, "Selfies Are Good for Girls," *Slate DoubleX*, 2013. 12. 1.

42쪽 "다른 사람들이 본인의 사진을 올릴 경우": Melissa Dahl, "Selfie-Esteem: Teens Say Selfies Give a Confidence Boost," Today.com, 2014. 2. 26.

42쪽 "신체에 대한 불만": Meier and Gray, "Facebook Photo Activity Associated with Body Image Disturbance in Adolescent Girls."

42쪽 "다른 사람들의 사진을 많이 보면 볼수록": Fadouly and Vartanian, "Negative Comparisons About One's Appearance Mediate the Relationship Between Facebook Usage and Body Image Concerns." 또한 다음을 참조하라. Kendyl M. Klein, "Why Don't I Look Like Her? The Impact of Social Media on Female Body Image," CMC Senior Theses, Paper 720, 2013.

43쪽 "턱 성형수술을 받은 여고생 수가 71퍼센트나 증가하기도 했다": Sara Gates, "Teen Chin Implants: More Teenagers Are Seeking Plastic Surgery Before Prom," *Huffington Post*, 2013. 4. 30.

43쪽 "응답한 회원 3분의 1": American Academy of Facial Plastic and Reconstructive Surgery, "Selfie Trend Increases Demand for Facial Plastic Surgery," 보도자료, 2014. 3. 11. Alexandria, VA: American Academy of Facial Plastic and Reconstructive Surgery.

43쪽 "'섹스팅'이 얼마나 보편적으로 퍼져 있는지는 정확히 파악하기 어렵다": Ringrose, Gill, Livingstone, et al., *A Qualitative Study of Children, Young People, and "Sexting."* 또한 다음을 참조하라. Lounsbury, Mitchell, Finkelhor, et al., "The True Prevalence of 'Sexting.'"

44쪽 "한 대규모 조사에서는": Englander, "Low Risk Associated with Most Teen Sexting."

44쪽 "이 점은 특히 우려스럽다": Caitlin Dewey, "The Sexting Scandal No Ones Sees," *Washington Post*, 2015. 4. 28. 480명의 남녀 대학생들을 대상으로 한 이 조사에서, 강제로 하는 섹스팅은 강제로 하는 신체적 섹스보다

더욱 트라우마가 심하다는 사실이 드러났다.

46쪽 "경영 컨설턴트들은 이러한 '양쪽/둘 다'개념을 사용해": Roger Schwarz, "Moving from Either/Or to Both/And Thinking," Schwarzassociates. com. 만약 설명대로 했는데도 잘 이해가 가지 않는 경우 순서를 반대로 시도 해보자. 허리에서 반시계 방향으로 손가락을 돌리면서 위쪽으로 올려보자.

46쪽 "데버러 톨먼은 (…) 이러한 개념이 유용하다고 한다": 2011년 9월 20일 톨먼과의 대화.

48쪽 "브라질리언 엉덩이 리프팅": American Society of Plastic Surgeons, *2013 Plastic Surgery Statistics Report*, Arlington Heights, IL: American Society of Plastic Surgeons, 2014.

49쪽 〈밀크, 밀크, 레모네이드〉: "Watch 'Inside Amy Schumer'Tease New Season with Booty Video Parody," *Rolling Stone*, 2015. 4. 12.

51쪽 "모방에 의해 다음 세대로 전달되는 다른 대중문화 요소들처럼": Kat Steoffel, "bell hooks Was Bored by 'Anaconda,'" *The Cut, New York Magazine* 블로그, 2014. 10. 9.

58쪽 "섹시하지만 섹스에는 별 관심이 없다고요": Levy, *Female Chauvinist Pigs*.

59쪽 "마일리가 열다섯 살 때": Katherine Thomson, "Miley Cyrus on God, Remaking 'Sex and the City,'and Her Purity Ring," *Huffington Post*, 2008. 7. 15. 순결을 약속했지만 지키지 못한 디즈니 아역 스타들로는 셀레나 고메즈, 데미 로바토, 조너스 브라더스 등이 있다. 브리트니 스피어스 역시 결혼식 날까지 삽입 성관계를 하지 않을 것이라고 주장했다. 결국 브리트니 스피어스는 "그 정도로 순수하지는 않았다"는 사실이 밝혀졌다. 스피어스는 저스틴 팀버레이크와 연인 사이가 되기 몇 년 전인 고등학생 시절에 처음 섹스를 했다.

62쪽 "미러링(및 그에 대한 추가적인 의문을 제기)하기 위해": Foubert, Brosi, Bannon, et al., "Pornography Viewing Among Fraternity Men." 또한 다음을 참조하라. Bridges, Wosnitzer, Scharrer, et al., "Aggression and Sexual Behavior in Best-Selling Pornography Videos."

62쪽 "조사대상 포르노 영상의 41퍼센트": Bridges, Wosnitzer, Scharrer, et al.,

"Aggression and Sexual Behavior in Best-Selling Pornography Videos."

62쪽 "자연스러운 외모의 사람들": Chris Morris, "Porn Industry Feeling Upbeat About 2014," NBCnews.com, 2014. 1. 14.

63쪽 "304개의 무작위 선별된 장면 중 거의 90퍼센트": Bridges, Wosnitzer, Scharrer, et al., "Aggression and Sexual Behavior in Best-Selling Pornography Videos." 이보다 앞서 실시된 연구에 따르면, 포르노 영화의 감독이 남자인지 여자인지 여부는 영화 속에서 그려지는 여성에 대한 공격성이나 비하에 거의 영향을 미치지 않는 것으로 드러났다. Chyng, Bridges, Wosnitzer, et al., "A Comparison of Male and Female Directors in Popular Pornography." 또한 성인용 동영상을 무작위로 분석한 결과 그중 대다수에 "성적 폭력을 가하거나 인간성을 말살/비하하는 테마"가 등장한다는 사실을 발견한 Monk-Turner and Purcell, "Sexual Violence in Pornography"를 참조하라. 예를 들어 17퍼센트의 장면이 여성에 대한 공격성을 보여주며, 39퍼센트의 장면에는 여성을 종속시키는 장면이 등장하고, 85퍼센트의 장면에서는 여성에게 사정을 하는 남성을 보여준다. Barron and Kimmel, "Sexual Violence in Three Pornographic Media"에서는 잡지, 동영상, 인터넷에 이르기까지 포르노물에 등장하는 성적 폭력이 점진적으로 등장한다는 주장을 펴기도 했다.

63쪽 "포르노 업계에서 일하고자 하는 어느 열여덟 살 소녀": *Hot Girls Wanted*, Jill Bauer & Ronna Gradus, Netflix, 2015.

64쪽 "여성이 여러 명의 상대와 관계를 맺거나 남성을 위한 성적 도구로 사용되는 광경을 계속해서 보게 되고": 개인 인터뷰, Bryant Paul, Indiana University-Bloomington, 2013. 12. 4.

64쪽 "10세에서 17세 사이의 미국 청소년 중 40퍼센트 이상": Wolak, Mitchell, and Finkelhor, "Unwanted and Wanted Exposure to Online Pornography in a National Sample of Youth Internet Users." Wolak과 동료들이 발견한 바에 따르면, 원치 않거나 우연하게 포르노에 노출되는 비율은 1999년의 26퍼센트에서 2005년에 34퍼센트로 증가했다.

65쪽 "800명 이상의 학생들을 대상으로 한": Carroll et al., "Generation XXX."

65쪽 "포르노에 경직된 사고방식을 완화시키는 효과가 있다는 일부 조사결과도 있다": Regnerus, "Porn Use and Support of Same-Sex Marriage."

65쪽 "차별철폐조처를 지지하는 이들은 적었다": Wright and Funk, "Pornography Consumption and Opposition to Affirmative Action for Women." 차별철폐조처에 대한 이전의 태도를 감안해 보정하더라도 남성과 여성 모두 이러한 성향을 보인다.

65쪽 "정기적으로 포르노를 소비하는 십대 소년들": Peter and Valkenburg, "Adolescents'Exposure to Sexually Explicit Online Material and Recreational Attitudes Toward Sex"; Peter and Valkenburg, "The Use of Sexually Explicit Internet Material and Its Antecedents." 또한 다음을 참조하라. Wright and Tokunaga, "Activating the Centerfold Syndrome"; Wright, "Show Me the Data!"

65쪽 "포르노를 보는 사람들은 보지 않는 또래에 비해": Wright and Tokunaga, "Activating the Centerfold Syndrome"; Wright, "Show Me the Data!"

66쪽 "포르노를 본 적 있다고 답한 남녀 대학생들 모두": Wright and Funk, "Pornography Consumption and Opposition to Affirmative Action for Women"; Brosi, Foubert, Bannon, et al., "Effects of Women's Pornography Use of Bystander Intervention in a Sexual Assault Situation and Rape Myth Acceptance"; Foubert, Brosi, Bannon, et al., "Pornography Viewing Among Fraternity Men." 고등학생들에 대한 연구는 다음을 참조하라. Peter and Valkenburg, "Adolescents' Exposure to a Sexualized Media Environment and Notions of Women as Sex Objects."

66쪽 "포르노를 소비하는 여성은 그렇지 않은 여성에 비해": Brosi, Foubert, Bannon, et al., "Effects of Women's Pornography Use of Bystander Intervention in a Sexual Assault Situation and Rape Myth Acceptance." 포르노를 옹호하는 주장 중 하나는 포르노 금지 조치가 해제된 국가에서 성폭행 비율이 감소했다는 것이다. 그러나 인디애나 대학교 블루밍턴의 전기통신공학 교수 폴 라이트가 저자에게 말했듯이, 만약 남성과 여성 포르노 소비자가 강간에 대한 통념을 믿을 가능성이 크고, 여성 포르노 소비자가 자신이 위험에 처했을 때 알아차릴 확률이 낮으며, 대상화되는 여성들이 폭행을 당했을 때 비난받을 가능성이 높다면, 그러한 국가에서 강간 비율이 낮아진 것이 아니라 강간이 일어나도 제대로 파악되지 않거나 신고가 이루어지지 않았기 때문일 수도 있다. Paul Wright와의 저자 인터뷰, 2013. 12. 6.

66쪽 "여자 대학생은 3퍼센트에 불과했다": Carroll et al., "Generation XXX."

67쪽 "부자연스러울 정도로 마른 몸매": Paul, *Pornified*.

69쪽 "어차피 미디어가 전하는 메시지는 동일하다": "Joseph Gordon-Levitt, on Life and the Lenses We Look Through," *Weekend Edition*과의 인터뷰. National Public Radio, 2013. 9. 29.

70쪽 "포르노화된 미디어가 미치는 영향": 저자 인터뷰, Paul Wright, 2013. 12. 6. 또한 다음을 참조하라. Fisher, "Sweeping Analysis of Research Reinforces Media Influence on Women's Body Image."

70쪽 "일반적인 십대가 TV를 통해 섹스와 관련된 내용을 접하는 빈도": Fisher et. al., "Televised Sexual Content and Parental Mediation."

70쪽 "미국 황금시간대 TV프로그램의 70퍼센트": 이는 최초 조사가 실시된 1998년의 56퍼센트에서 크게 상승한 수치다. 코미디의 91퍼센트, 드라마의 87퍼센트에 성적인 농담에서 성관계에 대한 암시까지 다양한 형태의 성적 콘텐츠가 등장한다. Ward and Friedman, "Using TV as a Guide"; Shiver JR, "Television Awash in Sex, Study Says," *Los Angeles Times*, 2005. 11. 20.

70쪽 "폭력적이고 성적 매력을 강조한 비디오게임을 하는 남자 대학생들": Stermer and Burkley, "SeX-Box."

70쪽 〈세컨드 라이프〉 게임을 한 여자 대학생들": Fox, Ralston, Cooper, et al., "Sexualized Avatars Lead to Women's Self-Objectification and Acceptance of Rape Myths" Calogero, "Objects Don't Object."

70쪽 "중학교와 고등학교 여학생들을 대상으로 한 연구": Aligo, "Media Coverage of Female Athletes and Its Effect on the Self-Esteem of Young Women"; Daniels, "Sex Objects, Athletes, and Sexy Athletes."

71쪽 "대상화 경향이 강한 미디어를 소비하는 젊은 여성들": Calogero, "Objects

Don't Object."

71쪽 "드라마나 영화에서 섹스": TV에 등장하는 섹스의 35퍼센트는 처음 만나거나 연인 혹은 부부가 아닌 두 사람 사이에서 일어난다. Kunkel, Eyal, Finnerty, et al., *Sex on TV* 4.

75쪽 "킴이 진정으로 기여한 바는": Lisa Wade, "Why Is Kim Kardashian Famous?" *Sociological Images*(블로그), 2010. 12. 21.

76쪽 "소망이라는 것이 너무나 가식적으로 변질되어": Tina Brown, "Why Kim Kardashian Isn't 'Aspirational,'" *Daily Beast,* 2014. 4. 1.

2장. 우리 재미 좀 볼까?

86쪽 "너는 뱉냐, 아니면 삼키냐?": Tamar Lewin, "Teen-Agers Alter Sexual Practices, Thinking Risks Will be Avoided," *New York Times,* 1997. 4. 5.

86쪽 "광범위한 지역적 트렌드": Laura Sessions Stepp, "Unsettling New Fad Alarms Parents, Middle School Oral Sex," *Washington Post,* 1991. 7. 8.

86쪽 "소녀들의 몸은 (…) 매개체가 되어왔다": Brumberg, *The Body Project.*

87쪽 "불륜 스캔들이 터지기 고작 몇 년 전": Laumann, Michael, Kolata, et al., *Sex in America.*

88쪽 "2014년 즈음에는 오럴 섹스가 너무나 보편화되어": 인터뷰, Debby Herbenick, Indiana University, 2013. 12. 5.

88쪽 "미성년자들의 오럴 섹스 실태": Remez, "Oral Sex Among Adolescents."

88쪽 "오럴 섹스를 둘러싼 소동": Anne Jarrell, "The Face of Teenage Sex Grows Younger," *New York Times,* 2000. 4. 2.

89쪽 "이는 사실이 아니다": Kann, Kinchen, Shanklin, et al., "Youth Risk Behavior Surveillance-United States, 2013."

89쪽 "폐간된 잡지 『토크』의 한 기사": Linda Franks, "The Sex Lives of Your Children," *Talk,* 2000. 2. 또한 다음을 참조하라. Liza Mundy, "Young Teens and Sex: Sex and Sensibility," *Washington Post Magazine,*

2000. 7. 16.

90쪽 "해당 색상의 립스틱을 바른 소녀가 우승자가 된다": "Is Your Child Leading a Double Life?" *The Oprah Winfrey Show*. 2003년 10월/2004년 4월 방송.

90쪽 "NBC와 『피플』의 공동조사": Tamar Lewin, "Are There Parties for Real?" *New York Times*, 2005. 6. 30.

91쪽 "중학교 3학년을 마칠 때 즈음": Halpern-Felsher, Cornell, Kropp, and Tschann, "Oral Versus Vaginal Sex Among Adolescents,"에서는 중학교 3학년생의 5분의 1이 오럴 섹스 경험을 가지고 있다고 대답했다; 15~17세 사이 남학생의 37퍼센트와 여학생의 32퍼센트가 오럴 섹스 경험을 가지고 있다; 18~19세가 되면 이 수치가 대략 두 배인 66퍼센트와 64퍼센트로 각각 증가한다. Child Trends DataBank "Oral Sex Behaviors Among Teens." 또한 다음을 참고하라. Herbenick et al., "Sexual Behavior in the United States"; Fortenberry, "Puberty and Adolescent Sexuality"; Copen, Chandra, and Martinez, "Prevalence and Timing of Oral Sex with Opposite-Sex Partners Among Females and Males Aged 15–24 Years." 15~19세 사이의 소녀들 중 절반 이상이 첫번째 삽입 성관계를 갖기 전에 오럴 섹스를 경험했다. 다음을 참조하라. Chandra, Mosher, Copen, et al., "Sexual Behavior, Sexual Attraction, and Sexual Identity in the United States"; Chambers, "Oral Sex"; Henry J. Kaiser Family Foundation, "Teen Sexual Activity," *Fact Sheet*; Hoff, Green, and Davis, "National Survey of Adolescents and Young Adults."

91쪽 "보수 진영이 성교육에 미친 영향": Dotson-Blake, Know, and Zusman, "Exploring Social Sexual Scripts Related to Oral Sex."

91쪽 "오럴 섹스를 해도 '금욕'을 깨뜨리는 것은 아니라고 답했고": Dillard, "Adolescent Sexual Behavior: Demographics."

91쪽 "대략 70퍼센트가 (…) 동의했다": Child Trends DataBank, "Oral Sex Behaviors Among Teens."

92쪽 "오럴 섹스가 위험하지 않다는 믿음": Halpern-Felsher, Cornell, Kropp, and Tschann, "Oral Versus Vaginal Sex Among Adolescents." 오럴 섹

스를 하는 십대 청소년 중 콘돔을 사용한다고 대답한 비율은 9퍼센트에 불과했다. Child Trends DataBnk, "Oral Sex Behaviors Among Teens"를 참조하라. 또한 다음도 참조하라. Copen, Chandra, and Martinez, "Prevalence and Timing of Oral Sex with Opposite-Sex Partners Among Females and Males Aged 15-24 Years."

93쪽 성병 감염 비율: Advocates for Youth, "Adolescents and Sexually Transmitted Infections"; 또한 다음을 참조하라. "A Costly and Dangerous Global Phenomenon." *Fact Sheet*. Advocates for Youth, Washington, DC, 2010; "Comprehensive Sex Education: Research and Result"; Braxton, Carey, Davis, et al., *Sexually Transmitted Disease Surveillance 2013*.

93쪽 최근의 오럴 섹스 보편화: "U.S. Teens More Vulnerable to Genital Herpes," WebMD, 2013. 10. 17. 또한 다음을 참조하라. Jerome, Groopman, "Sex and the Superbug," *New Yorker*, 2012. 10. 1; Katie Baker, "Rethinking the Blow Job: Condoms or Gonorrhea? Take Your Pick," *Jezebel*(블로그), 2012. 9. 27.

93쪽 "여학생들이 오럴 섹스를 하는 가장 큰 이유": '성병을 피하기 위해'라는 이유는 관계를 발전시키기 위해, 인기, 쾌감, 호기심에 이어 십대 여학생들이 오럴 섹스를 하는 동기 중 5위를 차지했다. 소년들의 경우 3위였다. Cornell and Halpern-Felsher, "Adolescent Health Brief."

93쪽 "심리학자들은 (…) 경고해왔다": Gilligan et al., *Making Connections*; Brown and Gilligan, *Meeting at the Crossroads*; Pipher, *Reviving Ophelia*. 또한 다음을 참조하라. Simmons, *Odd Girl Out*; Simmons, *The Curse of the Good Girl*; Orenstein, *Schoolgirls*.

93쪽 "남자아이들은 오럴 섹스를 하는 가장 큰 이유가": 또한 남학생들은 여학생들에 비해 오럴 섹스 후 스스로에 대해 자부심을 느낀다고 대답할 확률이 두 배나 높았다. 여학생들은 이용당한 기분이 든다고 답할 가능성이 세 배 높았다. Brady and Halpern-Felsher, "Adolescents' Reported Consequences of Having Oral Sex Versus Vaginal Sex." 이 연구는 특히 중학교 1학년과 고등학교 1학년생들을 대상으로 하여 오럴 섹스의 결과를 집중적으로 조사했다.

93쪽 "남녀 모두에 해당되기는 하지만, 특히 소녀들의 경우": Cornell and Halpern-Felsher, "Adolescent Health Brief."

94쪽 "'걸레'라는 낙인이 찍힐 가능성": 그러나 또래들보다 일찍부터 펠라티오를 시작하는 여학생들은 자존감이 낮을 가능성이 높다. Fava and Bay-Cheng, "Young Women's Adolescent Experiences of Oral Sex." 여학생들은 오럴 섹스가 인기를 얻기 위한 전략이라고 말하지만, 중학교 3학년과 고등학교 1학년 여학생들 중 그 전략이 성공적이었다고 느낀 비율은 남학생의 절반에 불과했다. Brady and Halpern-Felsher, "Adolescents' Reported Consequences of Having Oral Sex Versus Vaginal Sex"; Cornell and Halpern-Felsher, "Adolescent Health Brief."

94쪽 "남자아이들의 비위를 맞추기 위한 소녀들의 계산": 미국 십대를 대상으로 실시한 전국적인 조사에서 여학생의 3분의 1이 삽입 성관계를 피하기 위한 이유로 오럴 섹스를 했다고 구체적으로 대답했다. Hoff, Green, and Davis, "National Survey of Adolescents and Young Adults."

96쪽 "여학생들은 오럴 섹스에 대해 냉정했고 열정도 보이지 않았으며": Burns, Futch, and Tolman, "'It's Like Doing Homework.'"

103쪽 "훅업 관계에서는 양쪽 다 오럴 섹스를 해줘야 한다는 기대치 자체가 없다": 로라 백스트롬과 동료들도 대학생들을 대상으로 한 연구에서 쿤닐링구스는 연인관계에서는 자연스럽게 이루어지지만 단순한 훅업에서는 드물게 일어난다는 비슷한 사실을 발견했다. 훅업에서 오럴 섹스를 원하는 여성은 적극적으로 주장해야 받아낼 수 있었다. 쿤닐링구스를 원하지 않은 여성들은 안도하는 경향을 보였다. 연인관계의 경우 오럴 섹스를 원하지 않는 여성들은 불편함을 느낀 반면, 오럴 섹스를 즐기는 여성들은 쾌감을 얻는 행위라고 생각했다. Backstrom et al., "Women's Negotiation of Cunnilingus in College Hookups and Relationships."

106쪽 "3분의 1 가량이 정기적으로 자위": '성 건강 및 성행위에 대한 전국 조사 NSSHB'에 따르면, 14~17세 사이의 남자 중 4분의 3 이상이 자위를 해본 적이 있다고 대답했다. 자위를 해본 청소년 여성은 절반이 되지 않았다. 연령에 관계없이 정기적으로 자위를 하는 여성들은 약 3분의 1 정도였으며, 남자들의 경우 나이가 들면서 정기적으로 자위하는 비율이 꾸준히 높아졌다. Fortenberry, Schick, Herbenick, et al., "Sexual Behaviors and Condom Use at Last Vaginal Intercourse"; Robbins, Schick, Reese, et al., "Prevalence, Frequency, and Associations of Masturbation with Other Sexual Behaviors Among Adolescents Living in the United States of America"; Alan Mozes, "Study Tracks Masturbation Trends Among U.S. Teens," *U.S. News and World Report*, 2011. 8. 1. Caron, *The Sex lives of College Students*에 따르면, 일주일에 한 번씩 자위를 하는 남자 대학생은 65퍼센트에 달하는 반면 여자 대학생은 19퍼센트에 불과했다.

107쪽 "일단 그걸 받았다는 건": 백스트롬과 동료들이 조사한 대학생들도 대부분 쿤닐링구스를 더 친밀하고 감정적인 행위로 보았으며, 그렇기 때문에 연인관계에서 더욱 적합하다고 생각했다. Backstrom et al., "Women's Negotiation of Cunnilingus in College Hookups and Relationships." 또한 다음을 참조하라. Bay-Cheng, Robinson, and Zucker, "Behavioral and Relational Contexts of Adolescent Desire, Wanting, and Pleasure."

110쪽 "남성 필자는 여성의 성기가 더럽고": "I'm a Feminist but I Don't Eat Pussy," Thought Catalog, 2013. 6. 7.

111쪽 "이러한 초기 경험들은 (…) 지속적인 영향을 미친다": Schick, Calabrese, Rima, et al., "Genital Appearance Dissatisfaction."

112쪽 "자신의 성기에 대한 여성의 감정": 인터뷰 Debby Herbenick, Indiana University, 2013. 12. 5; Schick, Calabrese, Rima, et al., "Genital Appearance Dissatisfaction." 또한 다음을 참조하라. Widerman, "Women's Body Image Self-Consciousness During Physical Intimacy with a Partner."

112쪽 "성기를 불편하게 생각하는 여자 대학생들": Schick, Calabrese, Rima, et al., "Genital Appearance Dissatisfaction." 또한 다음을 참조하라. Widerman, "Women's Body Image Self-Consciousness During Physical Intimacy with a Partner."

113쪽 "400명 이상의 대학생을 대상으로 한 또다른 연구": Bay-Cheng and Fava, "Young Women's Experiences and Perceptions of Cunnilingus During Adolescence."

113쪽 "섹스 도중에 자위하는 것을 부끄러워하지 않는 여성들": Armstrong, England, and Fogarty, "Accounting for Women's Orgasm and Sexual Enjoyment in College Hookups and Relationships."

117쪽 "브라질리언 왁싱 유행의 결과": American Society for Aesthetic Plastic Surgery, "Labiaplasty and Buttock Augmentation Show Marked Increase In Popularity," 보도자료, 2014. 2. 5; American Society for Aesthetic Plastic Surgery, "Rising Demand for Female Cosmetic Genital Surgery Begets New Beautification Techniques,"보도자료, 2013. 4. 15.

117쪽 "음순축소술에서 가장 선호하는 모양": Alanna Nuñez, "Would You Get Labiaplasty to Look Like Barbie?" *Shape*, 2013. 5. 24. 또한 다음을 참조하라. Mireya Navarro, "The Most Private of Makeovers," *New York Times*, 2004. 11. 28.

118쪽 "여자 대학생의 30퍼센트가": Herbenick et al., "Sexual Behavior in the United States."' 성 건강 및 성행위에 대한 전국 조사'는 14~94세 사이 남녀의 성 관행에 대한 가장 대규모 조사다.

118쪽 "1992년에는 (…) 16퍼센트에 불과했다": Herbenick et al., "Sexual Behavior in the United States."또한 다음을 참조하라. Susan Donaldson James, "Study Reports Anal Sex on Rise Among Teens," ABC.com, 2008. 12. 10.

119쪽 "상대가 당연히 그러한 행위를 견뎌낼 것이라 기대한다": "Teen Anal Sex Study: 6 Unexpected Findings,"Livescience.com, 2014. 8. 13.

120쪽 "연령에 관계없이": Laumann et al., *Sex in America*.

120쪽 "남학생들보다 4배 높다": 원치 않은 성행위를 감내했다고 답한 젊은 여성은 12퍼센트에 달한 반면 젊은 남성은 3퍼센트에 불과했다. Kaestle, "Sexual Insistence and Disliked Sexual Activities in Young Adulthood."

121쪽 "세라 맥클랜드의 말에 따르면": McClelland, "Intimate Justice"; 인터뷰,

392

Sara McClelland, 2014. 1. 27.

121쪽 "남학생들은 반대였다": McClelland, "Intimate Justice"; McClelland, "What Do You Mean When You Say That You Are Sexually Satisfied?"; McClelland, "Who Is the 'Self'in Self-Reports of Sexual Satisfaction?"

121쪽 "파트너의 만족을 위해 최선을 다하는 여성들": 여성들 사이의 성적 접촉에서, 양쪽 모두 오르가즘을 느낀 비율은 83퍼센트였다. 인터뷰, Lisa Wade, 2014. 3. 19. 또한 다음을 참고하라. Douglass and Douglass, *Are We Having Fun Yet?*; Thompson, *Going All the Way*.

3장. 라이크 어 버진, 그게 무슨 의미든 간에

128쪽 "크리스티나는 바로 지난주에": 2012년에 영화 제작자 리나 에스코는 남성의 상체가 아닌 여성의 상체만을 성애화하는 이중잣대에 종지부를 짓겠다는 생각으로 '가슴 노출을 허하라Free the Nipple'라는 운동을 시작했다. 2015년 8월에는 전 세계 60개 도시에서 '토플리스의 날Go Topless Day' 시위자들이 공공장소에서 가슴을 드러내고 성적 평등을 위한 시위를 벌였다. Free the Nipple, Lina Esco New York: IFC Films; Kristie McCrum, "Go Topless Day Protesters Take Over New York and 60 Other Cities for 'Free the Nipple' Campaign," *Mirror*, 2015. 8. 24.

130쪽 "십대 청소년의 거의 3분의 2": 고등학교 3학년생 중 64퍼센트가 최소 한 번 삽입 성관계를 가진 경험이 있다. Kann, Kinchen, Shanklin, et al., "Youth Risk Behavior Surveillance—United States, 2013."

130쪽 "무시할 수 없는 숫자의 여학생들이": 성경험이 있는 소녀들 중 70퍼센트가 꾸준히 사귀던 사람과 첫번째 삽입 성관계를 가졌다고 답했다. 16퍼센트는 처음 만난 사람이나 친구와 관계를 가졌다. Martinez, Copen, Abma, "Teenagers in the United States: Sexual Activities, Contraceptive Use, and Childbearing, 2006–2010 National Survey of Family Growth."

131쪽 "전국적인 표본조사뿐만 아니라": Leigh and Morrison, "Alcohol

Consumption and Sexual Risk-Taking in Adolescents."

131쪽 "대부분은 그 경험을 후회하며": Martino, Collins, Elliott, et al., "It's Better on TV"; Carpenter, *Virginity Lost.* 연구에서는 "무엇을 기다리는 가?"라는 질문에 대한 대답이 제시되지 않았지만, 마르티노와 동료들은 이렇게 주장했다. "첫번째 섹스를 좀더 나중까지 미루었으면 했다고 대답하는 젊은이들은 섹스에 대한 결정을 후회하는 것이 분명하다. 섹스를 하기에 제대로 준비가 되어 있지 않았다고 느꼈거나, 다른 사람과 첫번째 섹스의 경험을 공유하거나 관계의 다른 시점에서 섹스를 했었다면 하고 바라거나, 섹스 그자체가 만족스럽지 못했거나, 섹스의 결과가 자신들이 바랐거나 기대했던 바와 다르다는 사실을 깨달았기 때문이다."

136쪽 "미국 18세 청소년의 4분의 1": Jayson, "More College 'Hookups' but More Virgins, Too."

136쪽 종교적 이유로 순결을 지키는 경우가 아닌 한, 대부분은 이러한 자신의 상태를 대놓고 이야기하지 않으며: Carpenter, *Virginity Lost.*

139쪽 "첫 경험은 (…) 자연스럽고 불가피한 단계로 보았다": 샤론 톰슨이 자신의 욕망을 인식하고 그에 따라 성적 결정을 하는 젊은 여성들은 욕망을 무시하거나 부정하는 여성들보다 처녀성을 잃었을 때 쾌감을 느낄 확률이 높다는 연구결과를 얻은 이유도 이것 때문일지 모른다. Thompson, *Going All the WAY.*

141쪽 "2004년이 되자 250만 명 이상이": Bearman and Brückner, "Promising the Future."

142쪽 "확인해봐야겠다고 머릿속에 메모를 했다": Rector, Jonson, Noyes, et al., *Sexually Active Teenagers Are More Likely to Be Depressed and to Attempt Suicide.*

142쪽 "여학생들은 (…) 오명을 쓸 가능성이 높으며": Dunn, Gjelsvik, Pearlman, et al., "Association Between Sexual Behaviors, Bullying Victimization and Suicidal Ideation in a National Sample of High School Students."

146쪽 "아마도 제대로 된 성교육을 받지 못했거나": Regnerus, *Forbidden Fruit.* 리그너러스는 성적으로 활발하며 힘든 결정을 내릴 때 신이나 성경에서 가르침을 찾는 십대 청소년 중에 삽입 성관계를 가질 때마다 피임을 한다고 답한 비율은 고작 절반에 불과하다는 사실을 발견했다. 성적으로 활발하며 부모나 다른 신뢰하는 어른에게 조언을 구하는 청소년들은 피임을 할 확률이 69퍼센트였다. 리그너러스의 결론은 「전국 청소년 건강에 대한 종적 연구National Longitudinal Study of Adolescent Health」 및 본인과 동료들이 13~17세 사이의 청소년 3400명을 대상으로 실시한 전국적인 설문조사를 근거로 한 것이다.

147쪽 "특권의식": Bearman and Brückner, "Promising the Future." 데이터는 「전국 청소년 건강에 대한 종적 연구」에서 발췌했다.

147쪽 "남성 순결 서약자들은 (…) 항문성교를 할 확률이 네 배나 높으며": Bearman and Brückner, "After the Promise."

147쪽 "20세가 되면 80퍼센트 이상이": Rosenbaum, "Patient Teenagers?"

148쪽 "결혼을 하고 나자 잠자리 문제에 대해 친구들에게 이야기하는 것이": Molly McElroy, "Virginity Pledges for Men Can Lead to Sexual Confusion-Even After the Wedding Day," *UW Today*, 2014. 8. 16.

149쪽 "순결 서약을 했다는 한 젊은 여성도": Samantha Pugsley, "It Happened to Me: I Waited Until My Wedding Night to Lose My Virginity and I Wish I Hadn't," *XOJane*, 2014. 8. 1. 또한 다음을 참조하라. Jessica Ciencin Henriquez, "My Virginity Mistake: I Took and Abstinence Pledge Hoping It Would Ensure a Strong Marriage. Instead, It Led to a Quick Divorce," *Salon*, 2013. 5. 5.

149쪽 "2011년 조사에서는": Darrel Ray and Amanda Brown, *Sex and Secularism*, Bonner Springs, KS: IPC Press, 2011.

151쪽 "여기서도 그가 우려하는 바는 섹스 자체보다": 청소년 중기에 경험하는 연인관계는 훗날 더 긍정적이고 건전한 연인관계로 이어질 가능성이 높지만, 동시에 병적인 증상으로 나타날 수도 있다. 많은 다른 문제들과 마찬가지로, 이것도 상황과 각 커플에 따라 달라진다. Simpson, Collins, and Salvatore, "The Impact of Early Interpersonal Experience on Adult Romantic Relationship Functioning."

152쪽 "데이브가 진심으로": U.S. Census Bureau, "Divorce Rates Highest in the South, Lowest in the Northeast, Census Bureau Reports," 뉴스 브

리핑, Washington, DC: U.S. Census Bureau, 2011. 8. 25. 또한 다음을 참조하라. Vincent Trivett and Vivian Giang, "The Highest and Lowest Divorce Rates in America," *Business Insider*, 2011. 7. 23.

152쪽 "가장 연관이 깊은 지표는": Jennifer Glass, "Red States, Blue States, and Divorce: Understanding and Impact of Conservative Protestantism on Regional Variation in Divorce Rates," 보도자료, 2014. 1. 16. Council on Contemporary American Families.

155쪽 "섹스에 대해 딸들과 충분히 이야기를 해봤다고 믿는 어머니들도": 『O 매거진』과 『세븐틴』에서 15~22세 사이의 젊은 여성 천 명과 같은 나이대 딸을 둔 어머니 천 명을 대상으로 공동으로 실시한 독자 설문조사에 따르면, 딸이 자신에게 섹스에 대한 이야기를 하는 것을 불편해한다고 생각하는 어머니는 22퍼센트에 달했다. 엄마에게 섹스에 대한 이야기를 하는 것이 불편하다고 답한 딸은 61퍼센트였다. 실제로 오럴 섹스를 해본 젊은 여성들의 비율(30퍼센트)은 어머니들이 알고 있거나 추정하는 것의 두 배였다. 삽입 성관계를 경험한 젊은 여성들의 46퍼센트가 엄마에게 그 사실을 말하지 않았다. 낙태를 한 젊은 여성들 역시 어머니에게 말하지 않은 경우가 많았다. Liz Brody, "The O/Seventeen Sex Survey: Mothers and Daughters Talk About Sex," *O Magazine*, 2009년 5월호. 2012년 '가족계획협회Planned Parenthood'의 조사에 따르면 조사대상 부모의 절반이 십대 청소년 자녀와 섹스에 대한 이야기를 나누는 데 거부감이 없다고 대답한 반면, 같은 대답을 한 십대 청소년은 19퍼센트에 불과했다. 부모의 42퍼센트가 자녀에게 섹스에 대해 "반복적으로"이야기했다고 대답한 반면, 이에 동의한 십대 청소년은 27퍼센트였다. 부모에게 섹스에 대한 이야기를 들은 것이 한 번 이하였다고 답한 청소년은 34퍼센트였다. 조사에 참여한 부모들은 자녀들에게 민감한 문제에 대해 자세한 조언을 했다고 믿었다. 자녀들은 "하지 마"등의 단순한 명령만 받았다고 생각했다. "Parents and Teens Talk About Sexuality: A National Poll," *Let's Talk*, 2012. 10. 또한 다음을 참조하라. Planned Parenthood, "New Poll: Parents Are Talking with Their Kids About Sex but Often Not Tracking Harder Issues,"Plannedparenthood.org, 2011. 10. 3.

4장. 훅업 문화와 어울리기 문화

170쪽 "혼전 성행위의 지각 변동이 일어난 세대는": Armstrong, Hamilton, and England, "Is Hooking Up Bad for Young Women?"

171쪽 "훅업 문화라는 용어는 바로 이런 의미다": Wade and Heldman, "Hooking Up and Opting Out."

171쪽 "가장 전형적으로 이러한 성향을 보인 것은": 미국의 흑인 여성들과 아시아계 남성들은 역사적으로 성적 활동에서 가장 소외된 계층이었다. 게이 학생들 역시 훅업할 확률이 낮았으며, 이는 아마도 대다수 캠퍼스에서 게이 학생들의 숫자 자체가 적고 동성 성관계의 안전에 대한 우려가 여전히 높기 때문인 것으로 보인다. Garcia, Reiber, Massey, et al., "Sexual Hook-Up Culture"를 참조하라. 사회학자 리사 웨이드에 따르면 흑인 학생들은 또한 의식적으로 "점잖게" 보이려고 노력하며, "커다란 성기를 자랑하는 남자"또는 "문란한 여자"라는 고정관념을 피하려고 했다. 훅업 문화는 남학생 사교클럽 파티를 중심으로 하며, 흑인 학생들의 클럽은 자체적인 클럽 하우스가 없는 경우가 많다. 경제적으로 풍족하지 않은 계층 출신이며 가족 중에서 처음으로 대학에 진학한 학생들 역시 파티와 훅업 문화를 피하는 경향이 있다. Lisa Wade, "The Hookup Elites," *Slate DoubleX*, 2013. 7. 19.

172쪽 "삽입 성관계는 3분의 1에 불과했다": Armstrong, Hamilton, and England, "Is Hooking Up Bad for Young Women?"

172쪽 "젊은 세대 스스로도 (…) 과대평가하는 경향이 있으며": Alissa Skelton, "Study: Students Not 'Hooking Up'As Much As You Might Think," *USA Today*, 2011. 10. 5; Erin Brodwin, "Students Today 'Hook Up' No More Than Their Parents Did in College," *Scientific American*, 2013. 8. 16.

172쪽 "빌보드차트를 점령하고 있는 노래의 92퍼센트가": Dino Grandoni, 92% of Top Ten Billboard Songs Are About Sex," The Wire: News from *The Atlantic*, 2011. 9. 30.

172쪽 "제작과 주연을 맡고 있는 민디 케일링은": "Not My Job: Mindy Kaling Gets Quizzed on Do-It-Yourself Projects," *Wait, Wait… Don't Tell Me!* National Public Radio, 2015. 6. 20.

173쪽 "실제로는 거의 4분의 3에 해당하는": Debby Herbenick, 미공개 설문조사, 2014년 2월.

173쪽 "삽입 섹스의 경우, 단순한 훅업 관계에서는": Armstrong, England, and Fogarty, "Accounting for Women's Orgasm and Sexual Enjoyment in College Hookups and Relationships."

174쪽 "남성의 82퍼센트 (…) 여성의 57퍼센트": Garcia, Reiber, Massey, et al., "Sexual Hook-Up Culture." 832명의 대학생을 대상으로 한 2010년의 연구에서, 훅업을 한 후 기분이 좋았다고 대답한 여학생은 26퍼센트, 남학생은 50퍼센트에 불과했다. 다른 연구에서는 대략 4분의 3에 해당하는 학생들이 성행위를 한 다음 후회한 경험이 최소한 한 번 이상 있다고 답했다. Owen et al., "'Hooking up'Among College Students."

174쪽 "초혼 연령이 높아지고": Armstrong, Hamilton, and England, "Is Hooking Up Bad for Young Women?"; Hamilton and Armstrong, "Gendered Sexuality in Young Adulthood."

181쪽 "학교 성적도 떨어졌다": 십대 청소년들은 사귀던 사람과의 이별을 가장 괴롭고 충격적인 사건 중 하나로 꼽았으며, 이별이 청소년 자살의 주요 원인이라는 증거도 점차 많아지고 있다. Joyner, Rhode, Seeley, et al., "Life Events and Depression in Adolescence."

181쪽 "신체적, 성적 학대를 당하는 사례의 절반 이상": CDC에 따르면, 여자 고등학생 7분의 1 이상이 지난 일 년간 연인으로부터 신체적인 학대를 당했으며, 성폭력을 경험한 비율도 7분의 1이었다. 흑인 여학생들보다는 히스패닉과 백인 여학생들이 데이트 폭력의 희생자가 될 확률이 높았다. Kann, Kinchen, Shanklin, et al., "Youth Risk Behavior Surveillance-United States, 2013."

181쪽 "다시 희생양이 되기 쉽다": Exner-Cortens, Eckenrode, and Rothman, "Longitudinal Associations Between Teen Dating Violence Victimization and Adverse Health Outcomes."

185쪽 "사교클럽 하우스는 훅업 문화의 중심지": 최근에 이를 성폭력을 감소시키기 위한 전략으로 변경하려는 노력이 있었다. Amanda Hess, "Sorority Girls Fight for Their Right to Party," *Slate XXFactor,* 2015. 1. 20.

189쪽 "강제적 부주의": 리사 웨이드와의 인터뷰, 2015. 6. 9.

190쪽 "삽입 성관계와 마찬가지로 술을 마시는 젊은이들의 비율은": 폭음의 빈도가 줄어든 것은 주로 여자 대학생이 아니라 남자 대학생들 때문이다. National Center for Chronic Disease Prevention and Health Promotion, "Binge-Drinking: A Serious, Unrecognized Problem Among Women and Girls." 또한 다음을 참조하라. Rachel Pomerance Berl, "Making Sense of the Stats on Binge Drinking," *U.S. News and World Report*, 2013. 1. 17.

190쪽 "여대생은 25퍼센트, 여고생은 20퍼센트에 달했다": National Center for Chronic Disease Prevention and Health Promotion, "Binge-Drinking: A Serious, Unrecognized Problem Among Women and Girls." 또한 Berl, "Making Sense of the Stats on Binge Drinking"을 참조하라.

190쪽 "다른 조사에 따르면 여자 대학생의 3분의 2": "College Drinking," *Fact Sheet*. Kelly-Weeder, "Binge Drinking and Disordered Easting in College Students"; Dave Moore and Bill Manville, "Drunkorexia: Disordered Eating Goes Hand-in-Glass with Drinking Binges," *New York Daily News*, 2013. 2. 1; Ashley Jennings, "Drunkorexia: Alcohol Mixes with Eating Disorders," ABC News, 2010. 10. 21.

191쪽 "만취할 확률이 가장 높았다": 부부 또는 연인이 아닌 상대와 삽입 섹스를 가진 남녀를 대상으로 한 조사에서, 71퍼센트는 성관계 당시 술에 취해 있었다고 답했다. Fisher, Worth, Garcia, et al, "Feeling of Regret Following Uncommitted Sexual Encounters in Canadian University Students."

192쪽 "수련을 쌓는 곳": Caitlan Flanagan, "The Dark Power of Fraternities," *Atlantic*, 2014년 3월호.

202쪽 "오르가슴을 흉내내는 비율": Caron, *The Sex Lives of College Students*.

207쪽 "에너지 음료와 알코올을 섞어 마시면": Centers for Disease Control, "Caffeine and Alcohol," *Fact Sheet*; Linda Carroll, "Mixing Energy Drinks and Alcohol Can 'Prime' You for a Binge," Today.com, *News* (블로그) 2014. 7. 17; Allison Aubrey, "Caffeine and Alcohol Just Make a Wide-Awake Drunk," *Shots: Health News from NPR*(블로그), 2013. 2.

11.

212쪽 "미 법무부 보고서에 따르면": 같은 연령의 대학에 다니지 않는 피해자 중 성
폭행을 신고한 비율은 32퍼센트다. Laura Sullivan, "Study: Just 20
Percent of Female Campus Sexual Assault Victims Go to Police," *The
Two Way*, National Public Radio, 2014. 12. 11.

219쪽 "남학생들은 다른 사람을 '이용한 것'에 가책을 느끼며": Oswalt, Cameron,
and Koob, "Sexual Regret in College Students."

5장. 커밍아웃—온라인과 오프라인

235쪽 "남성의 몸에 대해 글을 쓸 경우 (…) 마음껏 원하는 바를 표현할 수 있기 때
문일지도 모른다": 팬픽션에 대한 보다 자세한 내용은 다음을 참조하라.
Alexandra Alter, "The Weird World of Fan Fiction," *Wall Street
Journal*, 2012. 6. 14; Jarrah Hodge, "Fanfiction and Feminism." 왜 레즈
비언들이 쓴 작품을 포함하여 그토록 많은 슬래시(동성 간의 환상에 초점을
맞춘 팬픽션—옮긴이) 스토리들이 남성 간의 성애를 그리고 있는지에 대한
흥미로운 논의는 다음을 참조하라. Melissa Pittman, "The Joy of Slash:
Why Do Women Want It?" *The High Hat*, 2005년 봄호. 2014년 봄에 중
국 당국은 남성/남성 슬래시 픽션을 쓴 죄로 20명의 작가를 체포했으며, 이
들은 대부분 이십대 젊은 여성이었다. Ala Romano, "Chinese Authorities
Are Arresting Writers of Slash FanFiction,"Daily Dot, 2014. 4. 18.

237쪽 "레딧은 2015년 초에 합의 없이 찍은 포르노의 게시를 금지하는 게시판 정책
을 발표했지만": 레딧의 사용자들은 익명이기 때문에 누가 사진들을 게시했
는지는 알 수 없다. Ben Branstetter, "Why Reddit Had to Compromise
on Revenge Porn," *Daily Dot*, 2015. 2. 27.

237쪽 "LGBTQ 청소년들에게도 인터넷은 양날의 검 같은 존재다": 여기에는 자신
이 생각하는 성별이 생물학정 성과 일치하는 시스젠더 LGB 소녀들과 남성에
서 여성으로 전환한 트랜스젠더 소녀들이 모두 포함된다. 소년들도 마찬가지
다. GLSEN, *Out Online*을 참조하라.

237쪽 "LGBTQ 청소년들은 (…) 인터넷을 이용한다": LGBT 십대들은 LGBT가 아닌 또래들에 비해 성과 성적 매력에 대한 정보를 검색할 확률이 5배 높다. 또한 온라인상에 가까운 친구가 있을 가능성이 훨씬 높다. 위 항목과 동일.

237쪽 "온라인에서 먼저 커밍아웃을 하는 LGBTQ 청소년의 비율은 10분의 1 이상이며": '인권 캠페인Human Rights Campaign'이 발간한 2012년 보고서 『미국에서 LGBT로 살아가기Growing Up LGBT in America』에 따르면, 게이 청소년의 73퍼센트가 실생활에서보다 온라인에서 자기 자신을 "더 솔직하게" 드러냈다고 답했으며 이성애자 청소년은 43퍼센트가 같은 대답을 했다. 다만 이것 역시 우려될 정도로 높은 수치다.

247쪽 "1990년대 초반의 『대학생의 성생활』이라는 보고서": Caron, The Sex Lives of College Students. 질병관리센터Center for Disease Control에 따르면, 25~44세 사이의 여성 중 12퍼센트가 동성 간의 성경험을 해본 적이 있다. 남성의 경우 그 비율은 6퍼센트다. Chandra, Mosher, Copen, et al., "Sexual Behavior, Sexual Attraction, and Sexual Identity in the United States."

252쪽 "커밍아웃의 평균 연령이 낮아지면서": "Age of 'Coming Out'Is Now Dramatically Younger: Gay, Lesbian and Bisexual Teens Find Wider Family Support, Says Researcher," Science News, 2011. 10. 11.

253쪽 "만 명 이상의 청소년을 대상으로 한 조사": '인권 캠페인', 『미국에서 LGBT로 살아가기』.

253쪽 "라이언의 가족 포용 프로젝트에서는 가족의 거부와 (…) 상관관계가 있다고 보았다": Zack Ford, "Family Acceptance Is the Biggest Factor for Positive LGBT Youth Outcomes, Study Finds," ThinkProgress.org, 2015. 6. 24; Ryan, "Generating a Revolution in Prevention, Wellness, and Care for LGBT Children and Youth."

260쪽 "미국인의 대략 0.3퍼센트가 자신을 트랜스젠더라고 생각하며": Gary J. Gates, "How Many People Are Lesbian, Gay, Bisexual, and Transgender?" 2011년 4월호. Williams Institute on Sexual Orientation Law and Public Policy, UCLA School of Law, Los Angeles.

260쪽 "성인 인구의 3.5퍼센트가 스스로를 게이, 레즈비언, 또는 양성애자라고 생각하는데": Gary J. Gates, "How Many People Are Lesbian, Gay, Bisexual, and Transgender?" 또한 다음을 참조하라. Gary J. Gates and Frank Newport, "Special Report: 3.4퍼센트 of U.S. Adults Identify as LGBT," 설문조사, Gallip.com, 2012년 10월 8일. 18~29세 사이의 남성 중 4.6퍼센트, 여성 중 8.3퍼센트가 스스로를 LGBT라고 답했으며, 이는 모든 연령 그룹을 통틀어 가장 높은 비율이다. 설문조사에 따르면 미국 대중은 성인의 23퍼센트가 게이라고 생각한다. Frank Newport, "Americans Greatly Overestimate Percent Gay, Lesbian in U.S," 설문조사, Gallup.com, 2015. 5. 21.

260쪽 "그러나 정확한 수치는 좀처럼 얻기 어렵다": '젠더퀴어'가 트랜스젠더인가, 또는 트랜스젠더는 '젠더퀴어'인가를 둘러싸고 논쟁이 벌어지고 있다. Gary J. Gates, "How Many People Are Lesbian, Gay, Bisexual, and Transgender?"

261쪽 "두 사람은 트랜스젠더 청소년 지원단체에서 사랑에 빠졌고": 그후 두 사람은 헤어졌으며, 각자 회고록 출간을 계획하고 있다. Janine Radford Rubenstein, "Arin Andrews and Katie Hill, Transgender Former Couple, to Release Memoirs," *People*, 2014. 3. 11.

261쪽 "이들은 그 또는 그녀와 같은 남녀 대명사 대신": 중성 대명사와 그 의미에 대한 설명은 다음을 참조하라. "The Need for a Gender Neutral Pronoun," *Gender Neutral Pronouns Blog*, 2010. 1. 24. 또한 다음을 참조하라. Margot Adler, "Young People Push Back Against Gender Categories."

262쪽 "이 아이가 조금 다르다는 사실을 생후 5개월 즈음에 처음 눈치챘다고 했다": Solomon P. Banda and Nicholas Riccardi, "Coy Mathis Case: Colorado Civil Rights Division Rules in Favor of Transgender 6-Year-Old in Bathroom Dispute," Associated Press, 2013. 6. 24; Sabrina Rubin Erdely, "About a Girl: Coy Mathis' Fight to Change Gender," *Rolling Stone*, 2013. 10. 28.

273쪽 "여학생과 여자 선생님들을 업신여기고": 글랜리지 강간 사건과 그 영향에 대한 자세한 내용은 Lefkowitz, *Our Guys*를 참조하라.

275쪽 "2015년에 타이슨의 전 매니저는 타이슨의 성폭행 기소가 '불가피한' 일이었다고 인정했고": Nicholas Godden, "Mike Tyson Rape Case Was Inevitable, I'm Surprised More Girls Didn't Make Claims Against Him," *Mail Online*, 2015. 2. 9.

277쪽 "그런 남학생들은 '네, 싫다고 하는 여자애를 힘으로 누르고 섹스를 한 적이 있지만'": Kamenetz, "The History of Campus Sexual Assault."

278쪽 "다른 언론들도": *The Date Rape Backlash Media and the Denial of Rape*, Jhally, prod.

279쪽 "로이피에게 쏟아졌던 관심이 사그라들자.": Zoe Heller, "Shooting from the Hip," *Independent*, 1993. 1. 17.

279쪽 "소머스는 『누가 페미니즘을 훔쳤나』에서": Hoff Sommers, Who Stole Feminism.

284쪽 "가장 엄격한 강간의 정의를 적용하면 대부분의 연구에서 연간 강간 비율이 3~5퍼센트 정도로 나타났다": Raphael, Rape Is Rape.

284쪽 "인구조사국의 통계를 고려하면 매년 13만 8000명에서 23만 명이 강간을 당한다는 의미가 된다": 4년제 대학에는 총 570만 명 이상의 여자 대학생이 재학중이며 2년제 대학에는 380만 명 이상의 여자 대학생이 재학중이다. U.S. Census Bureau, *School Enrollment in the United States 2013*, Washington, DC: U.S. Census Bureau, 2014. 9. 24.

285쪽 "미국대학협회의 보고서와는 달리 포드와 잉글랜드는": Cantor, Fisher, Chibnall, et al., *Report on the AAU Campus Climate Survey on Sexual Assault and Sexual Misconduct*.

285쪽 "최소 하나 이상을 겪은 적이 있다고 답한 여학생은 25퍼센트였다": Ford and England, "What Percent of College Women Are Sexually Assaulted in College?" 여러 학교에 책임 보험을 제공하는 교육자연합 United Educators에서 2015년에 발표한 세번째 조사에 따르면, 2011년부터

2013년 사이에 104개의 보험 가입 학교에서 보고한 강간 사건 중 30퍼센트는 물리적 힘이나 물리적 힘에 대한 위협이 개입되어 있었으며, 33퍼센트는 피해자가 무력한 상태에서 일어났다. 또한 그 외의 13퍼센트는 가해자가 물리적 힘을 사용하지는 않았지만 피해자가 주저하거나 구두로 거절의사를 표현한 후에도 계속해서 성적 접촉을 가졌다. 18퍼센트는 '미흡한 동의'로 분류할 수 있는데, 가해자가 물리적 힘이나 위협, 강제성을 가하지는 않았지만 "피해자를 무시하거나, 신호를 잘못 해석하거나, 피해자의 침묵이나 저항하지 않는 태도가 동의를 암시한다고 생각한"경우다. 나머지 7퍼센트의 강간 사례는 의식을 잃게 하는 약물을 사용한 경우였다. 강간 사건 가해자의 99퍼센트는 남성이었다. Claire Gordon, "Study: College Athletes Are More Likely to Gang Rape," *Al Jazeera America*, 2015. 2. 26.

285쪽 "대학 내 강간 피해자 비율은 다시 4분의 1로 올라간다": 뉴욕 주 북부의 모사립대학에 재학중인 483명의 학생들을 대상으로 한 2015년의 또다른 연구에서, 1학년 여자 대학생의 18.6퍼센트가 강간 또는 강간미수의 피해자였다는 사실이 밝혀지기도 했다. Carey, Durney, Shepardson, et al., "Incapacitated and Forcible Rape of College Women."

286쪽 "2006년까지 미 전역 대학의 77퍼센트가 대학 내 성폭력 발생건수가 0": Kreisler Lombardi, "Campus Sexual Assault Statistics Don't Add Up," Center for Public Integrity, 2009년 12월호. 2009년부터 2014년 사이에 전국 표본 대학 중 40퍼센트 이상이 성폭행 사건을 단 한 건도 조사하지 않았다. United States Senate, U.S. Senate Subcommittee on Financial and Contracting Oversight, *Sexual Violence on Campus.*

287쪽 "이 공문에서는 이전보다 완화된 새로운 입증 책임을 제시했다": Michael Dora, "'Yes Means Yes'and Preponderance of the Evidence," *Dora on Law*(블로그), 2014. 10. 29.

289쪽 "미국 유수의 대학들도 포함되어 있었다": Edwin Rios, "The Feds Are Investigating 106 Colleges for Mishandling Sexual Assault. Is Yours One of Them?" *Mother Jones*, 2015. 4. 8.

289쪽 "피해자들의 믿음이 커진 덕분에 수치가 상승한 것": "New Education Department Data Shows Increase in Title IX Sexual Violence

Complaints on College Campuses," 보도자료, 2015. 5. 5, 바버라 박서 Barbara Boxer 캘리포니아 상원의원 사무실.

290쪽 "그러나 그후에는 다시 조사 이전 수준으로 떨어졌으며": Yung, "Concealing Campus Sexual Assault."

290쪽 "2015년 조사에서, 이 학교 1학년 여학생의 28퍼센트가 (…) 강간을 당하거나 강간을 당할 뻔했던 경험이 있다고 답했다": 몇몇 다른 조사와는 달리, 이 조사는 강간을 법적인 정의로 한정시키므로 강제 애무 또는 강제 키스는 포함되지 않는다. Carey et al, "Incapacitated and Forcible Rape of Woman."미 법무부는 14~18세 사이의 소녀들 중 거의 5분의 1이 성폭행 또는 강간미수의 희생자라는 사실을 발견했다. Finkelhor, Turner, and Ormrod, "Children's Exposure to Violence."

294쪽 "니가 이미 내 인생을 영원히 망쳐놨다고 생각하지는 않나봐?": Jason Riley and Andrew Wolfson, "Louisville Boys Sexually Assaulted Savannah Dietrich 'Cause We Thought It Would Be Funny,'" *Courier Journal*, 2012. 8. 30.

298쪽 "피해자와 가해자 (…) 모두 술을 마신 사례도 적지 않다": Krebs, Lindquist, and Warner, *The Campus Sexual Assault (CSA) Study Final Report.*

298쪽 "2013년에 에밀리 요프가 웹진 '슬레이트'의 여성 섹션인 '더블엑스'에 (…) 경고하는 글을 기고하자,": Emily Yoffe, "College Women: Stop Getting Drunk," *Slate DoubleX*, 2013. 10. 15.

298쪽 "또한 여성은 알코올 대사 방식이 남성과 다르기 때문에": Centers for Disease Control, "Binge Drinking: A Serous Under—Recognized Problem Among Women and Girls."

299쪽 "진짜 성폭력을 줄이고 싶다면 (…) 남성들의 알코올 남용을 문젯거리로 지적하는 것이 논리적이지 않은가?": Gordon, "Study: College Athletes Are More Likely to Gang Rape"; Abbey, "Alcohol's Role in Sexual Violence Perpetration"; Davis, "The Influence of Alcohol Expectancies and Intoxication on Men's Aggressive Unprotected Sexual Intentions"; Foubert, Newberry, and Tatum, "Behavior Differences Seven Months

Later"; Carr and VanDeusen, "Risk Factors for Male Sexual Aggression on College Campuses"; Abbey, Clinton-Sherrod, McAuslan, et al., "The Relationship Between the Quantity of Alcohol Consumed and Severity of Sexual Assaults Committed by College Men"; Norris, Davis, George, et al., "Alcohol's Direct and Indirect Effect on Men's Self-Reported Sexual Aggression Likelihood"; Abbey et al., "Alcohol and Sexual Assault"; Norris et al., "Alcohol and Hypermasculinity as Determinants of Men's Empathic Responses to Violent Pornography."

299쪽 "술은 자제력을 저하시키고, (…) 잘못된 행동을 쉽게 정당화해준다": Abbey, "Alcohol's Role in Sexual Violence Perpetration"; Davis, "The Influence of Alcohol Expectancies and Intoxication on Men's Aggressive Unprotected Sexual Intentions"; Abbey et al., "Alcohol and Sexual Assault."

299쪽 "반대로 술을 마시지 않은 남성들은 성적으로 강압적인 태도를 취할 가능성이 적을 뿐만 아니라": Abbey, "Alcohol's Role in Sexual Violence Perpetration"; Orchowski, Berkowitz, Boggis, et al., "Bystander Intervention Among College Men."

300쪽 "매년 술을 마신 상태에서 자신도 모르게 부상을 당하는 18세에서 24세 사이의 학생은 60만 명에 달한다": Nicole Kosanake and Jeffrey Foote, "Binge Thinking: How to Stop College Kids from Majoring in Intoxication," Observer, 2015. 1. 21.

300쪽 "고작 두 달이 지난 지금, (…) 107명의 똑똑한 학생들을 병원에 실어날랐다": "Binge Drinking at UC Berkely Strains EMS System," Eyewitness News, ABC, 2013. 11. 17; Emilie Raguso, "Student Drinking at Cal Taxes Berkely Paramedics," Berkeleyside.com, 2013. 11. 12; Nico Correia, "UCPD Responds to 8 Cases of Alcohol-Related Illness Monday Morning," Daily Californian, 2013. 8 . 26. 2012년에는 버클리 대학에서 학기가 시작한 뒤 2주 동안 12명의 학생들이 병원으로 이송되었으며, 2011년에는 8월에만 응급실 이송이 11건 발생했다. 그러나 2014년에는 개강 후 첫번째 주말에 응급실 이송 건수가 절반으로 줄어들었다. Daily

Californian, "Drinking Is a Responsibility," 2014. 8. 26.

300쪽 "폭음이 잦아지면 성폭력 빈도도 늘어난다": Mohler-Kuo, Dowdall, Koss, et al., "Correlates of Rape While Intoxicated in a National Sample of College Women." 이것 역시 알코올이 강간을 야기한다는 의미라기보다는 강간범들이 범죄를 사주하기 위해 다양한 방식으로 알코올을 사용한다는 의미다.

301쪽 "그 남학생들이 어떤 의도였는지 누가 알겠습니까?": Noyes, "Binge Drinking at UC Berkely Strains EMS System."

302쪽 "나머지 60퍼센트는 잘 모르겠다고 답했다": "Poll: One in 5 Women Say They Have Been Sexually Assaulted in College," *Washington Post,* 2015. 6. 12.

309쪽 "'우리는 하나로 단결하여 이런 개떡같은 일이 허용되는 것을 막아야 한다.'": AndréRouillard, "The Girl Who Ratted," *Vanderbilt Hustler,* 2014. 4. 16.

310쪽 "다만 범죄학자 젠 조던이 지적한 대로": Raphael, *Rape Is Rape.*

311쪽 "강간 신고 철회는 (…) 고소인의 희망이 반영된 결과일 수도 있다": 또한 피해자들에게 거짓말탐지기 테스트를 받도록 촉구했는데, 그후 이 관행은 사건을 신고하려는 피해자들의 의지에 부정적인 영향을 미친다는 이유로 폐지되었다. 거짓말탐지기 테스트를 받도록 요청할 경우 강간 피해자들은 처음부터 자신이 의심받고 있다고 느끼게 된다. Kanin, "False Rape Allegations."

311쪽 "허위 신고 비율을 2~8퍼센트 정도라고 추정하는데": Raphael, *Rape is Rape*; Lisak, Gardinier, Nicksa, et al., "False Allegations of Sexual Assault: An Analysis of Ten Years of Reported Cases."

311쪽 "허위 신고의 가능성을 염두에 두는 것은 분명 중요하지만": Sinozich and Langton, *Special Report: Rape and Sexual Assault Victimization Among College-Age Females, 1995-2013*; Tyler Kingkade, "Fewer Than One-Third of Campus Sexual Assault Cases Result in Expulsion,"Huffington Post, 2014. 9. 29; Nick Anderson, "Colleges Often Reluctant to Expel for Sexual Violence," *Washington Post,* 2014. 12. 15.

311쪽 "대학 내 강간과 관련해 '과잉 수정 문제를 제기하기도 했던 에밀리 요프는 (…) 반대했다": Emily Yoffe, "The College Rape Overcorrection," *Slate DoubleX*, 2014. 12. 7.

312쪽 "그러나 그와 동시에 오늘날의 젊은 여성들에게": Emily Yoffe, "How The Hunting Ground Blurs the Truth," *Slate Double*, 2015. 2. 27.

312쪽 "앞서 언급한 바와 같이 젊은 여성들은 (…) 관성 역할을 한다": Tolman, Davis, and Bowman, "That's Just How It Is"를 참고하라.

315쪽 "대학 신입생들을 대상으로 시범적으로 실시된 또하나의 위험 경감 프로그램도": Senn, Eliasziw, Barata, et al., "Efficacy of a Sexual Assault Resistance Program for University Women." 강간범들이 대학교 1학년 여학생들을 주로 노리기 때문에 이것이 특히 중요하다. 3시간짜리 수업 네 번으로 구성된 프로그램을 통해 필요한 기술을 배우고 연습할 수 있다. 이러한 프로그램의 목표는 젊은 여성들로 하여금 지인이 야기할 수 있는 위험을 파악하고, 위험을 감지하는 데 있어서의 감정적인 장벽을 극복하며, 효과적 구두 및 신체적 자기방어 조치를 취할 수 있도록 하는 것이다.

316쪽 "문제를 일으키고 싶지 않았어요": Bidgood, "In Girl's Account, Rite at St. Paul's Boarding School Turned into Rape."

317쪽 "긍정 답변의 비율은 13.6퍼센트로 떨어졌지만": Edwards et al, "Denying Rape but Endorsing Forceful Intercourse."

317쪽 "여성의 성관계에 대한 기본적 동의라고 보는 잘못된 인식을": Katha Pollitt, "Why Is 'Yes Means Yes'So Misunderstood?" *Nation*, 2014. 10. 8.

324쪽 "'착한 여자친구'는 무슨 일이 있어도 예스라고 해야 한다": Laina Y. Bay-Cheng and Rebecca Eliseo-Arras, "The Making of Unwanted Sex: Gendered and Neoliberal Norms in College Women's Unwanted Sexual Experiences," *Journal of Sex Research* 45, no. 4 (2008): 386–97.

324쪽 "이 아이들은 그런 상황을 뭐라고 부를까?": 일부 여자 대학생들의 경우, 원치 않은 섹스에 응하는 것은 과거에 섹스를 거부한 후 파트너에게 강제로 섹스를 강요당한 경험으로 인한 반응일 수도 있다. 학부생들을 대상으로 한 연구에서, 여성은 파트너가 이전에 섹스를 강요했거나 성폭행을 당한 적이 있을 경우 순순히 섹스에 응할 확률이 7배 더 높았다. Katz and Tirone, "Going Along with It."

326쪽 "사교클럽 회원과 운동선수들은 강간 상습범 중에서도 상당한 비중을 차지": 2015년에 여러 학교에 책임보험을 제공하는 '교육자연합United Educators' 에서는 2011년부터 2013년 사이에 104개의 보험 가입 학교에서 보고한 강간 사건 305건에 대한 분석결과를 발표했다. 가해자 혐의를 받은 학생들 중 남학생 사교클럽 회원은 10퍼센트였지만(캠퍼스 내의 비율에 비례), 여러 차례 혐의를 받은 학생들 중 남학생 사교클럽 소속은 24퍼센트에 달했다. 성폭행 혐의를 받은 학생들 중 15퍼센트가 운동선수이며 이것 역시 캠퍼스 내의 비율에 비례했지만, 여러 차례 혐의를 받은 학생들 중 운동선수는 20퍼센트였다. 또한 운동선수들은 다른 학생들에 비해 집단 강간에 관여할 확률이 3배나 높았으며, 학교에 보고된 집단 성폭행 사건의 40퍼센트를 저질렀다. Gordon, "Study: College Athletes Are More Likely to Gang Rape."

7장. 솔직한 성교육이 필요하다

332쪽 "관련된 모든 사람들을 만족시키기 위한 선의의 노력이 필요하다": Abraham, "Teaching Good Sex."

334쪽 "결혼하지 않은 여성은 합법적으로 피임을 할 수 없었으며": Luker, *When Sex Goes to School.*

334쪽 "섹스는 결혼할 때까지 유보해두어야 한다는 대중의 공감대가 폭넓게 형성되어 있었다": Schalet, *Not Under My Roof.* 1969년까지만 해도 미국인의 3분의 2가 결혼 전에 성관계를 갖는 것은 옳지 않다고 생각했다. Lydia Saad, "Majority Considers Sex Before Marriage Morally Okay," Gallup News Service, 2001. 5. 24.

334쪽 "출산과 관계없이 섹스를 즐길 수 있게 되자": 1970년대 초반이 되자 혼전 섹스를 찬성하지 않는 사람의 비율은 47퍼센트로 하락했다. 1985년에는 미국인의 절반 이상이 혼전 섹스가 '도덕적으로 문제가 없다'는 데 동의했다. Saad, "Majority Considers Sex Before Marriage Morally Okay."2014년에는 미국인의 66퍼센트가 결혼하지 않은 남녀 사이의 섹스가 '대체적으로 용인될 수 있다'고 생각했다. Rebecca Riffkin, "New Record Highs in Moral Acceptability," 설문조사, Gallup.com, 2014년 5월.

335쪽 "십대 출산이 '급속히 확산'되었으며": Moran, *Teaching Sex*.

335쪽 "불륜이 보편적으로 퍼져 있다고 안심시키는 것은?": Moran, *Teaching Sex*.

337쪽 "2003년이 되자 콘돔을 비롯한 여러 가지 피임법에 대해 전혀 가르치지 않는 공립학교가 30퍼센트에 달하게 되었다": 미 하원, 연방정부의 지원을 받는 금욕 프로그램의 내용*The Content of Federally Funded Abstinence-Only Programs*.

337쪽 "막대한 돈을 그냥 태워버린 것이나 다름없다": Nicole Cushman and Debra Hauser, "We've Been Here Before: Congress Quietly Increases Funding for Abstinence-Only Programs," *RH Readily Check*, 2015. 4. 23.

337쪽 "금욕 성교육을 받았다고 해서 (…) 섹스를 아예 삼가거나 더 늦게 하는 것은 아니었다": 미 하원, 연방정부의 지원을 받는 금욕 프로그램의 내용*The Content of Federally Funded Abstinence-Only Programs*. Hauser, "Five Years of Abstinence-Only-Until-Marriage Education: Assessing the Impact," 2004, Advocates for Youth, Washington, DC; Kirby "Sex and HIV Programs"; Trenholm, Devaney, Fortson, et al., "Impacts of Four Title V , Section 510 Abstinence Education Programs."

337쪽 "의도치 않게 임신할 확률은 최대 60퍼센트까지 높았다": Kohler, Manhart, and Lafferty, "Abstinence-Only and Comprehensive Sex Education and the Initiation of Sexual Activity and Teen Pregnancy."

338쪽 "그렇지 않다면 금욕 성교육은 진작 포기하고 (…) 포괄적 성교육으로 선회했을 것이기 때문이다": Amanda Peterson Beadle, "Teen Pregnancies Highest in States with Abstinence-Only Policies,"ThinkProgress, 2012. 4. 10; Rebecca Wind, "Sex Education Linked to Delay in First Sex," Media Center, Guttmacher Institute, 2012. 3. 8; Advocates for Youth, "Comprehensive Sex Education""What Research Says About

Comprehensive Sex Education."

338쪽 "연구 및 프로그램에 1억 8500만 달러의 예산이 배정되었다": 이 재량 기금
에는 '청소년 건강과Office of Adolescent Health'의 관장하에 있는 대통령
령 청소년임신방지계획Teen Pregnancy Prevention Initiative, TPPI에 할
당된 1억 1000만 달러와 의료보험개혁법의 일부인 개인책임교육프로그램
Personal Responsibility Education Program, PREP에 할당된 7500만 달
러가 포함되어 있다. "A Brief History of Federal Funding for Sex
Education and Related Programs"를 참조하라.

338쪽 "금욕 성교육의 경우에는 (…) 매년 7500만 달러씩 꾸준히 지원이 계속된다":
"Senate Passes Compromise Bill Increasing Federal Funding for
Abstinence-Only Sex Education," *Feminist Majority Foundation:
Feminist Newswire*(블로그), 2015. 4. 17.

338쪽 "자녀의 '성교육' 수업시간에 도대체 어떤 내용이 다뤄지는지 전혀 알 수 없게
되었다": 2015년 기준 각 주의 의무 요건에 대한 정보는 Guttmacher
Institute, "Sex and HIV Education"을 참조하라.

339쪽 "처음으로 한 판사가 (…) 시정명령을 내렸다": Bob Egeiko, "Abstinence-
Only Curriculum Not Sex Education, Judge Rules," *San Francisco
Chronicle*, 2015. 5. 14. 샌프란시스코 대학이 2011년에 실시한 연구로 성교
육에 대한 캘리포니아 주의 법이 제대로 준수되지 않고 있음이 밝혀졌다. 캘
리포니아의 학교들을 표본조사한 결과, 40퍼센트 이상이 중학교에서 콘돔
및 기타 피임법을 가르치지 않고 있었다. 고등학교 학생들의 16퍼센트가 콘
돔이 효과가 없다는 교육을 받았으며, 성적 성향과 관련하여 연령에 맞는 교
육 자료를 구비해두도록 의무화하는 법률 조항을 준수하지 않는 학교가
70퍼센트에 달했다. Sarah Combellick and Claire Brindis, *Uneven
Progress: Sex Education in California Public Schools*, 2011년 11월, San
Francisco: University of California-San Francisco Bixby Center for
Global Reproductive Health.

339쪽 "조심하고 마음껏 즐겨": Alice Dreger, "I Sat In on My Son's Sex-Ed
Class, and I Was Shocked by What I Heard," *The Stranger*, 2015. 4. 15;
Sarah Kaplan, "What Happened When a Medical Professor Live-

Tweeted Her Son's Sex-Ed Class on Abstinence," *Washington Post*, 2015. 4. 17.

349쪽 "미국 여성과 네덜란드 여성 각 400명씩의 초기 섹스 경험을 비교한 연구를 살펴보자": Brugman, Caron, and Rademakers, "Emerging Adolescent Sexuality."

351쪽 "청소년의 섹스는 어디까지나 자연스러운 현상": Schalet, *Not Under My Roof.* 또한 Saad, "Majority Considers Sex Before Marriage Morally Okay"를 참조하라. 갤럽은 2013년까지 청소년 섹스에 대한 미국인들의 인식에 대해서는 조사하지 않았지만, 2013년에 청소년 섹스에 대한 인식이 연령대 따라 큰 차이를 보인다는 사실을 발견했다. 55세 이상 성인의 경우 십대 청소년 사이의 섹스가 '도덕적으로 문제가 없다'고 생각하는 비율이 22퍼센트에 불과한 반면, 35~54세에는 그 비율이 30퍼센트였고 18~34세에는 48퍼센트였다. Joy Wilke and Lydia Saad, "Older Americans' Moral Attitudes Changing," 설문조사, Gallup.com, 2013년 5월.

351쪽 "전국적인 설문조사에서 대다수 십대 청소년들이 여전히 섹스에서는 남자가 좀더 주도적으로 행동해야 한다고 생각한다는 결과가 나오자": Schalet, *Not Under My Roof.*

352쪽 "십대 청소년의 3분의 2가 첫번째 삽입 성관계를 너무 성급하게 해버렸다고 생각하는 미국과는 큰 차이를 보인다": Martino, Collins, Elliott, et al., "It's Better on TV."

353쪽 "어느 쪽이든 부모와의 거리는 멀어질 공산이 크다": Schalet, *Not Under My Roof.*

354쪽 "네덜란드에서도 십대 여자아이들은 남자아이들보다 억지로 성적 행동을 했다고 대답할 확률이 높다": Vanwesenbeeck, "Sexual Health Behavior Among Young People in the Netherlands."

354쪽 "하룻밤 섹스를 즐기는 여자아이들에게는 여전히 '걸레'라는 꼬리표가 따라다닐 위험성이 높다": Schalet, *Not Under My Roof.*

372쪽 "네덜란드의 사례를 연구한 후, 에이미 스칼릿은 (…) 'ABCD모델'을 고안했다": Schalet, "The New ABCD's of Talking About Sex with Teenagers."

373쪽 "처음 성경험을 하기 전에 특히 어머니나 아버지로부터 성에 대해 많은 것을 배우고 싶다고 대답했다": Alexandra Ossola, "Kids Really Do Want to Have 'The Talk' with Parents," *Popular Science*, 2015. 3. 5.

374쪽   "크게 심호흡을 한 번 한 다음 (…) 자녀와 이야기를 나눠야 한다": Schear, Factors That Contribute to, and Constrain, *Conversations Between Adolescent Females and Their M-others About Sexual Matters*. 심리학 교수이자 산부인과 전문의인 윌리엄 피셔는 섹스에 대해 긍정적인 생각을 가지고 있는 십대 청소년들의 경우 피임과 성병 방지 조치를 제대로 취할 가능성이 높다는 사실을 발견했다. 또한 이들은 성관계 파트너와 대화를 나눌 확률도 높다. Fisher, "All Together Now."

Abbey, Atonia. "Alcohol's Role in Sexual Violence Perpetration: Theoretical Explanations, Existing Evidence, and Future Directions." *Drug and Alcohol Review* 30, no. 5 (2011): 481-89.

Abbey, Antonia, A. Monique Clinton-Sherrod, Pam McAuslan, et al. "The Relationship Between the Quantity of Alcohol Consumed and Severity of Sexual Assaults Committed by College Men. *Journal of Interpersonal Violence* 18, no. 7 (2003): 813-33.

Abbey, Antonia, Tina Zawacki, Philip O. Buck, and A. Monique Clinton. "Alcohol and Sexual Assault." *Alcohol Research and Health* 25, no. 1 (2001): 43-51.

Abraham, Laurie. "Teaching Good Sex." *New York Times Magazine*, November 16, 2011.

Advocates for Youth. "Comprehensive sex Education: Research and Results." *Fact Sheet*. Washington, DC, 2009.

Aligo, Scott. "Media Coverage of Female Athletes and Its Effect on the Self Esteem of Young Women." *Research Brief Youth Development Initiative* 29, September 15, 2014, Texas A&M University, College Station, Tx.

Allison, Rachel, and Barbara J. Risman. "A Double Standard for 'Hooking

Up': How Far Have We Come Toward Gender Equality?" *Social Science Research* 42, no. 5 (2013): 1191-206.

————. "'It Goes Hand in Hand with the Parties Race, Class, "It Residence in College Student Negotiations of Hooking Up." *Sociological Perspectives* 57, no. 1 (2014): 102-23.

American Psychological Association. *Report of the APA Sexualization of Girls.* Washington, DO: American Psychological Association, 2007.

American Sociological Association. "Virginity Pledges for Men Can Lead to Sexual Confusion—Even After the Wedding Day." *Science Daily,* August 17, 2014.

Anonymous "The Pretty Game: Objectification, Humiliation and the Liberal Arts." *Bowdoin Orient,* February 13, 2014.

Armstrong, Elizabeth A., Paula England, and Alison C. K. Fogarty. "Accounting for Women's Orgasm and Sexual Enjoyment in College Hookups and Relationships." *American Sociological Review* 77 (2012): 435-62.

Armstrong, Elizabeth A., Laura Hamilton, and Paula England. "Is Hooking Up Bad for Young Women?" *Contexts* 9, no. 3 (2010) 22-27.

Armstrong, Elizabeth, and Brian Sweeney. "Sexual Assault on Campus: A Multilevel, Integrative Approach to Party Rape. *Social Problems* 53, no 4 (2006): 483-99.

Backstrom, Laura, et al. "Women's Negotiation of Cunnilingus in College Hookups and Relationships." *Journal of Sex Research* 49 no. 1 (2012): 1-12.

Bailey, Jane, Valerie Steeves, Jacquelyn Burkell, et al. "Negotiating with Gender Stereotypes on Social Networking Sites: From 'Bicycle Face' to Facebook." *Journal of Communication Inquiry* no. 2 (2013): 91-112.

Barron, Martin, and Michael Kimmel. "Sexual violence in Three

Pornographic Media: Toward a Sociological Explanation." *Journal of Sex Research* 37, no. 2 (2000): 161-68.

Bay-Cheng, Laina and Nicole M. Fava. "Young women's Experiences and Perceptions of Cunnilingus During Adolescence." *Journal of Sex Research* 48, no 531-42.

Bay Cheng, Laina Y, Adjoa D. and Alyssa N. zucker "Behavioral and Relational Contexts of Adolescent Desire, Wanting, and Pleasure: Undergraduate women's Retrospective Accounts." *Journal of Sex Research* 46 (2009): 511-24.

Bearman, Peter S., and Hanna Bruckner. "Promising the Future: Virginity Pledges and First Intercourse." *American Journal of Sociology* 106, no. 4 (2001): 859-912.

Bersamin, Melina, Deborah A. Fisher, Samantha Walker, Douglas L. Hill, et al. "Defining Virginity and Abstinence: Adolescents' Interpretations of Sexual Behaviors." *Journal of Adolescent Health* 41, no. 2 (2007): 182-88.

Bersamin, Melina, Samantha Walker, Elizabeth. D. Walters, et al "Promising to Wait: Virginity Pledges and Adolescent Sexual Behavior." *Journal of Adolescent Health* 36, no. 5 (2005): 428-36.

Bisson, Melissa A., and Timothy R. Levine. "Negotiating a Friends with Benefits Relationship." *Archives of Sexual Behavior* 38 (2009): 66-73.

Black M. C., K. C. Basile, M. J. Breiding, et al. *The National Intimate Partner and Sexual Violence Survey (NISVS): 2010 Summary Report.* Atlanta: National Center for Injury Prevention and Control, Centers for Disease Control and Prevention, 2011.

Bonino, S. et al. "Use of Pornography and Self-Reported Engagement in Sexual Violence Among Adolescents." *European Journal of Developmental Psychology* 3 (2006): 265-88.

Brady, Sonya S., and Bonnie L. Halpern-Felsher. "Adolescents Reported Consequences of Having Oral Sex Versus Vaginal Sex." *Pediatrics* 119, no. 2 (2007): 229-36.

Bridges, Ana J., Robert Wosnitzer, Erica Scharrer, et al. "Aggression and Sexual Behavior in Best-Selling Pornography Videos: A Content Analysis Update." *Violence Against Women* 16, no. 10 (2010): 1065-85.

Brixton, James, Delicia Carey, Darlene Davis, et al. *Sexually Transmitted Disease Surveillance*, 2013. Atlanta: Centers for Disease Control and Prevention, 2014.

Bannon, et al. "Effects of Brosi, Matthew, John D. Foubert, R. Sean Sexual Women's Pornography Use on Bystander Intervention in a Assault Situation and Rape h Acceptance." *Oracle: The Research Journal of the Association of Fraternity/Sorority Advisors* 6, no. 2 (2011): 26-35.

Brown, Lyn Mikel, and Carol Gilligan. *Meeting at the Crossroads: Women's Psychology and Girls' Development.* New York: Ballantine Books, 1993.

Brown, Jane D. "Mass Media Influences on Sexuality." *Journal of the Sex Research* 39, no. 1 (2002): 42-45.

Brown, Jane D., and Kelly L. L'Engle. "X-Rated: Sexual Attitudes and Behaviors Associated with U.S. Early Adolescents' Exposure to Sexually Explicit Media." *Communication Research* 36, no. 1 (2009): 129-51.

Brückner, Hannah, and Peter Bearman. "After the Promise: The STD Consequences of Adolescent Virginity The Pledges." *Journal of Adolescent Health* 36 (2005): 271-78.

Brugman, Margaret. Sandra L. Caron, and Jany Rademakers. "Emerging Adolescent Sexuality: A Comparison of American and Dutch College

Women's Experiences." *International Journal Sexual Health* 22, no. 1 (2010): 32-46.

Brumberg, Joan Jacobs. *The Body Project: An Intimate Histo of American Girls.* New York: Random House, 1997.

Burns, April, Valerie A. Futch, and Deborah L. Tolman. "It's Like Doing Homework." *Sexuality Research and Social Policy* 7, no. 1 (2011).

Calogero, Rachel M. "Objects Don't Object: Evidence That Self-Objectification Disrupts Women's Social Activism." *Psychological Science* 24, no. 3 (2013): 312-18.

Cantor, David, Bonnie Fisher, Susan Chibnall, et al. *Report on the AAU Campus Climate Survey on Sexual Assault and Sexual Misconduct.* Washington, DC: Association of American Universities, 2015.

Carey, Kate, Sarah Durney, Robyn Shepardson, et al. "Incapacitated and Forcible Rape of College women: Prevalence Across First Year." *Journal of Adolescent Health* 56 (2015): 678-80.

Caron, Sandra L. *The Sex Lives of College Students: Two Decades Attitudes and Behaviors.* Orono: Maine College Press, 2013.

Carpenter, Laura M. *Virginity Lost: An Intimate Portrait of First Experiences.* New York: New York University Press, 2005.

Carr, Joetta L., and M. VanDeusen. "Risk Factors for Male Sexual Aggression on College Campuses." *Journal of Family Violence* 19, no. 5 (2004): 279-89.

Carroll, Jason S., et al. "Generation XXX: Pornography Acceptance and Use Among Emerging Adults." *Journal of Adolescent Reserch* 23 (2008): 6-30.

Centers for Disease Control and Prevention. "Binge Drinking: A Serious, Under-Recognized Problem Among Women and Girls." *CDC Vital Signs* (blog) January 2013. Atlanta: Centers for Disease Control and

Prevention.

———. "Caffeine and Alcohol." *Fact Sheet*, November 19, 2014. Atlanta: Centers for Disease Control and Prevention.

———. "Reproductive Health: Teen Pregnancy, About Teen Pregnancy," 2014. Atlanta: Centers for Disease Control and Prevention.

———. "Youth Risk Behavior Surveillance." *Morbidity and Mortality Weekly Report*, June 13, 2014. Atlanta: Centers for Disease Control J and Prevention.

Chambers, Wendy C. "Oral Sex: Varied Behaviors and Perceptions in a College Population." *Journal of Sex Research* 44, no. 1 (2007): 28-42.

Chandra, Anjani, William D. Mosher, Casey E. Copen, et al. "Sexual Behavior, Sexual Attraction, and Sexual Identity in the United States: Data from the 2006-2008 National Survey of Family Growth." *National Health Statistics Reports* 36, March 3, 2011. Washington, DC: U.S. Department of Health and Human Services.

Child Trends DataBank. "Oral Sex Behaviors Among Teens." Bethesda, MD: Child Trends DataBank, 2013.

Chyng, Sun, Ana Bridges, Robert Wosnitzer, et al. "A Comparison of Male and Female Directors in Popular Pornography: What Happens When Women Are at the Helm?" *Psychology of Women Quarterly* 32, no. (2008): 312-25.

Collins, W. Andrew. Deborah P. Welsh, and Wyndol Furman. "Adolescent Romantic Relationships." *Annual Review of Psychology* 60 (2009): 631-52.

"Consent: Not Actually That Complicated," Rockstardinosaurpirateprincess. com, March 2, 2015.

Copen, Casey E., Anjani Chandra, and Gladys Martinez. "Prevalence and Timing of Oral Sex with opposite-Sex Partners Among Females and

Males Aged 15-24 Years: United States 2007-2010. *National Health Statistics Reports* 56 (August 16, 2012).

Corinna, Heather. S.E.X.: *The All-You-Need-to-Know Progressive Sexuality Guide to Get You Through High School and College.* Boston: Da Capo Press, 2007.

Cornell, Jodi and Bonnie L Halpern-Felsher, "Adolescent Health Brief: Adolescents Tell Us Why Teens Have Oral Sex" *Journal Adolescent Health* 38 (2006): 299-301.

Daniels, Elizabeth A. "Sex Objects, Athletes, and Sexy Athletes: How Media Representations of Women Athletes Can Impact Adolescent Girls and Young Women." *Journal of Adolescent Research* 24 (2009): 399-422.

The Date Rape Backlash: Media and the Denial of Rape. Transcript. Documentary produced by Sut Jhally, 1994.

Davis, Kelly Cue. "The Influence of Alcohol Expectancies and Intoxication on Men's Aggressive Unprotected Sexual Intentions." *Experimental and Clinical Psychopharmacology* 18, no. 5 (2010): 418-28.

Diamond, Lisa. "Introduction: In Search of Good Sexual-Developmental Pathways for Adolescent Girls." In *Rethinking Positive Adolescent Female Sexual Development.* Edited by Lisa Diamond. San Francisco: Jossey-Bass, 2006, pp. 1-7.

Diamond, Lisa, and Ritch Savin-Williams. "Adolescent Sexuality In *Handbook of Adolescent Psychology.* Edited by Richard M. Lerner and Laurence Steinberg. 3rd ed. New York: wiley, 2009, pp. 479-523.

Dillard, Katie. "Adolescent sexual Behavior: Demographics." 2002. Advocates for Youth, Washington, DC.

Doston-Blake, Kylie P, David Knox, and Marty E. Zusman "Exploring

Social Sexual Scripts Related to Oral sex: A Profile of College Student Perceptions." *Professional Counselor* 2 (2012): 1-11.

Douglass, Marcia, and Lisa Douglass. *Are We Having Fun Yet? The Intelligent Woman's Guide to Sex.* New York: Hyperion, 1997.

Dunn, Hailee, A. Gjelsvik, D. N. Pearlman, et al. "Association Between Sexual Behaviors, Bullying Victimization and Suicidal Ideation in a National Sample of High School students: Implications of a Sexual Double Standard." *Women's Health Issues* 24, no. 5 (2014): 567-74.

Edwards, Sarah R., Kathryn A. Bradshaw, and Verlin B. Hinsz. "Denying Rape but Endorsing Forceful Intercourse: Exploring Differences Among Responders." *Violence and Gender* 1, no. 4 (2014): 188-93.

England, Paula, et al. "Hooking Up and Forming Romantic Relationships on Today's College Campuses." In *Gendered Society Reader.* Edited by Michael S. Kimmel and Amy Aronson. 3rd ed New York: Oxford University Press, 2008.

Englander, Elizabeth. "Low Risk Associated with Most Teenage Sexting: A Study of 617 18-Year-olds." *MARC Research Reports,* Paper 6, 2012. Bridgewater, MA: Virtual Commons-Bridgewater State University.

Exner-Cortens, Deinera, John Eckenrode, and Emily Rothman. "Longitudinal Associations Between Teen Dating Violence Victimization and Adverse Health Outcomes." *Pediatrics* 131, no. 1 (2013): 71-78.

Fardouly, Jasmine, Phillipa C. Diedrichs, Lenny R. Vartanian, et al. "Social Comparisons on Social Media: The Impact of Facebook on Young Women's Body Image Concerns and Mood." *Body Image* 13 (2015): 38-45.

Fava, Nicole M., and Laina Y. Bay-Cheng. "Young Women's Adolescent Experiences of Oral Sex: Relation of Age of Initiation to Sexual

Motivation, Sexual Coercion, and Psychological Functioning." *Journal of Adolescence* 30 (2012): 1-11.

Fay, Joe. "Teaching Teens About Sexual Pleasure." *SIEUS Report* 30, no. 4 (2002): 1-7.

Fine, Michelle. "Sexuality, Schooling, and Adolescent Females: The Missing Discourse of Desire." *Harvard Educational Review* 58 (1988): 29-53.

Fine, Michelle, and Sara McClelland. "Sexuality Education and Desire: Still Missing After All These Years." *Harvard Educational Review* 76 (2006): 297-338.

Finer, Lawrence B., and Jesse M. Philbin. "Sexual Initiation, Contraceptive Use, and Pregnancy Among Young Adolescents." *Pediatrics* 131, no. 5 (2013): 886-91.

Finkelhor, David, Heather Turner, and Richard Ormrod. "Children's Exposure to Violence: A Comprehensive National Survey." *Juvenile Justice Bulletin*, October 2009.

Fisher, Deborah A., Douglas L. Hill, Joel W. Grube et al. "Televised Sexual Content and Parental Mediation: Influences on Adolescent Sexuality." *Media Psychology* 12, no. 2. (2009): 121-47.

Fisher, Maryanne, Kerry Worth, Justin Garcia et al. "Feelings of Regret Following Uncommitted Sexual Encounters in Canadian University Students." *Culture, Health and Sexuality* 14, no. 1 (2012): 45-57.

Fisher, William A. "All Together Now: An Integrated Approach to Preventing Adolescent Pregnancy and STD/HIV Infection." *SIECUS Report* 18, no. 4 (1990): 1-14.

Fortenberry, Dennis J. "Puberty and Adolescent Sexuality." *Hormone and Behavior* 64, no. 2 (2013): 280-87.

Fortenberry, Dennis J., Vanessa Schick, Debby Herbenick, et al. "Sexual

Behaviors and Condom Use at Last Vaginal Intercourse: A National Sample of Adolescents Ages 14 to 17 Years." *Journal of Sexual Medicine* 7, suppl. 5 (2010): 305-14.

Foubert, John D., Matthew W. Brossi, and R. Sean Bannon. "Pornography Viewing Among Fraternity Men: Effects on Bystander Intervention, Rape Myth Acceptance, and Behavioral Intent to Commit Sexual Assault." *Sexual Addiction and Compulsivity: The Journal of Treatment and Prevention* 18, no. 4 (2011): 212-31.

Foubert, John D., Jonathan T. Newberry, and Jerry L. Tatum. "Behavior Differences Seven Months Later: Effects of a Rape Prevention Program on First-year Men Who Join Fraternities." *NASPA Journal* 44 (2007): 728-49.

Ford, Jessie, and Paula England. "What Percent of College Women Are Sexually Assaulted in College?" Context.com, January 12, 2015.

Fox, Jesse, Rachel A. Ralston, Cody K. Cooper, et al. "Sexualized Avatars Lead to Women's Self-Objectification and Acceptance of Rape Myths." *Psychology of Women Quarterly*, October 2014.

Fredrickson, Barbara, et al. "That swimsuit Becomes You: Sex Differences in Self-Objectification, Restrained Eating, and Math Performance." *Journal of Personality and Social Psychology* 75 (1998): 269-84.

Fredrickson, Barbara, and Tomi-Ann Roberts. "Objectification Theory: Toward Understanding Women's Lived Experience and Mental Health Risks." *Psychology of Women Quarterly* 21 (1997): 173-206.

Friedman, Jaclyn, and Jessica Valenti. *Yes Means Yes! Visions of Female Sexual Power and a World Without Rape.* New York: Seal Press, 2008.

Garcia, Justin R., Chris Reiber, Sean G. Massey, et al. "Sexual Hook-Up Culture: A Review." *Review of General Psychology* 16, no. 2 (2012):

161-76.

Gerressu, Makeda, et al. "Prevalence of Masturbation and Associated Factors in a British National Probability Survey," *Archives of Sexual Behavior* 37 (2008): 266-78.

Gilligan, Carol, Nona Lyons, and Trudy Hanmer, eds. *Making Connections: The Relational Worlds of Adolescent Girls at Emma Willard School.* Cambridge, MA: Harvard University Press, 1990.

GLSEN. Out Online: The Experiences of Lesbian, Gay, Bisexual and Transgender Youth on the Internet. New York: GLSEN, July 10, 2013.

Gomillion Sarah C., and Traci A. Giuliano. "The Influence of Media Role Models on Gay, Lesbian, and Bisexual Identity." *Journal of Homosexuality* 58 (2011): 330-54.

Grello, Catherine M., et al. "No Strings Attached: The Nature of Casual sex in College students." *Journal of Sex Research* 43 (2006): 255-67.

Grunbaum, J. A., et al. "Youth Risk Behavior Surveillance United States, 2001." *Morbidity and Mortality Weekly Report. CDC Surveillance Summaries* 51 (2002): 1-64.

Guttmacher Institute. "American Teens' Sexual and Reproductive Health." *Fact Sheet,* May 2014. New York: Guttmacher Institute.

————. "Sex and HIV Education. *State Policies in Brief,* June 1, 2015. New York: Guttmacher Institute.

Haffner, Debra W., ed. *Facing Facts: Sexual Health for America's Adolescents: The Report of the National Commission on Adolescent Sexual Health.* Washington DC: Sexuality Information and Education Council of the United States, 1995.

Halliwell, Emma, et al. "Are Empowered Media Images Which Seem to Display Women as Sexually Empowered Actually Harmful to Women?" *Psychology of Women Quarterly* 35 no. 1 (2011): 38-45.

Halpern-Felsher, Bonnie L Jodi L. Cornell, Rhonda Y. Kropp and Jeanne M. Tschann. "Oral Versus Vaginal Sex Among Adolescents: Perceptions, Attitudes, and Behavior." *Pediatrics* (2005): 845-51.

Hamilton, Laura, and Elizabeth A. Armstrong. "Gendered Sexuality in Young Adulthood: Double Binds and Flawed Options." *Gender and Society* 23 (2009): 589-616.

Harris, Michelle. "Shaved Paradise: A Sociological Study of Pubic Hair Removal Among Lehigh University Undergraduates." Senior thesis, 2009, Lehigh University, Bethlehem, PA.

Henry J. Kaiser Family Foundation/YM Magazine. *National Survey of Teens: Teens Talk About Dating, Intimacy, and Their Sexual Experiences.* Menlo Park, CA: Henry J. Kaiser Family Foundation March 27, 1998.

Herbenick, Debby, et al. "Sexual Behavior in the United States: Results from a National Probability Sample of Men and Women Ages 14-94." *Journal of Sexual Medicine* 7, suppl. 5 (2010): 255-65.

Hirschman, Celeste, Emily A. Impett, and Deborah Schooer "Dis/Embodied Voices: What Late-Adolescent Girls Can Teach Us About Objectification and Sexuality." *Sexuality Research and Social Policy* 3, no. 4 (2006): 8-20.

Hoff, Tina, Liberty Green, and Julia Davis. "National Survey of Adolescents and Young Adults: Sexual Health Knowledge, Attitudes and Experiences," 2004. Henry J. Kaiser Family Foundation, Menlo Park, CA, p. 14.

Horan, Patricia F., Jennifer Phillips, and Nancy E. Hagan. "The Meaning of Abstinence for College Students." *Journal of HIV/AIDS Prevention and Education for Adolescents and Children* 2, no. 2 (1998) 51-66.

Human Rights Campaign. *Growing Up LGBT in America.* Human Rights

Campaign, Washington, DC, 2012.

Impett, Emily, Deborah Schooler, and Deborah Tolman. "To Seen Be Not Heard: Femininity Ideology and Adolescent Girls' Sexual Health." *Archives of Sexual Behavior* 35 (2006): 129-42.

Impett, Emily, and Deborah Tolman. "Late Adolescent Girls' Sexual Experiences and Sexual Satisfactions." *Journal of Adolescent Research* 6 (2006): 628-46.

Joyner, Kara, and J. Richard Udry. "You Don't Bring Me Anything but Down: Adolescent Romance and Depression." *Journal of Health Social Behavior* 41, no. 4 (2000): 369-91.

Kaestle, Christine Elizabeth. "Sexual Insistence and Disliked Sexual Activities in Young Adulthood: Differences by Gender and Relationship Characteristics." *Perspectives on Sexual and Reproductive Health* 41, no. 1 (2009) 33-39.

Kanin, Eugene J. "False Rape Allegations." *Archives of Sexual Behavior* 23, no. 1 (1994): 81-92.

Kann, Laura, Steven Kinchen, Shari L. Shanklin, et al. "Youth Risk Behavior Surveillance: United States, 2013." *Morbidity and Mortality Weekly Report.* Atlanta: Centers for Disease Control and Prevention, 2014.

Katz, Jennifer, and Vanessa Tirone. "Going Along with It: Sexually Coercive Partner Behavior Predicts Dating Women's Compliance with Unwanted Sex." *Violence Against Women* 16, no. 7 (2010): 730-42.

Kelly-Weeder, Susan. "Binge Drinking and Disordered Eating in College Students." *Journal of the American Academy of Nurse Practitioners* 23, no. 1 (2011): 33-41.

Kipnis, Laura. *The Female Thing: Dirt, Sex, Envy, Vulnerability.* New York: Pantheon Books, 2006.

Kirby, Douglas. *Emerging Answers 2007: Reserch Findings on Programs to Reduce Teen Pregnancy and Sexually Transmitted Diseases.* Washington, DC: National Campaign to Prevent Teen and Unplanned Pregnancy, 2007.

———. "Sex and HIV Programs: Their Impact on Sexual Behaviors of Young People Throughout the World." *Journal of Adolescent Health* 40 (2007): 206-17.

Kohler, Pamela K., Lisa E. Manhart, and William E. Lafferty. "Abstinence-Only and Comprehensive Sex Education and the Initiation of Sexual Activity and Teen Pregnancy." *Journal of Adolescent Health* 42 (2008): 334-51.

Krebs, Christopher P, Christine H. Lindquist, and Tara D Warner. *The Campus Sexual Assault* (CSA) Study Final Report Washington DC: National Institute of Justice, 2007.

Kunkel, D., Keren Eyal, Keli Finnerty, et al. *Sex on TV 4*. Menlo Park. CA: Henry J. Kaiser Family Foundation, 2005.

Lamb, Sharon. "Feminist Ideals for a Healthy Female Adolescent Sexuality: A Critique." *Sex Roles* 62 (2010): 294-306.

Laumann, Edward O., Robert T. Michael, Gina Kolata, et al. *Sex in America: A Definitive Survey.* New York: Grand Central Publishing 1995.

Lefkowitz, Bernard. *Our Guys: The Glen Ridge Rape and the Secret Life of the Perfect Suburb.* Berkeley: University of California Press, 1997.

Leigh, Barbara, and D. M. Morrison. "Alcohol Consumption and Sexual Risk-Taking in Adolescents." *Alcohol Health and Research World* 15 (1991): 58-63.

Lenhart, Amanda. "Teens and Sexting." Internet, Science, and Tech. Pew Research Center, December 15, 2009.

Lescano, Celia, et al. "Correlates of Heterosexual Anal Intercourse Among At-Risk Adolescents and Young Adults." *American Journal of Public Health* 99 (2009): 1131-36.

Levine, Judith. *Harmful to Minors: The Perils of Protecting Children from Sex.* Cambridge, MA: Da Capo Press, 2003.

Levy, Ariel. *Female Chauvinist Pigs: Women and the Rise of Raunch Culture.* New York: Free Press, 2006.

Lindberg, Laura Duberstein, Rachel Jones, and John S. Santelli. "Noncoital sexual Activities Among Adolescents." *Journal of Adolescent Health* 43, no. 3 (2008): 231-38.

Lindberg, Laura Duberstein, John S. Santelli, and Susheela Singh. "Changes in Formal Sex Education: 1995-2002." *Perspectives on Sexual and Reproductive Health* 38 (2006): 182-89.

Lisak, David, Lori Gardinier, Sarah C. Nicksa, et al. "False Allegations of Sexual Assault: An Analysis of Ten Years of Reported Cases." *Violence Against Women* 16, no. 12 (2010): 1318-34.

Lisak, David, and Paul M. Miller Brown. "Repeat Rape and Multiple Offending Among Undetected Rapists." *Violence and Victims* 17 no. 1 (2002): 73-84.

Livingston, Jennifer, Laina Y. Bay-Cheng, et al. "Mixed Drinks and Mixed Messages: Adolescent Girls' Perspectives on Alcohol and Sexuality." *Psychology of Women Quarterly* 37, no. 1 (2013): 38-50.

Lounsbury, Kaitlin, Kimberly J. Mitchell, and David Finkelhor. "The True Prevalence of 'Sexting.'" *Fact Sheet*, April 2011. Crimes Against Children Research Center, Durham, NH.

Luker, Kristin. *When Sex Goes to School: Warring Views on Sex—and Sex Education—Since the Sixties.* New York: W. W. Norton, 2006.

Manago, Adriana, Michael B. Graham, Patricia M. Greenfield, et al. "Self-

Presentation and Gender on MySpace." *Journal of Applied Developmental Psychology* 29, no. 6 (2008): 446-58.

Martinez, Gladys, Casey E. Copen, and Joyce C. Abma. "Teenagers in the United States: Sexual Activity, Contraceptive Use, and Childbearing, 2006-2010 National Survey of Family Growth. *Vital Health Statistics* 31 (2011): 1-35.

Martino, Steven C., Rebecca L. Collins, Marc N. Elliott, et al. "It's Better on TV: Does Television Set Teenagers Up for Regret Following Sexual Initiation?" *Perspectives on Sexual and Reproductive Health* 41, no. 2 (2009): 92-100.

McAnulty, Richard D., and Arnie Cann. "College Student Dating in Perspective: "Hanging out," "Hooking Up," and Friendly Benefits. In *Sex in College.* Edited by Richard D. McAnulty. Santa Barbara, CA: Praeger, 2012, pp. 1-18

McClelland, Sara I. "Intimate Justice: A Critical Analysis of Sexual Satisfaction." *Social and Personality Psychology Compass* 4, no. 9 (2010): 663-80.

————. "What Do You Mean When You Say That You Are Sexually Satisfied? A Mixed Methods Study." *Feminism and Psychology* 24, no. 1 (2014): 74-96.

————. "Who Is the "'Self' in Self-Reports of Sexual Satisfaction? *Sexuality Research and Social Policy* 8, no. 4 (2011): 304-20.

Meier, Evelyn P., and James Gray. "Facebook Photo Activity Associated with Body Image Disturbance in Adolescent Girls." *Cyberpsychology, Behavior and Social Networking* 10, no. 10 (2013).

Mohler-Kuo, Meichun, George W. Dowdall, Mary P. Koss, et al "Correlates of Rape While Intoxicated in a Nation Sample of College Women." *Journal of Studies on Alcohol* 65 no. 1 (2004).

Monk-Turner, Elizabeth, and H. Christine Purcell. "Sexual Violence in Pornography: How Prevalent Is It?" *Gender Issues* 2 (1999): 58-67.

Monroe, Scott M., Paul Rhode,John R. Seeley, et al "Life Events and Depression in Adolescence: Relationship Loss as a Prospective Risk Factor for First Onset of Major Depressive Disorder." *Journal of Abnormal Psychology* 180, no. 4 (1999): 606-14.

Moore, Mignon R., and Jeanne Brooks-Gunn. "Healthy Sexual Development: Notes on Programs That Reduce Risk of Early Sexual Initiation and Adolescent Pregnancy." In *Reducing Adolescent Risk: Toward an Integrated Approach.* Edited by Dani Romer. Thousand Oaks, CA: Sage Publications, 2003.

Moran, Caitlin. How to Be a Woman. New York: HarperPerennial 2012.

Moran, Jeffrey. *Teaching Sex: The Shaping of Adolescence in the Twentieth Century.* Cambridge, MA: Harvard University Press, 2002.

National Center for Chronic Disease Prevention and Health Promotion. "Binge-Drinking: A Serious, Unrecognized Problem Among Women and Girls." *CDC Vital Signs* (blog), 2013. National Center for Chronic Disease Prevention and Health Promotion. Atlanta: Centers for Disease Control and Prevention, 2013.

National Institute on Alcohol Abuse and Alcoholism. "College Drinking." *Fact Sheet,* April 5, 2015. Washington, DC: National Institute on Alcohol Abuse and Alcoholism.

Norris, Jeanette, Kelly Cue Davis, William H. George, et al. "Alcohol's Direct and Indirect Effects on Men's Self-Reported Sexual Aggression Likelihood." *Journal of Studies on Alcohol* 63 (2002): 688-69.

Norris, Jeanette, William H. George, Kelly Cue Davis, Joel Martell, and R. Jacob Leonesio. "Alcohol and Hypermasculinity as Determinants of Men's Empathic Responses to Violent Pornography." *Journal of*

Interpersonal Violence 14 (1999): 683-700.

Orchowski, Lindsay M., Alan Berkowitz, Jesse Boggis, et al. "Bystander Intervention Among College Men: The Role of Alcohol and Correlates of Sexual Aggression." *Journal of Interpersonal Violence* (2015): 1-23.

Oenstein, Peggy. *Cinderella Ate My Daughter: Dispatches from the Front Lines of the New Girlie-Girl Culture.* New York: HarperPaperbacks, 2012.

————. *Flux: Women on Sex, Work, Love, Kids, and Life in a Half Changed World.* New York: Anchor, 2001.

————. Schoolgirls: Young Women, Self Esteem, and the Confidence Gap. New York: Anchor, 1995.

O'Sullivan, Lucia, et al. "I Wanna Hold Your Hand: The Progression of Social, Romantic and Sexual Events in Adolescent Relationships." *Perspectives in Sexual and Reproductive Health* 39, no. 2 (2007): 100-107.

Oswalt, Sara B., Kenzie A. Cameron, and Jeffrey Koob. "Sexual Regret in College Students." *Archives of Sexual Behavior* 34 (2005): 663-69.

Owen, Janice, G. K. Rhoades, S. M. Stanley, et al. "'Hooking up' Among College Students: Demographic and Psychosocial Correlates." *Archives of Sexual Behavior* 39 (2010): 653-63.

Paul, Elizabeth L., et al., "'Hookups': Characteristics and Correlates of College Students' Spontaneous and Anonymous Sexual Experiences." *Journal of Sexual Research* 37 (2000): 76-88.

Paul, Pamela. *Pornified: How Pornography Is Transforming Our Lives, Our Relationships, and Our Families.* New York: Times Books, 2005.

Peter, Jochen, and Patti Valkenburg. "Adolescents' Exposure to a Sexualized Media Environment and Notions of Women as Sex Objects." *Sex Roles* 56 (2007): 381-95.

————. "Adolescents' Exposure to Sexually Explicit Online Material and Recreational Attitudes Toward Sex." *Journal of Communication* 56, no. 4 (2006): 639-60.

————. The Use of Sexually Explicit Internet Material and Its Antecedents: A Longitudinal Comparison of Adolescents and Adults." *Archives of Sexual Behavior* 40, no. 5 (October 2011): 1015-25.

Peterson, Zoe D., and Charlene L. Muehlenhard. "What Is Sex and Why Does It Matter? A Motivational Approach to Exploring Individuals' Definitions of Sex." *Journal of Sex Research* 44 no. 3 (2007): 256-68.

Phillips, Lynn M. *Flirting with Danger: Young Reflections on Sexuality and Domination.* New York: New York University Press, 2000.

Pittman, Melissa. "The Joy of Slash: Why Do Women Want It?" *The High Hat,* Spring 2005.

Ponton, Lynn. *The Sex Lives of Teenagers: Revealing the Secret World of Adolescent Boys and Girls.* New York: Dutton, 2000.

Raphael, Jody. *Rape Is Rape: How Denial, Distortion, and Victim Blaming Are Fueling a Hidden Acquaintance Rape Crisis.* Chicago: Chicago Review Press, 2013.

Rector, Robert E., Kirk A. Jonson, and Laura R. Noyes. *Sexually Active Teenagers Are More Likely to Be Depressed and to Attempt Suicide: A Report of the Heritage Center for Data Analysis.* Washington, DC: Heritage Foundation, Center for Data Analysis, 2003.

Regnerus, Mark. *Forbidden Fruit: Sex and Religion in the Lives of American Teenagers.* New York: Oxford University Press, 2007.

————. "Porn Use and Support of Same-Sex Marriage." Public Discourse, December 20, 2012.

Remez, Lisa. "Oral Sex Among Adolescents: Is It Sex or Is It Abstinence?" *Family Planning Perspectives* 32 (2000): 298-304.

Ringrose, Rosalind Gill, Sonia Livingstone, et al. *A Qualitative Jessica, Study of Children, Young People, and 'Sexting': A Report Prepared for the NSPCC.* London: National Society for the Prevention of Cruelty to Children, 2012.

Robbins, Cynthia, Vanessa Schick, Michael Reece, et al. "Prevalence, Frequency, and Associations of Masturbation with Other Sexual Behavior Among Adolescents Living in the United States of America." *Archives Pediatric and Adolescent Medicine* 165, no. 12 (2011): 1087-93.

Rosenbaum, Janet Elise. "Patient Teenagers? A Comparison of the Sexual Behavior of Virginity Pledgers and Matched Nonpledgers." *Pediatrics* 123 (2009): 110-20.

Ryan, Caitlin. "Generating a Revolution in Prevention, Wellness, and Care for LGBT Children and Youth." *Temple Political and Civil Rights Law Review* 23, no. 2 (2014): 331-44.

Sanders Stephanie, Brandon J. Hill, William L. Yarber, et al. "Misclassification Bias: Diversity in Conceptualisations About Having 'Had Sex.' *Sexual Health* 7, no. 1 (2010): 31-34.

Schalet, Amy T. "The New ABCD's of Talking About sex with Teenagers ." *Huffington Post*, November 2, 2011.

———. *Not Under My Roof: Parents, Teens, and the Culture of Sex.* Chicago: University of Chicago Press, 2011.

Schear, Kimberlee S. *Factors That Contribute to, and Constrain Conversations Between Adolescent Females and Their Mothers About Sexual Matters.* Urbana, IL: Forum on Public Policy, 2006.

Schick, Vanessa R., Sarah K. Calabrese, Brandi N. Rima, et al. "Genital Appearance Dissatisfaction: Implications for Women's Genital Image Self-Consciousness, Sexual Esteem, Sexual Satisfaction, and Sexual

Risk." *Psychology of Women Quarterly* 34 (2010): 394-404.

Sedgh, Gilda, Lawrence B. Finer, Akinrinola Bankole, et al. "Adolescent Pregnancy, Birth, and Abortion Rates Across Countries: Levels and Recent Trends." *Journal of Adolescent Health* 58, no. 2 (2012): 223-30.

Senn, Charlene Y., Misha Eliasziw, Paula C. Barata, et al. "Efficacy of a Sexual Assault Resistance Program for University Women." *New England Journal of Medicine* 372 (2015): 2326-35.

"Sexual Health of Adolescents and Young Adults in the United States." *Fact sheet*, August 20, 2104. Menlo Park, CA: Henry J. Kaiser Family Foundation.

Sharpley-Whiting, Tracy D. *Pimps Up, Ho's Down: Hip Hops's Hold on Young Black Women*. New York: New York University Press, 2008.

SIECUS, "A Brief History of Federal Funding for Sex Education and Related Programs." *Fact sheet*. Washington, DC: SIECUS, n.d.

————. "Questions and Answers: Adolescent Sexuality." Washington, DC: SIECUS, November 12, 2012.

————. "What Research Says…… Comprehensive Sex Education." *Fact Sheet*. Washington, DC: SIECUS, October 2009.

Simmons, Rachel. *The Curse of the Good Girl: Raising Authentic Girls wirh Courage and Confidence*. Reprint. New York: Penguin, 2010.

————. *Odd Girl Out, Revised and Updated: The Hidden Culture of Aggression in Girls*. New York: Mariner Books, 2011.

Simpson, Jeffry A., W. Andrew Collins, and Jessica E. Salvatore. "The Impact of Early Interpersonal Experience on Adult Romantic Relationship Functioning: Recent Findings from the Minnesota Longitudinal Study of Risk and Adaptation." *Curent Directions in Psychological Science* 20, no. 6 (2011): 355-59.

Sinozich, Sofi, and Lynn Langton. *Special Report: Rape and Sexual*

Assault Victimization Among College-Age Females, 1995-2013.
Washington, DC: Office of Justice Programs, Bureau of Justice
Statistics, U.S. Department of Justice, 2014.

Slater, Amy, and Marika Tiggeman. "A Test of Objectification Theory in
Adolescent Girls." *Sex Roles* 46, no. 9/10 (May 2002): 343-49.

Sommers, Christina Hoff. *Who Stole Feminism? How Women Have
Betrayed Women.* New York: Simon & Schuster, 1994.

Steering Committee on Undergraduate Women's Leadership at Princeton
University. *Report of the Steering Committee on Undergraduate
Women's Leadership.* Princeton, NJ: Princeton University, 2011.

Stermer, S. Paul, and Melissa Burkley. "SeX-Box: Exposure to Sexist
Video Games Predicts Benevolent Sexism." *Psychology of Popular
Media Culture* 4, no. 1 (2015): 47-55.

Steyer, James. *Talking Back to Facebook: The Common Sense Guide to
Raising Kids in the Digital Age.* New York: Scribner, 2012, pp. 22-23.

Strasburger, Victor. "Policy Statement from the American Academy of
Pediatrics: Sexuality, Contraception, and the Media." *Pediatrics* 126,
no. 3 (September 1, 2010): 576-82.

Tanenbaum, Leora. *Slut: Growing Up Female with a Bad Reputation.*
New York: Harper Perennial, 2002.

Thomas J. "Virginity Pledgers Are Just as Likely as Matched Nonpledgers
to Report Premarital Intercourse." *Perspectives on Sexual and
Reproductive Health* 41, no. 63 (March 2009).

Thompson, Sharon. *Going All the Way: Teenage Girls' Tales of Sex,
Romance, and Pregnancy.* New York: Hill and Wang, 1995.

Tolman, Deborah. *Dilemmas of Desire: Teenage Girls Talk About
Sexuality.* Cambridge, MA: Harvard University Press, 2002.

Tolman, Deborah, Brian R. Davis, and Christin P. Bowman. "That's Just

How It Is": A Gendered Analysis of Masculinity and Femininity
Ideologies in Adolescent Girls' and Boys' Heterosexual Relationships."
Journal of Adolescent Research (June 2015).

Tolman, Deborah, Emily Impett, et al. "Looking Good, Sounding Good:
Femininity Ideology and Adolescent Girls' Mental Health." *Psychology
of Women Quarterly* 30 (2006): 85-95.

Trenholm, Christopher, Barbara Devaney, Ken Fortson, et al. "Impacts of
Four Title V, Section 510 Abstinence Education Programs." Office of
the Assistant Secretary for Planning and Evaluation, U.S. Department
of Health and Human Services. Princeton, NJ: Mathematics Policy
Research, 2007.

U.S. House of Representatives, Committee on Government Reform
Minority Staff, Special Investigations Division. *The Content of
Federally Funded Abstinence-Only Education Programs.* Prepared for
Rep. Henry A. Waxman. Washington, DC: U.S. Government Printing
Office, 2004.

U.S. Senate Subcommittee on Financial and Contracting Oversight.
Sexual Violence on Campus. By Claire McCaskill. 113th Congress.
Senate Report, July 9, 2014.

Valenti, Jessica. *The Purity Myth: How America's Obsession with Virginity
Is Hurting Young Women.* Berkeley, CA: Seal Press, 2009.

Vanwesenbeeck, Ine. "Sexual Health Behaviour Among Young People in
the Netherlands." Presentation at the Sexual Health Forum, Brussels,
March 13, 2009.

Vernacchio, Al. For Goodness Sex: Changing the Way We Talk to Teens
About Sexuality, Values, and Health. New York: HarperWave, 2014.

Wade, Lisa, and Caroline Heldman. "Hooking Up and Opting Out." In
Sex for Life: From Virginity to Viagra, How Sexuality Changes

Throughout Our Lives. Edited by Laura Carpenter and John DeLamater. New York: New York University Press, 2012, pp. 128-45.

Ward, L Monique. "Understanding the Role of the Entertainment Media in the Sexual Socialization of American Youth: A Re view of Empirical Research." *Developmental Review* 23 (2003): 347-88.

Ward, L. Monique, Edwina Hansbrough, and Eboni Walker "Contributions of Music Video Exposure to Black Adolescents' Gender and Sexual Schemas." *Journal of Adolescent Research* 20 (2005): 143-66.

Ward, Monique, and Kimberly Friedman. "Using TV as a Guide: Associations Between Television Viewing and Adolescents' Sexual Attitudes and Behavior." *Journal of Research on Adolescence* 16 (2006): 133-56.

Widerman, Michael M. "Women's Body Image Self-Consciousness During Physical Intimacy with a Partner." *Journal of Sex Research* 37, no. 1 (2000): 60-68.

Widman, Laura, et al. "Sexual Communication and Contraceptive Use in Adolescent Dating Couples." *Journal of Adolescent Health* 89 (2006): 893-99.

Wolak, Janis, Kimberly Mitchell, and David Finkelhor. "Unwanted and Wanted Exposure to Online Pornography in a National Sample of Youth Internet Users." *Pediatrics* 119, no. 2 (2007): 247-57.

Wright, Paul J. "Show Me the Data! Empirical Support for the 'Centerfold Syndrome.'" *Psychology of Men and Masculinity* 13, no 2 (2011): 180-98.

——. "A Three-Wave Longitudinal Analysis of Preexisting Beliefs, Exposure to Pornography, and Attitude Change." *Communication Reports* 26, no. 1 (2013): 13-25.

Wright, Paul J., and Michelle Funk. "Pornography Consumption and Opposition to Affirmative Action for Women: A Prospective Study," *Psychology of Women Quarterly* 38, no. 2 (2013): 208-21.

Wright, Paul J., and Robert S. Tokunaga. "Activating the Centerfold Syndrome: Recency of Exposure, Sexual Explicitness, Past Exposure to objectifying Media." *Communications Research* 20, no 10 (2013): 1-34.

Yung, Corey Rayburn. "Concealing Campus Sexual Assault: An Empirical Examination." *Psychology, Public Policy, and Law* (2015): 1-9.

옮긴이 **구계원**
서울대학교 식품영양학과, 도쿄 일본어학교 일본어 고급 코스를 졸업했다. 미국 몬터레이 국제대학원에서 통번역 석사과정을 수료하고, 현재 전문 번역가로 활발히 활동중이다. 옮긴 책으로는 『옆집의 나르시시스트』 『술 취한 식물학자』 『화성 이주 프로젝트』 『봉고차 월든』 『사랑할 때 우리가 속삭이는 말들』 외 다수가 있다.

아무도 대답해주지 않은 질문들
―우리에게 필요한 페미니즘 성교육

1판 1쇄 2017년 9월 28일
1판 4쇄 2018년 8월 13일

지은이 페기 오렌스타인 | 옮긴이 구계원 | 펴낸이 염현숙
책임편집 박영신 | 편집 임혜원 황은주
디자인 강혜림 이주영 | 마케팅 김도윤 안남영 | 모니터링 이희연
홍보 김희숙 김상만 이천희 | 저작권 한문숙 김지영
제작 강신은 김동욱 임현식 | 제작처 영신사

펴낸곳 (주)문학동네
출판등록 1993년 10월 22일 제406-2003-000045호
주소 10881 경기도 파주시 회동길 210
전자우편 editor@munhak.com | 대표전화 031) 955-8888 | 팩스 031) 955-8855
문의전화 031) 955-1933(마케팅), 031) 955-2697(편집)
문학동네카페 http://cafe.naver.com/mhdn | 트위터 @munhakdongne
북클럽문학동네 http://bookclubmunhak.com

ISBN 978-89-546-4860-8 03300

www.munhak.com